王更生著

文史哲學集成

重修增訂

文心雕龍研究

文史哲出版社印行

重修增訂 心雕龍研究 / 王更生著. -- 初版.
-- 臺北市：文史哲, 民 78.10
頁： 公分. --（文史哲學集成；4）
參考書目： 頁
ISBN 978-957-547-145-3 (平裝)

文史哲學集成 4

重修增訂 文心雕龍研究

著　者：王　更　生
出版者：文　史　哲　出　版　社
http://www.lapen.com.tw
e-mail：lapen@ms74.hinet.net
登記證字號：行政院新聞局版臺業字五三三七號
發行人：彭　正　雄
發行所：文　史　哲　出　版　社
印刷者：文　史　哲　出　版　社
臺北市羅斯福路一段七十二巷四號
郵政劃撥帳號：一六一八〇一七五
電話886-2-23511028 · 傳真886-2-23965656

實價新臺幣五六〇元

一九七九（民六十八年）五月增訂初版
一九八九（民七十八年）十月增訂三版

ISBN 978-957-547-145-3　00004

本書曾獲六十八年度

台北市中正獎學基金會學術著作獎

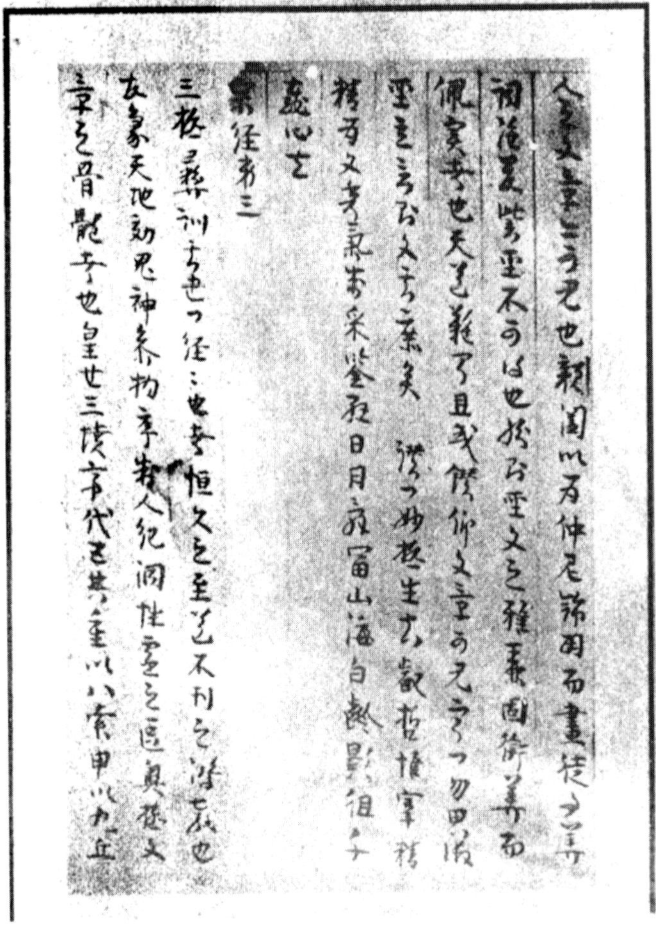

人文章亦可見也顏閔以為仲尼飾羽而畫徒事華
詞雖欲訾聖不可得也然聖文之雅麗固銜華而
佩實者也天道難聞猶或鑽仰文章可見胡寧勿思若
聖立言則文其庶矣　贊曰妙極生知睿哲惟宰精
理為文秀氣成采鑒懸日月辭富山海百齡影徂千
載心在

宗經第三

三極彝訓其書言經經也者恒久之至道不刊之鴻教也
故象天地効鬼神參物序制人紀洞性靈之奧區極文
章之骨髓者也皇世三墳帝代五典重以八索申以九丘

(一) 唐寫文心雕龍殘卷宗經第三

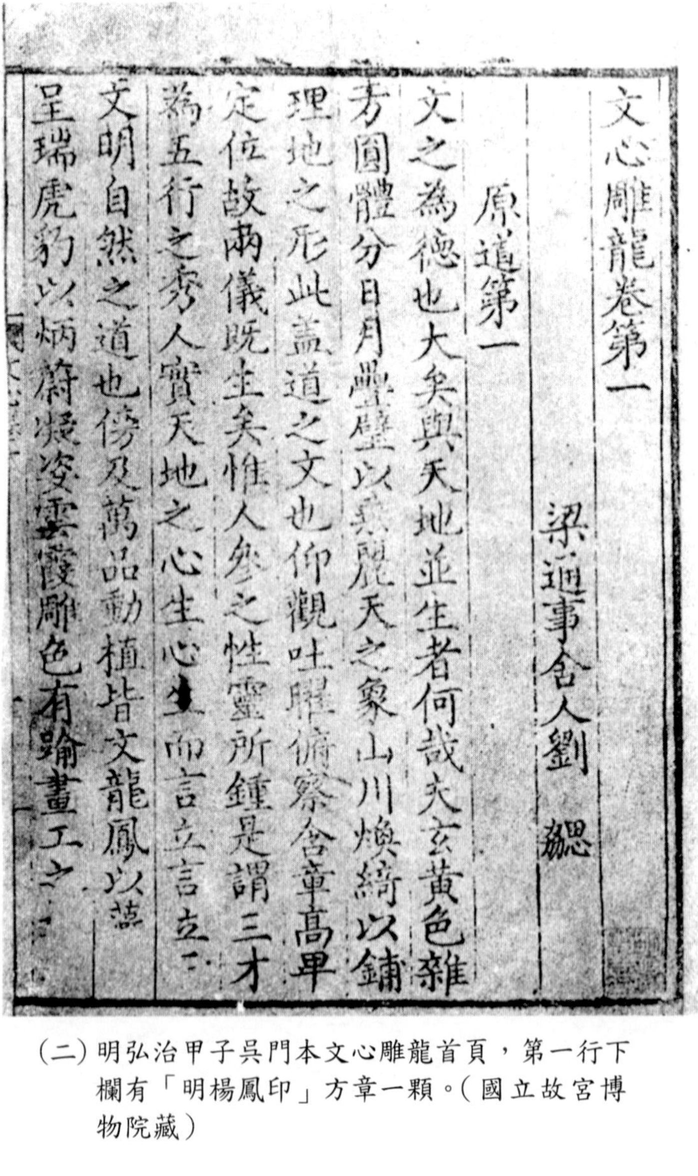
文心雕龍卷第一
梁通事舍人劉　勰
原道第一
文之為德也大矣與天地並生者何哉夫玄黃色雜
方圓體分日月疊璧以垂麗天之象山川煥綺以鋪
理地之形此蓋道之文也仰觀吐曜俯察含章高卑
定位故兩儀既生矣惟人參之性靈所鍾是謂三才
為五行之秀人實天地之心生心生而言立言立而
文明自然之道也傍及萬品動植皆文龍鳳以藻
呈瑞虎豹以炳蔚凝姿雲霞雕色有踰畫工之

（二）明弘治甲子吳門本文心雕龍首頁，第一行下欄有「明楊鳳印」方章一顆。（國立故宮博物院藏）

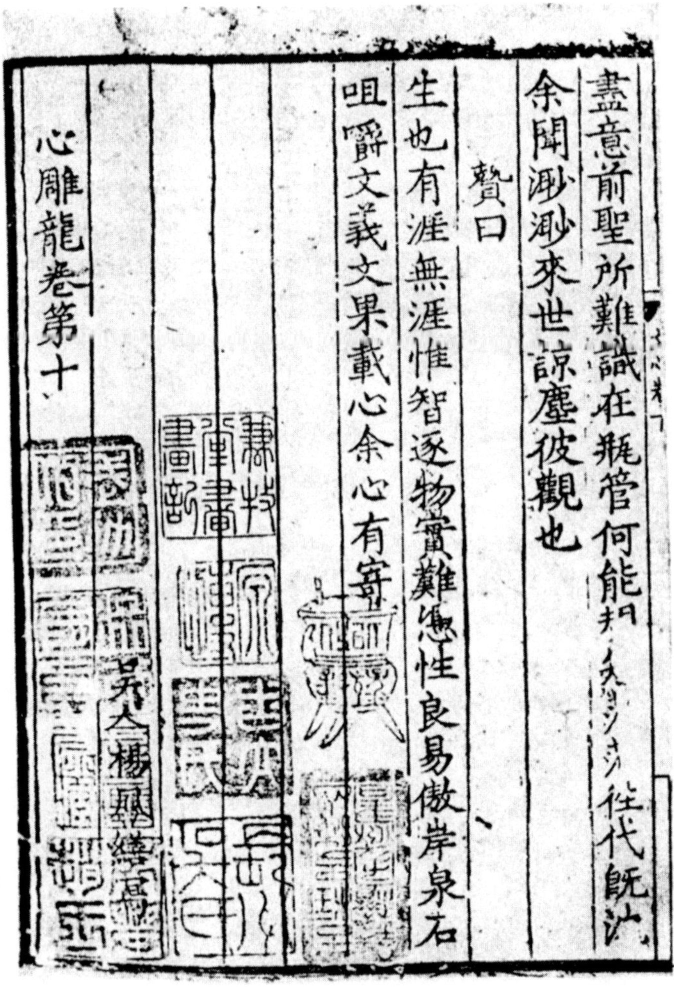

(三) 明弘治甲子吳門本文心雕龍底頁，除名家藏書印章外，「有吳人楊鳳繕寫」字樣，（國立故宮博物院藏）

文心雕龍卷之一
梁通事舍人劉勰撰　明歙汪一元校
原道第一
文之爲德也大矣與天地並生者何哉夫玄黃色雜方圓體分日月疊璧以垂麗天之象山川煥綺以鋪理地之形此蓋道之文也仰觀吐曜俯察含章高卑定位故兩儀既生矣惟人參之性靈所鍾是謂三才爲五行之秀人實天地之心生心生而言立言立而文明自然之道也傍及萬品動植皆文龍鳳以藻繪呈瑞虎豹以炳蔚凝姿雲霞雕色有踰畫工之妙草

（四）明嘉靖庚子新安本，即歙邑汪一元校刻本文心雕龍首頁（國立中央圖書館藏）

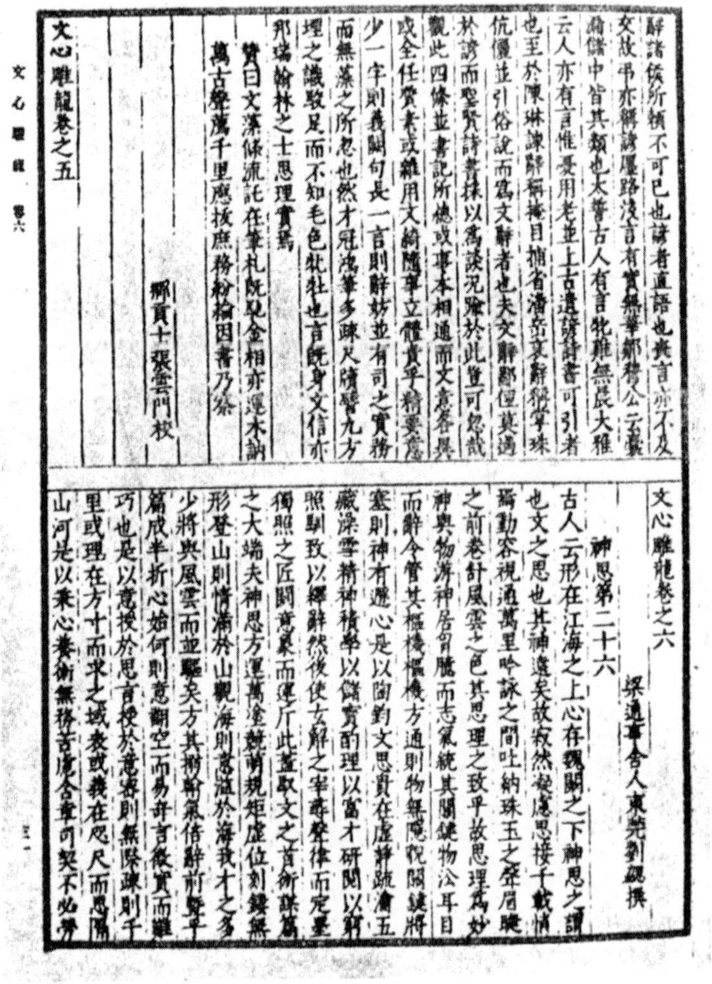

文心雕龍　卷六

辭諸侯所稱不可已也諺者直語也喪言亦不及
文故弔亦稱諺廛路淺言有實無華鄒穆公云囊
漏儲中皆其類也大誓古人有言牝雞無晨大雅
云人亦有言惟憂用老並上古遺諺詩書可引者
也至於陳琳諫辭稱掩目捕雀潘岳哀辭稱掌珠
伉儷並引俗說而為文辭者也夫文辭鄙俚莫過
於諺而聖賢詩書采以為談況踰於此豈可忽哉
觀此四條並書記所總或事本相通而文意各異
或全任質素或雜用文綺隨事立體貴乎精要意
少一字則義闕句長一言則辭妨並有司之實務
而無藻之所忽也然才冠鴻筆多踈尺牘譬九方
堙之識駿足而不知毛色牝牡也言既身文信亦
邦瑞翰林之士思理實焉
贊曰文藻條流託在筆札既馳金相亦運木訥
萬古聲薦千里應拔庶務紛綸因書乃察

鄉貢士張雲門校

文心雕龍卷之五

文心雕龍卷之六

梁通事舍人東莞劉勰撰

神思第二十六

古人云形在江海之上心存魏闕之下神思之謂
也文之思也其神遠矣故寂然凝慮思接千載悄
焉動容視通萬里吟詠之間吐納珠玉之聲眉睫
之前卷舒風雲之色其思理之致乎故思理為妙
神與物遊神居胸臆而志氣統其關鍵物沿耳目
而辭令管其樞機樞機方通則物無隱貌關鍵將
塞則神有遯心是以陶鈞文思貴在虛靜疏瀹五
藏澡雪精神積學以儲寶酌理以富才研閱以窮
照馴致以繹辭然後使玄解之宰尋聲律而定墨
獨照之匠闚意象而運斤此蓋馭文之首術謀篇
之大端夫神思方運萬塗競萌規矩虛位刻鏤無
形登山則情滿於山觀海則意溢於海我才之多
少將與風雲而並驅矣方其搦翰氣倍辭前暨乎
篇成半折心始何則意翻空而易奇言徵實而難
巧也是以意授於思言授於意密則無際疏則千
里或理在方寸而求之域表或義在咫尺而思隔
山河是以秉心養術無務苦慮含章司契不必勞

三一

（五）明萬曆己卯張之象本文心雕龍原道第一徵聖第二（用上海涵芬樓藏版，台灣商務印書館四部叢刊初編縮本）

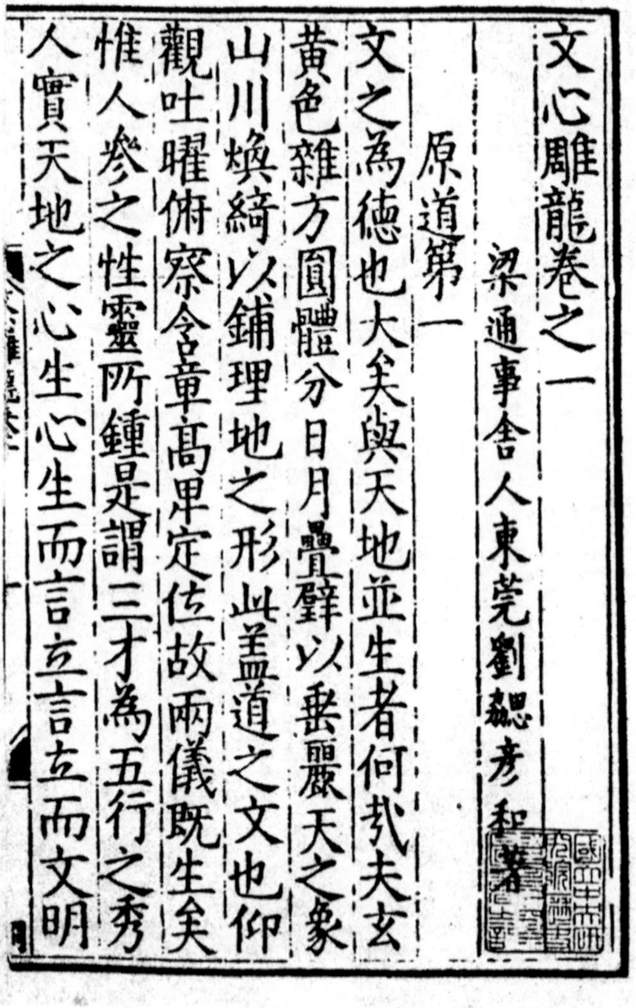

文心雕龍卷之一

梁通事舍人東莞劉勰彥和著

原道第一

文之爲德也大矣與天地並生者何哉夫玄黃色雜方圓體分日月疊璧以垂麗天之象山川煥綺以鋪理地之形此蓋道之文也仰觀吐曜俯察含章高卑定位故兩儀既生矣惟人參之性靈所鍾是謂三才爲五行之秀人實天地之心生心生而言立言立而文明

（六）明萬曆壬午勾餘胡氏刊兩京遺編本文心雕龍首頁（中央研究院史語所傅斯年圖書館藏）

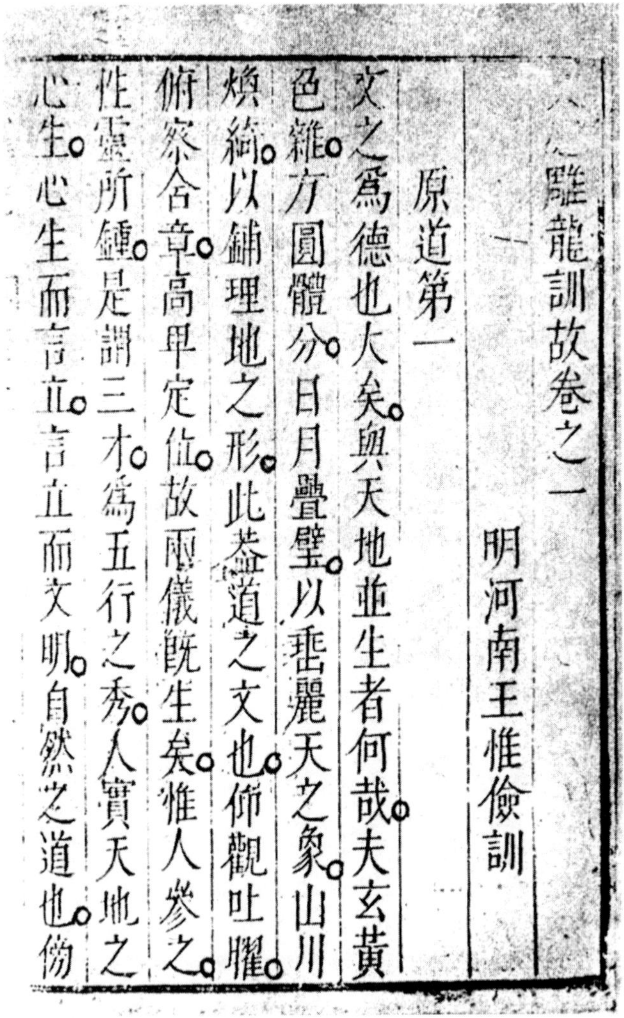

文心雕龍訓故卷之一

明河南王惟儉訓

原道第一

文之爲德也大矣。與天地並生者何哉。夫玄黃
色雜。方圓體分。日月疊璧。以垂麗天之象。山川
煥綺。以鋪理地之形。此蓋道之文也。仰觀吐曜。
俯察含章。高卑定位。故兩儀旣生矣。惟人參之。
性靈所鍾。是謂三才。爲五行之秀。人實天地之
心生。心生而言立。言立而文明。自然之道也。傍

（七）明萬曆己酉王惟儉訓故本文心雕龍首頁（原書現藏日本京都大學漢文部，民國六十六年十月學生張盛凱託潘憲榮先生複製攜歸，影本現為作者收藏）

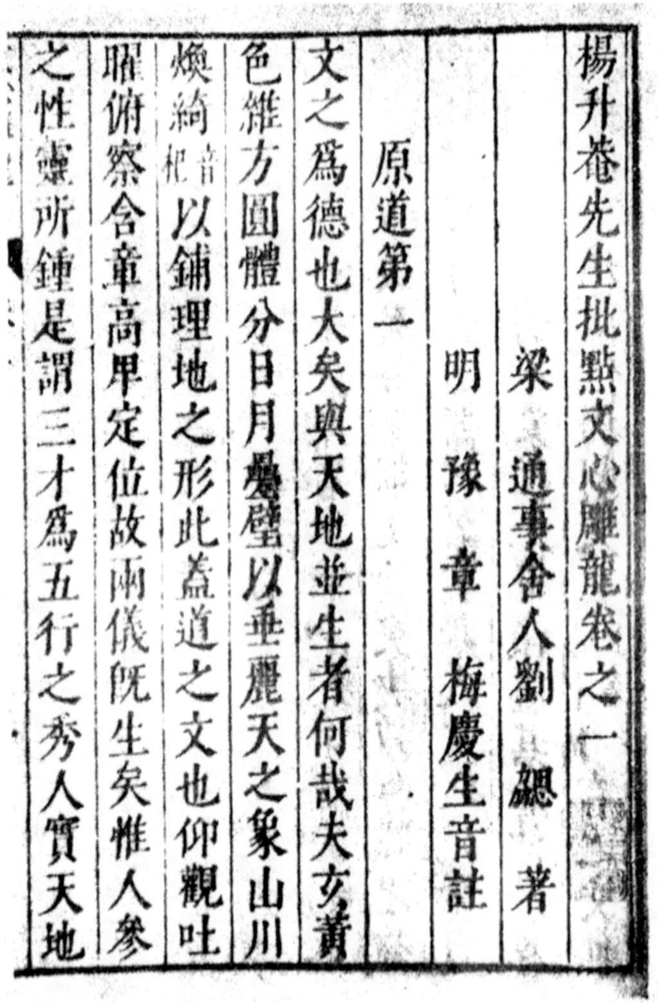

楊升菴先生批點文心雕龍卷之一

梁　通事舍人劉　勰　著

明　豫　章　梅慶生音註

原道第一

文之爲德也大矣與天地並生者何哉夫玄黃色雜方圓體分日月疊壁以垂麗天之象山川煥綺（音杞）以鋪理地之形此蓋道之文也仰觀吐曜俯察含章高卑定位故兩儀既生矣惟人參之性靈所鍾是謂三才爲五行之秀人實天地

（八）明萬曆壬子豫章梅氏刊刻楊升菴先生批點文心雕龍五色圈點本首頁（國立中央圖書館藏）

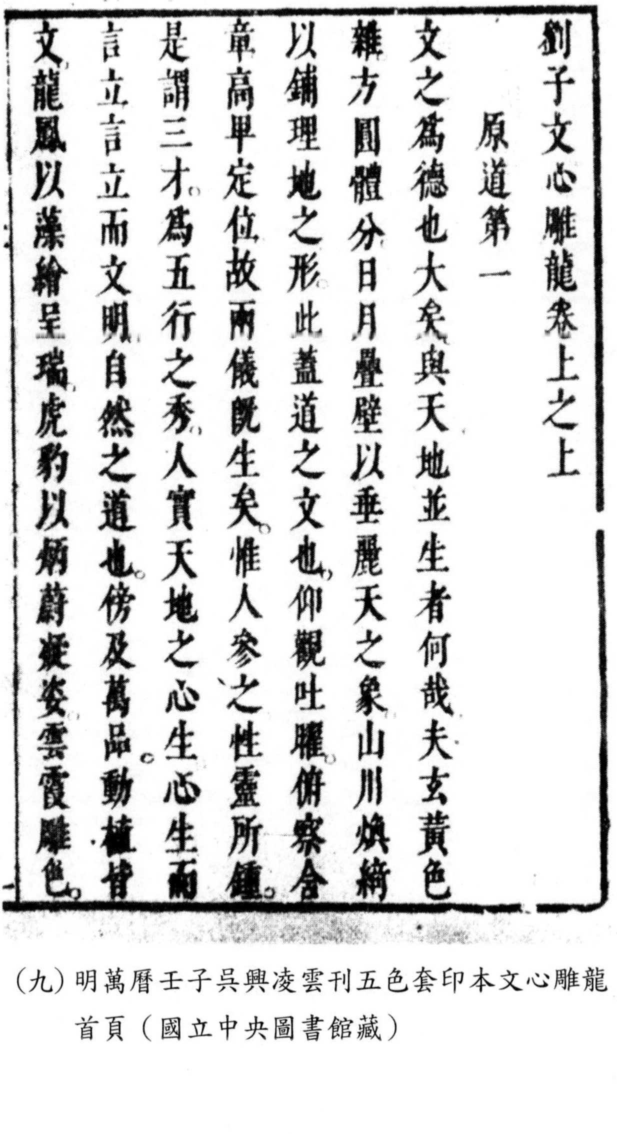

劉子文心雕龍卷上之上
原道第一
文之爲德也大矣與天地並生者何哉夫玄黃色
雜方圓體分日月疊壁以垂麗天之象山川煥綺
以鋪理地之形此蓋道之文也仰觀吐曜俯察含
章高卑定位故兩儀旣生矣惟人參之性靈所鍾
是謂三才爲五行之秀人實天地之心生心生而
言立言立而文明自然之道也傍及萬品動植皆
文龍鳳以藻繪呈瑞虎豹以炳蔚凝姿雲霞雕色

(九) 明萬曆壬子吳興凌雲刊五色套印本文心雕龍首頁（國立中央圖書館藏）

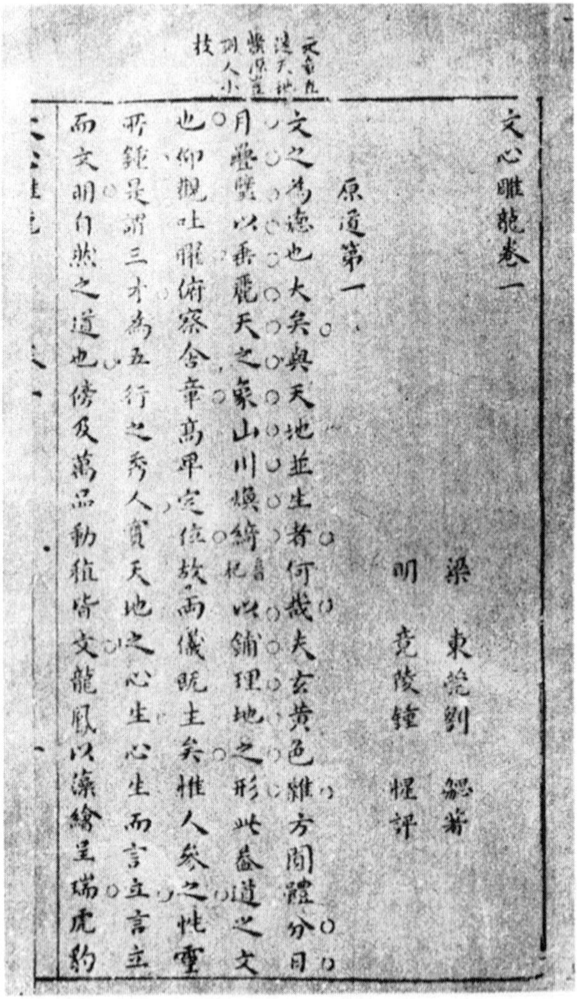

（十）明萬曆鍾惺所輯秘書九種之一金閶擁萬堂刊本文心雕龍首頁（國立故宮博物院藏）

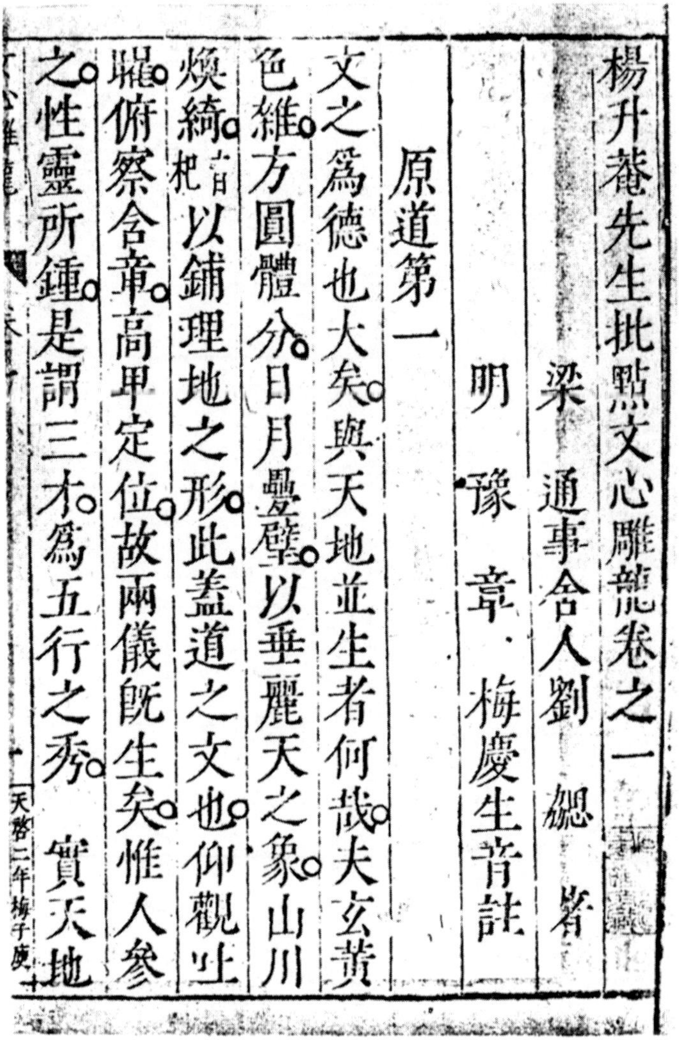

楊升菴先生批點文心雕龍卷之一

梁　通事舍人劉　勰　著

明　豫　章　梅慶生音註

原道第一

文之爲德也大矣與天地並生者何哉夫玄黃色雜方圓體分日月疊璧以垂麗天之象山川煥綺音杞以鋪理地之形此蓋道之文也仰觀吐曜俯察含章高卑定位故兩儀既生矣惟人參之性靈所鍾是謂三才爲五行之秀實天地

天啓二年梅子庾

（十一）明天啟二年梅氏第六次校定楊升菴先生批點文心雕龍金陵聚錦堂刊本首頁（國立中央圖書館藏）

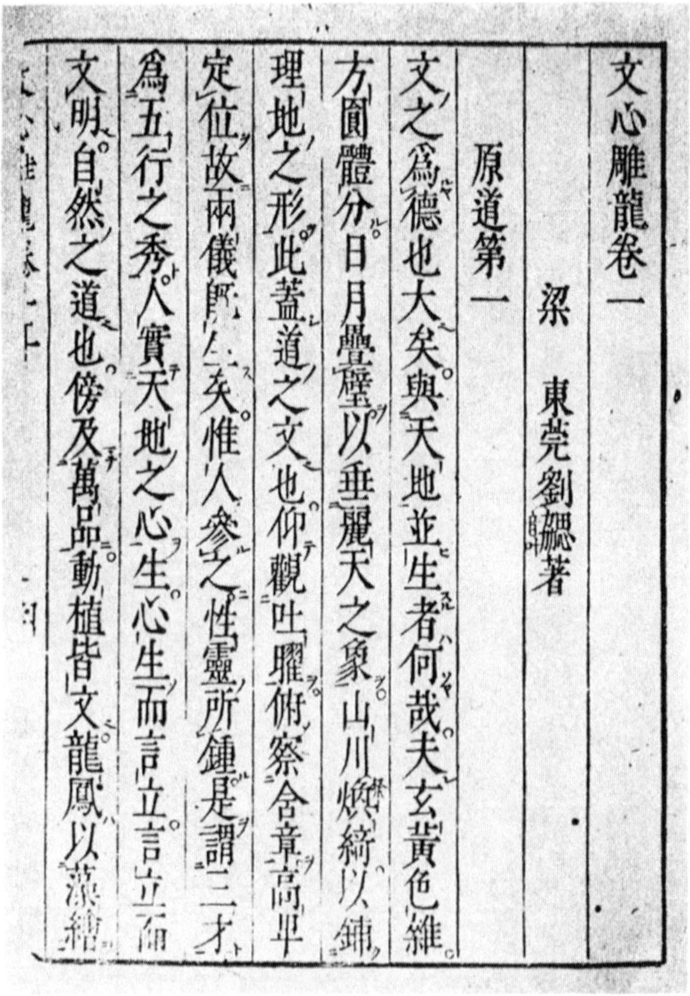
文心雕龍卷一
梁　東莞劉勰著
原道第一
文之爲德也大矣與天地並生者何哉夫玄黃色雜
方圓體分日月疊璧以垂麗天之象山川煥綺以鋪
理地之形此蓋道之文也仰觀吐曜俯察含章高卑
定位故兩儀既生矣惟人參之性靈所鍾是謂三才
爲五行之秀人實天地之心生心生而言立言立而
文明自然之道也傍及萬品動植皆文龍鳳以藻繪

（十二）日本京保十六年岡白駒校正句讀本文心雕龍首頁（原書現藏日本京都大學漢文部，民國六十六年學生張盛凱託潘憲榮先生複製攜歸，影本現為作者收藏）

重修增訂 文心雕龍研究 目次

文心雕龍重要板本書影

文心雕龍研究徵引各家著述簡表

一、劉勰：文心雕龍
二、劉勰：滅惑論
三、劉勰：梁建安王造剡山石城寺石像碑文
四、黃叔琳：文心雕龍輯註（臺灣中華書局四部備要本）
五、黃侃：文心雕龍札記（香港新亞書院中國文學系出版）
六、范文瀾：文心雕龍註（明倫出版社印行增訂本）
七、葉長青：文心雕龍雜記（福州職業中學印刷廠印行）
八、劉永濟：文心雕龍校釋（華正書局發行）
九、莊適：文心雕龍選注（臺灣商務印書館印行）
十、楊明照：文心雕龍校注拾遺（世界書局印行）
十一、王某：文心雕龍新書（香港龍門書店印行）
十二、某研究所編製：文心雕龍新書通檢（民國四十一年巴黎大學漢學研究所出版）

十三、程兆熊：文心雕龍講義（香港鵝湖出版社出版）
十四、張立齋：文心雕龍註訂（正中書局印行）
十五、張嚴：文心雕龍通識（臺灣商務印書館發行）
十六、張嚴：文心雕龍文術論詮（臺灣商務印書館發行）
十七、郭某：文心雕龍譯註十八篇（香港建文書局出版）
十八、周康燮：文心雕龍選注（香港龍門書店印行）
十九、李景濚：文心雕龍新解（翰林出版社出版）
二〇、潘師重規：唐寫文心雕龍殘本合校（香港新亞研究所出版）
二一、華師仲麐：文心雕龍要義申說（私立東吳大學講義）
二二、李師曰剛：文心雕龍校釋（國立臺灣師範大學講義）
二三、施友忠：英譯本文心雕龍（臺灣中華書局發行）
二四、石壘：文心雕龍與佛道義疏證（香港雲在書房發行）
二五、興膳宏：日譯本文心雕龍（昭和四十三年日本筑摩書房印世界古典文學全集）
二六、李中成：文心雕龍析論（大聖書局印行）
二七、曹昇：文心雕龍書後（私立輔仁大學講義）
二八、傅振倫：劉彥和之史學（學文月刊一卷五期）
二九、梁繩褘：文學批評家劉勰評傳（見中國文學論叢）

三〇、廖蔚卿：劉勰的風格論（大陸雜誌六卷六期）
三一、廖蔚卿：劉勰論時代與文風（大陸雜誌九卷十期）
三二、廖蔚卿：劉勰的創作論（文史哲學報六期）
三三、黃振民：劉勰風骨論發微（學粹雜誌二卷四期）
三四、鍾露昇：神思篇註（國語日報印古今文選）
三五、徐復觀：文心雕龍文體論（中國文學論集一——八三頁）
三六、徐復觀：文心雕龍風骨篇疏補（中國文學論集二九七——三四九頁）
三七、徐復觀：文心雕龍淺論（中國文學論集三八五——四四四頁）
三八、李宗慬：文心雕龍原道辨（大陸雜誌三十卷十二期）
三九、饒宗頤：劉勰的文藝思想與佛教（港大文心雕龍研究專號）
四〇、李宗慬：文心雕龍文學批評研究（師大國文研究所集刊）
四一、杜松柏：文心雕龍批評論（中央日報副刊）
四二、陸侃如：文心雕龍論道（文史哲學報六卷三期）
四三、黃海章：論劉勰的文學主張（中山大學學報三期）
四四、黃海章：劉勰的創作論和批評論（中山大學學報一期）
四五、陸某：文心雕龍述語用法舉例（文學評論二期）
四六、寇某：論風骨（文學評論六期）

四七、黃展人：文心雕龍知音初探（中國文學批評研究論文集）
四八、佩之：文心雕龍的批評論（中國文學批評研究論文集）
四九、兪元桂：劉勰的風格理想（藝林叢錄第四編）
五〇、李某：論風骨（香港滙文閣文心雕龍研究論文集）
五一、楊明照：從文心雕龍原道、序志兩篇看劉勰的思想（香港滙文閣文心雕龍研究論文集）
五二、李直方：近五十年來文心雕龍書錄（港大文心雕龍研究專號）
五三、黃繼持：劉勰的滅惑論（港大文心雕龍研究專號）
五四、黃師錦鋐：空海的文鏡秘府論與文心雕龍的關係（淡江文心雕龍研究論文集）
五五、王夢鷗：文心雕龍質疑（故宮圖書季刊一卷一期）
五六、王夢鷗：關於文心雕龍的幾點創見（故宮圖書季刊一卷二期）
五七、王夢鷗：劉勰提出的文心二字試解（正中書局文教論叢）
五八、思兼：評英譯文心雕龍（書評與文評）
五九、廉永英：文心雕龍體義箋證（女師專學報二期）
六〇、王更生：六十年來文心雕龍之研究（六十年來之國學第五册）
六一、王更生：近六十年來文心雕龍研究概觀（中華文化復興月刊七卷三期）
六二、司馬遷：史記（藝文印書館武英殿版）
六三、班固：漢書（藝文印書館武英殿版）

六四、沈約：宋書劉秀之傳、劉穆之傳
六五、蕭子顯：南齊書劉祥傳
六六、姚思廉、魏徵：梁書劉勰傳
六七、李延壽：南史劉勰傳
六八、李延壽：南史劉穆之傳（附曾孫祥、從子秀之傳）
六九、慧皎：高僧傳釋僧祐傳（臺灣印經處發行高僧傳初集）
七〇、劉毓崧：通誼堂文集書文心雕龍後
七一、楊明照：梁書劉勰傳箋注（在文心雕龍校注拾遺內）
七二、華師仲麐：劉彥和簡譜（私立東吳大學講義）
七三、熊師公哲：劉勰評傳（中國文學史論集）
七四、王金凌：劉勰年譜（私立輔仁大學中文研究所碩士論文）
七五、梁容若：劉勰與文心雕龍（國語日報副刊書和人一四七期）
七六、敖士英：中國文學年表第一編（文海出版社印行）
七七、王更生：梁劉彥和先生年譜稿（國立臺灣師範大學國文學報二期）
七八、姚名達：中國目錄學史、宗教目錄篇（臺灣商務印書館發行）
七九、譚嘉定：中國文學家大辭典、劉勰傳（世界書局印行）
八〇、楊蔭深：中國文學家列傳、劉勰（臺灣中華書局印行）

八一、章江：魏晉南北朝文學家、劉勰（大江出版社印行）
八二、伍俶：沈約年譜（中山大學文史研究所輯刊一卷一册）
八三、周貞亮：昭明太子年譜（臺灣學生書局近代文史論輯）
八四、何融：文選編撰時期及編者考略（臺灣學生書局近代文史論輯）
八五、廖蔚卿：鍾嶸年表（國立臺灣大學中文系講義）
八六、蒙傳銘：劉毓崧書文心雕龍後疏證（新亞書院學術季刊十一期）
八七、顧實：中國文學史大綱（文海出版社印行）
八八、謝无量：中國大文學史（臺灣中華書局印行）
八九、胡雲翼：中國文學史（第一文化社印行）
九〇、楊蔭深：中國文學史（上海商務印書館發行）
九一、劉大杰：中國文學發達史（臺灣中華書局印行）
九二、朱東潤：中國文學批評史大綱（臺灣開明書店印行）
九三、兒島獻吉郎著，孫俍工譯：中國文學通論（臺灣商務印書館發行）
九四、鄭振鐸：插圖本中國文學史（新欣出版社編印）
九五、林庚：中國文學史（廣文書局印行）
九六、羅根澤：魏晉六朝文學批評史（臺灣商務印書館發行）
九七、中國文學批評（泰順書局印行）

九八、李鼎彝：中國文學史（傳記文學出版社印行）
九九、陳鐘凡：漢魏六朝文學（臺灣商務印書館發行）
一〇〇、施愼之：中國文學史講話（學人月刊雜誌社發行）
一〇一、郭某：中國文學批評史（明倫出版社發行）
一〇二、青木正兒著，隋樹森譯：中國文學概說（臺灣開明書店印行）
一〇三、劉師培：中古文學史（北京大學出版部排印本）
一〇四、劉某、馮某：中國文學史簡編（臺灣開明書店印行）
一〇五、華師仲麐：中國文學史論（臺灣開明書店印行）
一〇六、譚正璧：中國文學史（上海光明書局發行）
一〇七、黃公偉：中國文學史（帕米爾書店發行）
一〇八、徐嘉瑞：中古文學概論（啓明書局印行）
一〇九、容肇祖：中國文學史大綱（文海出版社出版）
一一〇、葉慶炳：中國文學史上下册（作者自印）
一一一、黃乾、沈英名：中國文學史話續集（華僑函授學校編印）
一一二、趙景琛：中國文學史新編（上海北新書局印行）
一一三、趙聰：中國文學史綱（香港九龍友聯出版社印行）
一一四、劉麟生：中國文學史（上海世界書局印行）

一一五、束維之：中國文藝思潮史略（地平線出版社印行）
一一六、張世祿：中國文藝變遷論（民國二十二年商務印書館印行）
一一七、宋海屏：中國文學史（臺灣學生書局印行）
一一八、傅庚生：中國文學批評通論（華正書局印行）
一一九、傅庚生：中國文學欣賞舉隅（地平線出版社印行）
一二〇、王某：中古文學史論（長安出版社發行）
一二一、易經（藝文印書館十三經注疏南昌府學本）
一二二、書經（藝文印書館十三經注疏南昌府學本）
一二三、詩經（藝文印書館十三經注疏南昌府學本）
一二四、禮記（藝文印書館十三經注疏南昌府學本）
一二五、杜預：春秋經傳集解（商務印書館四部叢刊初編縮本）
一二六、論語（藝文印書館十三經注疏南昌府學本）
一二七、孟子（藝文印書館十三經注疏南昌府學本）
一二八、荀子集解（世界書局中國學術名著本王先謙集解）
一二九、老子道德經（商務印書館四部叢刊初編縮本）
一三〇、莊子（商務印書館四部叢刊初編縮本南華眞經）
一三一、呂氏春秋（商務印書館四部叢刊初編縮本）

一三二、淮南子（商務印書館四部叢刊初編縮本）
一三三、董仲舒：春秋繁露玉振篇（商務印書館四部叢刊初編縮本）
一三四、班固：白虎通德論五經篇（商務印書館四部叢刊初編縮本）
一三五、揚雄：法言吾子篇、問神篇（商務印書館四部叢刊初編縮本）
一三六、王充：論衡（商務印書館四部叢刊初編縮本）
一三七、葛洪：抱朴子（商務印書館四部叢刊初編縮本）
一三八、許愼：說文解字序（藝文印書館經韵樓藏版）
一三九、曹丕：典論論文
一四〇、曹丕：與朝歌令吳質書
一四一、曹植：與楊德祖書（商務印書館四部叢刊初編曹子建集）
一四二、陳壽：三國志魏志（藝文印書館武英殿版）
一四三、房玄齡：晉書（藝文印書館武英殿版）
一四四、范曄：後漢書（藝文印書館武英殿版）
一四五、沈約：宋書樂志（藝文印書館武英殿版）
一四六、隋書經籍志、音樂志（藝文印書館武英殿版）
一四七、李延壽：南史儒林傳序、江淹傳、謝方明傳（藝文印書館武英殿版）
一四八、陸機：文賦（商務印書館四部叢刊初編縮本陸士衡文集內）

一四九、楚辭補注（商務印書館四部叢刋初編縮本）
一五〇、昭明文選李善注（藝文印書館鄱陽胡氏藏版）
一五一、蕭繹：金樓子（世界書局中國思想名著）
一五二、劉義慶：世說新語（商務印書館四部叢刋初編縮本）
一五三、鍾嶸：詩品（藝文印書館何文煥訂歷代詩話中）
一五四、劉劭：人物志（商務印書館四部叢刋初編縮本）
一五五、釋僧祐：弘明集（商務印書館四部叢刋初編縮本）
一五六、釋僧祐：出三藏記（師大國文系藏東北大學寄存善本書）
一五七、顏之推：顏氏家訓（商務印書館四部叢刋初編縮本）
一五八、劉知幾：史通（商務印書館四部叢刋初編縮本）
一五九、遍照金剛：文鏡秘府論（蘭臺書局印行）
一六〇、釋皎然：詩式（藝文印書館何文煥訂歷代詩話中）
一六一、司空圖：二十四詩品（藝文印書館何文煥訂歷代詩話中）
一六二、嚴羽：滄浪詩話（藝文印書館何文煥訂歷代詩話中）
一六三、姜夔：白石詩說（藝文印書館何文煥訂歷代詩話中）
一六四、昌黎先生文集（商務印書館四部叢刋初編縮本）
一六五、周履靖：騷壇秘語（商務印書館叢書集成簡編本）

一六六、顧炎武：日知錄（明倫出版社印原抄本）
一六七、袁枚：續詩品（藝文印書館丁福保訂淸詩話）
一六八、嚴可均：全上古三代秦漢三國六朝文（中文出版社印行）
一六八、皮錫瑞：經學歷史（商務印書館人人文庫本）
一七〇、姚鼐：復魯絜非書（商務印書館四部叢刊初編縮本惜抱軒文集）
一七一、曾文正公全集（臺灣東方書店出版）
一七二、章學誠：文史通義（國史研究室𥻦印本）
一七三、王葆心：古文辭通義（臺灣中華書局印行）
一七四、駱鴻凱：文選學（臺灣中華書局印行）
一七五、梁啓超：中國歷史研究法（臺灣中華書局印行）
一七六、朱希祖：中國史學通論（江夏出版社印行）
一七七、金靜庵：中國史學史（國史研究室印行）
一七八、吳曾祺：涵芬樓文談（臺灣商務印書館人人文庫本）
一七九、蔣伯潛：文體論纂要（正中書局印行）
一八〇、蔣伯潛：體裁與風格（世界書局印世界青年叢書本）
一八一、薛鳳昌：文體論（臺灣商務印書館人人文庫本）
一八二、陳懋仁：文章緣起註（廣文書局印行）

一八三、高師仲華：中國文學理論研究（師大國文研究所講義）
一八四、高師仲華：高明文輯下册（黎明文化事業公司印行）
一八五、錢穆：中國史學名著下册（三民書局三民文庫本）
一八六、許冠三：史學與史學方法（三民書局印行）
一八七、班茲著、向通譯：史學（臺灣商務印書館人人文庫本）
一八八、許文雨：文論講疏（正中書局印行）
一八九、朱光潛：文藝心理學（臺灣開明書店印行）
一九〇、姚一葦：藝術的奧秘（臺灣開明書店印行）
一九一、顏元叔譯：西洋文學批評史（志文出版社新潮叢書）
一九二、木間久雄：歐洲近代文藝思潮（普天出版社印行）
一九三、王更生：詩品總論（師大國文系詩學集刊）
一九四、莊雅洲：曾國藩文學理論述評（手鈔自印本、師大國文研究所碩士論文）
一九五、韋勒克等著、王夢鷗等譯：文學論（志文出版社印行）
一九六、唐師士毅：桐城文派新論（現代書局股份有限公司印行）
一九七、鍾應梅：文論（臺灣學生書局印行）
一九八、金秬香：駢文概論（臺灣商務印書館人人文庫本）
一九九、郭象升：文學研究法（正中書局印行）
二〇〇、姚永樸：文學研究法（廣文書局印行）

文心雕龍研究例略

一　劉彥和文心雕龍成書於南齊之末，迄今已一千四百七十餘年，自來學界都奉為文論的寶典，翰苑的奇葩，經唐宋、歷明清，學者或謄鈔、或翻刻、或評校、或注釋，不僅代有名家，近年又由國內傳譯到國外，漸次引起世界上留心漢學人士們的注意。足見此書理到優華，體大思精，有歷久彌新之價值。

二　本書十四章，依性質第一章為緒論。五、六、七，一直到第十三章為本論。其他第二、三、四，及第十四章為附論。緒論者，是將歷來研究文心雕龍的成果，以及今後可能深入探討的途徑，作通盤性的整理和鳥瞰。本論者，就文心雕龍內容所及的美學、經學、史學、子學、文體、風格、風骨、聲律、批評等，分綱別目，探源竟委，以抉發彥和文論之妙諦。附論者，即附帶研究作者劉彥和其人其書之相關問題，如身世、史志著錄、板本流布、文史評介等，固亦知人論世所必需。

三　本書內容雖聯屬十四章而成完整的體系，但因各章據事立義，論旨有別，又可彼此畫境，分為十四個獨立的單元。如欲知劉彥和生平行事者，可讀其年譜。考鏡其主導思想者，可閱文心雕龍之經學。欲探索人文的本原者，可瀏覽其美學。所以足供讀者多方面興趣的需求。

四　本書始稿於民國五十八年（一九六九）秋，至六十五年（一九七六）初殺青。文中如「文心雕龍聲律論」，曾載於五十八年（一九六九）十一月中山學術文化集刊第四集。「文心雕龍風骨論」，載於六十年（一九七一）十一月中山學術文化集刊第八集。「文心雕龍之史學」，曾於六十二年（一九七三）五月德明學報創刊號刊載。「梁劉彥和先生年譜」，同年六月以初稿送交師大國文學報第二期印行。「文心雕龍之子學」，刊於同年九月教育與文化四〇七期。「緒論」曾以「文心雕龍研究之回顧與前瞻」標題，連載於六十三年（一九七四）六、七月份中華文化復興月刊。「文心雕龍之經學」，曾以「文心雕龍中的經學思想」爲名，收入六十四年（一九七五）五、六月出版的暢流半月刊中。至於「文心雕龍在中國文學史上之地位」一文，載於同年六月出版的師大學報第二十期。再加上近期述造，於是整理成編。

五　本書文前附載書影十二幀；如「唐寫文心雕龍殘卷宗經第三」，係由潘師石禪唐寫文心雕龍殘本合校翻製。「明弘治甲子吳門楊鳳繕本」首底兩片，「明萬曆鍾惺擁萬堂刊本」一片，乃洽由故宮典藏股吳哲夫先生借攝。「明楊升菴先生批點聚錦堂本」、「嘉靖庚子汪一元校刻本」，「萬曆壬子吳興淩雲五色套印本」等，係六十三年春，當時尙任職國立中央圖書館的劉學長兆祐倩人攝製。第五、六片，卽「明王惟儉訓故本」、「日本岡白駒校正句讀本」，爲客夏（六十四）七月，經由學生張盛凱在日本京都大學文學部漢籍圖書館攝得。是皆舉世難覩的秘笈，彌足珍貴。

六　本書徵引各家著述很多，玆舉其尤要者，仍多達兩百種左右。大致是一至五十九部，爲本論各章的參考書。六十至八十五部，爲寫作劉彥和先生年譜的參考要籍。八十六至一一九，爲探討文心雕龍在中國文學史上之地位所用的書目。一二〇部以下，爲本書的相關書目。以上雖別其歸屬，粗分四類；但彼此可以互濟，讀者自不必爲形式所牽拘。關於「史志著錄」與「板本考略」兩章，引書繁積，睹文自得，恕不煩贅。

七　本書寫作期間，承李師健光、黃師錦鋐賜閱其珍藏多年的文心雕龍資料，同好沈謙、古添洪二君，學生王德光、梁美玲等，或出示平日庋藏，或遠從海外惠購，才能夠使本書在授課餘暇，順利完成，於此理應向這些善與人同的師長好友，敬致由衷的謝忱。

八　文心雕龍陶冶萬彙，組織千秋，由於筆者受到自己才、學、識、意的局限，所以本書掛漏之處尙多。諸如文心雕龍創作論的運思與養氣問題、內容形式配合問題、鎔意裁辭問題、文隱言秀問題，均應設篇研究；而本書卻將其散置於風格、風骨、聲律三論之下，未能彰顯其各自獨特的精神。另在板本方面，除手抄、單刻、評註、校本四種外，關於文心雕龍的選本，也闕而未備。過去，孫詒讓積十年之功閒詁墨子，自言：「其書甫成，已有旋覺其誤者」，此情殆有似之。

九　劉彥和以六朝時代的儷文，綜述其文學創作的苦心；且字裏行間，常用具體的事物，比喩抽象的理念。唐宋文士，已有「能言之也，而未必能行」之苦（文鏡秘府論語）。今茲撢研，特以淺近的文字，抉發其精深的妙境，俾此一部曠古絕今的文論寶典，能眞正作爲發展民族文學的張本。

十　筆者幸生於社會安定，學術昌明的時代，回想同好先進對文心雕龍整理與發皇的卓越成就，以及林師景伊、高師仲華平時的指導與鼓勵，使我得根據他們的成說，以推究未竟之緒業。可是，由於古今人天的遙隔，所言能否與彥和深遠之思，冥符遙契，還不敢稍存自詡。故縷識本書寫作顚末，以見疏陋之咎，無可自掩；且以寄望於博雅君子。

重修增訂「文心雕龍研究」序

民國六十六年（西元一九七七）三月，拙作「文心雕龍研究」問世後，立卽發覺許多不容掩飾的缺點。時因梓行可觀，欲改莫遑。事後雖作了種種補救，但內心的歉疚，卻使我終難釋懷。兩年來，我忙着重修增訂的工作，直到去年（六十七）九月，才算大致完成，重新交排。半載以還，眼看「文心雕龍研究」，又將以嶄新的姿態，呈現於讀者面前的時候；回想已往這七百多個瀝辭鐫思的日子，使我不得不把這前後兩板不同的地方，向諸君作個詳盡的交代。

書的布局架構，亦如人的身體脈絡，必須四肢百骸，配合得當；否則，一物携貳，莫不解體。原書本分十四章，其中第三章「文心雕龍史志著錄得失平議」，性屬資料的著錄，和「文心雕龍研究」的主題，似未吻合。第五章「文心雕龍之美學」，因當時倉猝成稿，於文心雕龍行文造境之美，亦未盡得環中。第十章「文心雕龍風格論」，十一章「文心雕龍風骨論」，十二章「文心雕龍聲律論」，從劉彥和文學創作的整體上來看，此三章無疑是別題單行；他如運思養氣問題，情采配合問題，裁章謀篇問題，比與夸飾問題，以及隱秀、鎔裁、事類、指瑕等，諸般必備的要目，均待詳加闡釋。僅此，勢難見其文學創作的全貌。所以趁着此次修訂之便，皆刪去重作。

原書各章，係結集由民國五十八年（一九六九），至六十四年（一九七五）間，於中山文化集刊，德明學報、師大國文學報、教育與文化、中華文化復興月刊、暢流半月刊、師大學報，以及國立中央圖書館館刊，迭次發表的論文而成。由於前後懸隔六載，其間行文措辭，多難劃一。如第一章「緒論」，第七章「文心雕龍之史學」，第八章「文心雕龍之子學」，第九章「文心雕龍文體論」，以及第十三章「文心雕龍批評論」，均有這種現象。此次修訂，對上列各章文字的潤飾，都作了相當的彌縫。至於命意、取材，由於作者的見解和資料的營聚，經常隨着讀書、閱歷、年齡，而歲有不同。因此，筆者對這方面特別審愼研究，並將視爲不妥的某種觀點，也作了適度的修正。

本次增訂，將原書第六章「文心雕龍之經學」，改爲「文心雕龍文原論」，並移於「史學」「子學」之後，以正本清源。原書第十、十一、十二各章經刪除後，另作「文心雕龍文術論」補之，以綜述劉彥和文學創作之理論體系與實際，使前此之所謂別題單行，疏略不備者，舉而納諸本文之中，期能理圓事密，了無遺珠。

至如第五章「文心雕龍之美學」，經全部改寫後，不僅條理分明，更使原文的內容，由七千字增加到三萬五千字。第八章「文心雕龍文體論」，除敍事說理，較原文倍增外，又附列文心雕龍文體分類一覽表，計二十篇一百七十九類，可謂承上啓下，集我國文類之大成。第四章「文心雕龍板本考」，前曾考得手鈔本九種，單刻本十八種，評註本十三種，校本二十種，今續廣事搜求，輯得選本十二種。補足原作後，則文心雕龍板本之居今可知者，要不外乎此矣。

綜上所論，則重修增訂後的「文心雕龍研究」較原本十四章之數少三章。其中除第二章「梁劉彥和先生年譜」，十一章「結論」（文心雕龍在『中國文學史』上之地位），完全保有原作面目，很少更動外；其他九章，均作了澈底而大幅度的調整，並甚而完全改寫者亦有之。重修增訂本「文心雕龍研究」的最大特色，是掌握了文心雕龍「爲文用心」的精神。把「文原論」「文體論」「文術論」「文評論」，像四支擎天的玉柱，先架設在全書的主體部位，構成研究的中堅。然後前乎此者，是文心雕龍之「美學」「史學」「子學」。藉着「美學」的認知，可以逆推作者劉彥和文藝哲學的眞象，藉着「史學」和「子學」的關係，可以略窺劉彥和納「史」「子」以入文學領域的胸襟與膽識。後乎此者，是結論，專言「文心雕龍在中國文學史上之地位」，特列舉民國開元迄今，五十多位中國文學史的作者，以通史的眼光，對文心雕龍所做的重新估價。他們騁辭辯說的理論，自如明珠萬斛，令人爲之目眩。至於第二、三章，「梁劉彥和先生年譜」，「文心雕龍板本考」，一重其書，一重其人。夫學者欲讀其書而不知傳世的板本，或欲知其人而不明其世系生平者，皆如無根之木，無源之水。所以備列於本書之前，以示爲學次第。

「文心雕龍學」的研究發展亦如其他任何學術，有低潮期，也有高潮期。時至近代，由於西洋文論思想的大量引近，文心雕龍遂如初昇的旭日，受到學術界的普遍重視。七十年來，國內外從事研究，而有論著發表的專家學者，已指不勝屈，單篇論文尤不下二三百種。在這個東西學術極端交綏的時代，我們如何掌握機先，拓展研究的管道，把文心雕龍的理論與實際，和現代「三民主義」的文藝政策相結合，作爲創作民族文學的張本，這實在是值得我們反覆思考的事。本書第一章緒論，專談「文心雕龍研究的回顧與前瞻」，其內容一方面是逆溯一千五百年來，文心雕龍演進的軌迹；另一方面對未來的發展，提出具體可行的研究方向。雖然這不是千秋定論，但對於關心「文心雕龍學」的同好而言，也許具有投石問路的參考價值。

關於「文心雕龍重要板本書影」十二幀，原書在順序的排列上，因年代的未盡配合，曾發生誤植的現象。例如王惟儉訓故本，與日本享保十六年岡白駒校正句讀本，由於原照不清，年前經由學生張盛凱倩人將原書影寄來臺，持較原照版面，映像之眞，不啻天壤。所以藉着重修增訂的機會，把這兩個如鯁在喉的缺點，也一併刊正。至於徵引各家著述簡表中漏列或重出的地方，這次也作了部分的更動，讀者對照可知，恕不辭費。

書中涉及人、時、事、地、物的專門名詞甚多，讀時不愼，極易致誤。因此爲了方便閱讀，顯豁文義起見，於標點之外，更加注符號。務期展卷無阻，朗若列眉。說到這裏，我必須感激文史哲出版社負責人彭正雄先生，由於他熱心學術，不計近利，使拙作在發行短短的兩年之後，重付鉛槧。這不僅圓滿完成了我重修增訂的志願，更表達了我對讀者久難釋懷的歉意。

文心雕龍傳世迄今一千四百多年了，經過唐鈔、宋槧、明刻、清注以後，其中別風淮雨，魯魚亥豕者，爲數不少。故今人若楊明照、若劉永濟、若王利器等，皆參綜博考，詳加讎校。由於他們點勘之勤、方法之新，頗收整紛理蠹之效。今茲撢研，凡引文與原書不同者，皆折衷各家，酌取至當。但亦不敢立異以鳴高。

文心雕龍體大慮周，籠罩羣言。所謂「體大」，指全書五十篇，由文原論，而文體論，而文術論，而文評論，而緒論。舉凡一切關涉文學之事，他都能深入淺出，提要鉤玄的加以說明。所謂「慮周」，言彥和立說有本，敍事有元，「述先哲之誥，益後生之慮」。他竭力掙脫兩漢經生的瓶頸，運用傳統的成規，別開文學的新運，從而寫下了這部牢籠百代的巨典。所謂「籠罩羣言」，因文心雕龍創局弘富，廓基峻爽，自羣經諸子以迄魏晉六朝的詩文總集，都是彥和搦筆染翰的資料。他將蔚映十代的文學，辭采九變的大勢，利用直敍、側敍、逆敍、追敍，種種不同的表現手法，如滾雪球，如金鏐鐵，如朝暾，如晚暉，卽是片言隻字，無不豔采四溢，壯麗千古。夫「爲大匠斲，必傷其手」，以「文心雕龍學」的博大精深，研究資料的恒河沙數，更生雖然繼先賢長者之後，螢窗十載，稿草屢更；但欲求珠璣無遺，亦良難矣。故以本文作爲對這位中國偉大文學思想家劉彥和的禮讚，也許尚嫌不够；但如作爲個人平時精思博考之一得，質諸博雅，未知有當否也。

王更生　民國六十八年青年節序於臺北退思齋

第一章　緒論（文心雕龍研究的回顧與前瞻）

一、前　言

文學批評在我國的羣經諸子裏，早有豐富的資料；但有關文學批評一類的專門著述，卻少之又少。像魏文帝典論論文，曹植與楊德祖書，應瑒的文質論，陸機的文賦，摯虞的文章流別論，李充的翰林論，都是「各照隅隙，鮮觀衢路」，「並未能振葉以尋根，觀瀾而索源」。至於鍾嶸詩品，折衷情文，裁量事代，卓然足以成家矣，然而他不受時代的左右，不顧情勢的利鈍，僅以五言爲斷限，嚴列三品銓文士，所以也難稱得上是完善的作品。如果說到鉤深窮高，鑑周識圓的文學批評論著，除了劉彥和文心雕龍以外，在我國的古今文學名著裏，還找不出第二部來。所以明朝原一魁序勾餘胡氏的兩京遺編說：

「文心雕龍陶冶萬彙，組織千秋，則勰亦六朝之高品也。」

劉勰字彥和，東莞莒人，即今江蘇省的鎭江縣。他的生平事蹟，見於梁書、南史本傳上，但皆略而欠詳。梁書記載的算夠詳備了，可是對他的生卒年月，家庭世系，文心雕龍成書時間等，也還是含糊其詞，沒有明確的交代。這固然對於文心雕龍本身的價值沒有什麼影響，但要知人論世，考察劉勰從事述作的動機，和其受時代、家世、師友、風習、種種影響時，便覺得有力不從心的遺憾。正因爲這一點，清朝的劉毓崧〔一〕，現代的范文瀾〔二〕、楊明照〔三〕、張嚴〔四〕、王金凌〔五〕，以及筆者本人〔六〕，都曾先後爲文考辨。大概可以確定的是：劉勰是漢齊悼惠王肥的後裔，文心雕龍成於南齊之末，他歷任梁武帝的奉朝請，臨川王弘記室，太末令，步兵校尉兼東宮通事舍人，與昭明太子蕭統及文選樓諸公發生過相當的關係，並曾三次抄撰經藏，對南朝當時佛經的流布與集結，頗有卓越貢獻。至於後人說他著文心雕龍，是運用佛、老的知量，接堯、舜的心傳〔七〕，這一點，本人從文心雕龍五十篇的文字上研究結果，還看不出事實的眞象來，最可惜的是他的文集不行於世，否則的話，我們對他的瞭解當不局限於此了。

南朝到了齊、梁時代，在整個的文壇風氣上，是「辭人愛奇，言貴浮詭」〔八〕，「儷采百字之偶，爭價一句之奇；情必極貌以寫物，辭必窮力而追新」〔九〕，「採濫忽眞，遠棄風雅，近師辭賦」，「體情之製日疎，逐文之篇愈盛」〔一〇〕，像這樣只重視形式的雕琢，缺乏內在的情實，劉勰是堅決反對的。所以他以復古爲革命，對當時虛浮詭誕的文風，提出了嚴正的撻伐。第一、他主張文學的抒寫要自然，不須故意雕飾〔一一〕，第二、他以文學主情性，應當抒發作者之眞實情感，切忌無病呻吟〔一二〕，至於他立論的態度，卻非常公正，是則是，非則非，既不肆意咒罵，亦不互相標榜〔一三〕，他也並不是完全不主張藻飾，不過去泰去甚罷了〔一四〕。這種切中時弊的文論，由於他言出有據，很受後世學者之重視。尤其清代章學誠在文史通義上，盛贊文心雕龍是「體大慮周，籠罩羣言」，「文心雕龍之論文，專門名家，勒爲成書之初祖也」〔一五〕，這眞是實至名歸的說法。

文心雕龍自成書至現在，已有一千四百七十多年的歷史了〔一六〕，歷代研究他的學者專家也爲數不少，不過因爲每一個時代的社會背景，學士習尚，研究風氣的不同，對文心雕龍的需求看法和做法，也就發生了相當的差距。所以我們在這個文運日新的時代，把一千四百多年來對文心雕龍研究發展的成績，作一次通盤的整理與分析；然後再擷取前人已有的經驗結晶，加以昇華提鍊，爲今後鑽研文心雕龍的坐標，去展望未來，這對我國傳統而偉大的文學批評來說，是急切需要極富意義的事。

二、文心雕龍研究的回顧

回顧文心雕龍的研究，在以往一千四百多年中，可約略有幾個特色，大致是由唐宋至元明，學者對文心雕龍多作板本的翻刻、批評、音註，純粹詮釋的作品並不多見，由清初乾隆初年到宣統末年，因爲黃叔琳輯注出現，並收入四庫全書的關係，給文心雕龍研究打開了新局面。由民國開元以迄今日，在中國古典文論的園地裏，由於黃侃文心雕龍札記的率先倡導，把文學批評的界域帶向一個理想的高峯。雖然校釋的工作仍有不少人繼續在作，但事實上已逐漸退居於次要的地位。無可諱言的，這是一個知識爆發的時代，由於印刷出版品的流布與知識交換的便捷，六十多年來，使文心雕龍的研究，有了突破傳統的成果，以下筆者就手邊資料所及，作一鳥瞰式的分析。

甲、深得文理，常陳几案的時代

梁書劉勰傳上記載著這樣的事：「文心雕龍既成，未爲時流所稱。勰自重其文，欲取定於沈約；約時貴盛，無由自達；乃負其書候約出，干之於車前，狀若鬻貨者。約便命取讀，大重之，謂其深得文理，常陳諸几案。」按梁書沈約傳，約撰四聲譜，認爲古今詞人，累千載而不寤的道理，自己卻能獨得胸臆，窮其妙旨，出神入化。適劉勰書中也有聲律一篇，休文戚戚同感，因此大重，引爲知己，這也是意料中的事。以後葉廷珪的海錄碎事（一七），也加以轉載。不過我們不管梁書上是否過份渲染，總而言之，文心雕龍的被當代學術界所重視，是無可置疑的。

昭明太子蕭統生於齊和帝中興元年（西元五〇一），也就是劉勰三十八歲，文心雕龍成書的那一年。到了天監十六年（西元五一七）昭明十六歲，劉勰的年齡五十有四，先生除仁威南康王記室兼東宮通事舍人。昭明太子好文學，對劉勰十分禮遇，劉勰是在梁武帝普通三年（西元五二二）辭世，當時昭明二十二歲，根據何融的文選編纂時期及編者考略的研究，昭明文選之編纂，開始於普通中，完成於普通末。梁武帝以普通紀元共七年（西元五二〇——五二六）。觀何文，參與編輯文選工作的三羣學人內，雖不包括彥和，但由文心雕龍之成書時間早於昭明文選十六年，以及劉勰與昭明過從密切的情況來看，如果我們說昭明文選之編撰，有若干地方曾斟酌乎文心龍雕，應該不算懸測之辭。第一、我們拿文選與文心雕龍二書對文章的分類來說，文心雕龍粗別大類爲二十目，文選分目三十有七。類目雖有繁簡之別，但文選所選的文類，盡納乎文心之中。第二、我們從兩書所選的文章篇目去研究，文心雕龍文體論二十篇，據彥和自述其中「選文以定篇」，爲行文體例之一，所謂「選文以定篇」者，就是明白標出各體的領袖作家和範文，以供觀摩。今按文選三十卷，撰人百三十餘家，文章四百五十篇，除其中極少數的作家和作品，因爲他們的文集行世較晚的關係，其他大部分的文家和篇目，可說都在文心雕龍中出現過。這個現象定非巧合，所以近人駱鴻凱著文選學，便說：「劉勰傳載其兼東宮通事舍人，深被昭明愛接；雕龍論文之言，又若爲文選印證，笙磬同音，是豈不謀而合，抑嘗共討論，故宗旨如一耶。」這也是心同理同的推論。

梁元帝蕭繹，嘗自號金樓子，因以名其書。書共六卷十五篇，久已散佚，四庫全書從永樂大典錄出者，尚存十四篇，他的書綜括古今，兼資勸戒，凡所徵引，多屬前人的成說，在該書的立言下篇，論陳思王曹植行文的語病一段文字，與劉勰文心雕龍指瑕篇，幾乎一字不差。所以沈約將文心常陳几案，備爲參考，以及由當時昭明太子蕭統，梁元帝蕭繹，這一般政府當權派著述行文是如此重視劉勰的大作，則史傳的記載，以及文心雕龍給南朝學術界的影響，都是確鑿可信的事實。

不僅南朝學術界對文心雕龍有極高的評價，就是當時北朝的北齊平原太守顏之推〔一八〕，在顏氏家訓文章篇論文章起源時，所言與文心雕龍宗經篇相類；其論文章之作用，復與文心雕龍原道篇同調；論文章之要素，又和文心雕龍附會篇意見一致；論文人之修養，更是由文心雕龍程器篇中脫出。所以郭紹虞中國文學批評史，和朱東潤中國文學批評史大綱，都懷疑顏氏的文學批評論是本於劉勰的。這種揣測，我覺得毫無錯誤，因爲據北史和北齊書顏之推本傳記載，之推初仕梁，累遷散騎侍郎，後因渡河船破奔齊，其家訓約成於隋文帝開皇十九年（西元五九五），照這樣說法，他與劉勰還有一段相當的關係。以顏氏的好學敏求，像文心雕龍這部書相信是目睹過的，要說顏之推的文論思想，與文心雕龍有相襲之處，這應該是合理的判斷。

由上可知，文心雕龍因沈約的鑑賞，昭明太子的愛接，蕭繹金樓子的襲用，與北齊顏之推家訓文章篇的甄引，其給予南北朝文學批評界的影響，是相當深遠的。雖然他不若左太沖的賦三都，有紙貴洛陽的名噪；但是幸運的它總算遇到了一位類似皇甫謐的沈休文，替他延譽標榜，奠定了他在文壇上的不朽地位。

乙、類聚羣分，被後學所徵引

前人徵引文心雕龍者甚多，自唐至明，不下六十餘家。或綜合類聚，或分析別裁，或取之以宏事義，或奉之以爲聲鑑，或尙其修辭的典麗，或重其說理的工穩，立意固然不同，而采摘徵用無二。以下簡其中特別重要者，每朝選幾位作代表性的說明。

唐代學者最先引用文心雕龍以立說的，是陸德明經典釋文和劉子玄史通。經典釋文序中的造語，多與文心體性篇合，而史通這部書，據近人傅振倫的劉彥和之史學，以爲史通卽就文心之意而推廣之。孔穎達尙書正義中的甘誓正義、洪範正義，毛詩正義中的詩譜正義，詩大序正義，有若干造語，與文心雕龍的檄移、正緯、明詩、書記、聲律、比興、章句等篇的辭意相合。另外昭明文選李善注，昭明文選五臣注，以及劉存的事始，援引文心雕龍的地方也不少。此時不但本國學術界重視劉勰的著作，就是日本留學生如遍照金剛的文鏡秘府論，依照黃師錦鋐空海的文鏡秘府論與文心雕龍的關係上的說法〔一九〕：這本在日本文學批評史上最早的一部著作，大體是繼承文心雕龍的思想立說的。如其文學觀，創作論，文學批評三部分，都與文心雕龍發生了永不可解的血緣關係。

宋代學者承魏、晉、六朝、隋、唐的緒業，在學術上由於更受到科舉取士的影響，文人學士一致把讀書認爲是沽聲名、弋利祿的手段，於是變本加厲的去編製類書、事典，以作制義、應考的準備。其中有幾部最重要的類書，如高承的事物紀原，潘自牧的記纂淵海，祝穆的事文類聚，王應麟的玉海、困學記聞、漢書藝文志考證等，引用文心的地方很多。尤其李昉奉敕纂修的太平御覽，更採輯了文心雕龍的原道、宗經、明詩、詮賦、頌讚、銘箴、誄碑、哀弔、雜文、史傳、論說、詔策、檄移、章表、奏啓、議對、書記、風骨、定勢、事類、指瑕、附會、序志等二十三篇中的文字。這本書是宋太宗太平興國八年癸未（西元九八三）完成的，書凡一千卷，五十五門，轉引古書一千六百餘種，其中卷五百八十五至五百九十，卷五百九十三至五百九十八，卷六百一、六百三、六百四、六百六、六百八並引雕龍。所以古來拿宋本太平御覽校勘通俗本文心雕龍的，自明梅慶生音註後，若黃叔琳、范文瀾、楊明照、劉永濟，以及今人王某的文心雕龍新書，都曾用作校讐中的主本。至於日人鈴木虎雄，作黃叔琳本文心雕龍校勘記，他也用了日本江都喜多村氏仿宋槧校刻的聚珍本太平御覽。我們根據各種藝文史志的記載，得知單刻的宋本文心雕龍，亡佚於元代後，似此太平御覽、玉海及同代的其他類書中，還幸運地替我們保留了大批的文心雕龍資料，雖然內容並不十分全備，但也足以令我們喜出望外了。

蒙古入主中原，歲不滿百〔二〇〕，右武而不尚文，在學術上實無可傳述的地方。時至明代，厲行八股取士，對文章義法特加重視，因而文心雕龍又被一些應考的舉監生員們，視做登庸仕途的敲門磚。如吳訥的文章辨體，唐之淳的文斷，徐師曾的文體明辨，陳耀文的天中記，陳文燭的翰苑新書，董斯張的廣博物志，彭大翼的山堂肆考，陳懋仁的文章緣起注與續文章緣起等，都是基於這種情形而成的著作。正如清孫梅四六叢話凡例上說的：「士衡文賦一篇，引而不發，旨趣躍如。彥和則探幽索隱，窮形盡狀，五十篇之內，百代之精華備矣。其時昭明太子纂輯文選，爲詞宗標準；彥和此書，實總括大凡，妙抉其心，二書宜相輔而行者也。自陳、隋下訖五代，五百年間，作者莫不根柢于此。嗚呼！盛矣。」這種思想一直到黃季剛先生在北大講學，也還是側重在文章作法方面去講授文心雕龍的。

丙、唐寫文心雕龍殘卷的眞象

在本文第二章乙節裏，曾列舉唐代學者援引文心雕龍本文的例證，爲今後從事文心校勘的學者，提供了有關資料的線索。不過假使有一部唐寫本文心雕龍尚傳於世的話，不僅各家援引文心的資料無足輕重了；同時也爲文心雕龍本文的正確性，獲得可資信賴的依據，這眞是再理想不過的事。可是就有那麼巧，在清末經由王道士揭開了敦煌秘藏後，唐寫文心雕龍殘卷即被發現，但當它剛要重見天日，嶄露頭角的時候，又不幸被匈牙利人斯坦因所竊。千年國寶，見奪異域，實在令人言之傷心！以下我要接著說明這份殘卷的眞象：

唐寫本文雕龍殘卷，因爲行文用章草，所以又名唐人草書文心雕龍殘卷，因發現於敦煌石窟，又稱敦煌卷子本，今藏倫敦大英博物館之東方圖書室。斯坦因編目五四七八號，葛禮斯新編列號七二八三，原本蝴蝶裝小册子，共二十二葉，四界烏絲欄，每半葉十行或十一行，行二十二、二十三字不等。起原道篇贊「體，龜書呈貌，天文斯觀，民胥以效。」訖諧讔第十五篇題。明詩第六前，題「卷第二」，銘箴第十一前，題「卷第三」，蓋五篇爲一卷，則五十篇爲十卷，適合隋書經籍志著錄十卷之數。徵聖篇題下有「大」字十二，第十六葉正面第二行「卷第三」，及第三行「銘箴第十一」二題下，書有「大寶積經」、「大寶積佛」等二十二字，欄外草書「言」字七個，似學僮信筆塗鴉，故字體特劣。第一葉反面第八行欄下注「好」字，第四葉反面第一、第二行上欄注「東序」二字，第十三葉正面上欄注「淺」字，第十七葉反面末行上欄注「賤」字，第十八頁反面欄上欄下，及第十九葉第八行欄下均注「烈」字，蓋讀者以正文章草難認，偶加箋注，求其明順。又第六葉正面欄下注「嚼靖也」，「緇黑色」，「涅水中黑」，大概是讀者偶釋正文所加。又第四葉正面第四行「經顯聖訓」，「訓」原寫作「教」，復改爲「訓」，第二十一葉正面第五行「故悼加乎膚色」，「乎」字原脫漏，另加於旁。全卷「淵」作「渕」，「世」「聖」均作「せ」，「民」作「巳」，可能都是避唐初諸帝諱省改。同時由銘箴篇張昶誤爲張旭推測，當出於唐玄宗以後的人的手筆。

自從唐寫本文心雕龍殘卷被發現後，首先拿它來作校勘的是日本鈴木虎雄〔二一〕，其次是我國的趙萬里先生〔二二〕，第三位是潘師石禪〔二三〕。潘先生往歲訪書英倫，曾攝得原卷影片，歸國後，複印放大，附在他作的唐寫文心雕龍殘本合校的後面，目前我們在臺所以能看到唐寫本的面目，主要的就是靠著這份文獻。

其次，依照王某文心雕龍新書序錄〔二四〕，說他校勘文心雕龍時確知有一些材料，而未得徵引的共有七種，其中第一種就是前北京大學西北科學考察團團員某，藏唐寫本文心雕龍殘卷約長三尺。此三尺長之唐寫殘卷，據合理推斷，必非斯坦因所竊，而現藏英倫的唐人草書殘卷，或係啣接在英倫藏本的後面，由諧讔篇至序志篇的一部分，亦未可知。果如預測，則唐寫本文心雕龍將如破鏡之重圓。我們很希望這個殘卷早日珠聯璧合，使文心雕龍的研究，因唐寫本的完整出現，有劃破青天的新發明。

丁、從辛處信到黃注紀評

宋史藝文志載有辛處信文心雕龍注十卷，文心雕龍之有注，辛氏可說是第一位，惜不傳爲憾！王應麟玉海引文心雕龍，大多附有注釋，不知道這些注釋是否本之於辛氏的原書？自茲以降，有幾個註釋的本子，如王惟儉訓故本，楊升菴批點梅慶生音註本，吳興凌雲五色套印本，以及黃叔琳註紀曉嵐評本，因爲它們有前後相承的關係，所以都併在這裏一塊兒講。

按照各本出現的時間先後來說，王惟儉訓詁本文心雕龍十卷，是在明萬曆己酉（西元一六〇九）完成的，所以要算他最早。惟儉字損仲，祥符（今河南開封）人，萬曆四十三年（西元一五九五）進士，任南京工部右侍郎，嗜力經史百家，作雕龍、史通二書訓詁，於劉勰書發明很多。可惜此書終明之世，絕少流傳，故公私史志都沒有存目。清初王士禎帶經堂全集卷九一第十二頁下文心雕龍跋云：「黃山谷云：『論文則文心雕龍，評史則史通，二書不可不觀』。明王侍郎損仲作雕龍、史通二書訓故，以此二訓故援據甚博，實二劉之功臣。余訪求二十餘年始得之，子孫輩所當愛惜。」以王漁洋所處的時間〔二五〕，去損仲不遠，尚歷二十餘年始訪得此書，可見其傳本之稀了。今人王某在文心雕龍新書序錄上說，他在大陸北京圖書館，曾親見王氏訓故本的原刻，並在新書的附錄上，將王惟儉的訓故序，和訓故本的內容全部轉錄出來，大概也是慶幸此書得來不易吧！

較王惟儉訓故本稍晚，而流傳頗廣的一個註本，就是明萬曆四十年（西元一六一二）豫章梅氏刋刻的，楊升菴先生批點梅慶生音註本的文心雕龍十卷。書分二冊，現藏臺北國立中央圖書館，這部書卷首與封底所附刻的序跋，共計有曹學佺文心雕龍序、江寧顧起元序、馮允中文心雕龍序、新安石巖方元禎的文心雕龍序、建安西橋程寬文心雕龍序、臨橋葉聯芳的文心雕龍序、樂應煃文心雕龍序、古歙佘誨文心雕龍序、楊升菴與禺山公書、文心雕龍讐校姓氏，音註校讐姓氏、與李本寧先生書、曹能始先生書、吳人都穆跋、朱謀㙔跋，及校刻楊升菴先生批點文心雕龍音註凡例，光看這一系列的文獻，就不難了解刋刻者的抱負。顧起元說：「豫章梅子庾既擷東莞之華，復賞博南之鑑，手自校讐，博稽精考，補遺刋衍，汰彼殽訛。至篇中曠引之事，畢用疏明；旁采之文，咸爲昭晳。使敦閱研味者，不滯子才之思；甄索鉤校者，直擷孝標之勝。」曹學佺序也說：「予友梅子庾從事於斯，音註十五，而校正十七，差可讀矣。」書中所列文心雕龍讐校姓氏十位，文心雕龍音註讐校姓氏二十一位，這種宏偉的氣象，眞可說是兼採衆家，獨出心臆了。固然梅氏用心良苦。本書的缺點仍不斷被人發現，而作了種種調整。首先是吳興閔繩初，他覺得梅氏音註於每篇之中，有注有不注，故使人惜其不全，於是又尋考諸書，用以補遺。梅本每篇註隨文後，間斷篇第，閔氏特移各註於全書之末，以便參稽；至於人名，及鳥、獸、書篇之名，以二三小字，註於原文之下。因而他有劉子文心雕龍的校刻。這個本子將文心雕龍分五冊四卷，所謂卷上之上，卷上之下，卷下之上，卷下之下，註附書後單行，別爲一冊，是此一板本的特點。第二個對楊批梅註的本子作改進工作的，是金陵聚錦堂。他在天啓二年（西元一六二二）發行了第六次校刋本。此本內容大致同前，唯一和梅氏原刻相異的，是改二冊裝爲四冊裝或六冊裝，這些本子現在都藏在臺北國立中央圖書館。

清朝黃叔琳覺得「梅子庾自謂校正之功五倍於楊氏，然中間脫訛，故自不乏，似猶未得爲完善之本。」於是他就以梅註做基礎，旁搜遠紹，加以友朋的見聞，兼用衆本相比勘，正其字句。時先生任山東布政使，由於人事的牽纏，前後經過兩個年頭，在乾隆三年（西元一七三八），交雲間姚平山鳩工鐫版。中間又因爲良工難覓，一拖再拖，延遲到乾隆六年（西元一七四一）才正式梓行可觀，這就是清黃叔琳輯注本文心雕龍十卷的刋刻經過，也可以說是明楊升菴批點，梅慶生音註本的第四次大革新。黃本初出，適逢乾隆籌編四庫全書，於是就被江蘇督撫採進，收入四庫全書集部詩文評中。書分二册，現藏國立故宮博物院。

按照黃叔琳自書的凡例，知道這本書至少有下列三個特色：一是將異同難定的字句，擇其義之較長者，注於本句的下面。二、是隱秀篇文脫落很多，已從何義門校正本鈔補。三、王損仲訓故本，援據詳賅，因重加考訂，增注十之六、七。其中值得我們所特別注意的，是經久不見的王惟儉訓故本，被黃氏援爲校勘文心的重要依據。且王本勝梅註者甚多，所以黃氏有超越前賢的發現，爲文心雕龍研究的前途，展開了歷史的新頁，是有道理的。可是黃氏對王惟儉訓故本採用到什麼程度，我們可以從紀曉嵐評語中看出。紀評迭有「此注云從王本，而所從仍是梅本」的話，又說「此書校本實出先生，其注及評，則先生客某甲所爲。先生時爲山東布政使，案牘紛繁，未暇遍閱，遂以付之姚平山，晚年悔之，已不可及矣。」可見紀氏對黃注並不滿意，於是在乾隆三十八年癸巳（西元一七七三）有評校本的出現。當時黃注、紀評各自單行，不相系聯。到了道光十三年癸巳（西元一八三三），盧坤任職兩廣節署時，才令嘉應吳蘭修綜黃、紀二書爲一編，成兩廣節署本黃叔琳輯註紀昀評文心雕龍十卷。此後於民國十三年（

西元一九二四）上海掃葉山房印行新體廣注石印本文心雕龍，中華書局發行四部備要聚珍仿宋版文心雕龍，臺北文光圖書公司又印杜天縻注文心雕龍，無一不是從黃注紀評本脫出，所以我們說黃注紀評在文心雕龍的研究上，負有承先啓後的任務，就連民國十四年（西元一九二五），范文瀾注文心雕龍，也還是拿它做底本的，於此就可以看出它的權威性了。

戊、認祖歸宗的一個重要版本

宋本文心雕龍亡於元，從元以後，歷明至清，每代都有不同的單刻本，根據愛日精廬藏書志卷三錢允治跋：「此書（按指文心雕龍）至正乙未刻於嘉禾，弘治甲子刻於吳門，嘉靖庚子刻於新安，辛卯刻於建安，癸卯又刻於新安，萬曆己酉刻於南昌……」清朝以前，共六刻，這六刻又都是以元至正乙未刻於嘉禾者爲底本。所謂嘉禾本者，卽元至正乙未（西元一三五五）嘉興郡學刊本，每半葉九行，行十七字，據王某說，現藏大陸北京圖書館。元至正嘉禾本在臺旣沒法看到，退而求其次，如果能得到弘治甲子（西元一五〇四）吳門本，也算差強人意了。這個吳門本是明弘治甲子馮允中巡按吳中時，假都穆進士家藏，重雕傳世。書前附刻都穆和馮允中的序，對鋟版經過，頗有詳盡的敍述。我們徧查臺灣各公私藏書機構，例如明嘉靖庚子（西元一五四〇）歙邑汪一元校刻本，萬曆壬午（西元一五八二）兩京遺編本，明武林何氏增訂漢魏叢書本（西元一五九二），明說海彙編本，均藏臺北國立中央圖書館，明嘉靖癸卯（西元一五四三）佘誨本，現藏臺北南港中央研究院史語所。另外在臺北外雙溪國立故宮博物院，有明刊本文心雕龍二册，未注刋刻時地，因而引起某些學者的疑竇。

民國四十五年（西元一九五六）香港大學中文學會印行文心雕龍研究專號，饒宗頤教授著「唐寫本文心雕龍景本序」云：「文心，宋本今不可見，故宮週刊第五十六期有宋版文心雕龍景片（第一版）不悉何本？明刊入校者，楊明照校注與王利器新書序錄，僅引嘉靖庚子(西元一五四〇)新安汪一元刊本而止。然前乎此者有弘治甲子(西元一五〇四)馮允中吳中刊本。友人神田喜一郎博士藏有其書，其鬯盦藏書絕句謂：『至珍馮本同球璧，除卻唐鈔孰能科』者也（此本卷末有『吳人楊鳳繕寫』一行，天祿琳琅書目著錄誤以爲元版），允爲唐鈔以後最重要之本子。」如依饒先生此文，則明弘治甲子吳門本已淪入日人神田君之手，而神田君亦視同拱璧，自認唐鈔以後，莫此最古。茲姑不論北京圖書館元至正嘉禾本(西元一三五五)早過明弘治吳門本一百五十年，單就明弘治甲子本言，神田君之視同球壁者，在我國故宮博物院藏所謂「明本文心雕龍十卷，二册」，被後人以明版誤作元版者，卽係甲子吳門馮允中刻本。清末葉德輝書林清話卷七，於「明人刻書載寫書生姓名」一節，對天祿琳琅書目續編的錯誤，曾有考辨，不贅。今故宮所藏此刻，爲昭仁殿舊藏，書中序跋均無，半葉十行，行二十字。書首目錄頁蓋有藏書家的印章不下二十多顆，茲列舉其中最醒目者，如「天祿琳琅」，「天祿繼鑑」各朱記，並「長洲吳氏」，「吳與趙氏」，「謙牧堂藏書記」等各收藏家的印章。上欄正中蓋有「乾隆御覽之寶」橢圓玉璽一顆。更在首頁上緣的護書空白處，蓋有「五福五代堂寶」，「太白皇帝之寶」。從加蓋印璽之多上看來，足徵本書受學界珍寶爲何如。其第十卷之末，刻有「吳人楊鳳繕寫」字樣。時故宮典藏股吳哲夫先生也面告本人，書實明版無疑。拿它與饒宗頤教授所錄神田喜一郎所藏的版片相諭，筆者斷言故宮明本文心雕龍十卷，與神田君藏本纖毫不差。今元版陷於大陸，已萬分難得，明弘治甲子本自然的就成了海外的拱璧，但學術界人士或不知故宮所藏明刋本二册，卽爲稀世的珍品，因此，我說這一個重要版本，當已經查明它的身世以後，就應該替它辨個認祖歸宗的手續了吧！

己、各家校本的來龍去脈

文心雕龍的校本，明楊升菴先生批點，梅慶生音註本文心雕龍，附有讐校姓氏十人，音註校讐姓氏二十二人。吳興凌雲五色套印本劉子文心雕龍，列有校讐姓氏二十二人。清黃叔琳輯注本文心雕龍，錄有元校姓氏三十四人。現在我們姑以黃書爲準，加以核對，這三十四人中合於梅本原題讐校姓氏者：計楊愼（字用修）、焦竑（字弱侯）、朱謀㙔（字鬱儀）、曹學佺（字能始）、王一言（字民法）、許天敍（字伯倫）、謝兆申（字耳伯）、孫汝澄（字無撓）、徐𤊹（字興公）、沈天啓（字生予）。合於梅本原題音註校讐姓氏者：計楊應龍（字陳父）、俞安期（字羨長）、王嘉弼（字靑蓮）、王喜丞（字性凝）、張振豪（字儁度）、葉遵（字循父）、許延祖（字無念）、鍾惺（字伯敬）、商字梅（字孟和）、欽叔陽（字愚公）、龔方中（字仲和）、許延繹（字無射）、鄭胤驥（字閑孟）、陳陽和（字道育）、程嘉燧（字孟陽）、李漢燈（字孔章）、徐應魯（字宗孔）、曾先魯（字古狂）、孫良蔚（字文若）、來逢春（字景禹）、王嘉賓（字仲觀）、後學儒（字醇季）。黃氏另行增補者：計梅慶生（字子庾）、王惟儉（字損仲）。我們如果拿這三十四人來討論，明代以前的各家校本，尚能完整的幸存於今天的，除了王惟儉、謝兆申、徐𤊹、錢允治等四個本子，現藏大陸北京圖書館以外，其他都被梅慶生收入他所刻的音註本中，而梅氏音註雖然沒有被黃叔琳輯註全部轉錄，但據紀曉嵐評語中的消息，梅本的特點也還是被黃氏保留著的〔二六〕。

清朝以下至民國，這三百多年中，校勘文心者頗有幾位名家，如馮舒、葉石君、沈岩、吳翌鳳、張青芝、張紹仁、吳騫、吳枚菴、孫樹杓、黃丕烈、顧廣圻、徐渭仁、譚獻、孫詒讓、傅增湘，日人鈴木虎雄等十六位。這十六位的校本除了孫詒讓所校，隨同他著的札迻十二卷並行在臺外，他如黃丕烈校本，張紹仁校本，馮舒校本，何焯校本，顧廣圻校本，譚獻校本，吳翌鳳校本，徐渭仁校本，傅增湘校本，以及日本鈴木虎雄的校勘記，都淪入大陸北京圖書館，其中尙有六位的校本不知所終。這十六個校本，以黃丕烈、顧廣圻二家最稱精富，孫詒讓最爲簡賅，傅增湘最是博大，誠因傅本是民國三十年（西元一九四一）以後的產物，故能參稽衆長，光大篇第，以成其宏偉的氣象。

民國四十年（西元一九五一）大陸出版了一部王某的文心雕龍新書。同年七月香港龍門書店影印初版，民國五十六年（西元一九六七）二月再版。王氏以他精究博考的工夫，確有突破傳統的發現。綜計他校勘文心雕龍所用的底本、輔本、古注、類書以及關係書，至少說也有近百種之多。他校勘所採行的方法和態度，凡是用對校法能解決的，就用對校法。可用本校法解決的就用本校法。可用他校法解決的，就用他校法。其有不能乞靈於上述三法的時候，則又很愼重的用理校法。在靈活運用這些方法的時候，凡是字形相似而誤的，一字誤爲兩字的，上下文偏旁相涉而誤的，俗書形近而誤的，壞文形近而誤的，顚倒的，脫漏的，增衍的，都分別一一訂正，因此書成之後，他便取法劉向校讐中秘的遺範，命名爲文心雕龍新書，猶之六朝、唐人所謂之「定本」也，由此也可以看出王氏自負如何了〔二七〕。雖然校書如掃落葉，邊掃邊生，但是如我們想受文心雕龍之益，王氏新書恐怕是必備的工具。

三、文心雕龍研究角度的轉變

中國近六十多年來，因社會的劇變，影響到思想的劇變，西洋思想的介紹，與中國固有的思想不能不有衝突，有衝突就有比較，有比較而思想的價值始明。所以對於舊思想的重新估價，就成必須從事的工作了，文學批評亦復如此。例如傅東華介紹克羅齊的美學原理，景昌極、錢堃新合譯溫徹斯特的文學評論之原理，戴望舒之與提格亨比較文學論，姚一葦箋注亞里士多得的詩學，顏元叔譯衞姆塞特、與布魯克斯合著的西洋文學批評史，郭靈中對日本丸山學著文學研究法的介紹，每一部外國文論的介紹，都給國內文學批評界帶來有形或無形的震撼。文心雕龍是我國古典文學理論中最具系統的，而且是空前未有的巨著，雖然後來詩話、文話之作，代有其人，如何文煥歷代詩話載梁至明之作凡二十七種，丁福保的續歷代詩話，所載又二十八種，清詩話所載四十四種，這些數近百種的詩話，以及唐圭璋所輯的六十種詞話，嚴格的講起來，大都不過是隨筆漫談的鑑賞，說不上是嚴格有度的文學批評。四庫全書總目提要曾將詩文評分爲五類，但能列入「究文體之源流而評其工拙者」，祇有文心雕龍一書，可見在文心雕龍之前，中國沒有文學批評的專著，繼文心雕龍以後，到現在也還找不出第二部類似的文學批評書籍來。

清代以前的學者，對文心雕龍研究的情況，經過本文第二章的介紹，大家都知道隋、唐以前是徵引襲用的居多，元明以後是板本翻刻、批評、音註的爲多，入清至民國開元，才有校勘、注解的出現。誠因「無徵不信」，爲乾嘉諸老的特長，所以造成了時代學術主流，那就是「厭倦主觀的冥想，而傾向於客觀的考察」，他們對我國古典學術，卻曾披沙簡金，下過一番裁汰的工夫，有極其驚人的新發現。但是到了民國，中西文化大量交流之後，在學術的研究方法、態度上均起了很大轉變，就拿近六十年來文心雕龍的研究而言，無論是在國內或海外，都有無數默默耕耘的學者在積極從事。他們對本書的研究方式，有一個共同的特色，那就是不再遵循清儒訓詁考據的老路子，用讀經之法去讀文心雕龍，而是以舊有的校、注、板本爲基礎，再運用比較、分析、統計、歸納，各種思維的理則，去探討劉彥和的文論思想。冀由這部文論寶典裏，創通一條爲「現代三民主義新文學」的正確指導原則。以下我們就把這六十年來文心雕龍研究成果，用提綱挈領的方式，從大角度、遠距離，來分別的予以說明。

甲、古典文論的先驅

民國八年（西元一九一九）發生的「五四運動」，從表面上看，固屬是爲著外交問題而起，但是這裏有一點我們要認清楚：「五四運動」的領導者是學生，學生並沒有他獨自的特定立場，更沒有他獨自特定的意識，所以這一運動的目標，雖然確定出來了，但由於沒有一個具有特定立場與特定意識的人士，去領導這運動向著目標邁進，更不曾集中力量去到達那已經確定了的目標。因爲這個緣故，「五四運動」以後，各式各樣的新主義、新思想、新問題蠭出並起，眞可算「五花八門，光怪陸離」。當時胡適先生提出文學改良芻議後，新文學的浪潮固然蓬勃滋長，而舊文學的壁壘依舊森羅密佈。於是北京大學便成了文化上的觸覺，正式演變爲新舊學術交綏的戰場。

此時黃季剛先生於民國三年至八年（西元一九一四——一九一九）講授文心雕龍於北大，在這六年期間，他爲了講授上的需要，作爲札記三十一篇，內容自原道至頌贊九篇，議對至書記二篇，神思至總術十九篇，序志一篇，創解殊多，備受學術界的重視。民國八年暑後，先生執教於湖北武昌高等師範學校，並應門人的堅請，取神思以次二十篇，交北平文化學社刊布。意謂下篇以下，選辭簡練而含理閎深，若非反覆疏通，料難宣暢勝義。民國二十四年（西元一九三五），先生病逝南京後，札記極不易見，繼由季剛哲嗣黃念識編印，並作有後記，黃門弟子駱鴻凱撰物色篇札記，也同時殿於該書之末。民國五十一年（西元一九六二）婺源潘師石禪講學香江，授課之餘，因取北京文化學社本，與武昌排印講義本，合編付梓，另將其本人在學時撰寫的文心雕龍札記三十四條，附於黃札之後。潘氏跋語中有這樣幾句話：「是書雖非完稿，而吾先師早歲論文大旨略存於是矣。」季剛先生於自撰的題詞中也說：「自唐而下，文人踊多。論文者至有標榘門法，自成部區。然糾察其善言，無不本之故記……今爲講說計，自宜依劉氏成書，加以詮釋。引申觸類，既任學者之自爲，曲暢旁推，亦緣版業而散見。」回顧民國鼎革以前，清代學士大夫多以讀經的辦法讀文心雕龍，大別不外考據、校勘二途，於彥和文論思想絕少貫通。黃氏以文心雕龍作爲論文之主本，並又引申觸類，曲暢旁通，其札記既完稿於人文薈粹的北大，復於中、西新故劇烈衝突之時，因此札記初出，即震驚文壇。從而令學術思想界對文心雕龍的實用價值，研究角度，均作了建設性的調整。

受黃氏影響最大而又繼續研究卓有心得的，要算後起的范文瀾，由本文第二章丁節，可以知道，文心雕龍自宋辛處信爲作注解以後，若明王惟儉訓故，楊升菴批點，梅子庾音註，黃叔琳輯註，紀曉嵐評述，多不脫明人圈點評騭的陋規。嚴格的說起來，這種評註固給人去腐生新之感覺，但他仍不能完全擺脫時勢的束縛，不然文心雕龍的研究，早應跨越時代的局限，邁入康莊正途了。自清代中葉，中、西交通大開，文化交流日趨頻繁，我國傳統的治學方法，輒因受西學的影響而改絃易轍，若經學、若史學、若子學，甚而集部的整理與分析，亦均日新其業。而范氏文瀾追躡季剛黃氏之門，請益問難，頗有心得，因而聚材排比，前後費時六年之久（由民國八年至十四年），成文心雕龍講疏一部。民國十四年（西元一九二五）天津新懋印書館印行，二十年（一九三一）北平文化學社再版，二十五年（一九三六）上海開明書店重新排印，四十九年（一九六〇）香港商務印書館又增訂發行，名文心雕龍注增訂本。

是書雖以考據校勘爲主，但他旁徵博引，鑄故鎔新的精神與態度，在文心雕龍的注釋方面，確實開一新紀元。范氏自述撰寫取材的情形云：「網羅古今之說，不下數百家，詳記注者之姓氏及書名、卷數。至於師友之言，亦多甄采。如注中稱黃先生，卽蘄春黃季剛，陳先生，卽象山陳伯弢。」尤其黃氏札記已於民國八年（西元一九一九）梓行可觀，而陳漢章伯弢先生之說，幸藉范注得略窺其要眇。再以劉勰文中所引用的範文成篇大多散佚，范氏此注，特將其中存而可見者，悉數收爲一編，展卷誦習，大省讀者翻檢之勞。故季剛先生與叔澐范氏，不僅是彥和的功臣，尤當奉爲我國近代古典文學批評界的先驅。

乙、綜合研究與分科研究

文心雕龍「體大慮周，籠罩羣言」，是今古同嘆的。如果我們綜其著述的內容，五十篇中至少可分五大類，卽：

第一類：緒論——序志篇。

第二類：文學本原論——原道、徵聖、宗經、正緯、辨騷五篇。

第三類：文學體裁論——明詩、樂府、詮賦、頌讚、祝盟、銘箴、誄碑、哀弔、雜文、諧讔十篇（有韻之文）史傳、諸子、論說、詔策、檄移、封禪、章表、奏啓、議對、書記十篇（無韻之筆）。

第四類：文學創作論——神思、體性、風骨、通變、定勢、情采、鎔裁、聲律、章句、麗辭、比興、夸飾、事類、練字、隱秀、指瑕、養氣、附會、總術、物色二十篇。

第五類：文學批評論——

時序篇：論文學與時代潮流的關係。

才略篇：論文學與作家才情的關係。

知音篇：論文學與讀者鑑賞的關係。

程器篇：論文學與道德修養的關係。

古來研究文心雕龍的專家學者，對於劉氏的大作似缺乏分門別類的認識，再說校勘、注解的工作亦無需乎精分縷析，所以十九世紀以前的研究者，都深受時代潮流的影響，在固定的考據週期上打轉。

這要等到時代跨入二十世紀的界域，也就是民國十年前後，中國學術思想最先是承受日本的感染，文心雕龍的分類工作才開始有了眉目。當然這種五分法是否合適，見仁見智的人必不在少；不過不管怎麼樣，大多數的學者都借著這種分類，引進了自己的興趣，並推陳出新，又發表了許多卓異的見解。以下筆者就綜合與分科兩方面的研究成果，作一概括性的說明。

在綜合研究的成果方面，有葉長青文心雕龍雜記（民國二十二年葉氏自印本），莊適的文心雕龍選註（民國二十三年上海商務印書舘第一版），劉永濟的文心雕龍校釋（民國三十七年正中書局出版），楊明照文心雕龍校注拾遺（民國五十二年世界書局發行），郭某文心雕龍譯注十八篇（民國五十三年香港建文書局出版），張立齋文心雕龍註訂（民國五十六年正中書局出版），周康燮的文心雕龍選注（民國五十九年香港龍門書店印行），李師曰剛的文心雕龍校釋（民國六十一年師大國文研究所國文系講義三册）。以上八種著述，顧名思義，就知道他們還牢守著黃注紀評的壁壘，在文心原文上，也可以說在純粹靜態的資料上，上考下求，窮搜冥索，希望在校注的園地裏，融會文心雕龍五十篇文字的本義，尋出一個放之四海而皆準的正解來。考據爲義理之母，吾人欲了解文義，發爲辭章，類似考據的基本工作，自當給予應有的重視。學術研究如登七層寶塔，必須自卑而高，旣無幸至，尤無捷徑可循。這中間就我個人的了解，劉永濟校釋，先分篇發表於文史哲學報，與武漢大學學報，然後才集結成編的。楊明照校注自其在重慶大學求學時，卽已完成初稿，後到燕京大學研究所，親炙郭紹虞的薰染，前後累二十多年方才成書。至於李師曰剛的校釋，雖直至目前尚未公開行世，但拾遺補闕也費了十五年以上的時光。他們兀兀窮年，皓首點校的結果，最少發生了兩大作用：一、由於他們對本文本義的闡釋，使原本艱澀難懂的文心雕龍變成比較平實易解的一部書。二、由於化艱澀而爲平易，則自然拓寬了上古、中古以迄現代文論思想上的瓶頸，作爲溫故養新的張本。這些因綜合研究所獲致的成就，識大識小，端賴後之學者如何選擇了。

分科研究方面，我們可從作者論文的命題上去觀察，有屬於史傳類的，專事考索劉勰的身世。有屬於通論類的，在綜合研討文心論文的大體。有屬文原類的，在研求作者文學思想的淵源。有屬文體類的，在追述文章體類的內涵與特色。有屬文術類的，在闡明文章寫作的意匠與經營。有屬文評類的，在推論文學批評的理障與原則。有屬雜著類的，凡不屬劉勰文心雕龍直接範圍，而能觸類引申，如板本、校補、辨僞、品評、序跋、音韻、文法、比較、譯白、通檢等，於文心爲旁系，並間接予讀者不同程度的影響者。這眞是千門萬戶的大觀，各擅勝場了。

關於史傳方面的文字，主要導源於梁書、南史本傳的記載簡略，於是淸朝劉毓崧於通誼堂文集書文心雕龍後，首事考訂劉勰的生平事迹，與文心雕龍成書的時間。繼之有范文瀾序志篇注，楊明照梁書劉勰傳箋注，張嚴的劉彥和身世考索，王金凌的劉勰年譜，王更生的梁劉彥和先生年譜稿，前修未密，後學轉精，我們由王氏年譜稿中，對劉彥和生平事迹，已經大致可以看出個輪廓了，相信更進一步的替劉勰作一篇補傳的工作，爲期定不在遠。

通論方面的作品，民國十一年（西元一九二二）十月楊鴻烈發表文心雕龍的研究一文於北京晨報副刊，第一次揭開了研討的序幕。十五年（一九二六）陳延傑在東方雜誌二十三卷十八期上，寫了一篇讀文心雕龍，這是篇極有份量的作品，激起了各方面熱烈的討論。於是李仰南的文心雕龍研究，陳冠一的文心雕龍分析之研究，葉霧霓的怎樣閱讀偉大的文心雕龍，一系列的作品，先後出現。其後在臺發表的有關論文，如華師仲麐的文心雕龍要義申說，梁容若先生的劉勰與文心雕龍，王夢鷗先生的關於文心雕龍的幾點創見。在大陸上早期出版的幾篇文章，有許可的讀文心雕龍筆記，劉綬松的文心雕龍初探，都是鏗鏘有節，擲地有聲的東西，只要是想研讀文心雕龍的學者，對這幾篇文章，是不會失之交臂的。

有關文原論、文體論的文字不若其他各類豐富，而香港饒宗頤教授的文心雕龍探源，文心雕龍與佛教，楊明照的從文心雕龍原道、序志兩篇看劉勰的思想，以及日本林田愼之助的文心雕龍文學原理論之諸問題，都是值得一讀再讀的作品。雖然他們各從不同的角度，來探測劉勰文學上的基本原理，而我們正可以藉此異中求同，同中觀異，融會貫通，盡攫各家的精蘊爲己有。關於文體論的文章，傅振倫的劉彥和之史學，算是卓爾有見的大手筆。其後徐復觀先生在民國四十八年（西元一九五九）東海學報上寫了一篇文心雕龍文體論，措辭博辨，創解殊多，爲近人討論文體者，最富參考價値的作品。年前本人乘授課餘暇，曾寫了文心雕龍史傳篇的考察〔二八〕，劉彥和的子學〔二九〕，雖然自認尙能抉微闡幽，但略而不備的地方還是很多。

創作論是論文章的意匠與經營，古來研究文心雕龍者，於此均著重筆。彥和序志篇自謂：「剖情析采，籠圈條貫，摛神性，圖風勢，苞會通，閱聲字。」今之劉永濟校釋先下篇，後上篇，譚獻復堂日記也說：「下篇二十五，發揮衆妙。」此在在都說明了創作論的重要性。現在我們總攬各家，類聚羣分，有言風格的，如廖蔚卿先生的劉勰的風格論。有言風骨的，如黃振民先生的劉勰風骨論發微。有言創作的，如黃春貴的文心雕龍之創作論。有言聲律的，如王更生的文心雕龍聲律論。有言神思的，如施叔女的玄學與神思。有言虛靜的，如王元化的神思篇虛靜說簡釋。有言修辭的，如日本戸田浩曉的文心雕龍練字篇之修辭學的考察。每一門類都有三數篇不等的作品。今此所述，不過擇其略具代表性者，錄之如上。

至於文評一類的文字，如廖蔚卿先生的劉勰論時代與文風，這是從文學與時代潮流的關係上論劉勰的文學批評。黃展人的知音初探，是從文學與讀者鑑賞的關係上論劉勰的文學批評。李宗懂的文心雕龍文學批評研究，佩之的文心雕龍的批評論，是從文心雕龍的全面論劉勰文學批評。如吳林伯試論劉勰文學批評的現實性，則又從現實價值觀念，重新評詁劉勰的文學批評。雖然劉勰文學批評的產生，是以魏晉六朝爲背景，但他識見過人，體系完備，所以時至今日，還有他歷久彌新的地方。

雜纂方面，於板本，有張嚴先生的文心雕龍板本考。於校補，有日本斯波六郎的文心雕龍范注補正，楊明照的范文瀾文心雕龍注舉正。於辨僞，有張嚴先生的文心雕龍五十篇編次及隱秀篇眞僞平議。於品評，有張嚴先生歷代文心雕龍品評概舉。於序跋，有張嚴先生的明清文心雕龍序跋迻錄。於音韻，有韓耀隆文心雕龍五十篇贊語用韻考。於文法，有陸侃如文心雕龍述語用法舉例。於比較，有舒衷正先生沈約劉勰鍾嶸三家詩論之比較研究。於譯白，有李景濚先生文心雕龍新解。於通檢索引，有北京巴黎大學漢學研究所文心雕龍新書通檢，以及日本岡村繁文心雕龍索引。各著或間接、或引申、或觸類、或旁通，運用多方面的智慧，以抽繹文心雕龍的精蘊。

近數十年文心雕龍的研究，因爲綜合研究與分科研究的密切配合，而促進了彼此間的相輔相成，收到高度的績效。我認爲分科研究者，必須先對文心雕龍五十篇內容作通盤性的了解，因爲文心雕龍全文有特定的體系，不啻如常山之蛇，擊首則尾應，擊尾則首應；否則，駕空騰說，徒病鹵莽！而綜合研究者，亦必須以分科研究爲起步。因爲治學如攻城略地，今略一城，明佔一地，由點及線，由線及面，到最後全部爲我所佔領。然後順手拈來，才有神來之筆；不然支離破碎，雜抄陳言，雖非玩物喪志，而何益乎學術！這兩方面以往已經有了良好的合作效果，今後切磋琢磨，信必有殊途同歸的逸趣。

丙、打開國際學術市場的幾位拓荒者

文學就是眞、善、美的化身，劉勰文心雕龍不僅是一部文學批評的傑構，同時它本身就是最美的文學作品。所以我們除了有責任把它的文論思想，與現代「三民主義的文學政策」相結合以外；尤其要負起一個大任務，那就是向世界各國輸出，這個輸出，不是我國學術思想的分散，而是影響力的擴大。

我國旅居海外的高級知識份子，他們一方面爲自己的實際生活，在異域的現實環境中掙扎搏鬪，另一方面他們惜取賸餘的勞力，從事專門學術的播種工作，文心雕龍的研究，便是其中一例。

就拿香港而言，香港大學中文學會在饒宗頤教授的主持下，民國四十五年（西元一九五六）曾編印一本文心雕龍專號，將他們歷年有關文心雕龍研究的心得，悉數收入。總其內容大要，計有饒氏本人的劉勰的文藝思想與佛敎，文心雕龍探原，劉勰以前及其同時之文論佚書考，黃繼持的文心雕龍與儒家思想，劉勰的滅惑論，李直方的近五十年文心雕龍書錄，以及饒氏與門弟子集體校釋的文心雕龍原道、徵聖、宗經、正緯、辨騷五篇。在香港某大學講學的程兆熊先生，著有文心雕龍講義，分段疏解，對初學者而言，是適切有用的一本入門讀物，民國五十二年（西元一九六三）委託香港鵝湖學社出版。講學於新亞書院的蒙傳銘先生，於民國五十八年（西元一九六九）發表劉毓崧書文心雕龍疏證，原文登在新亞書院建校二十週年紀念特大號上。這些很有份量的作品，都或多或少的引起海內外文教界的注意。

在美國方面，現任美國西雅圖華盛頓大學遠東系教授的施友忠先生，於民國四十七年（西元一九五八）在華大研究基金的獎助下，以兩年時間，完成了一部英譯本文心雕龍（The Literary mind and The Carving of Dragons），次年交由哥倫比亞大學出版部印行，並列為該部文化叢書之一。民國五十九年（西元一九七〇）施氏徵得哥大出版部的同意，收回版權，乘休假來臺之便，將該書交由國內臺灣中華書局印行再版，並改為中、英對照。此書共三百八十三頁，書前附民國四十六年（西元一九五七）英譯本文心雕龍的出版說明(Acknowledgments)與作者的引言（Introduction）。此書發行以來，已廣泛引起學術界人士的注意，如英籍學者大衞・哈克斯（David Hawkes），美國哈佛大學中文系教授海陶偉(James R. Eightower）臺大中文系教授鄭騫，均有中肯的評述。海氏是專門研究陶潛、韓詩外傳的專家，他評施譯的文章載在哈佛亞洲學報(Hasvard Journal of Asiatic Studies)第二十二卷，一九五九年出版，哈氏的評論原載美國亞洲學報（The Journal of Asian Studies）第十九卷三期，一九六〇年五月出版，國人梁一成有譯文。鄭先生大作刋在施氏中、英對照本文心雕龍的首頁。他們一致認為此書不僅有助於西方學者，介紹中國文學理論，而對國內學者閱讀古籍，亦極具啓發作用。吾友沈謙先生著評施撰英譯本文心雕龍一文，載於民國六十二年（西元一九七三）一月號的書評書目上，對施譯本之成書體例，根據的底本，翻譯的技巧，三方面加以評介，論證確鑿，足令譯者領首會心。

日本學術界於文心雕龍的研究，近幾十年來不遺餘力。尤其當鈴木虎雄先生作唐寫本校記以後，如太田兵三郎、戶田浩曉、加賀榮治、岡村繁、目加田誠、斯波六郎、林田愼之助、興膳宏諸君，或諟正文心雕龍字詞，或詮釋文義，或考徵板本，或編製索引，或譯爲語體，均運用新方法，整理此部古典文學論著。在這裏因限於篇幅，不暇多舉，僅舉其具有代表性者，如鈴木虎雄、戶田浩曉、斯波六郎、林田愼之助、興膳宏，五位先生的成就，加以介紹。

鈴木先生是彼邦學術界研究文心雕龍的先驅者，他在民國十五年，卽昭和元年（西元一九二六）五月作文心雕龍唐寫本校記原文載在內藤博士還曆論叢上。這是唐寫本文心雕龍殘卷，自不幸被匈牙利人斯坦因盜竊，藏於倫敦大英博物館後，正式公諸東方的文獻，而又以之作校勘記，此實乃第一次，遂卽引起世界文學界普遍的關注。後在民國十七年（西元一九二八），亦卽昭和三年，作黃叔琳文心雕龍校勘記，至於校勘所得的收穫，據他在該文的緒論上說，已超過六、七百條之多，這個成績算得上斐然可觀了。戶田浩曉是日本近代有數的文心雕龍專家之一，他發表過的專門著述，如文心雕龍練字篇之現代意義，文心雕龍に觀の文章載道ゐ構造、文心雕龍何義門校宋本考、文心雕龍練字篇之修辭學的考察、以及關於岡白駒之文心雕龍開板、關於梅慶生音註本之異板、文心雕龍譯註試稿。其中文心雕龍譯註試稿，於民國四十九年，卽昭和三十五年（西元一九六〇）立正大學漢學研究會發表。內容首在訓讀文心原文，次通釋，次字句摘解，末爲校異。其譯註與校字所引用參考的中、西名著多達三十五種，這是戶田君最具代表性的研究文獻。斯波六郎對文心雕龍研究的成名作品，要算是他在民國四十二年，卽昭和二十八年（西元一九五三）所發表的文心雕龍札記，本文曾分章刊登於支那學研究第十號、十二號、十五號、十九號上，其體例形同講疏，將文心各篇分段闡釋，揭其微旨，明其文理，析其法式，頗多新的見地。林田愼之助現任日本廣島大學教授，畢生從事文心雕龍的研究。林田君的著作有文心雕龍范注補正，文心雕龍文學原理之諸問題，而以范注補正最具系統，究其大要，在補范注之缺而正其所未備，引據中肯，是最令人欽佩的。至於興膳宏君，他對文心雕龍最大的貢獻，是文心雕龍日文譯釋與索引的編纂。二書合爲一册，日本東京都筑摩書屋印行。裨益劉勰文論思想的推廣，功不可沒。

以上所舉香港、美國、日本三地區的學者專家，爲東方偉大文化的發揚而獻身。他們使劉勰的文論思想，跨過東方語文的界域，正式躋身於世界文學批評理論之林，這種拓荒播種的精神，令人衷心敬佩。

丁、文心雕龍的普及工作

文心雕龍的艱澀難懂是出名的，何況劉勰以他精湛的學術成就，運用華贍的六朝文體，擄寫超越時空的文論思想，成此一部顚撲不破的巨著，所以古來研究它的說來不少，而眞能透闢理解者著實不多，因此文心雕龍的普及工作，是各方迫切期待的。

民國五十三年（西元一九六四）香港建文書局出版了郭晉稀的文心雕龍譯注十八篇。這十八篇包括文原論中的原道、騷辨二篇，文體論中的明詩、論說二篇，文術論中的神思、體性、風骨、養氣、通變、定勢、情采、鎔裁、夸飾、附會、物色等十一篇，文評論中的時序、知音二篇，以及序志一篇。本書寫作體例，每篇譯註之前，均有簡短的說明，說明本篇在整個文心雕龍中原有的次第，中間省略的篇目，並指出一篇的作意，與有益的論點，及其所受時代的局限性，以供閱者考索之參考。對原文脫誤之校改，十九是依據范文瀾文心雕龍注所引各家之說，其中也有郭氏本人校釋處，但必於原文之後注明「

譯者校改」字樣，並在文後的注釋中略加論證，這是本書的行文特色。

民國五十九年（西元一九七〇）三月，香港龍門書店代表人周康燮，印行了一本他自己編選的文心雕龍選注。這本書的內容，是將各家譯註文心雕龍的成篇，不分時地，輯而錄之，如原道、辨騷、神思、風骨、情采、知音、序志等七篇，為陸侃如、牟世金譯註的。原道、徵聖、宗經、正緯、樂府等五篇，為顏虛心集註的。明詩篇錄自北京大學中國文史教研室的註。誄碑篇口義，又是轉載劉師培遺說，羅常培筆記。體性、麗辭二篇為許文雨注，是由許著的文論講疏裏摘出來的。情采、鎔裁二篇，是採取王力的編譯。至於隱秀一篇，則根據四庫提要，廢明人僞造，取黃侃補作，與趙西陸的箋註。由以上的分析，可知本書的譯者前後跨有六十年的差距，所以既係綜合各家，便很難有系統完具的安排，故其中不令人恊意的地方很多。

如果要尋一部完整的文心雕龍譯本，還是民國五十七年（西元一九六八）四月，由李景濚先生著的文心雕龍新解。李氏此著由臺南翰林出版社印行。書分兩欄編排，上欄為文心原文，下欄為新解，即語體翻譯。篇末有增注、題解、分段大意。這可以說是國內學術界以語體散文之形式，翻譯文心雕龍全書的第一部，也是僅此一部，作者在後記中自謂著述的動機時說：「現代學子囿於學習環境，於典籍之研讀，其能以注解為津梁而融會者蓋寡。是以坊間有左傳、四書、詩經等全譯或部分譯本行世。溯自情意之表達，暨於文化之傳遞，厥惟辭章是賴。而彥和文心，乃辭章之規矩，詮文之寶典，言復興文化，言課授學子，竊以創玆編之譯，為首要之圖。」于維杰序言對本書推崇頗力，如云：「余友李景濚先生雖然是有成就的專門學者，但並不鄙視學術的普及工作。他不只注意到學術的高度和深度，更注意到為一般人所能接受的廣度。基於這種觀點，經過五年的時間，他的第一部譯註文心雕龍新解業已付梓。雖坊間現有注本數種，然予人以貫通瞭解之譯述，本書尙屬首創。先生的譯筆流暢，如初搨黃庭，恰到好處；且常有出人意外的神來之筆，令人拍案叫絕。」李氏新解確實是成書空前，但是本書在校勘、注釋、譯白，各方面需要討論商量的地方，恐怕還不在少，不過當文心雕龍普及性的著述萬分缺乏的情形下，本書總算給這個寂寞的園地，平添了一段勝景。

四、文心雕龍研究的瞻望及其應循之途徑

文心雕龍的立論，根柢於五經，模效於聖哲，標自然以爲矩矱，總情采爲辭章的本源。因爲它屬辭有體，持論得方，故文律運周，日新其業。回顧一千四百七十餘年來文心雕龍研究的軌跡，由於受了各代政治因素，社會環境，學士習尙的影響，在明淸以前，總是比較着重板本的翻刻，文字的校勘，內容的批評或注釋，也可以說一直滯留在靜態資料的整理上，雖然其間無論是鈔本、刻本、校本、評註等，不乏傳世可久之作品〔三〇〕，但都是屬於奠基性的工作。基礎性的工作固屬重要，不過我們總感覺，應該把文心雕龍的研究，昇華到理想的境界，才是當急之務！

綜觀近六十年來文心雕龍研究的成果，先是由於研究方法和觀念的改變，影響到內容和思想的改變，由內容思想的改變，帶動了寫作形態的改變。使古典文學的理論，透過科學分工的形式，與現代實際生活相結合，我覺得這該是一項重大的收穫。所以各方面的成就，都有承先啓後的結果。如在文心雕

龍文字校勘方面，有王某的文心雕龍新書。在文心雕龍注釋方面，有范文瀾的文心雕龍注。在文心雕龍板本方面，有潘師石禪的唐寫文心雕龍殘本合校。在文心雕龍譯白方面，有李景濚的文心雕龍新解。在文心雕龍索引方面，有北京巴黎大學漢學研究所出版的文心雕龍新書通檢。在文心雕龍文論傳播方面，有施友忠的英譯本文心雕龍，興膳宏的日譯本文心雕龍，在文心雕龍作者劉彥和先生的身世考索方面，有王更生的梁劉彥和先生年譜稿。這些論著都給我們提供了進一步研究的最佳資料。所以今後文心雕龍的研究，在這樣一個紮實的基礎上，瞻望前途的發展，是令人興奮的！

本文曾一再強調文心雕龍的艱澀性，雖然在研究的歷程上，往哲今賢已給我們奠定了良好的基礎，但這些客觀的因素，必須建立在主觀的條件上以後，才能發揮它的效能。到底我們要具備那些主觀條件呢？個人認爲起碼有以下五點：第一、在思想觀念方面：要有文學日漸進步的觀念。第二、在國學基礎方面：要有足夠運載的國學能量。第三、在資料簡擇方面：要甄採動態資料加以整理。第四、在運用技術方面：要充分利用文心雕龍索引或通檢。第五、在語文能力方面：要兼備一種以上的外國語文。因爲有了文學進步的觀念，才不至於有貴古賤今，崇己抑人的偏見。有了足夠的國學知識，對文心雕龍的引經據典，才有縱深的理解。有了動態資料的掌握，才能使劉勰的文論思想與現實人生相連貫。對索引、通檢的充分利用，才能節省我們翻檢之勞。至於備一種以上的外文能力，更可以借他人之長，補自己之短，收攻錯的實效。假使我們具備了這些主觀的條件，而又能憑藉各種客觀的因素，則文心雕龍研究的前途，至少可以遵循以下的幾個方向去努力。

甲、校勘方面：訛文錯篇仍待整理

我在本文前面說過，談到文心雕龍校勘，王某文心雕龍新書是一部集大成的巨著，尤其配合新書通檢後，不啻如虎添翼，越發顯得身價百倍了。不過「野火燒不盡，春風吹又生。」學術上的校勘工作，也應該作如是觀。例如曹學佺序梅子庚文心雕龍音註，說「梅氏從事於斯，音注十五，而校正十七，差可讀矣。」到了黃叔琳輯註的時候，黃氏就有「子庚自謂校正之功，五倍於楊氏；然中間脫訛，故自不乏，似猶未得爲完善之本」的批評，到了王某新書，他列舉了許多條，證明梅註本和黃註本的不可信賴，以及前人校勘錯誤的地方。然後王氏又用對校法、本校法、他校法、理校法，詳加覈對，以梅還梅，以黃還黃，以甲還甲，以乙還乙，於是就成功了他這一部傑作，這也附帶的證明了學術日漸進步的觀念，是正確的。

可是我們要問王氏新書的校勘是否就天衣無縫，完美無瑕呢？此又不盡然，例如原道篇「爲五行之秀氣，實天地之心生」句，「秀」下「氣」字，「心」下「生」字，原脫，據楊明照校注，王某新書考得，係明梅慶生第六次校訂本剜去，黃本、張松孫本從之，劉勰文心雕龍原句，本之禮記禮運篇，子庚不明根柢，遽而剜去原文，事實俱在，本可據改無疑，而王氏新書卻不據改。再如同篇「形立則文生矣，聲發則章成矣」句，「文生」「章成」原倒，各與句首主語不相應，文由形生，章以聲成，故情采篇之論形、聲，有所謂「五色雜而成黼黻，五音比而成韶夏」之說，本可據全書造語的文例訂正，而王氏新書失校。又同篇「峻業鴻績」句，「峻業」原倒，與「鴻績」二字不相儷偶，依彥和文心駢偶之文例，理應乙正，而王氏亦失檢。我們由原道一篇，即已發覺王氏新書值得我們商量的地方，還是很多，似亦未爲完善之作。另外我們根據劉勰文心雕龍序志自謂：「蓋文心之作也，本乎道，師乎聖，體乎經，酌乎緯，變乎騷，文心樞紐，亦云極矣。若乃論文敘筆，則囿別區分，原始以表末，釋名以章義，選文以定篇，敷理以舉統，上篇以上，綱領明矣。至於剖情析采，籠圈條貫，摛神性，圖風勢，苞會通，閱聲字，崇替於時序，褒貶於才略，怊悵於知音，耿介於程器，長懷序志，以馭羣篇，下篇以下，毛目顯矣。」似此，則劉勰文心雕龍五十篇，本只是上篇二十五，下篇二十五，無所謂十卷，每卷五篇的，而今本與劉氏自述不同，此又需吾人所深究博考者也。再以文心篇次，定勢當與體性並列，練字應在章句、聲律之間，物色宜列總術之前，與時序互易，過去張敬宜先生著文心雕龍五十篇編次及隱秀篇眞僞平議〔三一〕，對文心雕龍五十篇編次之錯訛，討論很多，可見文心雕龍的校勘方面，尚待吾人努力的工作還是俯拾皆是。

不過校勘工作的任務，不僅在求異同，而是要定是非，比如文心雕龍的板本，據本人的考訂有三十二種，校本有二十一種，有時一個字的異同，就有六、七個樣子不等，似此，到底應該誰是誰非，何去何從？所以要把一個字或詞，校得愜心當理，又談何容易？清盧文弨羣書拾補序說：「黃君雲門謂余曰：人之讀書，求己有益耳，若子所爲，書並受益矣。」我們校勘工作的最大目的，就要使書本受到我們的益處，這也是校勘者所信守的崇高目標。

乙、注釋方面：劉彥和文心雕龍中慣用詞彙的比較研究

人爲合羣的動物，過的是團體生活，根據社會學家、民族學家和心理學家的分析，個體隨時會受到團體的影響。那麼作爲表達人類心理意識形態的語言，也必然會因羣體關係的影響而有一定的模式。即以「文」「心」二字爲例，以「文」爲句的句子，在文心雕龍中，計有三百三十七個單句，在這三百三十七個單句裏，我們如果詳加分析，「文」字的用法，更因上下的文義而受到局限，如「文之爲德也大矣」（原道篇），「宋置折俎以多文舉禮」（徵聖篇），「觀其二文辭達而已」（明詩篇），「雖文質不同得事要矣」（議對篇），「虎豹無文則鞹同犬羊」（情采篇），「說詩者不以文害辭」（夸飾篇），「豈以好文而不練武哉，豈以習武而不曉文也」（程器篇），「文繡鞶帨」（序志篇），同以「文」字成句，而涵義各自不同。再如「心」字的用法，總計全書有八十二個單句，其中若「言之文也天地之心哉」（原道篇），與「標心於萬古之上」（諸子篇），「關鍵將塞則神有遯心」（神思篇），「滔滔孟夏鬱陶之心凝」（物色篇），以及「覘文輒見其心」（知音篇），細繹由於其在句中的特定地位，意義又互不相侔。再說文心雕龍中，其他常見的字彙、辭彙，如「道」、「性」、「氣」、「風」、「骨」、「神明」、「神理」、「自然」、「體性」、「風骨」等，都帶有專門術語的性質。對這些字詞的解析，在學術界曾引起不少爭論，即以「風骨」爲例，討論它的文章，就有王更生的文心雕龍風骨論、寇效信的論風骨、黃振民的劉勰風骨論發微、郭晉稀的試談『文骨』和『樹骨』在文心雕龍中之重要意義、潘辰的關於文心雕龍風骨篇的骨字、楊增華的從養氣說到風骨論、李樹爾的論風骨，日本目加田誠的劉勰的風骨論等，前後就有八篇論文，不下十萬字的篇幅在討論，其他如養氣說、虛靜說，每一個特定的名詞，都構成學術上的公案，沒有合理解決的定論，因此今人王夢鷗教授作文心雕龍質疑，原文載在故宮圖書季刊第一卷第一期上，其中第一節文辭上的陷阱，第二節理論的窮巷，以爲彥和在運用言辭時，犯了四種毛病，卽（一）詞義不夠穩定，界說極不分明。（二）引用名詞及成語，常隨意義變更其涵義。（三）列擧之證據雖多，但大多不夠眞切。（四）譬喻之字詞太多，因而涵義顯得虛泛。所以由以上四端，便發生了言辭上的模稜、游移、曖昧、虛泛的結果，正是此書不易理解之癥結所在。換言之，就是由於文心雕龍的文辭之障，構成了義理之障，我們要想消除這種連鎖性的蔽障，惟一的辦法，就是尋求劉勰在文心雕龍中慣用的字例詞例，作比較研究。

過去作這方面研究的學者爲數不多，如陸侃如在民國五十一年（西元一九六二）四月，文學評論第二期上，寫了一篇文心雕龍述語用法擧例，只揀「體」字「骨」字作分析的對象，所涉範圍雖然有限，但在這塊新闢的荒原上，他的確是第一位拓荒者，隨後時人廉永英先生在女師專學報第二期上，也寫了一篇文心雕龍體義箋證，就文心雕龍中「體」字的用法，博搜箋釋，明其要旨，曰體性，曰體骨，曰體式，曰體勢。惟廉氏太拘泥於四分法，牽就定格，難窺劉勰的眞義。

今後我們對劉勰文心雕龍的造語，必須與早期或同期作家的著述發生連繫。決不能牢守文心雕龍的壁壘而固執己見，因爲我們前面說過個人與整個社會環境的關係，劉勰的措辭不可能不受同代或前代影響的。所以上自羣經、子、史，下及魏、晉、六朝文家之言，都是我們比較研究的最佳材料。假使我們今後能從這方面去小題大作的話，則文心雕龍的連鎖蔽障，就會撥雲霧而見靑天，有劃時代的新發現了。

丙、文論方面：與現代的文藝政策相結合，與西洋文學批評相融通

文心雕龍成書於南齊之末，不過我們在約略的對它加以觀察和分析以後，便知道文心論文有超越時空的地方很多，諸如他以爲萬物之美是本來的，經傳之文是自然的，聖人依天地之理，著經傳之文，所以提出了「本乎道，師乎聖，體乎經」的主張。文學只有以此爲標準，而又能觸類旁通，才是對的。所以又說「酌乎緯，變乎騷」，他這種貫串全書的論文宗旨，不要說適用於當代，雖百世而不惑。又文學在反映時代，而六朝文學，是一個只重形式，言與志反的時代。所以明詩篇說：「宋初文詠，體有因革，莊、老告退，而山水方滋，儷采百字之偶，爭價一句之奇，情必極貌以寫物，辭必窮力而追新」，彥和極端反對。他認爲作品內容是決定作品形式的，如果在內容與形式不得兼顧時，寧可放棄形式而保留內容。所以他在此一前提下，從根本上說明了一系列的創作技巧。如定勢篇：「莫不因情立體，卽體成勢也」，認爲文章的語調辭氣，受作品的情感和情感所形成的風格決定的。鎔裁篇：「草創鴻筆，先標三準。」然後才能「舒華布實，獻替節文。」這樣看來，文學的內容既然決定文學的形式，而內容又是通過作家情感對現實的反映，所以思想內容首先應該眞實，不可向壁虛造。文心雕龍情采篇分「爲文造情」與「爲情造文」，並將此正反兩方的意見，作了詳細的說明。同時也只有在「內容」「形式」的平衡發展的基礎上，才能對文學作品進行批判，作出公正的評價。劉彥和的文評觀點，可由知音篇中看出。所謂「將閱文情，先標六觀。一觀位體，二觀置辭，三觀通變，四觀奇正，五觀事義，六觀宮商。」這就是「綴文者情動而辭發，見文者披文以入情」，沿波討源的具體法門。所以劉勰文心雕龍論

文學與現實，論內容與形式，論風格、論題材、論文藻、論辭氣、論通變、論衡文，構成了他全部的理論體系，探討了文學上的基礎問題，這種偉大的論述，就像一塊未雕的璞玉，只要人去琢磨，就會得到價值連城的收穫。

文心雕龍既是通古今之變的，我們有理由借用其文論思想與現代的文藝政策相結合。如劉勰評六朝文家的「競今疏古，好奇反經」，「體情之製日疎，逐文之篇愈盛」的流弊，在今天自由中國的文壇上，仍然是令人觸目驚心的活躍著，三民主義的文藝政策，要我們寫出以國族爲背景的作品，而文心雕龍所謂「矯訛翻淺，還宗經誥，斯斟酌乎質文之間，而檃括乎雅俗之際」〔三二〕，二者又若合符節。今日社會所要求於作家者，是以健康、活潑、富有生命力的作品，以振奮人心，淬勵士氣，而文心雕龍即云「飾窮其要，則心聲鋒起，夸過其理，則名實兩乖。若能酌詩、書之曠旨，翦揚、馬之甚泰，使夸而有節，飾而不誣，亦可謂之懿也〔三三〕。」這種去泰去甚的信條，正是一個健康文學必循的途徑。所以有志於文學理論研究的同好，得我說而行之，則新中國的文藝創作，才能推文心之至理，有不竭的源泉。

學術乃天下的公器，像文心雕龍這樣一部博大精深的文學論著，不僅應弘揚於全國，更要普及於世界。民國以來，我國遊學歐美之士，恒有譯介西洋學術論著於國人的，若嚴幾道、胡適之、林琴南、王國維；但將我國古典論著翻譯西文以廣傳布的，如文心雕龍英譯本，還是在外國資金的獎助下，近十年左右完成的。日譯本是日本人興膳宏的作品，也還是近五年來的產物，假使志在中、西文化交流的學者專家，具有海濶天空任鳥飛的胸襟和理想，將劉勰的文論與西洋文學批評，融通合流，比較分析，然後採長補短，作爲攻錯之資，這該是最令人喝采的壯舉。

翻檢近六十年來有關文心雕龍研究的論文，屬於以上這兩方面的命題者還是一片空白，正見一則玆事體大，千頭萬緒不知由何說起。二則長於西文者，未必兼長我國古典文論；長於我國古典文論者，往往見絀於西文，兩全之難，於斯可見。惟「天下無難事，只怕有心人」，我們深信在這個草萊未闢的荒徑上，在不久的將來，一定會有柳暗花明的一天。

丁、翻譯方面：必須遵守信達雅的原則從事翻譯工作

嚴幾道譯赫胥黎天演論例言第一條說：「譯事三難信、達、雅。尤其信已大難矣，顧信矣不達，雖譯猶不譯也，則達尚焉。」第二條云：「西文句中名物字，多隨舉隨釋，如中文之旁支，後乃遙接前文，足意成句。故西文句法，少者二三字，多者數十百言，假令仿此爲譯，則恐必不可通；而刪削取徑，又恐意義有漏，此在譯者將全文神理，融會於心，則下筆抒詞，自善互備；凡此經營，皆以爲達；爲達即所以爲信也。」第三條又云：「易曰修辭立誠。子曰辭達而已，又曰言之無文，行之不遠。三者乃文章正軌，亦卽譯事楷模。故信、達而外，求其爾雅。此不僅期以行遠已耳，實則精理微言，用漢以前字法、句法，則爲達易；用近世粗俗文字，則求達難。」嚴氏所指雖然是從西文中譯的觀點立言，而中文外譯，或文言譯成語體，又何獨不然。卽以文心雕龍爲例，近十數年從事於譯白者頗不乏人，如鍾露昇先生的劉勰神思篇譯注，陸侃如、牟世金的譯註原道、辨騷、神思、風骨、情采、知音、序志七篇，郭晉稀文心雕龍譯註十八篇，李景濚文心雕龍新解等，現在我們姑且取鍾、陸、李、郭，四氏同篇的譯文

作一比較。文心雕龍神思篇首段原文：「古人云：『形在江海之上，心存魏闕之下。』神思之謂也〔三四〕。」

鍾先生譯：「古人說：『身體在江上海上，心思在宮闕前邊。』這是說思想的神妙啊〔三五〕。」

陸侃如譯：「從前有人說：『形體居留在江海，心神卻繫念著朝廷。』這裏說的就是精神上的活動〔三六〕。」

李先生譯：「古人說：『身在遼遠的江海，心中卻馳騖著朝庭的宮闕。』這正可比況『神思』（靈感與文思）的不可捉摸啊〔三七〕！」

郭晉稀譯：「古人曾經說：『有些人隱居在江海之外，心可能仍舊眷戀著朝廷的爵祿』。這種身在這兒，心在那兒，思考不受道路遠近、時間久暫限制的情況，就叫作神思〔三八〕。」

經過我們這樣抽樣排比以後，這四位先生的譯筆，遣辭立意方面，固然各有優點，但彼此的差別是相當大的。

我以爲世界上沒有一部毫無瑕疵的著作，但不必要的差誤，總要設法減少到最低限度，而翻譯文字有時總會發生與原文不諧的地方，如過去施友忠先生英譯本文心雕龍發行後，美國哈佛大學中文系教授海陶瑋博士，曾以序志篇文爲例，指證施氏的譯筆，未能傳達劉勰的想法，甚而根本無法闡明原義，現在試錄序志首句原文與施氏英譯，作一對照以見海氏評述之所指。

文心雕龍序志篇：「夫文心者，言爲文之用心也。昔涓子琴心，王孫巧心，心哉美矣，故用之焉。」

（摘自王某文心雕龍新書）

施氏譯：（The Literary mind is that mind which strives after Literary forms. In a similar sense, Chüan-tzu long ago wrote Ch'in-hsin (The mind of the lute), and Wang-sun worte Ch'iao-hsin (The artistc mind). What anexcellent term indeed is "mind"! And because it is, I have used it too.）

尤其施氏譯文的第一句「文心是努力於文學形式之心」，似乎是在給「文心」下定義，事實上劉勰的本意也許在藉此說明「心」的不同用途，不一定是界說。所以海氏說他的譯筆「過於輕率，過於速成〔三九〕」。近代言翻譯，已成專門的學術，而文心雕龍的翻譯，更是專門學術中的專門學術。有志於學術普及與文化交流的同好，這一方面也是一個新闢的天地，取之不盡，用之不竭，正等待技術純練的園丁去墾殖呢！

戊、資料方面：文心雕龍本身資料的集結

從事學術研究的先決條件，是資料的營聚。如果沒有可靠或豐富的資料，即令有傑出的研究人員，也談不上推陳出新的創見。過去司馬遷寫太史公書，尚紬繹石室金匱之藏，班固漢書敍傳。說他的著作「凡漢書敍帝皇。列官司，建侯王。準天地，統陰陽。闡元極，步三光。分州域，物土疆。窮人理，該萬方。緯六經，綴道綱。總百氏，贊篇章。函雅故，通古今。正文字，惟學林。」其帶動的資料是如何的浩博，觀文心雕龍五十篇，舉凡經、史、諸子，都是他搦筆染翰的張本，所引到的作家少說也有百五十位以上。一千四百七十多年來，歷代襲用他的書籍有二十四種，徵引他的學者有三十九位，著錄他的歷代史志有二十五種，品評他的專家們恐怕也要在五十位以上。從唐到清末，文心雕龍的手抄本計九

種，單刻本有二十一種，評註本約十七種，各家校本多達二十一種，選本也有十二種，至於近百年來研究有成的專門著作，已經現行於世的，更高達三十二種。民國開元迄今，國內外人士研討文心而發表的論文，計二百一十多篇，所涉及的地區，廣及自由中國、大陸、香港、日本、美國，尤其值得一提的是國內外所出版的中國文學史，或中國文學批評史，中古文學史，魏晉六朝文學等書，百分之九十以上的文獻裏，都把劉勰文心雕龍當成重要的論著去敍述。我們綜括以上的統計，就自然有喜憂參半的感覺。喜者是文心雕龍的普徧受到學術界的重視，憂者類此衆多的資料，應如何去類聚羣分，眞有點叫人如治紛絲，如理亂痲，千頭萬緒，有無從下手之憾！

由此觀之，對於文心雕龍本身有關資料的集結，可說是當務之急。民國四十五年（西元一九五六）香港大學中文學會，發行文心雕龍研究專號，其中載有李直方的近五十年來文心雕龍書錄，裏面所收的國內外著述，連論文在內，國內四十七種，國外二十一種。以這個集結的篇數，來看以後十七年內（由民國四十六年至六十二年）的發展，其有關文心雕龍的論著，據統計增加了三倍以上，這種情勢的延續，讓我們從事研究工作的人，幾乎有「山陰道上，應接不暇」的感受。三年前，筆者應程師旨雲之邀，爲六十年的國學寫一篇有關文學評論的文章，當時我就以六十年來文心雕龍之研究爲題，輯得海內外的有關論著百餘種，今年元月又重加增補。希望能就一管之見，將所得資料，逐漸公之於世，雖不敢云參考，亦聊勝覆瓿也。

己、比較研究：以文心雕龍爲中心，舉其前期、晚期或同期的文論作比較研究

講到比較研究就想到比較文學，比較研究我國古來已有，比較文學卻是外來的產品。在比較研究方面卓著成績的，莫過於清儒王氏父子，諸如他們所著的廣雅疏證、讀書雜誌、經義述聞、經傳釋詞，雖是依據音韻訓詁，再加以歸納的方法，得出正確的解釋，而「博考以證其失，參酌而寤其非」〔四〇〕，「據耳目所及，旁考諸書以校此本」〔四一〕，則又是比較研究的最好說明。但所謂比較文學（Litt'erature Compar'ee），一八三〇年，也就是清朝道光十年，法國巴黎大學教授維勒曼（Vil emain）才用它做爲講授文學的標題，百年以後，巴爾登斯拜爾易先生（Baldensperger）的一般文學史與比較文學史雜著（Melauges d'histoire Littéraiye générale et compayée）出版，比較文學才有第一部文獻。他們所謂比較文學之內涵，祇是在不同國籍的文學中，取出類似的書籍，典型人物，並列研究，以證明它們的不同和相似之處。擴大認識的基礎，以便找到儘可能多的種種結果的原因。而我們對文心雕龍的比較研究，是在以文心雕龍爲中心，與其前期晚期或同期的文論作比較，以研究文心雕龍在興感上、形式上、文體上，有無接受外來的影響而擴展了它的領域。這雖不同於西洋「比較文學」的涵義，而其研究的模式卻有異曲同工之妙。

早於文心雕龍的文論專著，是沒有的，但如孔、孟、荀三家以及其他先秦諸子，西漢的司馬相如、揚雄法言。東漢的班固漢志、王充論衡。尤其論衡書末自紀，語多醇美，足資借鑑者很多。建安時期曹丕的典論，與吳質書，曹植的與楊德祖書，都經劉勰一再引述。入晉有陸機文賦，陸雲與兄平原君書。此時編撰總集，爲後世所稱的，有摯虞的文章志、文章流別集、文章流別論，李充的翰林論，各具慧眼，陶冶千秋，雖因代久年淹，散佚不全，但尚能由清人的輯佚所得，窺其大略。葛稚川的抱朴子，可說是兩晉間不可多得的名著，其中鈞世篇、尚博篇、辭義篇，皆屬思慮深沈，摧堅陷固的話。與劉勰同期的文家很多，如齊梁前後，范曄作的獄中與甥姪書，顏延之庭誥，蕭子顯南齊書文學傳論，裴子野雕蟲論，沈約宋書，謝靈運傳論，鍾嶸詩品，太子蕭統昭明文選，簡文帝蕭綱答張纘書，與湘東王書，元帝蕭繹金樓子，都是與文心雕龍前後爭驅之作，如能比同量異，足以見彼此間的因果關係。稍晚於劉勰的文論家，要算北朝的顏之推了，他的顏氏家訓文章篇，與文心雕龍相互印證處甚多，隋唐以後，相傳王通著中說十卷，書中論文之言，顯被儒家思想所籠罩，然論及詩、書二經，其見解又和一般經生不同，值得研究的地方也還不是沒有。劉知幾史通，雖旨在論史，而史學與文學，其中界限極微，故文心雕龍有史傳篇，就是納史入文的證明。子玄自謂書中採掇文心以立言，於此也可以看出二劉的相承關係。

近六十年來，由於學術研究方法的改變，對文心雕龍作比較研究的大有人在，如舒衷正先生的沈約、劉勰、鍾嶸三家詩論之比較研究〔四二〕，文心雕龍與蕭選分體之比較研究〔四三〕，饒宗頤教授的劉勰以前及同時之文論佚書考〔四四〕，黃錦鋐老師的空海文鏡秘府論與文心雕龍的關係〔四五〕，鄭蕤的試論陸機的文賦與文心雕龍〔四六〕，黃孟駒的王充論衡與劉勰文心雕龍〔四七〕，郭紹虞的文選的選錄標準和它與文心雕龍的關係〔四八〕，文銓的關於文心雕龍和詩品的異同〔四九〕，這些論文僅限於王充論衡、沈約宋書、鍾嶸詩品、空海的文鏡秘府論、陸機文賦、昭明文選等六種而已，其他前期、晚期與同期的相關論著，很多都還沒有涉及到，甚而就以上所涉及到的研究結果，也不一定就是千秋定論，所以在這方面，值得我們要做的事情，眞是指不勝屈。

假使我們能博取中、西學術研究的方法、從興感上、內容上、形式上、文體上，得出文心雕龍與其他相關作品的比果彼因，為中國文學批評史的發展，鈎出一個具體的輪廓，該是件不朽的盛業。

【附註】

〔一〕劉毓崧先生通誼堂文集中，有書文心雕龍後一文。

〔二〕范文瀾先生文心雕龍註序志篇註六，對劉彥和身世考證極詳實。

〔三〕楊明照先生著文心雕龍校注拾遺，書內首附梁書劉勰傳箋注一文。

〔四〕張　嚴先生有劉彥和身世考索，載大陸雜誌二十卷四期。

〔五〕王金凌先生著有劉勰年譜。

〔六〕本文作者王更生，著有梁劉彥和先生年譜稿，載師大國文學報第二期。後曾改寫，已收入本書第二章。

〔七〕今人饒宗頤先生有劉勰文藝思想與佛教一文，載港大中文學會出版之文心雕龍研究專號中。

〔八〕引文見文心雕龍序志篇。

〔九〕引文見文心雕龍明詩篇。

〔十〕引文見文心雕龍情采篇。

〔十一〕按文心雕龍原道篇：「心生而言立，言立而文明，自然之道也。」明詩篇：「人稟七情，應物斯感，感物吟志，莫非自然。」

〔十二〕按文心雕龍情采篇：「詩人什篇，為情而造文，辭人賦頌，為文而造情。……後之作者，採濫忽眞，遠棄風雅，近師辭賦。故體情之製日疎，逐文之篇愈盛。故有志深軒冕，而汎詠皐壤，心纏幾務，而虛述人外，眞宰弗存，翩其反矣。」

〔十三〕按文心雕龍序志篇：「有同乎舊談者，非雷同也，勢自不可異也；有異乎前論者，非苟異也，理自不可同也。同之與異，不屑古今，擘肌分理，唯務折衷。」

〔十四〕按文心雕龍夸飾篇清紀曉嵐評云：「文質相扶，點染在所不免，若字字摭實，有同史筆，實有難於措筆之時。彥和不廢夸飾，但欲去泰去甚，持平之論也。」

〔十五〕按以上均見文史通義詩話篇。

〔十六〕按本書第二章梁劉彥和先生年譜之考訂，文心成書於齊和帝中興元年（西元五〇一），去今適一千四百七十七年。

〔十七〕見葉著海錄碎事卷十八。

〔十八〕顏之推，南北朝時臨沂人（今山東省臨沂縣），字介，初仕梁，後奔齊，爲平原太守，守河津。齊亡入周爲御史上士。隋開皇十一年卒。著有文集及顏氏家訓。

〔十九〕黃師大作載於淡江文理學院中文研究室，民國五十年十一月出版之「文心雕龍研究論文集」中。

〔二〇〕按由元世祖至元十四年（西元一二七七），到元順帝至正二十七年（西元一三六七），適九十一年之久。

〔二一〕日本鈴木虎雄先生於民國十五年（卽昭和元年，西元一九二六）五月，作文心雕龍唐寫本校記，登載於昭和元年內籐博士還曆論叢中。

〔二二〕趙萬里先生在民國十五年（西元一九二六）六月，發表唐寫本文心雕龍殘卷校記，登載於清華學報三卷一期，較鈴木先生大作晚一個月。

〔二三〕潘師石禪於民國五十九年（西元一九七〇）經香港新亞研究所出版一部唐寫本文心雕龍殘本合校，現由台北文史哲出版社經售。

〔二四〕王某文心雕龍新書，民國四十年（一九五一）七月香港龍門書店出版。

〔二五〕按王漁洋先生生於明思宗崇禎七年（西元一六三四），卒於淸聖祖康熙五十年（西元一七一一）。惟儉生卒不可考，史載天啓中尙任職南京工部右侍郎，明熹宗天啓止七年（一六二一西元一～一六二七），以漁洋之年，去損仲之任職，前後僅相隔八年。故云「去損仲不遠」。

〔二六〕參閱本文前面丁節部分。

〔二七〕關於王某文心雕龍新書之評價，香港龍門書店曾有一個出版說明，他說：「此書校勘精覈，採用自敦煌唐寫以下，至龍谿精舍叢書本（西元一九一七）凡二十三種，兼採由諸家轉引者，及前人著作所徵引文心雕龍者，皆世間罕見之物。而以姚刻黃注養素堂原本（西元一七一四）爲底本，互相對勘，綜合推理，而後有所改定。故本書爲研習文心雕龍者解決疑難，厥功至偉。」

〔二八〕原載於民國六十二年（西元一九七三）五月發行之德明學報創刊號，今收入本書第六章，更名爲「文心雕龍之史學」。

〔二九〕原載於民國六十二年（西元一九七三）九月教育與文化四〇七期，今收入本書第七章。

〔三〇〕如唐寫本文心雕龍殘卷，元至正乙未嘉禾本文心雕龍，明弘治甲子吳門楊鳳繕本文心雕龍，王惟儉訓故本文心雕龍，豫章梅氏刊本楊批梅註文心雕龍，以及黃叔琳注紀曉嵐評本文心雕龍。

〔三一〕原文載於大陸雜誌第二十三卷八期，現收入「文心雕龍通識」中，臺灣商務印書館人人文庫本。

〔三二〕引文見文心雕龍通變篇。

〔三三〕引文見文心雕龍夸飾篇。

〔三四〕採自王某文心雕龍新書神思篇。

〔三五〕摘自易蘇民先生編大學文選第九、十期合刊本。

〔三六〕摘自周康燮先生編文心雕龍選註第一〇八頁。

〔三七〕摘自民國五十七年（西元一九六八）四月台南翰林出版社初版，李景濚先生著的文心雕龍新解。

〔三八〕摘自民國五十二年（一九六三）香港建文書局出版，郭晉稀著的文心雕龍譯註十八篇。

〔三九〕海氏評語見國語日報社出版之書和人，第二輯一一九頁，梁一成先生之譯文。

〔四〇〕引文見廣雅疏證自序。

〔四一〕同前註。

〔四二〕見於民國五十年（西元一九六一）五月出版之政大學報第三期。

〔四三〕見於民國五十二年（西元一九六三）十二月出版之政大學報第八期。

〔四四〕見大陸雜誌第二十二卷第三期。
〔四五〕同註十九。
〔四六〕見民國六十一年（西元一九七二）六月光啓社出版之文心雕龍論文集。
〔四七〕見民國五十六年（西元一九六七）香港聯合書院學報第五期。
〔四八〕見民國五十年（西元一九六一）文學遺產三八七期。
〔四九〕見民國五十八年（西元一九六九）中國古典文學論集第二輯。

第二章　梁劉彥和先生年譜

一、譜前

東莞劉氏世系表

- 漢高皇帝
  - 齊悼惠王肥（漢）（曹夫人生）……
    - 爽（宋、山陰令）
      - 仲道（宋、建武參軍）
        - 欽之（宋、右軍參軍）
        - 秀之（宋、尚書右僕射）（字道寶）
          - 景遠（宋、前軍將軍）
            - 儁（齊、國除）
        - 粹之（宋、晉陵太守）
        - 靈眞（宋）
          - 尚（宋、越騎校尉）
            - 勰（梁、東宮通事舍人）（字彥和）
      - 穆之（宋、侍中、司徒）（字道和一字道民或道人）
        - 慮之（宋、員外散騎常侍）
          - 邕（宋、嗣父爵）
            - 彤（宋、嗣父爵、坐刀砍妻奪爵）
            - 彪（齊、南康縣侯）
        - 式之（宋、吳郡太守）（字延叔）
          - 敳（宋、太宰從事中郎）
            - 整（齊、任官廣州）
            - 祥（齊、冠軍征虜功曹）（字顯徵）
          - 衍（宋、豫章內史）
          - 瑀（宋、吳興太守）（字茂琳）
            - 劵（宋、南徐州別駕）
            - 藏（宋、尚書左丞）
        - 貞之（宋、江夏內史）
          - 裒（宋、始興相）
        - 女某適濟陽蔡祐
          - （宋）祐子任平南參軍、祐孫爲始安太守

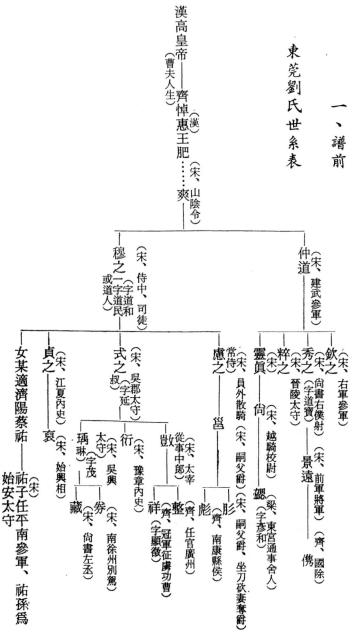

從本世系表得知劉勰是漢齊悼惠王肥之後代，父名尚，祖靈眞，宋司空秀之弟也。秀之字道寶，爲司徒劉穆之之從兄子。史記卷八高祖本紀，卷五十二齊悼惠王世家，以及漢書卷一高帝紀，卷三十八高五王傳，均載有齊悼惠王肥之事蹟，如世家云：「齊悼惠王劉肥者，高祖長庶男也。其母外婦也，曰曹氏，高祖六年，立肥爲齊王，食七十城。」至於齊悼惠王肥後裔的嗣封情形，史記卷十七漢興以來諸侯年表，漢書卷十四諸侯王表，及卷十五王子侯表，亦各有詳細的記述。依照漢書諸侯王表的統計資料顯示，其中除了城陽王劉章，和菑川王劉志的後裔，傳到王莽篡漢貶公廢爵以外，其他如哀王劉襄，孝王劉將閭，濟北王劉興居，濟南王劉辟光，菑川王劉賢，膠西王劉卬，膠東王劉熊渠等，不是薨而無嗣，就是謀叛被誅，時間長者不過三世，短者卽身，就家亡國除了。至若齊悼惠王肥至劉勰的遠祖劉爽，中間的承傳統緒，因爲在史傳上找不出具體的線索，所以本世系表只好把這段不明確的過程用虛線表示。

劉勰的曾祖，有兄弟二人，兄仲道，弟穆之。劉勰是長房仲道的曾孫。根據宋書卷八十一劉秀之傳，云：「劉秀之字道寶，東莞莒人，司徒劉穆之從兄子也，世居京口。祖爽，尚書都郎官，山陰令。父仲道，高祖克京城，以補建武參軍，與孟昶留守，事定，以爲餘姚令，卒官。秀之少孤貧，有志操。……東海何承天雅相知器，以女妻之。兄欽之，爲朱齡石右軍參軍，隨齡石敗沒。秀之哀戚，不歡宴者十年。景平二年，除駙馬都尉，奉朝請。家貧，求爲廣陵郡丞。元嘉十六年，遷建康令。……政甚有聲。大明元年，徵爲右衞將軍。明年，遷丹陽尹。五年，雍州刺史海陵王休茂反，爲土人所誅，遣秀之以本官慰勞，分別善惡。事畢還都，出爲使持節，散騎常侍，都督雍梁南北秦四州郢州之竟陵、隨二郡諸軍事，安北將軍，寧蠻校尉，雍州刺史。秀之野率無風采，而心力堅正。……子景遠，官至前軍將軍。景遠卒，子儁，齊受禪，國除。秀之弟粹之，晉陵太守。」所以仲道以下有四個兒子，長子欽之，次子秀之，三子粹之，靈眞是他的四子。其中除秀之、靈眞兩家世嗣，尙有傳稽考外，欽之、粹之，生平不詳。

關於劉穆之這一系，宋書卷四十二與南史卷十五，都設有劉穆之專傳，南齊書卷三十六又有劉祥傳，茲就宋書劉穆之傳加以觀察：「劉穆之字道和，小字道民，東莞莒人，漢齊悼惠王肥後也。世居京口，少好書傳，博覽多通，爲濟陽江敳所知。敳爲建武將軍，琅邪內史，以爲府主簿。義熙三年……轉中軍太尉司馬。八年，加丹陽尹，十年，進穆之前將軍，十二年，高祖北伐，留世子爲中軍將軍，監太尉留府，轉穆之左僕射，領監軍、中軍二府軍司，將軍、尹、領選如故，甲仗五十人，入殿，入居東城。穆之內總朝政，外供軍旅，決斷如流，事無擁滯。賓客輻輳，求訴百端，內外諮禀，盈堦滿室，目覽辭訟，手答牋書，耳行聽受，口並酬應，不相參涉，皆悉贍舉。又數客暱賓，言談賞笑，引日亘時，未嘗倦苦。裁有閑暇，自手寫書，尋覽篇章，校定墳籍。性豪奢，食必方丈，旦輒爲十人饌。穆之既好賓客，未嘗獨餐，每至食時，客止十人以還者，帳下依常下食，以此爲常。嘗白高祖曰：穆之家本貧賤，贍生多闕。自叨忝以來，雖每存約損，而朝夕所須，微爲過豐。自此以外，一毫不以負公。十三年，疾篤……十一月卒。……追贈穆之散騎常侍，衞將軍，開府儀同三司。……穆之三子，長子慮之嗣，仕至員外散騎常侍卒，子邕嗣。……邕性嗜酒，……所至嗜食瘡痂，以爲味似鰒魚。卒，子肜嗣。大明四年，坐刀斫妻，奪爵土，以弟彪紹封。齊受禪，降爲南康縣侯。……穆之中子式之字延叔，通易好士。累遷相國中兵參軍，太子中舍人，黃門侍郎，寧朔將軍，宣城、淮南二郡太守……還爲太子右率，左衛將軍，吳郡太守。卒，追贈征虜將軍。……長子敳，世祖初，黃門侍郎。敳弟衍，大明末，以爲黃門郎，出爲豫章內史。晉安王子勛稱僞號，以爲中護軍，事敗伏誅。衍弟瑀字茂琳，少有才氣，爲太祖所知。始興王濬爲南徐州，以瑀補別駕從事史，爲濬所遇。……瑀遷從事中郎，領淮南太守。……疽發背卒。……子卷，南徐州別駕。卷弟藏，尚書中丞。穆之少子貞之，中書黃門侍郎，太子右衞率，寧朔將軍，江夏內史，卒官。子裒，始興相，以贓貨繫東冶內。穆之女適濟陽蔡祐，年老貧窮。世祖以祐子平南參軍，孫爲始安太守。」

又南齊書劉祥傳載：「祥字顯徵，東莞莒人，祖式之，吳郡太守。父敳，太宰從事中郎。祥宋世解褐，爲巴陵王征西行參軍，歷驃旗中軍二府，太祖太尉，東閤祭酒，驃騎主簿。建元中，爲冠軍征虜功曹。……祥兄整爲廣州，卒官。……乃徙廣州，祥至廣州，不得意，終日縱酒，少時病卒，年三十九。祥從祖兄彪，祥曾祖穆之正胤，建元初，降封南康縣公，虎賁中郎將。永明元年，坐廟墓不修削爵，後爲羽林監。」

劉勰是仲道一脈中的第四支，同時在他祖父那一代，無論是在朝在野，都還有相當崇高的社會地位。父輩以下，子孫多由坐享祖先蔭庇，宦途家道，相繼陵替。除開式之之孫劉整、劉祥，尙稍能維持門第外，其他若慮之之孫彤，竟至殺妻奪爵，彪爲穆之正胤，則坐廟墓不修削爵，這一代帝室之冑，到了此時，可謂之物是人非，破落不堪了。所以梁書劉勰傳，說他「家貧，不能婚娶。」是紀實，范文瀾以爲「亦以居喪故也」，便是憑虛臆測，非探本之論。

觀夫京口劉氏這個世家大族之傳統，對於劉勰所發生之影響，不外傳統的保守，與積極的進取兩方面：在傳統的保守上，因劉氏祖籍山東，誼屬聖人之鄉，長於江南之地，山川鍾秀，地靈人傑；加以書香門第，如「秀之少孤貧，有志操」，「野率無風采，而心力堅正」〔一〕。劉穆之「少好書傳，博覽多通」，「裁有閑暇，自手寫書，尋覽篇章，校定墳籍」〔二〕。劉式之「通易好士」〔三〕，劉瑀「少有才氣，爲太祖所知。」〔四〕是皆江左俊秀，勰自幼受家庭之薰陶，故其父雖早歿，而「篤志好學」〔五〕。「夢執丹漆之禮器，隨仲尼而南行」〔六〕。從小就自命不凡，以爲人生於世，「摛文必在緯軍國，負重必在任棟梁，窮則獨善以垂文，達則奉時以騁績」〔七〕，有「守先待後」之志。除家庭教育外，他所處之文化背景也不能忽視。如與彥和文名相侔的文壇人物，早期的有永嘉三家之謝靈運、鮑明遠、顏延之，均卒於彥和出生之前數年〔八〕，謝宣城雖生同彥和，而三十六歲死於獄中〔九〕。昭明太子蕭統，當彥和除仁威南康王記室兼東宮通事舍人時，年祇十七歲〔十〕。與彥和齊名之鍾嶸，其生年雖難以稽考，但由其卒年在西元五五二年逆推，或小於彥和〔十一〕。沈休文是西元四四一至五一三年之間的人，當梁天監前後，勰負書干約時，休文適花甲初度，而彥和三十又八〔十二〕。且京口密邇建康，名儒學者隱居於此的，先後有關康之〔十三〕，諸葛璩〔十四〕，臧榮緒〔十五〕，其流風餘韻，影響深遠。所以劉勰幼承家教，長受朋儕薰染，遂倚洙、泗以自重，勇執徵聖、宗經之大纛，向當世文壇挑戰，而成就不朽之業。其次在積極的進取上，勰既出身於漢齊悼惠王肥之後，於晉末宋初，曾祖仲道，曾叔祖劉穆之，叔祖劉秀之，劉式之等，或膺重寄於蠻荒，或出納王命於朝廷，不僅一門顯宦，且對劉宋政權之興衰，有舉足輕重的力量。而自父輩以下，若其父劉尚，官不過越騎校尉，有官無職，名存實亡〔十六〕。同族兄弟如劉儁，至齊國除。劉彤嗣父爵，因坐刀砍妻奪爵。劉彪坐廟墓不修削爵，劉祥徙官廣州，不得意，縱酒亡身。數十年間，人世之榮華富貴，不啻迅雷颱風，傾刻化為廣陵之散，所以劉勰目睹家世之興亡盛衰，給他極大的震撼，在心理上，他一直想着「君子藏器，待時而動」，宜「蓄素以弸中，散采以彪外」〔十七〕，並手著文心雕龍，作為干祿之憑藉，期能光宗耀祖，恢復京口劉氏之舊觀。另一方面，他又覺得「歲月飄忽，性靈不居」，「形甚草木之脆，名踰金石之堅」〔十八〕，因而類乎自我解脫似的，在他晚年的時候，遂啓請出家，燔髮自誓，於寺變服，改名慧地〔十九〕。在浮沈的宦海中，他能不顧一切的跳出三界，找回自我，這是他積極進取的另一種方式，同時也是學術與信仰的綜合表現。

二、年　譜

宋孝武帝大明八年（西元四六四）甲辰一歲

先生生於南徐州東莞郡之京口

梁書卷五十劉勰傳：「劉勰字彥和，東莞莒人，祖靈眞，宋司空秀之弟也。父尙，越騎校尉。」南史劉勰傳措辭尤簡，有關先生之生卒年月，皆不確指。范文瀾文心雕龍注序志篇注：「彥和之生，當在宋明帝泰始元年前後。」華師仲麐劉彥和簡譜，以為「宋泰始（明帝）元、二年，彥和生於南東莞郡〔二〇〕。」張嚴劉彥和身世考索，推算「彥和出生之年，當在宋明帝泰始元年光景。」王金凌劉勰年譜，根據劉勰著述文心雕龍之時間，計算其生年，以為「約當宋明帝泰始元年。」日本學者興膳宏文心雕龍略年表，於西元四六六年〔二一〕列劉勰生，譚家定中國文學家大辭典，及黃公偉

中國文學史第五編第四章載劉勰生平，謂「彥和卒於西元四七三年。」〔二二〕

案：譜主劉勰的生年既難以確知，連他的名字亦時被後人弄得魚目混珠。照爾雅釋詁的說法：「勰，和也。」釋訓：「美士曰彥。」王充論衡詰術篇講到我國古人立字的原則，是「展名以取同義」，舍人名勰字彥和，正合古義。但唐人顏師古匡謬正俗卷五史記條下忽出：「劉軌思文心雕龍雖略曉其意，而言之未盡」之語。清末葉廷珪吹網錄，更附會顏說，加以彌縫云：「顏氏此語，未詳所出，或疑勰先曾以軌思爲字，後改彥和，而史文失記，師古必得先世遺聞，當稱其舊字。」而事實上，劉軌思乃北齊渤海人，北齊書卷四十四，及北史卷八十一並列入儒林傳，史傳上祇說他說詩甚精，北齊後主緯天統中〔二三〕，擔任國子博士，別無任何著述，且與舍人出生時間、地點完全不同〔二四〕，如果不是顏師古先生誤書，就是後人傳寫有譌。楊明照梁書劉勰傳箋注，認爲「軌思二字，殆勰字之殘誤」，近似。至於北齊劉晝所爲劉子十卷，隋志不著錄，新舊唐志皆作梁劉勰撰。又唐釋慧琳一切經音義卷九十，前高僧傳音下卷第八卷「劉勰」條下，云「梁時才名之士也，著書四卷，名劉子，與劉蟉等並皇枝貴族也。」又把十卷的劉子錯成四卷了。據宋劉克莊後村大全集卷一百七十九，詩話續引唐張鷟朝野僉載說：「劉子一書咸以爲劉勰所撰，乃渤海劉晝所製。晝無位，博學多才，竊取其名，人莫知也。」陳振孫書錄解題，晁公武郡齋讀書志，也都依照唐播州錄事參軍袁孝政的序，作北齊劉晝撰。考北齊劉晝字孔昭，渤海阜城人，名載北史儒林傳，傳稱他「孤貧受學，伏膺無倦，常閉戶讀書……恣意披覽，晝夜不息。……還，舉秀才，策不第，乃恨不學屬文，方復綴輯辭藻，言甚古拙」云云。四庫全書總目提要子部雜家類，曾對劉子一書詳加駁辯。（文長不贅）再有明人廖用賢的尚友錄卷十二劉姓下，稱「勰撰自古帝王賢達至於魏世，通三十卷，名曰要略。」考廖所言，蓋誤以北魏彭城王元勰爲劉勰。元勰亦字彥和，魏書卷二十一下彭城王勰傳，稱他「敦尚文史，物務之暇，披覽不輟，撰自古帝王賢達至於魏世子孫三十卷，名曰要略。」這可能是因爲彭城和劉勰的郡望相同，元勰的名字又和舍人完全一樣，所以便被後人張冠李戴了。

劉勰的籍貫，史傳上記載着「東莞莒人」，「這個東莞莒人」的說法，也引起了後人很多的爭議。所謂「東莞」的設郡，有兩個說法：一是晉書地理志，說「太康元年（西元二八〇）分琅邪置東莞郡，十年（西元二八九）以青州城陽郡之莒、姑幕、諸、東武四縣屬東莞。」另一是宋書州郡志，記載「東莞太守，晉武帝泰始元年（西元二六五）分琅邪立，咸寧三年（西元二七七），復以合琅邪。太康十年（西元二八九）復立，領縣三，東莞、諸、莒。」楊明照梁書劉勰傳箋注，就是根據晉書，認定「莒今山東莒縣，故春秋莒子國，前漢屬城陽，後漢屬琅邪。晉太康元年置東莞郡，十年割莒屬焉。永嘉喪亂，淪於異族，渡江以後，明帝始僑立南東莞郡於南徐州，鎭京口，宋、齊諸代因之。舍人世居京口者以此。史氏以爲非其本土，故仍箸舊貫。」王金凌劉勰年譜針對楊氏「非其本土，仍箸舊貴」之說加以駁議。他說「東莞始置郡，在晉武帝泰始元年，非如楊氏所云在晉武帝太康元年也，爾時東莞郡所領八縣中無莒，莒屬青州城陽郡，苟如楊氏所云非其本土，故仍箸舊貫，則劉勰傳當云城陽莞人，而非東莞莒人矣。」繼而又云：「所謂東莞莒人，卽南東莞莒人也。」似此，劉勰既爲南東莞莒人，本傳上何以稱他是「東莞莒人」？

關於這個問題，我們可以從梁書記傳的體例上找到答案。如梁書卷二十一王瞻傳：「王瞻字思範，琅邪臨沂人也。」琅邪卽指南琅邪。卷四十二臧盾傳：「臧盾字宣卿，東莞莒人。」東莞卽指南東莞。卷二十七到洽傳：「到洽字茂沿，彭城武原人也。」彭城卽指南彭城。卷二十六范岫傳：「范岫字懋賓，濟陽考城人也。」濟陽卽指南濟陽。餘如王志、王峻、王陳、王規、王筠、王籍、臧嚴、孫謙、到沆、到溉、蔡撙、江倩、江子一、江紑、江革，諸傳所載籍貫，皆同此例。可見梁書凡記人籍貫，地屬僑置者，皆省南字。依此看來，楊明照箋注並無錯誤，錯就錯在晉書地理志的疏忽上。在南北朝此一變亂紛乘之時代，很多地方都因名號驟易，境土屢分，很難嚴格的區畫，沈約宋書州郡志云：「千回百改，巧歷不算，尋校推求，未易精悉。」所以清乾隆年間陽湖洪亮吉，撰東晉疆域志，於卷四僑州郡縣第七中，明載「東晉僑置東莞郡，于晉陵南境。」晉陵於清屬常州，民國爲江蘇武進縣，縣東南二十里青城，卽古莒地。東莞郡治在京口，今隸江蘇鎮江，南北朝時代叫丹徒，嘉慶重修一統志，於鎮江「名勝古蹟」中，尚載有「劉穆之宅」遺址。「人物志」裏有穆之、秀之叔侄小傳，並且說他們「世居京口」，所以劉勰祖籍山東，僑居京口，從史書的記載可以推知。至少在他曾祖父仲道公的時候，就已經舉族南遷，這該是無可爭議的。

日僧遍照金剛在所著文鏡秘府論天卷四聲論裏，稱劉勰爲吳人。宋黃庭堅與王觀復書，說劉勰是南陽人。修辭鑑衡卷二載元人王構的說法，以爲「南陽劉勰，嘗論文章之難工。」近年北京某校出版一本「魏晉南北朝文學史參考資料」，稱「劉勰是山東人」。實際上，日僧遍照是就其僑居地而言，黃魯直、王構乃誤屬地望；北京某校教授祇言其祖籍，而誤遺寄籍，以上各氏雖出言失檢，惟無心之訛，尚可原諒。只有明歸有光輯諸子彙函，題「文心雕龍」為「雲門子」，說彥和曾讀書於青州府南雲門山，這不特杜撰故實，連輿地也失之不考，就怪不得「叢書舉要」說它是假託之作了。

宋明帝泰始元年（西元四六五）乙巳

先生二歲

案：本年冬十一月宋前廢帝子業昏庸殘暴，為阮佃夫、壽寂之所弒，立湘東王彧，改永光為泰始元年。釋僧祐二十一歲，沈約二十五歲，蕭子良六歲。〔二五〕

宋明帝泰始二年（西元四六六）丙午

先生三歲，父尚病逝

梁書卷五十劉勰傳：「勰早孤，篤志好學。」南史卷七十二劉勰傳：「父尚，越騎校尉，勰早孤，篤志好學。」范文瀾文心雕龍注序志篇注，楊明照梁書劉勰傳箋注，及張嚴劉彥和身世考索，華師仲麐之劉彥和簡譜，王金凌劉勰年譜，皆不言尚去世之年。孟子梁惠王章：「幼而無父曰孤」，竊以為尚之去世，必在彥和沖齡之年。茲姑定於宋明帝泰始二年，先生三歲之時，或可與史實稍諧。尚之生平事蹟，除依史傳知其生前曾任宋越騎校尉之官外，其他均不可考。

案：本年春正月，晉安王子勛稱帝於尋陽，孔覬、殷琰等應之，宋分遣劉勔、沈懷明等討之。秋八月克江州，殺子勛。鮑照於荊州為亂兵所殺（照字明遠，南史鮑照傳說他是東海（今江蘇灌雲）

人，齊虞炎的鮑照集序，則說他是上黨（約當安徽蕪湖附近）人，文辭贍逸，筆力矯健。與顏延之、謝靈運，同稱元嘉三大家，杜甫以照與庾信並稱，曰：「清新庾開府，俊逸鮑參軍」，可謂篤論，著有鮑參軍集傳於世）。謝莊年四十六，謝朓三歲〔二六〕。

宋明帝泰始三年（西元四六七）丁未

先生四歲

案：本年春魏將軍慕容白曜侵宋青州。宋蕭道成廣收豪俊。沈約二十七歲，蔡興宗引爲安西外兵參軍兼記室，推崇他是「人倫師表」，始撰晉書〔二七〕。

宋明帝泰始四年（西元四六八）戊申

先生五歲

案：本年春正月魏侵宋，宋豫州刺史劉勔擊卻之，斬其將闕于拔。夏四月宋減民田租之半。

宋明帝泰始五年（西元四六九）己酉

先生六歲

案：本年春正月魏拔宋青州，執刺史沈文秀。十一月魏遣使如宋修好。裴子野生（子野字幾原，河東聞喜（今山西聞喜縣）人。孤貧好學，文典而速，不尚麗靡之辭。其制作多法古，與時文體不同。當時或有詆訶的，及後皆翕然重之。累官鴻臚卿，梁中大通二年卒官，年六十二，著書八十八卷，皆行於世。）

宋明帝泰始六年（西元四七〇）庚戌

先生七歲

文心雕龍序志篇云：「予生七齡，乃夢彩雲若錦，則攀而採之。」

案：本年夏宋立總明觀學士，分「儒玄」、「文史」、「陰陽」三部，各置學士十人。

宋明帝泰始七年（西元四七一）辛亥

先生八歲

案：宋帝以太子幼弱，深忌諸弟，所以於本年春二月殺其弟晉平王休祐，夏五月殺其弟建安王休仁，秋七月殺其弟巴陵王休若。並作湘宮寺以自矜功德，以蕭道成爲散騎常侍。

宋明帝泰豫元年（西元四七二）壬子

先生九歲

案：本年夏四月宋帝彧殂，太子昱立，是爲後廢帝，陸厥生〔二八〕。

宋廢帝元徽元年（西元四七三）癸丑

先生十歲

案：桂陽王休範謀反，宋朝廷陰爲之備。宋京師大旱，傷秋稼。

宋廢帝元徽二年（西元四七四）甲寅

先生十一歲

案：本年夏五月宋江州刺史桂陽王休範反，命蕭道成討平之。百姓均以蕭道成全國家。

宋廢帝元徽三年（西元四七五）乙卯

先生十二歲

案：本年春三月宋以張敬兒都督雍、梁二州軍事。

宋廢帝元徽四年（西元四七六）丙辰

先生十三歲

案：本年秋七月宋南徐州刺史建平王景素起兵京口，遣將軍黃回、李安民等討斬之。

宋順帝昇平元年（西元四七七）丁巳

先生十四歲

案：本年秋七月宋中領軍蕭道成殺其主昱，而立安成王準，自爲司空，錄尚書事。十一月荆襄都督沈攸之舉兵討之，中書令袁粲、尚書令劉秉、謀誅蕭道成，不克而死。

宋順帝昇平二年（西元四七八）戊午

先生十五歲

案：本年春正月沈攸之兵敗自縊而死。蕭道成自爲太尉，都督十六州諸軍事，以王儉爲長史（王儉字仲寶，琅邪臨沂（今山東臨沂縣北）人，生而父僧綽遇害，爲僧虔所養。幼有神采，專心篤學，手不釋卷，有宰相之志，蕭道成以爲長史，事皆委之）〔二九〕。

齊高帝建元元年（西元四七九）己未

先生十六歲

案：本年春三月宋蕭道成自爲相國，封齊公，加九錫。夏四月自進爵爲齊王，受宋禪，國號齊，盡誅宋宗室。沈約三十九歲，據梁書本傳載，知其於本年官征虜記室，兼襄陽令。

齊高帝建元二年（西元四八〇）庚申

先生十七歲

案：本年春二月齊檢定民籍，以蕭鸞爲郢州刺史。

齊高帝建元三年（西元四八一）辛酉

先生十八歲

案：本年春正月齊敗魏師于角城。劉孝綽生（孝綽。彭城（今江蘇徐州）人，本名冉，小字阿土，幼聰敏，七歲能屬文，親友號曰神童。齊中書郎王融每言曰：「天下文章，若無我，當歸阿土。」累官臨賀王長史，時昭明太子好士愛文，孝綽與陳郡殷芸、吳郡陸倕、琅邪王筠、彭城到洽，同見賓禮。梁大同五年卒，有文集十四卷）〔三〇〕。

齊高帝建元四年（西元四八二）壬戌

先生十九歲

案：本年春正月齊主蕭道成殂，太子賾立，是爲武帝。蕭子良二十三歲。六月丙申封竟陵王。沈約四十二歲，六月甲申爲步兵校尉管書記，直永壽省校四部圖書。王筠生（筠字元禮，一字德柔，琅邪臨沂（今山東臨沂縣）人，七歲能屬文。及長，清靜好學，性宏厚，不以才能高人，而少擅才名，見重當世。嘗云：「幼年讀五經皆七八十遍。」累官司徒左長史，遷太子詹事，梁太寶元年卒，年六十九，有集五十三卷）〔三一〕。

齊武帝永明元年（西元四八三）癸亥

先生二十歲

據范文瀾文心雕龍注序志篇注，彥和約生於宋武帝大明八年（四六四），母歿於齊武帝永明元年（四八三），其間相去適二十年，故范氏有彥和母歿當在二十歲左右之說。張嚴劉彥和身世考索以爲其母歿之年，在彥和弱冠之時，而張氏推彥和弱冠，當齊武帝永明五、六年（四八六——四八七），若以永明五、六年計算，則彥和已二十二、三，似不得稱弱冠。禮記曲禮：「古時男子二十成人而行冠禮，體猶未壯，故曰弱冠。」故疑先生二十歲丁母憂。

案：本年夏四月齊殺其尙書垣崇祖、散騎常侍荀伯玉，五月殺車騎將軍張敬兒。秋七月以王僧虔爲特進光祿大夫。

齊武帝永明二年（西元四八四）甲子

先生二十一歲

案：本年春正月齊以竟陵王蕭子良爲司徒（子良少有清高，傾意賓客，時范雲、蕭琛、任昉、王融、蕭衍、謝朓、沈約、陸倕，並以文學見親，號曰八友。）〔三二〕

宋武帝永明三年（西元四八五）乙丑

先生二十二歲

案：本年春正月齊復立國學，夏五月以王儉領國子祭酒。

宋武帝永明四年（西元四八六）丙寅

先生二十三歲

彥和於二十歲丁母憂，居家守孝，貧不能娶。據梁書、南史本傳的記載，適僧祐於永明年間入吳，試簡五衆，宣講十誦，更伸受戒之法。凡獲信施，悉以作爲修繕定林、建初諸寺之經費。並建無遮大集捨身齋。慧皎高僧傳釋僧祐傳，又載祐於此時造立經藏，搜校卷軸。彥和於三年喪畢，走依僧祐，佐其抄撰要事。張嚴劉彥和身世考索，說永明五、六年時，彥和二十一、二歲，其實永明五、六年時，彥和已年二十四、五，與梁書劉勰傳「勰依沙門僧祐，與之居處積十餘年」之說推之，不盡相符。故疑其依僧祐抄撰要事，當在永明四年，先生二十三歲時。日本興膳宏文心雕龍略年表，謂「劉勰於齊高帝建元二年（四八〇），佐定林寺僧祐整理經藏，編製目錄」又失之太前。

案：富陽（今屬浙江杭州）居民唐寓之因以邪術倡亂，衆至三萬，稱帝於錢塘，齊發禁兵討平之。

齊武帝永明五年（西元四八七）丁卯

先生二十四歲

案：本年春正月魏主詔有司議定雅樂。二月齊敗魏師，取舞陽。蕭子顯生（子顯字景陽，南蘭陵（今江蘇武進）人，幼聰慧，好學，工詩文，梁大同三年出爲仁威將軍吳興太守，未幾卒，年四十九，著書二百餘卷。）庾肩吾生（肩吾字子慎，新野（今河南新野縣南）人，八歲能賦詩，累官度支尚書，江州刺史，梁大寶二年卒，有集十卷）。勅沈約撰宋書〔三三〕。

齊武帝永明六年（西元四八八）戊辰

先生二十五歲

案：本年冬齊吳興饑。沈約四十八歲，二月撰宋書一百卷畢功。

齊武帝永明七年（西元四八九）己巳

先生二十六歲

案：本年夏五月齊中書監南昌公王儉卒，年三十八，謚文憲。著書一百五十六卷。

齊武帝永明八年（西元四九〇）庚午

先生二十七歲

案：本年冬十月，奉朝請孔顗上言，請鑄重錢，以功費多而止。

齊武帝永明九年（西元四九一）辛未

先生二十八歲

案：本年秋八月魏主銳意復古，於是營太廟，定廟祧之制，考六宗之禮，九月武帝留心法令，詔獄官詳正舊注。孔稚圭請置治律助教國子。

齊武帝永明十年（西元四九二）壬申

先生二十九歲

釋超辨終於山寺，沙門僧祐爲造墓所，彥和製碑文。慧皎高僧傳卷十四釋超辨傳云：「釋超辨，姓張，燉煌人，幼而神悟孤發，履操深沈，誦法華金光般若。聞京師盛於佛法，乃越自西河，路由巴楚，達於建業。頃之，東適吳越，觀矚山水，停山陰城傍寺少時，後還都，止定林上寺，閑居養素，畢命山門。……以齊永明十年終於山寺，春秋七十有三。葬於寺南，沙門僧祐爲造墓所，東莞劉勰製文。」彥和爲釋超辨所製碑文已佚，內容不可詳。

案：本年春正月魏主宗祀顯祖于明堂，修堯、舜、禹、周公、孔子之祀，武興民楊集始寇漢中，齊遣陰仲昌等擊破之。秋八月詔太子家令沈約撰宋書（根據宋書卷一百沈約自序，知永明五年（四八七）約奉勅撰宋書，六年（四八八）二月畢功，前後費時止一年餘，其上宋書表云：「……宋故著作郎何承天始撰宋書，草立紀傳，止於武帝功臣，篇牘未廣。其所撰志，唯天文、律歷，自此外，悉委奉朝請山謙之，謙之孝建初又被詔撰述，尋値病亡，仍使南臺侍御史蘇寶生續造諸傳，元嘉名臣，皆其所撰。寶生被誅，大明中，又命著作郎徐爰踵成前作，爰因何、蘇所述，勒爲一史，起自義熙之初，迄于大明之末。至於臧質、魯爽、王僧達諸傳，又皆孝武所造。自永光以來，至於禪讓，十餘年內，闕而不續，一代典文，始末未擧。且事屬當時，多非實錄。又立傳之方，取捨乖衷，進由時旨，退傍世情，垂之方來，難以取信。臣今謹更創立，製成新史，始自義熙肇號，終於昇平三年。桓玄、譙縱、盧循、馬、魯之徒，身爲晉賊，非關後代。吳隱、謝混、郗僧施，義止前朝，不宜濫入宋典。劉毅、何無忌、魏詠之、檀憑之、孟昶、諸葛長民，志在興復，情非造宋，今並刊除，歸之晉籍。」則宋書自是沈約根據徐爰所造，略加整理而成。否則一百卷之巨著，事實上以一人之力，亦絕非一年餘之時間可辦。此次沈約又奉詔撰宋書，實因原書某些地方與武帝觀點不合：如約載宋世祖、太宗諸鄙瀆事，以及爲袁粲立傳，皆多所刪正）。

齊武帝永明十一年（西元四九三）癸酉

先生三十歲

案：本年春正月齊太子長懋卒，夏四月立昭業爲太孫。秋七月魏詔大舉伐齊，齊帝殂，太孫昭業立，是爲廢帝鬱林王。以竟陵王子良爲太傅，蕭鸞爲尚書令。中書郎王融因罪伏誅（融字元長，琅邪臨沂（今山東臨沂縣）人，僧達孫，母謝氏敎融學書，融少而神明警惠，博涉有文才，好功名，累官中書郎，融文辭辯捷，尤善倉卒屬綴，竟陵王子良特爲友好。武帝大漸，謀立子良，及鬱林王卽位，下獄賜死，年二十七，有集十卷）〔三四〕。

齊明帝建武元年（西元四九四）甲戌（隆昌元年 延興元年）

先生三十一歲

上定林寺釋僧柔卒，彥和爲製碑文。慧皎高僧傳卷九釋僧柔傳云：「釋僧柔，姓陶，丹陽人。少而耿潔，便有出塵之操。……後出家爲弘稱弟子……便精勤戒品，委曲禪慧，方等衆經，大小諸部，皆徹鑒玄源，洞盡宗要。……後東遊禹穴，值慧基法師，招停城傍，一夏講論。後入剡白山靈鷲寺，未至之夜，沙門僧緒，夢見神人，彩旗素甲，滿山而出。緒問其故，答云，法師當入，故出奉迎，明旦待人，果是柔至。……齊太祖創業之始，及世祖襲圖之日，以柔耆素有聞，故徵書歲及。文宣諸王，再三招請，乃更出京師，止於定林寺。延興元年，奄然而卒，春秋六十有四。沙門釋僧祐爲立碑墓所，東莞劉勰製文。」彥和所製碑文已佚，內容不可悉。

案：齊主昭業立，改元隆昌，本年秋七月，蕭鸞弑其君昭業，而立新安王昭文，是爲廢帝海陵王，昭文立，改元延興。冬十月，蕭鸞廢其主昭文而自立，是爲明帝。十一月魏由平城遷都洛陽。齊竟陵王子良以憂卒（子良字雲英，南蘭陵武進（今江蘇武進縣西北）人，齊世祖第二子，禮賢好士，居不疑之地，傾意賓客，天下才學，皆遊集焉。性嗜佛氏，嘗營齋聚僧，勸人爲善，未嘗厭倦。鬱林王卽位，以憂卒，年三十五，謚文宣王，有集四十卷）〔三五〕。

齊明帝建武二年（西元四九五）乙亥

先生三十二歲

佐釋僧祐撰成三藏記、法苑記、世界記、釋迦譜、弘明集等重要典籍，並自造滅惑論。梁書劉勰傳云：「彥和依沙門僧祐，與之居處，積十餘年，遂博通經論，因區別部類，錄而序之，今定林寺經藏，勰所定也。」計彥和二十三歲依定林寺沙門僧祐，至此適得十年，考以上各著，皆收於大藏經之法集，而法集凡八帙，第一帙釋迦譜五卷、第二帙世界記五卷、第三帙出三藏記集十卷、第四帙薩婆多部相承傳五卷、第五帙法苑記五卷，第六帙弘明集十卷、第七帙十誦義記十卷、第八帙法集雜記傳銘七卷。近人姚名達於中國目錄學史宗教目錄篇，對各書編定的時間，及其與劉勰之關係，頗有持平的說法，如「由此（指梁書劉勰傳）可知，僧祐經藏早成於齊世，編定其目錄者乃勰也。又可知祐錄所根據者，必定林寺經藏目錄也。今讀祐錄，覺其筆調情致宛似文心雕龍。勰既依祐爲生，且已爲祐寺編目，則祐錄殆亦由劉勰執筆歟？祐弟子慧皎作高僧傳，載祐卒後，弟子正度立碑頌德，東莞劉勰製文。費錄有釋正度錄一卷，或爲拾補祐錄之遺。正度、慧皎、及寶唱之儔，諒亦嘗助勰祐撰錄也，至於祐錄成書之年，費錄稱爲齊建武年，此蓋草創之時耳。祐所新撰賢愚經記有天監四年之事，亦已收入祐錄，因知其書必成於此年以後，天監十四年以前，或目錄部分於建武中先成，記傳部分至天監中猶陸續加入。如此鉅著，必非短期所能竣事也。」姚說大致可從，至於彥和自造的滅惑論一文，現見存於弘明集卷八，其確切發表之年代已不可考，旨在因道教徒作三破論以詆佛教，故反駁而作滅惑論。次爲釋三破論，乃釋僧順作，然釋僧順亦不可考，而三破論，弘明集又未收，故我人只可謂滅惑論作於齊、梁之間。今附於本年，或略近事實。弘明集乃內典專著，非通行之書箱，特將彥和原作「滅惑論」錄之於下，俾讀者得覽其全豹。

或造三破論者，義證庸近，辭體鄙拙。雖至理定於深識，而流言惑於淺情。委巷陋說，誠不足辨。又恐野聽，將謂信然，聊擇其可採，略標雅致。

三破論云：『道家之教，妙在精思得一，而無死入聖！佛家之化，妙在三昧神通，無生可冀，詺死爲泥洹，未見學死而不得死者也。』滅惑論曰：『二教眞僞，煥然易辨。夫佛法練神，道教練形，形器必終，礙於一垣之裏；神識無窮，再撫六合之外。明者資於無窮，教以勝慧；闇者戀其必終，誑以仙術。極（極上疑脫二字）於餌藥，慧業始於觀禪。禪練眞識，故精妙而泥洹可冀；藥駐僞器，故精思而翻騰無期。若廼棄妙寶藏，遺智養身，據理尋之，其僞可知。假使形翻無際，神暗（暗下疑脫二字），鳶飛戾天，寧免爲鳥？夫泥洹妙果，道惟常住，學死之談，其析理哉！』三破論云：『若言太子是教主，主不落髮，而使人髡頭；主不棄妻，使人斷種，實可笑哉！明知佛教是滅惡之術也。伏聞君子之德，身體髮膚，受之父母，不敢毀傷，孝之始也。』滅惑論曰：『太子棄妻落髮，事顯於經，而反白爲黑，不亦罔乎！夫佛家之孝，所苞蓋遠，理由乎心，無繫於髮。若愛髮棄心，何取於孝？昔泰伯虞仲，斷髮文身，夫子兩稱至德中權。以俗內之賢，宜修世禮，斷髮讓國，聖哲美談。況般若之教，業勝中權；菩提之果，理妙克讓者哉！理妙克讓，故捨髮取道；業勝中權，故棄迹求心。準以兩賢，無缺於孝，鑒以聖境，夫何怪乎？」

第一破曰：『入國而破國者，誑言說僞，興造無費，苦剋百姓，使國空民窮，不助國，生人滅損。況人不蠶而衣，不田而食，國滅人絕，由此爲失。日用損費，無纖毫之益，五災之害，不復過此。』滅惑論曰：『大乘圓極，窮理盡妙，故明二諦以遣有，辨三空以標無；四等弘其勝心，六度振其苦業。誑言之訕，豈傷日月？夫塔寺之興，闡揚靈教，功立一時，而道被千載。昔禹會諸侯，玉帛萬國，至于載代，存者七君，更始政阜，民戶殷盛，赤眉兵亂，千里無煙。國滅人絕，寧此之由？宗索之時，石穀十萬，景武之世，積粟紅腐。非秦末多沙門，而漢初無佛法也。驗古準今，何損於政！』

第二破曰：『入家而破家，使父子殊事，兄弟異法，遺棄二親，孝道頓絕，憂娛各異，歌哭不同，骨血生讐，服屬永棄；悖化犯順，無昊天之報，五逆不孝，不復過此！』滅惑論曰：『夫孝理至極，道俗同貫，雖內外跡殊，而神用一揆，若命綴俗因，本修敎於儒禮；運稟道果，固弘孝於梵業。是以諮親出家，法華明其義，聽而後學，維摩標其例，豈忘本哉！有由然也。彼皆照悟神理，而鑒燭人世，過駟馬於格言，逝川傷於上哲。故知瞬息盡養，無濟幽靈；學道拔親，則冥苦永滅。審妙感之無差，辨勝果之可必，所以輕重相權，去彼取此。若乃服制所施，事由追遠；禮雖因心，抑亦沿世。昔三皇至治，堯、舜所慕，死則衣之以薪，葬之中野，封樹弗修，苴斬無紀，豈可謂三皇敎民棄於孝乎？爰及五帝，服制煥然，未聞堯、舜執禮，追責三皇，三皇無責，何獨疑佛？佛之無服，理由拔苦；三皇廢喪，事沿淳樸。淳樸不疑，而拔苦見尤，所謂朝三暮四，而喜怒交設者也。明知聖人之教，觸感圓通，三皇以淳樸無服，五帝以沿情制喪，釋迦拔苦，故棄俗反眞，檢迹異路，而玄化同歸。』

第三破曰：『入身而破身，人生之體，一有毀傷之疾，二有髡頭之苦，三有不孝之逆，四有絕種之罪，五有亡體從誡，唯學不孝，何故言哉？誡令不跪父母，便競從之，兒先作沙彌，其母後作阿尼，則跪其兒。不禮之教，中國絕之，何可得從！』滅惑論曰：『夫棲形稟識，理定前業；入道居俗，事繫因果。是以釋迦出世，化洽天人，御國統家，並證道跡。未聞世界，普同出家，良由緣感不一，故名教有二。搢紳沙門，所以殊也。但始拔塵域，理由戒定。妻者愛累，髮者形飾；愛累傷神，形飾乖道。所以澄神滅愛，修道棄飾，理出常均，教必翻俗。若乃不跪父母，道尊故也。父母禮之，尊道故也。禮新冠見母，其母拜之，喜其備德，故屈尊禮卑也。介冑之士，見君不拜，重其秉武，故尊不加也。緇弁輕冠，本無神道，介冑凶器，非有至德；然事應加恭，則以母拜子，勢宜停敬，則臣不跪君；禮典世教，周、孔所制，論其變通，不由一軌。況佛道之尊，標出三界，神教妙本，羣致玄宗，以此加人，實尊冠冑，冠冑及禮，古今不疑，佛、道加敬，將欲何怪！』

三破論曰：『佛舊經本云浮屠，羅什改爲佛徒，知其源惡故也。所以詺爲浮屠，胡人凶惡，故老子云：「化其始，不欲傷其形。」故髡其頭，名爲浮屠，況屠割也。至僧禕後，改爲佛圖。本舊經云喪門，喪門由死滅之門，云其法無生之教，名曰喪門；至羅什又改爲桑門，僧禕又改爲沙門。沙門由沙汰之法，不足可稱。』滅惑論曰：『漢明之世，佛經始過，故漢譯言，音字未正。浮音似佛，桑音似沙，聲之誤也；以圖爲屠，字之誤也。羅什語通華戎，識兼音義，改正三豕，固其宜矣。五經世典，學不因譯，而馬、鄭注說，音字互改。是以昭（按昭當是於之誤）穆不祀，謬師資於周頌；不允塞宴安，乖聖德於堯典。至教之深，寧在兩字？得意忘言，莊周所領；以文害志，孟軻所譏，不原大理，唯字是求，宋人申束，豈復過此！』

三破論曰：『有此三破之法，不施中國，本正西域，何言之哉？胡人無二，剛強無禮，不異禽獸，不信虛無。老子入關，故作形像之教化之。』又云：『胡人麤獷，欲斷其惡種，故令男不娶妻，女不嫁夫。一國伏法，自然滅盡。』滅惑論曰：『雙樹晦跡，形像代興，固已理精無始，而道被無窮者矣。案李叟出關，運當周季，世閉賢隱，故往而忘歸，接輿避世，猶滅其迹，況適外域，孰見其蹤？於是姦猾祭酒，造化胡之經，理拙辭鄙，廝隸所傳。尋西胡怯弱，北狄凶熾，若老子滅惡，棄德用刑，何愛凶狄而反滅弱胡？遂令玁狁橫行，毒流萬世。豺狼當路，而狐狸是誅，淪胥爲酷，覆載無聞。商鞅之法，未至此虐，伯陽之道，豈其然哉！且未服則設像無施，信順則孥戮可息，既服教矣，方加極刑，一言失道，衆僞可見，東野之語，其如理何？』

三破論云：『蓋聞三皇五帝三王之徒，何以學道並感應，而未聞佛教？爲是九皇忽之，爲是佛教未出。若是佛教未出，則爲邪僞，不復云云。』滅惑論曰：『神化變通，教體匪一；靈應感會，隱現無際。若緣在妙化，則菩薩弘其道；化在麤緣，則聖帝演其德。夫聖帝菩薩，隨感現應，殊教合契，未始非佛。固知三皇已來，感滅而名隱；漢明之教，緣應而像現矣。若迺三皇德化，五帝仁教，此之謂道，似非太上；羲、農敷治，未聞奏章，堯、舜緝政，寧肯書符。湯、武抒暴，豈當餌丹？五經典籍，不齒天師，而求授聖帝，豈不悲哉！』

三破論云：『道以氣爲宗，名爲得一。尋中原人士，莫不奉道。今中國有奉佛者，必是羌、胡之種。若言非邪？何以奉佛？』滅惑論曰：『至道宗極，理歸乎一，妙法眞境，本固無二。佛之至也，則空玄無形，而萬象並應，寂滅無心，而玄智彌照。幽數潛會，莫見其極；冥功日用，靡識其然。但言萬象既生，假名遂立，梵言菩提，漢語曰道。其顯跡也，則金容以表聖；應俗，則王宮以現生。拔愚以四禪爲始，進慧以十地爲階；總龍鬼而均誘，涵蠢動而等慈。權教無方，不以道俗乖應；妙化無外，豈以華戎阻情？是以一音演法，殊譯共解；一乘敷教，異經同歸。經典由權，故孔、釋教殊而道契，解同由妙，故梵漢語隔而化通。但感有精粗，而教分道俗；地有東西，故國限內外。其彌綸神化，陶鑄羣生，無異也。固能拯拔六趣，總攝大千，道惟至極，法惟最尊。然至道雖一，岐路生迷。九十六種，俱號爲道，聽名則邪正莫辨，驗法則眞僞自分。案道家立法，厥品有三；上標老子，次述神仙，下襲張陵，太上爲宗。尋柱史嘉遯，實惟大賢，著書論道，貴在無爲，理歸靜一，化本虛柔。然而三世弗紀，慧業靡聞。斯迺導俗之良書，非出世之妙經也。若乃神仙小道，名爲五通，福極生天，體盡飛騰；神通而未免有漏，壽遠而不能無終；功非餌藥，德沿業修，於是愚狡方士，僞託遂滋。張陵米賊，述記昇天；葛玄野豎，著傳仙公。愚斯惑矣！智可罔與？今祖述李叟，則教失如彼；憲章神仙，則體劣如此。上中爲妙，猶不足算，況效陵魯，醮事章符，設教五斗，欲拯三界，以蚊負山，庸詎勝乎？標名大道，而教甚於俗；舉號太上，而法窮下愚。何故知邪？貪壽忌夭，含識所同，故肉芝石華，譎以翻騰，好色觸情，世所莫異。故黃書御女，誑稱地仙，肌革盈虛，羣生共愛，故寶惜涕唾，以灌靈根。避災苦病，民之恒患，故斬縛魑魅，以快愚情。憑威恃武，俗之舊風，故吏兵鉤騎，以動淺心。至於消災淫術，厭勝姦方，理穢辭辱，非可筆傳。事合氓庶，故比屋歸宗。是以張角李弘，毒流漢季；盧悚孫恩，亂盈晉末。餘波所被，實蕃有徒。爵非通侯，而輕立民戶；瑞無虎竹，而濫求租稅。糜費產業，蠱惑士女。運迍則蠍國，世平則蠹民。傷政萌亂，豈與佛同。且夫涅槃大品，寧比玄妙上清？金容妙相，何羨鬼室空屋？降伏天魔，不慕幻邪之詐；淨修戒行，豈同畢券之醜？積弘誓於方寸，孰與藏宮將於丹田？響洪鐘於梵音，豈若鳴天鼓於脣齒？校以形迹，精粗已懸；覈以至理，眞僞豈隱？若以粗笑精，以僞謗眞，是瞽對離朱，曰我明也。』」今人黃繼持著有「劉勰的滅惑論」，載於港大文心雕龍研究專號，對彥和援儒、崇佛、抑道的思想，抉微闡幽，頗得彥和爲文之精神。

案：本年夏四月魏主如魯城，祠孔子，封其後爲崇聖侯。秋八月魏立國子太學、四門小學。並禁羣臣於朝言事一律不得北語，違者免官。

齊明帝建武三年（西元四九六）丙子

先生三十三歲

因感夢始撰文心雕龍。文心序志篇云：「齒在踰立，嘗夜夢執丹漆之禮器，隨仲尼而南行，旦而寤，乃怡然而喜，大哉聖人之難見也！迺小子之垂夢歟？自生民以來，未有如夫子者也。敷讚聖旨，莫若注經，而馬、鄭諸儒，宏之已精，就有深解，未足立家。唯文章之用，實經典枝條，五禮資之以成文，六典因之以致用，君臣所以炳煥，軍國所以昭明，詳其本源，莫非經典。而去聖久遠，文體解散，辭人愛奇，言貴浮詭，飾羽尚畫，文繡鞶帨，離本彌甚，將遂訛濫。蓋周書論辭，貴乎體要，尼父陳訓，惡乎異端；辭訓之奧，宜體於要。於是搦筆和墨，乃始論文。」本年彥和三十三歲，正與「齒在踰立」之文合。

案：本年春齊帝志慕節儉，故頒去乘輿金銀飾詔。魏改姓元氏，朝臣姓或複重者皆改之。

齊明帝建武四年（西元四九七）丁丑

先生三十四歲

案：本年春正月齊帝殺尚書令王晏，八月魏主自將攻齊南陽不克。陸厥二十六歲，與沈約書，論宮商，約亦撰文報之。釋慧皎生（王金凌劉勰年譜第四十頁有按語，以為「慧皎卒於梁元帝承聖三年（五五四）享年五十八，以此而推，則生於是年也。」而唐釋道宣續高僧傳卷七釋慧皎傳。云「釋慧皎，未詳氏族，會稽上虞人也，學通內外，博訓經律。住嘉祥寺，春夏宏法，秋冬著述，撰湼槃義疏十卷，及梵網經疏行世。又以唱公所撰名僧，頗多浮沈，因遂開例成廣，著高僧傳一十四卷。……後不知所終」云，既唐釋道宣己不知慧皎所終，王先生之說未知何據。）

齊明帝永泰元年（西元四九八）戊寅

先生三十五歲

按：齊帝有疾，以近親寡弱，而高武子孫猶有十王，於是在本年春正月盡殺之。夏四月大司馬王敬則反會稽。秋七月明帝殂，太子寶卷立，是為廢帝東昏侯，以蕭衍為雍州刺史。

齊東昏侯永元元年（西元四九九）己卯

先生三十六歲

按：本年秋八月齊東昏侯殺其僕射江祏，侍中江杞，雍州刺史蕭衍知朝廷將亂，陰與參軍張弘策修武備。陸厥卒（厥字韓卿，吳郡吳（今江蘇吳縣）人，少有風槩，好屬文，詩體新奇，以文學與沈約具爲文惠太子所知，仕齊至行軍參軍。永元元年，因父閑被誅，感慟而卒，年二十八，有文集十卷。）謝朓卒（朓字玄暉，陳郡陽夏（今河南太康）人，少好學，有美名，文章淸麗，善草隸，長五言詩，沈約嘗云：「二百年來無此詩也。」梁武帝也有「不讀謝詩三日，覺口臭。」仕齊至中書吏部郞。永元元年，以洩江祐謀坐獄死，年三十六，有集二十一卷。）

齊東昏侯永元二年（西元五〇〇）庚辰

先生三十七歲

案：本年冬十月齊帝殺尙書令蕭懿，十一月雍州刺史蕭衍起兵襄陽，蕭頴胄亦以南康王寶融起兵江陵。沈約六十歲，以母老，表求解職，改冠軍將軍、司徒長史、征虜將軍、南淸河太守。

齊和帝中興元年（西元五〇一）辛巳（東昏侯永元三年）

先生三十八歲

文心雕龍書成，但未爲時流所稱，乃負書干約。日本國興膳宏君文心雕龍略年表，以爲在齊東昏侯永元二年（西元五〇〇）完成文心雕龍。考彥和撰文心雕龍五十篇，論古今文體，引而次之，可謂體大思精，舊題爲劉勰著，而其著成於何年，則多弗深考，淸劉毓崧曾詳加鈎稽，明列三證，以爲在和帝中興元年，卽勰負書干約之期，亦必在此數月中。考證確鑿，舉無疑說。劉氏云：「文心雕龍一書，自來皆題梁劉勰著，而其著於何年，則多弗深考。予謂勰雖梁人，而此書之成，則不在梁時，而在南齊之末也。觀於時序篇云：『暨皇齊馭寶，運集休明，太祖以聖武膺錄，世祖以睿文纂業，文帝以貳離含章，中宗以上哲興運，並文明自天，緝熙景祚。今聖歷方興，文思光被，海岳降神，才英秀發，馭飛龍於天衢，駕騏驥於萬里……』云云，此篇所述，自唐、虞以至劉宋，皆但舉其代名，而特於齊上加一皇字，其證一也。魏、晉之主，稱謚號而不稱廟號，至齊之四主，惟文帝以身後追尊，止稱爲帝，餘並稱祖稱宗，其證二也。歷朝君臣之文，有褒有貶，獨於齊竭力頌美，絕無規過之詞，其證三也。東昏上高宗之廟號，係永泰元年八月事，據高宗興運之語，則成書必在是月之後。梁武帝受和帝之禪位，係中興二年四月事。據皇齊馭寶之語，則成書必在是月以前。其間首尾相距將及四載，所謂今聖歷方興者，雖未嘗明有所指，然以史傳核之，當是指和帝而非指東昏也。梁書劉勰傳云：『撰文心雕龍既成，未爲時流所稱，勰自重其書，欲取定於沈約，約時貴盛，無由自達，乃負其書，候約出，干之於車前，約便命取讀，大重之。』今考約之事東昏侯也，官司徒左長史、征虜將軍、南清河太守，雖品秩漸崇，而未登樞要，較諸同時之貴幸，聲勢曾何足言，及其事和帝也，官驃騎司馬，遷梁臺吏部尚書，兼右僕射。維時梁武尚居藩國，而久已帝制自爲，約名列府僚，而實則權侔宰輔，其委任隆重，卽元勳宿將，莫敢望焉。然則約之貴盛，與勰之無由自達，皆不在東昏之時，而在和帝之時明矣。且勰爲東莞莒人，此郡僑置於京口，密邇建康，其少時居定林寺十餘年，故晚歲奉敕撰經證功，卽於其地，則蹤跡常在都城可知。約自高宗朝由東陽徵還，任內職最久，其爲清河太守，亦京口之僑郡，與勰之桑梓甚近，加以性好墳籍，聚書極多，若東昏時，此書業已流行，則約無由不見，其必待車前取讀，始得其書者，豈非以和帝時書適告成，故傳播未廣哉！和帝雖受制於人，僅同守府，然天命一日未改，固儼然共主之尊，勰之颺言讚時，亦儒生之職分，其不更述東昏者，蓋和帝與梁武舉義，本以取殘伐暴爲名，故特從而削之，亦猶文帝之後，不敍鬱林王與海陵王，皆以其喪國失位而已。東昏之亡，在和帝中興元年十二月，去禪代之期，不滿五月，勰之負書干約，當在此數月中。故終齊之世，不獲一官」〔三六〕。楊明照由南史與南齊書明帝和帝之廟號，同文心雕龍時序篇文相印證，雖與劉氏說頗出入，但亦間有可採，楊氏云：「按南史卷五齊本紀下明帝紀：『永泰元年秋七月己酉，帝崩於正福殿，羣臣上謚曰明皇帝。廟號高宗。』據時序篇高宗興運之語，則成書必在永泰元年七月以後。南齊書卷八和帝紀：『中興二年三月丙辰禪位梁王。』據時序篇皇齊馭寶文，則成書必在中興二年三月以前。其間首尾相距將及四載，是書雖體思精密，非短期所能採摭擒藻，然其殺青可寫，當在此四年中。時舍人仍寄食桑門，身名未顯，宜其不爲時流所稱，賦成三都，正賴玄晏吹瑩耳」〔三七〕。

文心雕龍既成，其內容概要，彥和在序志篇中亦明白言之，如云：「文心之作也，本乎道，師乎聖，體乎經，酌乎緯，變乎騷，文之樞紐，亦云極矣。若乃論文敍筆，則囿別區分，原始以表末，釋名以章義，選文以定篇，敷理以舉統，上篇以上，綱領明矣。至於剖情析采，籠圈條貫，摛神性，圖風勢，苞會通，閱聲字，崇替於時序，褒貶於才略，怊悵於知音，耿介於程器，長懷序志，以馭羣篇，下篇以下，毛目顯矣。位理定名，彰乎大易之數，其爲文用，四十九篇而已。」現在按五十篇之性質，分爲以下五類：

第一類　緒論——序志篇

第二類　文學本原論——原道篇、徵聖篇、宗經篇、正緯篇、辨騷篇。

第三類　文學體裁論

文（有韻）：明詩篇、樂府篇、詮賦篇、頌贊篇、祝盟篇、銘箴篇、誄碑篇、哀弔篇、雜文篇、諧讔篇、

筆（無韻）：史傳篇、諸子篇、論說篇、詔策篇、檄移篇、封禪篇、章表篇、奏啓篇、議對篇、書記篇。

第四類　文學創作論——神思篇、體性篇、風骨篇、通變篇、定勢篇、情采篇、鎔裁篇、聲律篇、章句篇、麗辭篇、比興篇、夸飾篇、事類篇、練字篇、隱秀篇、指瑕篇、養氣篇、附會篇、物色篇、總術篇〔三八〕。

第五類　文學批評論

時序篇：論文學與時代潮流的關係。

才略篇：論文學與作家才情的關係。

知音篇：論文學與讀者鑑賞的關係。

程器篇：論文學與道德修養的關係。

文心雕龍評論歷代作家，皆至宋代而止，於南齊之作家，無一語涉及。故紀評云：「闕當代不言者，非惟未經論定，實亦有所避於恩怨之間。」此亦可以作爲書成於齊之旁證。惟自隋志以下，元、明傳本，皆署曰「梁」，蓋以彥和所終之世題之，非必如劉永濟所謂「後人追題也」〔三九〕。

案：本年春正月齊南康王寶融稱相國，三月相國南康王寶融廢其君寶卷爲涪陵王而自立，是爲齊和帝。冬十二月齊東昏侯荒淫日甚，民不爲用，王珍國等弑之，送首蕭衍，衍除虐政，理滯訟。昭明太子蕭統生於襄陽（統字德施，南蘭陵（今江蘇武進縣西北）中都里人，梁高祖長子。生而聰睿，三歲受孝經、論語，五歲遍讀五經，並弘佛教。天監元年立爲太子，仁孝出於自然，文學之盛，晉、宋以來，未之有也。性愛山水，不畜聲樂，梁中大通三年卒，年三十一，著書八十卷）〔四〇〕。沈約六十一歲，梁王蕭衍引爲驃騎司馬、將軍如故。

梁武帝天監元年（西元五〇二）壬午（齊中興二年）

先生三十九歲

案：本年春正月齊大司馬衍迎宣德太后入宮稱制，二月衍自爲相國，封梁公，加九錫，進爵爲王。並任沈約爲梁僕射，范雲爲侍中。夏四月蕭衍稱皇帝，廢齊主爲巴陵王。秋八月梁定正雅樂。冬十一月立子統爲太子。孔稚圭卒（稚圭字德璋，會稽山陰（今浙江紹興）人。少好學，有美譽，風韻清疎，喜文詠，飲酒八、九斗，與外兄張融情趣相得，不樂世務，居宅盛情山水，門庭之內，草萊不剪，累官散騎常侍，年五十五卒，有集十卷）〔四一〕。

梁武帝天監二年（西元五〇三）癸未

先生四十歲

先生因沈約之推薦，起家奉朝請。梁書卷五十劉勰傳，祇說他在「天監初，起家奉朝請，中軍臨川王宏引兼記室。」並未肯定某年，但據下「臨川王宏引兼記室」之事考之，天監元年夏四月，高祖卽皇帝位，三年春正月戊申，後將軍揚州刺史臨川王宏始進號中軍將軍，其間不過一年零八個月。天監元年，當時江南初定，百廢待舉，約既賞識彥和，謂其著述深得文理，故於第年，延彥和任此官，似較合事實。王金凌劉勰年譜，繫之元年，或略失於前。所謂奉朝請，根據宋書卷四十百官志下的記載，知「無員，亦不爲官，漢東京罷省三公外戚宗室諸侯，多奉朝請。故奉朝請者，奉朝會請召而已。」殆同今日政府中之高級顧問。

案：本年夏四月梁帝頒佈新律。五月僕射范雲卒（雲字彥龍，龍南鄉舞陰（今河南泌陽縣西北）人，少機警有識，且善屬文，仕齊至廣州刺史，入梁爲吏部尚書，年五十三卒，謚曰文，有集十一卷）（四二）。六月以謝朏爲司徒。蕭綱生（綱字世贊，小字六通，南蘭陵（今江蘇武進縣西北）人。高祖第三子，昭明太子同母弟。雅好題詩，當時號曰「宮體」，初封晉安王，大通三年立爲皇太子，大淸三年卽帝位，在位二年，爲侯景所廢，幽於永福省，遇害卒。時年四十九，著書五十五卷）（四三）。

梁武帝天監三年（西元五〇四）甲申

先生四十一歲

兼中軍臨川王宏記室。梁書卷二十二臨川靜惠王宏傳云：「天監元年封臨川郡王，邑二千戶，尋爲使持節散騎常侍，都督揚、南徐州諸軍事，後將軍揚州刺史。三年加侍中，進號中軍將軍。四年高祖詔北伐，以宏爲都督南北兗、北徐、青、冀、豫、司、霍八州北討諸軍事。」故彥和被引兼記室，由臨川王宏進號，可證其必在天監三年內。劉勰詔拜臨川王記室，在宏爲後將軍時，臨川王北伐，丘遲領記室，並其旁證。

案：本年冬十一月魏營國學，魏陷梁州，各地多疫疾。

梁武帝天監四年（西元五〇五）乙酉

先生四十二歲

遷車騎倉曹參軍，梁書劉勰傳不明言何時，楊明照梁書劉勰傳箋注以爲「舍人遷任此職，蓋在天監四年中。」王金凌劉勰年譜引梁書卷二十二臨川王宏傳，以及梁書卷二武帝本紀，以爲「當在天監六年（西元五〇七）夏四月丁巳。」未知孰是，姑繫於此年。所謂車騎倉曹參軍，據南齊書卷十六百官志：「度支尚書，領度支、金部、倉部、起部四書。」隋書卷二十七百官志中：「度支(尚書)統倉部。原注掌諸倉帳出入等事。」又卷二十六百官志上：「諸公及位從公開府者，置官屬有…列曹參軍。」

案：本年春正月梁置五經博士，立州郡學，夏六月梁初立孔子廟。冬十月遣臨川王宏帥師伐魏，江南豐收。江淹卒（淹字文通，濟陽考城（今河南考城）人，少孤貧，好學沈靜，少交遊，嘗慕司馬相如、梁伯鸞之爲人，不事章句之學，留情於文章，仕宋爲徐州新安王從事，入梁爲散騎常侍，遷紫金光祿大夫，年六十二卒，謚曰憲，有齊史十二卷，集三十卷）（四四）

梁武帝天監五年（西元五〇六）丙戌

先生四十三歲

按：本年春三月魏豫州刺史陳伯之叛，後歸梁（臨川王宏使丘遲爲書遺陳伯之，伯之得書，卽于壽陽擁衆歸梁）〔四五〕。秋九月梁臨川王宏性懦怯，自洛口逃歸，諸軍皆潰。謝朏卒（朏字敬沖，陳郡陽夏（今河南太康）人，莊子。歷仕宋、齊、梁，累官中書監，年六十六卒，謚曰靖。有集十五卷行世）〔四六〕。

梁武帝天監六年（西元五〇七）丁亥

先生四十四歲

先生奉敕與釋僧智、僧晃等三十人於上定林寺抄一切經論，凡八十卷。據唐釋道宣撰之續高僧傳卷六釋僧旻傳云：「天監六年，制注般若經，以通大訓，朝貴皆思宏厥典。又請京邑五大法師，於五寺首講，以旻道居其右，廼眷帝情，深見悅可，因請爲家僧，四時供給，又敕於惠輪殿講勝鬘經，帝自臨聽，仍選才學道俗，釋僧智、僧晃、臨川王記室東莞劉勰等三十人，同集上定林寺，抄一切經論。以類相從，凡八十卷，皆令取衷於旻。」又卷一釋寶唱傳云：「天監七年，帝以法海浩瀚，淺識難尋，敕莊嚴僧旻於定林上寺，纘衆經要抄八十八卷」疑與僧旻同爲一時之事，或此次校經，於六年始功，七年完成，故各傳分別記載，要不相悖。

案：本年春三月梁將軍曹景宗，豫州刺史韋叡，大敗魏師於鍾離。冬十月以徐勉爲吏部尚書（勉字修仁，東海郯（今山東郯城縣西）人，幼孤貧，早勵清節，篤志好學，仕齊至中兵郎領軍長史，入梁遷中書令進光祿大夫。梁大同元年卒，年七十，謚曰簡肅公，有集五十一卷）〔四七〕。徐陵生（陵字孝穆，東海郯（今山東郯城縣西）人。八歲能屬文，十二通老、莊義。旣長，博涉經史，從橫有口辯。入陳，任光祿大夫太子少傅建昌縣開國侯，氣局深遠，清簡寡欲，爲一代文宗。陳至德元年卒，有集三十卷，玉臺新詠十卷傳世）〔四八〕。魏收生（收字伯起，小字佛助，鉅鹿下曲陽（今河北晉縣西）人。初習騎射，嗣折節讀書，碩學大才，仕魏至秘書監，入齊累遷尚書右僕射。北齊武平三年卒，年六十七。有後魏書一百三十卷）〔四九〕。

梁武帝天監七年（西元五〇八）戊子

先生四十五歲

出任太末令，政有清績。先生任此職，於梁書劉勰傳雖無明言年月，但以其除仁威南康王記室一事推之，必在天監十年以前。所以楊明照梁書劉勰傳箋注云：「政有清績，爲時匪暫，假定居此職爲二三年，則出任當在天監六、七年中。其前一、二年，乃司車騎倉曹參軍時也。」王金陵劉勰年譜，以爲當是天監八年事。漢書卷二十八地理志：「太末，春秋姑蔑地，漢屬會稽郡。」南齊書州郡志：「太末，吳赤烏三年更名龍邱，寶鼎元年分屬東陽郡，晉太康元年復名，宋、齊、梁、陳、仍之。」

案：本年春正月梁定官品爲十八班，置州望、郡宗、鄉豪各一人，專司搜薦。蕭繹生（繹字世誠，小字七符，南蘭陵（今江蘇武進西北）人，高祖第七子，聰敏俊朗，天才英發，博學有才辯，冠絕一時。初封湘東王，大寶三年，卽位於江陵，在位二年，爲西魏所擒遇害，年四十七。著書三百七十一卷）〔五〇〕。任昉卒（昉字彥昇，樂安博昌（今山東博興縣東南）人，幼好學，早知名，雅善屬文，尤長載筆，仕齊爲竟陵王記室參軍，入梁轉御史中丞，出爲新安太守，卒官。年四十九，著書五十三卷傳世）〔五一〕。丘遲卒（遲字希範，吳興烏程（今浙江吳興縣）

人，八歲能屬文，謝超宗見而異之。仕齊至殿中郎，入梁累官司空從事中郎，年四十五卒，有集五十一卷）〔五二〕。

梁武帝天監八年（西元五〇九）己丑

先生四十六歲

案：本年春正月梁主祀南郊，命諸儒草封禪儀。遣中書舍人董紹求和於魏以息民，魏主不從。冬十一月魏主親講佛經，作永明閑居寺，于是佛敎盛于洛陽。陽休之生（休之字子烈，右北平無終（今河北冀縣）人。俊爽有風儀，少勤學，愛好文藻，弱冠有聲名，爲後來之秀。初仕魏，爲給事黃門侍郎，入齊，遷吏部尚書左僕射。隋開皇二年卒於洛陽）〔五三〕。

梁武帝天監九年（西元五一〇）庚寅

先生四十七歲

案：本年春三月，梁主幸國子學，親臨講肄。詔皇太子以下及王侯之子皆入學。冬十月梁行大明曆。

梁武帝天監十年（西元五一一）辛卯

先生四十八歲

任仁威南康王記室。梁書卷二十九高祖三王傳載：「南康簡王績，字世瑾，高祖第四子，天監八年封南康郡王，邑二千戶，出爲輕車將軍，領石頭戍軍事，十年遷使持節都督南徐州諸軍事，南徐州刺史，進號仁威將軍。績時年七歲。……十六年，徵爲宣毅將軍，領石頭戍軍事。」據此則先生任仁威南康王記室，當在本年爲宜。

案：本年春三月，梁朐山叛降魏，夏五月梁遣馬仙琕圍朐山，冬十二月取之。

梁武帝天監十一年（西元五一二）壬辰

先生四十九歲

案：本年冬十一月，梁修五禮成。

梁武帝天監十二年（西元五一三）癸巳

先生五十歲

案：本年春二月，梁鬱洲民殺其官降魏，梁遣康絢討平之。沈約卒（約字休文，吳興武康（今浙江武康）人。幼孤貧，篤志好學，博通羣籍，善屬文。蔡興宗奇其才，稱其爲「人倫師表。」仕宋爲尚書度支郎，入齊累官散騎常侍吏部尚書兼右僕射。與范雲俱佐梁武帝以成帝業，官尚書令領太子少傅轉左光祿大夫加特進。年七十三卒，謚曰隱侯，著書四百十八卷。史家以爲「約文學高一時，而貪冒榮利，用志十餘年，有志臺司。梁主不用，約懼而死，有司謚曰文，梁主曰，情懷不盡曰隱，改謚爲隱侯」〔五四〕。庾信生（信字子山，南陽新野（今河南新野）人，幼聰敏絕倫，博覽羣書，尤長春秋左氏傳，身長八尺，腰帶十圍，容止頹然，有過人之處。十五侍梁東宮講讀，與徐陵並爲抄撰學士，文並綺艷，世號徐庾體。至元帝朝，遷御史中丞、轉右衞將軍。聘於西魏，被留長安，隋開皇元年卒，年六十九，有集二十一卷）〔五五〕。鍾嶸著詩品成（臺大廖蔚卿教授鍾嶸年表，推斷書成於本年至十八年之間。王金凌劉勰年譜置於本年。日本興膳宏文心雕龍略年表，以爲在此後數年之間完成。時間均未敢確定）。

梁武帝天監十三年（西元五一四）甲午

先生五十一歲

案：本年春二月梁主親耕藉田。冬十一月魏遣司徒高肇督諸軍侵梁益州。王褒生（褒字子淵，琅邪臨沂（今山東臨沂縣北）人，規子。識量淵通，志懷沈靜。博覽史傳，七歲能屬文。任梁至吏部尚書，聘於魏，不得還、任周，官至太子少保、宜州刺史。周建德六年卒，有集二十一卷）〔五六〕。

梁武帝天監十四年（西元五一五）乙未

先生五十二歲

案：本年春正月魏主恪殂，太子詡立，是爲魏孝明帝。

梁武帝天監十五年（西元五一六）丙申

先生五十三歲

是年春，作梁建安王造剡山石城寺石像碑文，華師仲麐劉彥和簡譜，列此事於本年。王金凌劉勰年譜，將釋僧祐構畫石像，與彥和撰文，分屬於天監七年和十五年。

建安王卽南平襄王偉，字文達，太祖第八子也，梁書卷廿二有傳。建安王造剡山石城寺石像，慧皎高僧傳卷十四釋僧護傳言其始末甚詳，云「釋僧護，本會稽剡人也。少出家，便刻意苦節，戒行嚴淨。後居石城山隱嶽寺，寺北有青壁，直上數十餘丈，當中央方如佛燄光之形，上有叢樹，曲幹垂陰，護每經行至壁所，輒見大煥炳，聞弦管歌讚之聲，於是擎爐發誓，願博山鐫造十丈石佛，以敬擬彌勒千尺之容，使凡厥有緣，同覩三會。以齊建武中，招結道俗，初就彫剪，疏鑿移年，僅成面璞。頃之，護遘疾而亡，臨終誓曰：吾之所造，本不期一生成辦，第二身中，其願剋果。後有沙門僧淑，纂襲遺功，而資力莫由，未獲成遂。至梁天監六年，有始豐令吳郡陸咸，罷邑還國，夜宿剡溪，值風雨晦冥，咸危懼假寐，忽夢見三道人來告云：君識信堅正，自然安隱，有建安殿下感患未瘳，若能治剡縣僧護所造石像得成就者，必獲平豫，冥理非虛，宜相開發也。咸還都經年，稍忘前夢，後出門，乃見一僧云：聽講寄宿，因言去歲剡溪所屬建安王事，猶憶此不？咸當時變然，答云不憶。道人笑曰：宜更思之，乃卽辭去。咸悟其非凡，乃倒屣諮訪，追及百步，忽然不見。咸豁爾意解，具憶前夢，乃剡溪所見第三僧也。咸卽馳啓建安王，王卽以上聞，勅遣僧祐律師專任像事，王乃深信益加，喜踊充徧，抽捨金貝，誓取成畢。初僧祐未至一日，寺僧慧逞，夢見黑衣大神，翼從甚壯，立於龕所，商略分數，至明旦而祐律師至，其神應若此。………像以天監十二年春就功，至十五年春竟。」

先生所作梁建安王造剡山石城寺石像碑文，載孔延之會稽掇英總集卷十六，歐陽詢藝文類聚卷七十六曾節引數段，嚴可均全梁文卷六十亦僅就類聚迻錄，似不知當有全文也，今就孔氏會稽掇英所載，錄之如下：

「夫道源虛寂，冥機通其感；神理幽深，玄德思其契。是以四海將寧，先集威鳳之寶；九河方導，已致應龍之書。況種智圓照，等覺徧知，揚萬仕大千，摛億形於世界。當其靈起擁誘之權，影現遊戲之力，可勝言哉！自優曇發華，而金姿誕應；娑羅變葉，而塔像代興。月喻論其跡隱，鏡譬辨其常照。所以刻典望慓而自移，畫木趣井而懸峙；金剛泛海而遴集，石儀浮滬以遙渡；並造由人功，而瑞表神力。形器之妙，猶或至此；法身之極，庸詎可思！觀夫石城初立，靈證發於草創，彌勒建像，聖驗顯乎鐫刻；原始要終，莫非禎瑞。剡山峻絕，競爽嵩華，澗崖燭銀，岫巘蘊玉。故六通之聖地，八輩之奧宇。始有曇光比丘，雅修遠離，與晉世于蘭，同時並學；蘭以慧解馳聲，光以禪味消影。歷遊巖壑，晚屆剡山，遇見石室，班、荆宴坐，始有雕虎造前，次有丹蟒依足，各受三皈，茲卽引去。後見山祇感飾，造帶訏談，光說以苦諦，神奉以崖窟，遂結伽藍，是名隱岳。後蘭公創寺，號曰元化。茲密通石城，而拱木扃阻，伯鸞所未窺，子平所不値，似石橋之天斷，猶桃源之地絕。荒茫以來，莫測年代；金剛欲基，斯路自啓。野人伐木，始通山蹊，翦棘藝廠，忽聞空響；此是佛地，不可種植，心悟神封，震驚而止。又光公禪室，身屬東巖，常聞弦管，韵動霄漢，流五結之妙聲，凝九奉之淸響。由是茲山，號爲天樂。至齊永明四年，有僧護比丘，刻意苦節，戒品嚴淨，進力堅猛，來憩隱嶽，游觀名城。見其南駢兩峯，北疊峻崿，東竦圓岑，西引斜嶺，四嶂相銜，鬱如鷲岳；曲澗微轉，渙若龍池。加以削成青壁，當於前巘，天誘其衷，神啓其慮，心晝目準，願造彌勒，敬擬千尺，故坐形十丈。於是擎爐振鐸，四衆爰始胥宇；命曰石城。遂輔車兩寺，鼎足而處。克勤心力，允集勸助，疎鑿積年，僅成面璞。此外則碩樹朦朧，巨籐交梗，後原燎及崗，林焚見石，有自然相光，正環像上，兩際圓滿，高燄峯錄，勢超匠楷，功踰琢磨，法俗咸竦心驚觀，僉日冥造，非今朝也！自護公神遷，事異人謝；次有僧淑比丘，纂修厥緒，雖劬勞招獎，夙夜匪懈，而運屬齊末，貧力莫由；千里廢其積跬，百仞虧其覆簣。暨我大梁受歷，道鑄域中，柔玉衡而齊七政，協金輪而敎十善；地平天成，禮鴻樂洽。瞻行衢而交讓，巡比屋其可封；慈化穆以風動，慧敎渙以景燭；般若熾於香城，表刹嚴於淨土。希有之瑞，旦夕鱗集；難值之寶，歲時輻輳。鎭南將軍江州刺史建安王，道性自凝，神理獨照，動容立禮，發言成德，英風峻於間平，茂績盛乎魯衞。自皇運維新，宣力邦國，初鎭樊沔，遷牧派江，酌寶樹聲，缺掌於民政；率典頒職，密勿於官府。炎涼舛和，爰動勞熱；寢味貶常，興居睽豫。仁深祚遠，德滿慶鍾。乘茲久禱之福，將致勿藥之喜。所以休禎元會，妙應旁通。有始豐縣令吳郡陸咸，以天監六年十月廿二日，罷邑旋國，夕宿剡溪，値風雨晦冥，驚湍奔壯，中夜震惕，假寢危坐；忽夢沙門三人，乘流告曰：『君識性堅正，自然安隱，建安王感患未痊，由於微障；剡縣僧護造彌勒石像，若能成就，必獲康復。冥理非虛，宜相開導。』咸還都經年，稍忘前夢，後出門遇僧，云：『聽講寄宿，因言去歲剡溪風雨之夜，囑建安王事，猶憶此否？』咸當時悔然，答以不憶。道人笑曰：『但更思之！』仍旣辭去，不肯留止。心悟非凡，倒屣諮訪，而慢色頗形，詭辭難領，拂衣高逝，直去靡回，百步追及，忽然不見。咸霍爾意解，且懷前夢，乃剡溪所見第三人也。再顯靈機，重發神證，緣感昭灼，遂用騰啓。君王智境邈羣，法忍超絕，邁優曇之至心，踰波斯之建善；僉瑞言於羣聖，膺福履於大覺。倍增懇到，會益喜捨。乃開藏寫貝，傾邸散金，裝嚴法身，誓取妙極。以定林上寺祐律師德熾釋門，名蓋淨衆，虛心宏道，忘己濟物。加以貞鑒特達，硏慮精深。仍延請東行，憑委經始，爰玉啓敕，專任像事。律師應法若流，宣化如渴。揚船浙水，馳錫禹山。於是捫虛梯漢，搆立棧道，狀奇肱之飛車，類傴腹之懸閣；高張圖範，冠彩虹蜺；椎鑿響於霞上，剖石灑乎雲表。命世之壯觀，曠代之鴻作也。初護公所鐫，失在浮淺，乃鏟入五丈，改造頂髻。事雖因舊，功實創新。及巖窟既通，律師重履，方精成像軀，妙量尺度；時寺僧慧逞，夢黑衣大神，翼從風雨，立於龕側，商略分數。是夜將旦，大風果起，拔木十圍，壓壞匠屋，師役數十，安寢無傷。比及詰朝，而律師已至。靈應之奇，類皆如此。既而謀猷四八之相，斟酌八十之好，雖羅漢之三觀兜率，梵摩之再覘法身，無以加也。尋巖壁縝密，表裏一體，同影岫之縹章，均帝石之驄色，內無寸障，外靡纖瑕。雕刻石掌，忽然橫絕，改斷下分，始合折中。方知自斷之異，神匠所裁也。及身於克成，瑩拭已定，當胸萬字，信宿隆起，色以飛丹，圓如植璧，感通之妙，孰可思議？天工人巧，幽顯符合。故光啓寶儀，發揮勝相，磨礱之術既極，繪事之藝方騁；棄俗圖於史皇，追法畫於波塞。青雘與丹砂競彩，白鋈共紫銑爭耀；從容滿月之色，赫奕聚月之輝。至於頂禮仰虔，罄折肅望，如須彌之臨大海，梵宮之時上天。說法視笑，似不違於咫尺；動地放光，若將發於俄頃。可使曼陁逆風而獻芬，旃檀隨雲而散馥。梵王四鵠，徘徊而不去；帝釋千鳥，躑躅而忘歸矣。初隱嶽未開，野絕人逕，及光公馴虎，時方雨雪，導跡汚塗，始通西路。又東巖盤鬱，千里聯嶂，有石牛居止，自目始豐，因其蹄涔，遂啓東道。尋石牛通嶮，不資蜀丁之力；文虎標徑，無待漢守之威。豈四天驅道，爲像拓境者歟？以大梁天監十有二年，歲次鶉尾，二月十二日，開鑿爰始，到十有五年，龍集涒灘，三月十五日，妝畫云畢。像身坐高五丈，若立形，足至頂十丈，圓光四丈，座輪一丈五尺，從地隨龕，光焰通高十丈。自涅槃已後，一百餘年，摩竭提國始製石像，阿育輪王善容羅漢，檢其所造，各止丈六。鴻姿巨相，與我皇時，自非君王願力之至，如來道應之深，豈能成不世之寶，建無等之業哉！竊惟慈氏鼎來，極斯忍刹，惟我聖運，福慧相符。固知翅城合契於今晨，龍華匪隔於來世。四藏寶奇，可蹻足而蹴；三會甘露，可洗心而待。睿王妙慶，現聖果於極樂；十方翾動，蒙法緣而等度矣。思柱石於天梯，想靈碑於地塔；樹茲紺碣，銘爲勝幢；金剛旣其比堅，鐵圍可與共久。式奉偈贊，仍作頌曰：法身靡二，覺號惟億；百非絕名，萬行焉側？羣萌殊，聖應分極；釋尊隱化，慈氏現力。奠哉往緣，邈矣來際！求名取別，無垢立誓。凝神寂天，降胎忍世。七穫厥田，八萬伊歲。夷荆沉礫，飛花散寶，夜燎明珠，曉漩翠草。一音闡法，三會入道，府豈靈植？緣固人造。曰梁啓聖，皇實世雄，紺殿等化，赤澤均風。慈徧羣有，智周太空；攝取嚴淨，匡飾域中。昊英哲王，德昭珪璧；樂善以居，禮仁是宅。慧動眞應，福交瑞跡，儀彼旃檀，像茲寶石。五仞其廣，百尺其袤，金顏日輝，紺螺雲覆。頻果欲言，鵝網將綏，調御誰遠，卽心可觀。耆闍五峯，茲岳四嶺，緣篠織煙，朱桂鏤影。泉來石嘯，願去巖淨，梵釋爰集，龍神載聘。至因已樹，上果方凝，妙志何取？總駕大乘。願若有質，虛空弗勝，刹塵斯仰，邈刼永承。」

案：本年秋九月，梁因淮水暴漲，十三年冬所築之堰，完全坍壞，其聲如雷，聞三百里，緣淮村落十餘萬口皆漂入海。

梁武帝天監十六年（西元五一七）丁酉

先生五十四歲

兼東宮通事舍人，昭明太子好文學，深愛接之。南史卷五十三昭明太子統傳，略以：「昭明太子以齊中興元年九月生於襄陽，天監元年十一月立爲太子，五年五月庚戌出居東宮，八年九月於壽安殿講孝經，盡通大義。十四年正月朔旦，帝臨軒冠太子於太極殿。普通元年四月甘露降於慧義殿，三年十一月始興王憺薨，舊事以東宮禮絕傍親，書翰並依常儀，太子以爲疑。七年十一月母丁貴嬪有疾，太子還永福省，朝夕侍疾。大通三月，游後池，乘彫文舸，摘芙蓉，姬人蕩舟，沒溺而得出，因動股，四月乙巳薨，時年三十一。」何融蕭統年表，於梁天監十六年，昭明太子十七歲條下，載「劉勰時兼東宮通事舍人。」雖兩文皆不言其兼舍人的明確時間，但天監十四年以後，武帝大弘佛法，太子已十七歲，素信三寶，徧覽衆典。先生學究儒、釋，於此時兼東宮通事舍人，在呈奏案章之暇，切磋文理，自有賓主盡歡之愉。文心雕龍成書於南齊之末，而昭明文選之編撰，開始於普通三年至六年，而完成於普通末年，據何融文選編撰時期及編者考略的研究，參與編撰之三羣學人中，雖不包有彥和在內，但由文心雕龍之成書早昭明文選十六年而言，文選之編撰，必有斟酌乎文心雕龍者。茲試以二書所標文體之目加以通較。

文心雕龍	昭明文選
辨騷	騷第三十二卷，至三十三卷。辭第四十五卷。
明詩、樂府	詩樂府第十九卷至三十一卷。
詮賦	賦第一卷至十九卷。
頌贊	頌贊第四十七卷，史述贊附。
祝盟	哀策第五十八卷，祭文第六十卷。

銘箴　銘箴第五十六卷。

誄碑　誄第五十六卷至五十七卷，碑文第五十八卷至五十九卷，附墓誌。

哀弔　哀第五十七卷，弔第六十卷。

雜文　七第三十四卷第三十五卷，對問、設論並四十五卷，連珠第五十五卷。

封禪　符命第四十八卷。

諧讔　（無）

右一類文之屬

史傳　（無）

諸子　（無）

論說　論第五十二卷至五十五卷，史論第四十九卷至五十卷，說互見上書類。

詔策　詔、册並第三十五卷，令、敎、策、文並第三十六卷。

章表　表第三十七卷至三十八卷。

奏啓　上書、啓第三十九卷，彈事第四十卷。

書記　牋、奏記並第四十卷。書第四十一卷至四十三卷。

檄移　移第四十三卷，檄第四十四卷。

序第四十五卷至四十六卷（互見文心論說篇）。

行狀第六十卷（互見文心書記篇）。

議對

右一類筆之屬　（無）

總計文心雕龍文體論二十篇（騷在文心中屬於文學本原論），文選分目三十有七，類雖有繁簡之別，但盡納乎文心之中，而文心之分目爲文選所無者四類，而於文、筆並舉，騈、散兼收，此又二書之所同也。於此亦可略窺兩者之關係矣。

案：本年春正月，魏主用崔亮的建議，採王屋山銅鑄錢。夏四月梁罷宗廟牲牢，薦以蔬果。

梁武帝天監十七年（西元五一八）戊戌

先生五十五歲

夏五月作釋僧祐頌碑文。慧皎高僧傳卷十三釋僧祐傳云：「釋僧祐，本姓俞氏，其先彭城下邳人，父世居於建業。祐年數歲，入建初寺禮拜，因踴躍樂道，不肯還家，父母憐其志，且許入道，師事僧範道人。年十四，家人密爲訪婚，祐知而避至定林，投法達法師。達亦戒德精嚴，爲法門梁棟。祐師奉竭誠，及年滿具戒，執操堅明，初受業於沙門法穎，穎既一時名匠，爲律學所宗。祐於永明中，勅入吳，試簡五衆，並宣講十誦，更伸受戒之法。凡獲信施，悉以治定林、建初，及修繕諸寺。祐爲性巧思，能自準心計，及匠人依標，尺寸無爽，故光宅攝山大像，剡縣石佛等，並請祐經始，準畫儀則。以天監十七年五月二十六日，卒於建初寺，春秋七十有四，因窆於開善路西，定林之舊墓也。弟子正度，立碑頌德，東莞劉勰製文。」華師仲麐劉彥和簡譜云：「彥和與僧祐相處十有餘年。兼賓主師徒之誼，其情厚矣。天監後十餘年，雖已出仕，而音訊過從必密。」故彥和製文以頌其功德，惜原文已佚，內容不可詳。

案：本年五月梁司徒臨川王宏因匿藏殺人犯，有罪免，尋復其位。秋九月魏遣使者宋雲與比丘慧生，如西域求佛經，日本國興膳宏君文心雕龍略年表，列鍾嶸卒於本年。廖蔚卿教授鍾嶸年表，以爲卒於元帝承聖三年（五五四），章江魏晉南北朝文學，疑其卒於承聖元年（五五二），敖士英中國文學年表二九五頁，認爲生卒未詳。而梁書卷四十九鍾嶸傳，也不載其生卒年月，姑繫於此，以俟博雅君子。（嶸字仲偉，穎川長社（今河南長葛縣西）人。好學有思想，仕齊至司徒行參軍，入梁，官至晉安王記室。嘗品五言詩，論其優劣，名爲詩評）。

梁武帝天監十八年（西元五一九）己亥

先生五十六歲

因七廟饗薦，已用蔬果，而二郊農社，猶有犧牲，乃上表言二郊宜與七廟同改。依所陳，遷步兵校尉，兼舍人如故。楊明照梁書劉勰傳箋注：「舍人陳表，當在天監十八年正月後。」又「步兵校尉因陳表而遷，其年當在天監十八年內。」王金凌劉勰年譜，亦同此說。梁書卷二武帝本紀：「天監十六年冬十月，去宗廟薦修，始用蔬果。十八年春正月辛卯，輿駕親祀南郊。」依梁南郊之禮，係隔年一祀，如天監八年春正月辛巳祀南郊，九年不祀。十年春正月辛丑祀南郊，十一年不祀。十二年春正月辛卯祀南郊，十三年不祀。十四年因皇太子加冠不祀。十五年不祀。十六年又祀南郊，十七年不祀。十八年春正月祀南郊，普通元年不祀。普通二年夏四月乙卯改作南北郊，似因先生陳表，越年始改，斟情度理，彥和上表與遷步兵校尉，同置今年，或可暗合。宋書百官志下：「步兵校尉，漢武帝置，掌上林苑門屯兵。」

案：本年春二月魏羽林虎賁作亂，殺將軍張彝。時懷朔鎮函使高歡至洛陽，觀魏失政，乃散財結客。顧野王生（野王字希馮，吳郡吳（今江蘇吳興）人。幼好學，七歲能讀五經，略知大義。九歲屬文，長而遍覽經史，精記默識，天文地理蓍龜占候蟲篆奇字，無所不通。仕梁至太學博士，入陳累官光祿卿，太建十三年卒，年六十三，著書四百卷）〔五七〕。

梁武帝普通元年（西元五二〇）庚子

先生五十七歲

奉勅與沙門慧震撰經於定林寺。梁書卷五十劉勰傳云：「有敕與慧震沙門於定林寺撰經。」楊明照梁書劉勰傳箋注：「按齊永明中，僧祐於定林寺造立經藏，搜校卷軸，舍人爲之經紀，已如前說。此復往撰經者，蓋祐於前次校定之後，續有蒐儲，未及理董。卽溘然羽化。梁武帝慮其散佚，故敕與慧震共修纂之。考祐以天監十七年五月二十六日卒，舍人任步兵校尉，兼東宮通事舍人，在天監十八年。則此次奉敕，當在十八年或普通元年，惜慧震事蹟，他不可考，故無從旁證。」華師仲麐劉彥和簡譜，列此事於十七年，並謂「今僧祐既歿，立碑製文，既已始終其事，則再還定林寺整理第一次校定經藏，爲及身必了之首要願力，故可能自請與慧震還寺，而梁武許之，不然，何以不在十六年或十八年，而獨在僧祐圓寂之十七年耶？」張嚴劉彥和身世考索，以爲「奉敕與慧震撰經，當在梁武改元之時。」王金凌劉勰年譜，從楊明照前說，認爲是十八年之事。按齊永明中，僧祐於定林寺造立經藏，搜校卷軸，先生擔任抄撮。梁天監六年，奉敕與釋僧智、僧晃等才學道俗三十人，同集上定林寺，抄一切經論。此復往撰經者，蓋經兩次校定後，續有蒐儲，未遑理董，而僧祐於十七年羽化，僧旻又老病交迫，武帝慮其散佚，故敕與慧震共修之，今從楊明照或說，置此事於改元之年，誠以武帝時屆花甲，人老多悔，於是有捨身說法之事，故於此時敕校經論，似爲允洽。

案：本年秋七月梁江淮海溢，冬十一月梁與魏遣使通好。梁會稽嘉祥寺沙門慧皎撰高僧傳畢功（按高僧傳慧皎自序：「本傳所錄，始于漢明帝永平十年，終至梁天監十八年，凡四百五十三載，二百五十七人，又傍出附見者二百餘人。」似此則其書或成於普通元年也）。吳均卒（均字叔庠，吳興故障（今浙江安吉縣西北）人。家世寒賤。均好學，有俊才，沈約常稱賞其文。均求撰齊春秋，書成，高祖以爲書不實，被焚。敕使撰通史，起三皇，訖齊代，均草本紀、世家功畢，唯列傳未就，卒，年五十二，著書一百七十六卷）。

梁武帝普通二年（西元五二一）辛丑

先生五十八歲

於定林上寺續校經藏。

案：本年春正月梁置孤獨園，收養窮民。

梁武帝普通三年（西元五二二）壬寅

先生五十九歲

校經功畢，遂燔髮自誓，啓請出家。改名慧地，未朞而卒。梁書卷五十劉勰傳云：「證功畢，遂啓求出家，先燔髮以自誓，敕許之。乃於寺變服，改名慧地，未期而卒。」按功畢變服之年，俱不可考，各家說亦互歧，難可依據，姑繫於此。日本國與膳宏君文心雕龍略年表，以爲劉勰卒於普通元年。又失之過早。

案：本年冬十一月魏行正光曆。梁西豐侯蕭正德奔魏，既而逃歸。

三、譜　後

梁書劉勰傳節略〔五八〕

「劉勰字彥和東莞莒人，祖靈眞，宋司空秀之弟也，父尚，越騎校尉。勰早孤，篤志好學。家貧不婚娶，依沙門僧祐，與之居處積十餘年，遂博通經論，因區別部類，錄而序之，今定林寺經藏，勰所定也。天監初，起家奉朝請，中軍臨川王宏引兼記室，遷車騎倉曹參軍，出爲太末令，政有清績，除仁威南康王記室，兼東宮通事舍人，時七廟饗薦已用蔬果，而二郊農社猶有犧牲，勰乃表言二郊宜與七廟同改，詔付尚書議，依勰所陳，遷步兵校尉兼舍人如故。昭明太子好文學，深愛接之。初，勰撰文心雕龍五十篇，論古今文體，引而次之。其序曰，（卽序志篇茲不復錄）既成，未爲時流所稱。勰自重其文，欲取定於沈約，約時貴盛，無由自達，乃負其書候約出，干之於車前，狀若貨鬻者。約便命取讀，大重之，謂爲深得文理，常陳諸几案。然勰爲文長於佛理，京師寺塔及名僧碑誌必請勰製文。有敕與慧震沙門於定林寺撰經，證功畢，遂啓求出家。先燔鬢髮以自誓，敕許之，乃於寺變服，改名慧地，未朞而卒，文集行於世。」

南史劉勰傳〔五九〕

「劉勰字彥和，東莞莒人也，父尙，越騎校尉，勰早孤，篤志好學，家貧不婚娶。依沙門僧祐居，遂博通經論，因區別部類，錄而序之，定林寺經藏，勰所定也。梁天監中，兼東宮通事舍人，時七廟饗薦，已用蔬果，而二郊農社，猶有犧牲。勰乃表言二郊宜與七廟同改，詔付尙書議，依勰所陳，遷步兵校尉，兼舍人如故。深被昭明太子愛接，初，勰撰文心雕龍五十篇，論古今文體，其序略云：「予齒在踰立，嘗夜夢執丹漆之禮器，隨仲尼而南行，寤而喜曰，大哉聖人之難見也！迺小子之垂夢歟，自生靈以來，未有如夫子者也！敷讚聖旨，莫若注經；而馬、鄭諸儒，弘之已精，就有深解，未足立家。唯文章之用，實經典枝條，五禮資之以成，六典因之致用。於是搦筆和墨，乃始論文。其爲文用，四十九篇而已。」既成，未爲時流所稱。勰欲取定於沈約，無由自達，乃負書侯約於車前，狀若鬻貨者。約取讀，大重之，謂深得文理，常陳諸几案。勰爲文長於佛理，都下寺塔及名僧碑誌，必請勰製文。敕與慧震沙門於定林寺撰經，證功畢，遂求出家。先燔鬢髮自誓，敕許之，乃變服改名慧地云。」

劉毓崧通誼堂集書文心雕龍後〔六〇〕

「文心雕龍一書，自來皆題梁劉勰著，而其著於何年，則多弗深考。予謂勰雖梁人，而此書之成，則不在梁時，而在南齊之末也。觀於時序篇云：「既皇齊馭寶，運集休明，太祖以聖武膺錄，世祖以睿文纂業，文帝以貳離含章，高宗以上哲興運，並文明自天，緝熙景祚。今聖曆方興，文思廣被」云云。此篇所述，自唐、虞以至劉宋，皆但舉其代名，而特於齊上加一皇字，其證一也。魏、晉之主，稱謚號而不稱廟號，至齊之四主，惟文帝以身後追尊，止稱爲帝。餘並稱祖稱宗，其證二也。歷朝君臣之文，有褒有貶，獨於齊則竭力頌美，絕無規過之詞，其證三也。東昏上高宗之廟號，係永泰元年八月事，據高宗興運之語，則成書必在是月以後，梁武受和帝之禪，係中興二年四月事，據皇齊馭寶之語，則成書必在是月以前。其間首尾相距，將及四載。所謂今聖歷方興者，雖未嘗明有所指，然以史傳核之，當是指和帝而非指東昏也。梁書勰傳云：『撰文心雕龍既成，未爲時流所稱，勰自重其書，欲取定於沈約；約時貴盛，無由自達，乃負其書，候約出，干之於車前，約便命取讀，大重之。』今考約之事東昏也，官司徒左長史，征虜將軍、南清河太守，雖品秩漸崇，而未登樞要，較諸同時之貴倖，聲勢曾何足言。及其事和帝也，官驃騎司馬，遷梁臺吏部尚書，兼右僕射。維時梁武尚居藩國，而久已帝制自爲。約名列府僚，而實則權侔宰輔。其委任隆重，卽元勳宿將，莫敢望焉。然則約之貴盛，與勰之無由自達，皆不在東昏之時，而在和帝之時明矣。且勰爲東莞莒人，此郡僑置於京口，密邇建康，其少時居定林寺十餘年，故晚歲奉敕撰經證功，卽於其地，則踪跡常在都城可知。約自高宗朝由東陽徵還，任內職最久，其爲南清河太守，亦京口之僑郡，與勰之桑梓甚近，加以性好墳籍，聚書極多。若東昏時，此書業已流行，則約無由不見，其必待車前取讀，始得其書者，豈非以和帝時書適告成，故傳播未廣哉！和帝雖受制於人，僅同守府，然天命一日未改，固儼然共主之尊。勰之颺言讚時，亦儒生之職分。其不更述東昏者，蓋和帝與梁武舉義，本以取殘伐暴爲名，故特從而剷之。亦猶文帝之後，不敍鬱林王與海陵王，皆以其喪國失位而已。東昏之亡，在和帝中興元年十二月，去禪代之期，不滿五月。勰之負書干約，當在此數月中。故終齊之世，不獲一官，而梁武天監之初，卽起家奉朝請，未必非約延譽之力也。至於沈之宋書，成於齊世祖永明六年，而自來皆題梁沈約撰，與勰之此書，事正相類。特約之序傳言成書年月，而勰之序志未言成書年月，故人但知宋書成於齊，而不知此書亦成於齊耳。」

范文瀾劉彥和身世考略〔六一〕

「劉氏此文，考彥和成書於齊和帝之世，其說甚確。茲本之以略考彥和身世。史料簡缺，聞見隘陋，徒憑推想，庶得郛郭而已。宋書劉秀之傳云：『東莞莒人，世居京口，弟粹之，晉陵太守。』秀之、粹之兄弟以『之』字爲名，而彥和祖名靈眞，殆非同父母兄弟，而同爲京口人則無疑。彥和之生，當在宋明帝泰始元年前後，父尚早歿，奉母家居讀書。母歿當在二十歲左右，丁婚娶之年；其不娶者，固由家貧，亦以居喪故也。三年喪畢，正齊武帝永明五、六年，高僧傳釋僧祐傳云：『永明中，勅入吳，試簡五衆，並宣講十誦，更申受戒之法。凡獲信施，悉以治定林、建初、及修繕諸寺。並建無遮大集捨身齋等。及造立經藏，抽校卷軸，使夫寺廟廣開，法言無墜，咸其功也。』彥和終喪，値僧祐宏法之時，依之而居，必在此數年中。今假設永明五、六年，彥和年二十三、四歲，始來居定林寺，佐僧祐搜羅典籍，校定經藏。僧祐傳又云：『初，祐集經藏既成，使人抄撰要事，爲三藏記、法苑記、世界記、釋迦譜及弘明集等，皆行於世。』僧祐宣揚大敎，未必能潛心著述，凡此造作，大抵皆出彥和手也。釋超辯傳：『以齊永明十年終於山寺，沙門僧祐爲造碑墓所，東莞劉勰製文。』永明十年，彥和未及三十，正居寺定經藏時也。假定彥和自探研釋典以至校定經藏撰成三藏記等書，費時十年，至齊明帝建武三、四年，諸功已畢，乃感夢而撰文心雕龍，時約三

十三、四歲，正與序志篇齒在踰立之文合。文心體大思精，必非倉卒而成，締構草稿，殺青寫定，如用三、四年之功，則成書適在和帝之世，沈約貴盛時也。天監初，彥和始起家奉朝請，計自永明五、六年，至是已十五六年，彥和之於僧祐，知己之感深矣。二公賓主久處，歡情相接，剡山石城大石佛像，僧祐於天監十二年春就功，至十五年春竟(見釋僧護傳)，彥和爲作碑銘，殘文尙載藝文類聚七十六。及祐於天監十七年五月，卒於建初寺，弟子正度立碑頌德，亦彥和爲製文，尤可謂始終其事者。天監十六年冬十月去宗廟薦修，始用蔬果，本傳謂勰乃表言二郊宜與七廟同改，彥和上表當卽在是冬。本傳云：『有敕與慧震沙門於定林寺撰經，證功畢，遂啓求出家，敕許之。乃於寺易服，改名慧地，未期而卒。』定林寺撰經，在僧祐歿後。蓋祐好搜校卷軸，自第一次校定後，增益必多，故武帝敕與慧震整理之。大抵一二年卽畢功，因求出家，未期而卒，事當在武帝普通元二年間。慧皎高僧傳始漢明帝永平十年，終於梁天監十八年，故傳中稱東莞劉勰文，不稱其僧名，其時或彥和尙未出家，否則似應稱其僧名矣。彥和自宋泰始初生，至普通元二年卒，計得五十六、七歲。所惜本傳簡略，文集亡佚，如此賢哲，竟不能確知其生平，可慨也已。」

【附註】

〔一〕見宋書卷八十一劉秀之傳

〔二〕見宋書卷四十二與南史卷十五劉穆之傳

〔三〕見宋書卷四十二與南史卷十五劉穆之傳

〔四〕見宋書卷四十二與南史卷十五劉穆之傳

〔五〕見梁書卷五十劉勰傳

〔六〕見文心雕龍序志篇文

〔七〕見文心雕龍程器篇文

〔八〕按宋書卷六十七謝靈運傳，元嘉十年（西元四三三）於廣州行棄世刑。同書卷七十三顏延之傳，孝建三年（西元四五六）卒，同書卷五十一臨川烈武王道規傳附鮑照傳知其大概卒於泰始二年（西元四六六）。

〔九〕見南齊書卷四十七謝　朓傳，近人伍叔儻謝朓年譜考訂謝朓生於宋孝武帝大明八年（西元四六四），卒於齊東昏侯永元元年（西元四九九）。

〔十〕見梁書卷八昭明太子本傳，及卷三武帝本紀，均載昭明薨於中大通三年（西元五三一）。近人何融撰文選編撰時期及編者考略，於蕭統年表梁天監十六年（西元五一七）昭明太子十七歲，劉勰時兼東宮通事舍人。

〔十一〕梁書卷四十九鍾嶸傳，不言其生卒。今人廖蔚卿鍾嶸年表，以為其生於梁武帝天監七年（西元五〇八），卒於元帝承聖三年（西元五五四）。章江魏晉南北朝文學二四五頁，認為其約生於劉宋末年，亦即西元四七〇年左右，卒於五五二年，即梁元帝承聖元年。未知孰是。

〔十二〕見梁書卷十三沈約傳，載其卒於梁天監十二年（西元五一三），年七十三。以此逆推，沈約適生於宋文帝元嘉十八年（西元四四一），至劉勰於齊和帝中興元年（西元五〇一）負書干約時，恰為六十歲。

〔十三〕見南史卷七十五隱逸傳上關康之傳。

〔十四〕見南史卷七十六下隱逸傳下諸葛璩傳。

〔十五〕見南齊書卷五十四高逸傳臧榮緒傳。

〔十六〕此官本漢武帝置，後世因之，掌越人來降，因以為騎。一說材力超越，惟是時胡人牧馬中原，衣冠南渡江左，朝廷雖有此官，實形同虛設。見宋書、隋書百官志。

〔十七〕見文心雕龍程器篇文。

〔十八〕見文心雕龍序志篇文。

〔十九〕見梁書卷五十劉勰傳。

〔二〇〕東莞郡今屬江蘇省鎮江縣。

〔二一〕西元四六六年，即宋明帝泰始二年。

〔二二〕西元四七三年，即宋後廢帝元徽元年。元徽元年去宋明帝泰始元年（西元四六五），前後合計祇九年，彥和生年不滿十歲，足徵譚、黃二氏之失考。敖士英中國文學年表不列彥和生年，本年譜列譜主生於宋孝武帝大明八年（西元四六四）者，主要有兩點理由：一、在袪往說彥和依沙門僧祐時間之矛盾；二、在求彥和表二郊之禮，與七廟同用蔬果之事脗合。

〔二三〕北齊後主緯天統中，約當西元五六五—五七〇年之間。

〔二四〕劉軌思與劉勰二人，前後相距五十年。

〔二五〕本年譜所載當年時事，皆採自清傅恒等監修的歷代通鑑輯覽，並參酌各朝正史。

〔二六〕本年譜所載各家生卒事蹟，皆根據各家本傳，及敖士英中國文學年表。

〔二七〕見梁書卷十三沈約傳。

〔二八〕本年譜除譜主外，凡所附學者、文家，生卒有與譜主同代者，皆分別記載其生卒年代；否則，如生在譜主之前者，本譜僅記其卒年，或卒在譜主之後者，本譜僅記其生年，並各附小傳於當行之下，俾讀者考察。

〔二九〕見南齊書卷二十三王儉傳。

〔三〇〕見梁書卷三十三劉孝綽傳。

〔三一〕見梁書卷三十三王筠傳。

〔三二〕見南齊書卷四十武十七王傳竟陵文宣王子良傳。

〔三三〕見梁書卷三十五蕭子顯傳。

〔三四〕見梁書卷四十九庾肩吾傳。

〔三五〕見梁書卷十三沈約傳。

〔三六〕見南齊書卷四十七王融傳。
〔三七〕見南齊書卷四十武十七王傳竟陵文宣王子良傳。
〔三八〕見南齊書卷五十二陸厥傳。
〔三九〕見梁書卷八昭明太子統傳，及近人周貞亮梁昭明太子年譜。
〔四〇〕見南齊書卷四十八孔稚圭傳。
〔四一〕見梁書卷十三范雲傳。
〔四二〕見梁書卷十五謝朏傳。
〔四三〕見梁書卷四簡文帝本紀。
〔四四〕見梁書卷十四江淹傳。
〔四五〕見梁書卷二十二太祖五王傳，及卷四十九丘遲傳。
〔四六〕見梁書卷十五謝朏傳。
〔四七〕見梁書卷二十五徐勉傳。
〔四八〕見陳書卷二十六徐陵傳。
〔四九〕見北齊書卷三十七魏收傳。
〔五〇〕見梁書卷五梁元帝本紀。
〔五一〕見梁書卷十四任昉傳。
〔五二〕見梁書卷四十九丘遲傳。
〔五三〕見北齊書卷四十二陽休之傳。
〔五四〕見梁書卷十三沈約傳。
〔五五〕見周書卷四十一庾信傳。
〔五六〕見周書卷四十一王褒傳。

〔五七〕見陳書卷三十顧野王傳。

〔五八〕梁書劉勰傳，見於梁書卷五十文學傳下，原作因照錄文心雕龍序志篇文，故內容甚長，今文心一書旣已通行，序志篇亦翻檢可得，故將此一部分删節。

〔五九〕本傳見於南史卷七十二，內容大致與梁書劉勰傳相同，但繁簡之間、亦略有出入，故也一併轉錄於譜後。

〔六〇〕劉彥和之生平，史書旣簡，資料殘缺，欲探討眞象，至爲不易，淸劉毓崧通誼堂文集書文心雕龍後，以文心序篇爲依據，再證驗載籍，出以慧心，確實有突破傳統的新發現，爲後來研究彥和史傳者所本。

〔六一〕范氏注文心雕龍，於序志篇曾根據劉氏書後，賡考彥和一生行事，行文雖半出臆測，而衡情度理，亦以意逆志之作。近人雖大力搜討，欲更新舊說，但限於材料，仍不越范注的範圍。原作不標題目，今依其浩作性質，定如本題。

第三章　文心雕龍板本考

劉彥和文心雕龍五十篇，集齊梁以前文論的大成，而恢廓推闡，更啓後世文學的新運，自古以來，即被學術界奉爲「藝苑之秘寶，文壇之奇葩」〔一〕，不僅並世的詩品讓能，後來的史通失雋；居今而與近代中西文藝思潮相比較，尤覺其鑑周思圓，凌越當代，故研究的學者，與日有增。

惟文心雕龍傳世千餘年，唐寫僅留殘卷，宋槧無一存，元至正乙未（西元一三五五）本，幸獨完人間。明刻莫先於吳門楊鳳繕寫的弘治甲子（西元一五〇四）本。其他皆覆刋舊刻，無甚可述。宋辛處信首注雕龍，會遭水火兵燹之厄，迄今止史留空目，不見成書。王惟儉訓故，楊升菴批點，二家篳路藍褸，以闢蹊徑。至梅慶生，既「擷東莞之華，復賞博南之鑒」〔二〕；手自校讐，博稽精考，補遺刋衍，汰殺淘誤，成音註十卷，於是漶漫者始可卒讀，譌亂者得還舊觀。此不但是彥和的功臣，更爲升菴的益友了。清黃叔琳以爲「子庾之疏通證明，什僅三四，別風淮雨，往往有之」〔三〕；於是承往賢之緒業，益友朋之切磋，於雍正九年（西元一七三一）成文心雕龍輯注後，又一校於吳趨文學顧尊光，再校於錢塘孝廉金雨叔，然後交由雲間姚平山携歸付梓，乾隆六年（西元一七四一）峻工問世。紀曉嵐評本成於乾隆三十八年（西元一七七三），至道光十三年（一八三三）盧坤出任兩廣節署後，命嘉應吳蘭修合黃注紀評爲一編，重付剞劂，於是有翰墨園藏板之作。宣統三年（西元一九一一）李詳補注，民國十四年（西元一九二五）范文瀾注文心，以黃注紀評爲藍本，更集前人之說解評校，與一己之窮蒐博採，成文心雕龍講疏，辭富義贍，洵稱文心傳世以來校釋中之傑構也。

今考得文心雕龍手鈔本九種，單刻本十八種，評註本十三種，校本二十種，選本十二種，綜合各項，於唐、宋、明、清之間，文心雕龍傳本可得而言者七十二種是已，經荒歷亂，書經數厄，私家笈藏，秘不公開，故各本幸存而又即今可見者，十中不過二三。雖然，書雖名亡而實存焉：如唐寫僅留殘卷，而劉子玄、陸德明、孔穎達引述文心以立言者，尚屢見不鮮。宋本固無一存，但太平御覽、困學紀聞、玉海、以及當世詩話援引者，多不勝舉。明代校本十亡其九，而梅子庚音註，猶能擷其菁英，去其糟粕，是以學者得我說而能更考前修之文，則於彥和文心雕龍本文之諟正，論旨之闡釋，自可晦而復明，怡然理順。

夫研究文心雕龍，首重文字之校勘，而文字之校勘，必以古本爲依據。本文即在就此略竭棉薄。學者若能沿波討源，也許可以備研索之一助。惟古來傳刻甚繁，筆者爲識見所囿，罣漏之處，在所不免。至於各本之存佚庋藏內容情形，概分詳於以下各節。

一、手鈔本

文心雕龍手鈔本之可得言者計九種。九種之中，莫古於唐寫本文心雕龍殘卷，明永樂大典本，根據芸香堂本文心雕龍宗經，辨騷二篇紀曉嵐評語，與四庫全書文心雕龍提要，似清初尚存內府，但核對今本世界書局所影印之永樂大典殘卷，則原鈔已不可見。其他皆清乾隆以後出，四庫全書本文心雕龍，係以明嘉靖庚子（西元一五四〇）歙邑汪一元校刻作底本，清謹軒本文心雕龍，出自何允中重編漢魏叢書本〔四〕，而何本係翻刻明嘉靖癸卯（西元一五四三）新安佘誨本，至於汪本、佘本之所出，依照張金吾愛日精廬藏書志卷三錢允治跋，均係以元至正乙未(西元一三五五)嘉興郡學本覆刻而成。至於季滄葦、瞿子雍、張誕嘉、陳琰四家所藏手鈔本，除陳藏因稽瑞樓書目所述欠詳，其他似皆出自錢功甫鈔補本，因爲據錢曾述古堂藏書序，與南海伍崇曜跋述古堂書目語，並與季滄葦藏書目合讀之，知功甫鈔補本以後散入絳雲樓，遵王書多得自牧翁〔五〕，後又售於泰興季氏〔六〕，季氏藏書旋又散佚，半入怡府，半入瞿氏鐵琴銅劍樓。清四庫全書黃叔琳輯註本，係增益明楊升菴批點，梅子庾音註，再參以王惟儉故訓而成〔七〕，以上爲手鈔各本流變之始末。其詳細情形，見各書當目之說明。

唐寫本文心雕龍殘卷

唐人草書文心雕龍殘卷，今藏倫敦大英博物館之東方圖書室，斯坦因編目五四七八號，葛禮斯新編列號七二八三，原本蝴蝶裝小册子，共二十二頁，四界烏絲欄，每半葉十行或十一行，行二十二、二十四字不等。起原道篇贊「龜書呈皃。天文斯觀，民胥以効。」訖諧讔篇第十五篇題。明詩第六前題「卷第二」，銘箴第十一前題「卷第三」，蓋五篇爲一卷，則五十篇爲十卷，適合隋書經籍志著錄十卷之舊。徵聖篇題下有「大」字十二，第十六頁正面第二行「卷第三」，及第三行「銘箴第十一」二題下，書有大寶積經、「大寶積佛」等二十二字，欄外草書「言」字七個，似學僮信筆塗鴉，故字體特劣，第一頁反面第八行欄下注「好」字，第四頁反面第一、第二行上欄注「東序」二字，第十三頁正面上欄注「淺」字，第十七頁反面末行上欄注「賤」字，第十八頁反面欄上欄下，及第十九頁第八行欄下均注「烈」字，蓋讀者以正文章草難辨，偶加箋注，求其明順。又第五頁正面欄下注「嚼靖也」、「緇黑色」、「涅水中黑」，乃讀者偶釋正文字義所加。又第四頁正面第四行「經顯聖訓」，「訓」原書作「敎」，復改作「訓」。第二十一頁正面第五行「故悼加乎膚色」，「乎」字原脫，另加於旁。全卷「淵」作「渁」，「世」字均作「せ」，「民」作「巳」，率避唐初諸帝諱。唐寫本文心雕龍殘卷自經發現後，以之與俗本文心雕龍相勘校者頗不乏人，先後計有日人鈴木虎雄、國人趙萬里、楊明照、饒宗頤、潘師重規五位，以鈴木首開風氣，而潘氏成就最大。茲就各家校勘經過，擇要說明如下。

日人鈴木虎雄黃叔琳本文雕龍校勘記云：「燉煌本文心雕龍，燉煌莫高窟出土本。蓋係唐末鈔本，自原道篇贊尾十三字起，至諧讔第十五篇名止。文學博士內籐虎次郎君自巴里將來，余與黃叔琳本對比，大正十五年五月既有校勘記之作，今之所引，止其若干條耳。余所稱燉本者，即此書也。」按大正十五年五月，即民國十五年五月，亦即日本昭和元年五月，鈴木氏文心雕龍唐寫本校記載於內籐博士還曆論叢內，在臺雖難見原文，而范文瀾文心雕龍注已將其全部收入。

趙萬里唐寫本文心雕龍殘卷校記云：「敦煌所出唐人草書文心雕龍殘卷，今藏英京博物館之東方圖書室。起徵聖篇，訖雜文篇，原道篇存讚曰末十三字，諧讔篇僅見篇題，餘均亡佚。每頁二十行至二十二行不等，卷中淵字、世字、民字，均闕筆，筆勢遒勁，蓋出中唐學士大夫所書，西陲所出古卷軸，未能或之先也。據以迻校嘉靖本，其勝處殆不可勝數。又與太平御覽所引，及黃注本所改輒合，而黃本妄訂臆改之處，亦得據以改正。彥和一書傳誦於人世者殆遍，然未有如此卷之完善者也。去年冬，余既假友人容君校本臨寫一過，以其有遺漏也，復假原影本重勘之。其見於御覽者亦附著焉，即以三夕之力，彙成校記一卷，序而刊之，以質並世之讀彥和書者，丙寅花朝日記。」

按趙氏文心雕龍殘卷校記，見於民國十五年六月出版之清華學報第三卷第一期，較鈴木虎雄之校記晚一個月，爲國人以寫本校明本之最早者，綜其校勘所得，有四百七十七條之多。

楊明照文心雕龍校注附錄六唐人草書殘卷本題記云：「唐人草書殘卷本，敦煌莫高窟舊物，不幸被匈牙利人斯坦因取去，今藏英國倫敦博物館之東方圖書室。起徵聖篇，訖雜文篇，原道篇存讚文末十三字，諧讔篇止有篇題，餘皆亡佚。字作草體，卷中淵字、世字、民字、均闕筆。由銘箴篇張昶誤爲張旭推之，當出玄宗以後人手，實今存文心之最古本也。原本既不可見，景片亦未入觀，爰就沈兼士先生所藏晒藍本迻錄，比對諸本，勝處頗多。吉光片羽，確屬可珍，惜見奪異國，不得一覩原蹟爲恨耳」。

饒宗頤唐寫本文心雕龍景本序云：「向來謂此册起徵聖篇，訖雜文篇，原道篇存讚文末十三字，諧讔篇止有篇題，餘皆亡佚。今勘以此顯微影本，徵聖篇僅至『或義以藏用』之『義』字，下闕。宗經篇則自『歲曆綿曖』起，以上並缺，然審各家校語，徵聖篇下半每引唐寫本，豈此顯微影本，由第一頁至第二頁中間攝影時有奪漏耶？唐寫本之可貴，以原道至辨騷諸篇而論，頗多勝義，如徵聖之『先王聲敎』同于練字篇，『辨立有斷辭之美』，宗經之『采掇片言』片字本誤作生字，正緯之

『戲其浮假』本作深瑕，辨騷之『體憲於三代，風雜於戰國』原誤憲爲慢，誤雜爲稚，『苑其鴻裁』原作宛，皆較舊本爲優。」

按饒氏疑攝影奪漏，經與潘師重規所攝影本合勘，在饒本第一頁和第二頁之間，適奪漏兩整頁，此兩整頁適卽徵聖篇後半與宗經篇前半。故饒本之第二頁應爲第四頁。饒引徵聖篇「辨立有斷辭之美」句，下無解說，原於「立」下少「則」字，如此前後作「辭成則無好異之尤，辨立則有斷辭之美」，較舊本爲勝。

潘師重規唐寫文雕龍殘本合校前言云：「諸家或未見原卷，或據影本而中有脫漏，且有見所據參差，因疑敦煌原卷或有異本者，種種誤解，不一而足。嘗試論之，此卷勝處，諸家言之固已甚備；而其書體作章草，亦工美獨具風格。大抵唐代寫書，有用章草一體者，且以抄書之故，又特多簡字……凡此種種，辨別是非，考校文字，要必以卷子底本爲依歸，今諸家各執一詞，或相非難，皆云同據唐本，而乃文字互異；讀者未見原卷，自難判斷是非。余用是綜合諸家之說，親就原卷覈校，附以己見，條列如左方。」

按潘先生往歲訪書英倫，攝得原卷影片，中無脫漏，因複印出版，成唐寫文心雕龍殘本合校。潘氏目驗原卷，綜勘各家，董其所得，計：原道篇一條，徵聖篇三十二條，宗經篇三十九條，正緯篇三十一條，辨騷篇四十五條，明詩篇四十九條，樂府篇四十九條，詮賦篇四十五條，頌贊篇四十八條，祝盟篇六十條，銘箴篇四十九條，誄碑篇四十五條，哀弔篇三十五條，雜文篇四十八條，諧讔篇一條，共五百七十七條，爲從來以唐寫校俗本，成績最大亦最完備者。

明永樂大典本文心雕龍十卷

芸香堂本文心雕龍宗經、騷辨二篇後，紀曉嵐評語云：「癸巳三月（西元一七七三）與武進劉青垣編修，在四庫全書處，以永樂大典所載舊本校勘……」又四庫全書總目文心雕龍提要也說：「考永樂大典所載舊本，闕文亦同……」今原鈔雖不可見，但由紀氏兩引，知永樂大典鈔本，在清初尚存於內府。近讀郭伯恭永樂大典考〔八〕，該書第六章永樂大典之厄運，第二節正本被燬及記載之辨證，知永樂大典除正本以外，抄有副本。郭氏歷引彭時可齋筆記，呂毖明宮史，孫承澤春明夢餘錄，姜紹書韻石齋筆記卷上秘閣藏書，及四庫總目序，認爲永樂大典殘於崇禎甲申十七年（西元一六四四），李自成之入都。其中尤以姜氏韵石齋筆記所載特詳，云「內府秘閣所藏書甚寥寥，然宋人諸集十九皆宋版也。書皆倒摺，四周外向，故雖遭蟲鼠嚙而未損。但文淵閣制既庳狹，而牖復暗黑，抽閱者必秉炬以登，內閣輔臣無暇留心及此，而翰苑諸君世所稱讀巾箱書者，曾未得窺東觀之藏，至李自成入都，付之一炬，良可嘆也。」後持異說者如全祖望，謂入清以後，正副二本俱在，正本貯乾清宮，副本則由皇史宬移入翰林院〔九〕。依郭考，全祖望實未見乾清宮藏書，昭槤也只不過得之於傳聞，建霞更是憑前人的傳說，言其可據而已，繆荃孫疏於察考，竟依全氏正本在乾清宮之說。其實正本早佚，而副本殘存，皆未深考也。又郭考永樂大典係明永樂初年所輯，凡二萬二千九百餘卷，一萬一千九十五册。據四庫全書總目提要云：「四庫開館時，翰林院所貯之永樂大典已殘闕二千二百七十四卷，共存九千六百七十七本。」又依照民初袁同禮永樂大典卷目表所記，共三百四十九册，六百六十三卷。其他國內外殘存之數，據說當倍蓰於此，但或爲私家庋藏，蘄不予閱覽，或爲書賈居奇，待高價而估，爲數究有多少，實不可得而知。郭考附錄又有永樂大典內輯出佚書一覽表，得書五百四十二種，其中經部書凡七十一種，附錄四種，史部書凡一百零六種，附錄五種，子部書凡一百三十九種，附錄二十九種，集部書凡一百八十二種，附錄六種。另已輯而實未佚者，經史子集四部凡二十七種，附錄三種，均不著文心雕龍一書，早年世界書局影印的中國學術名著，曾將永樂大典殘存書籍一併翻印，經查亦無文心雕龍，紀氏於乾隆三十八年癸巳三月，四庫開館之際，曾取大典鈔本校俗本，而此鈔本迄今不可見，莫非是後又散佚？特徵諸各說如上。

淸文淵閣欽定四庫全書本文心雕龍十卷

此寫本爲淸文淵閣所藏，自國府因匪亂遷臺後，書存臺北外雙溪國立故宮博物院。一函四册，首册封裏書有「詳校官侍郞臣劉曜雲，主事銜臣徐以坤覆勘」，雙行並列，共十八字。卷首爲目錄，後接提要，以及新安石巖方元禎文心雕龍序，疑此四庫本係以明嘉靖庚子歙邑汪一元校刻作底本，而又酌加勘校，增損以成者。首頁上端沿眉有「文淵閣寶」，末頁同位處蓋有「乾隆御覽之寶」，篆文方璽兩顆。每册均附載「總校官、校對官、謄錄人」之官銜姓名。通書毛筆端楷，展卷有墨香。半頁八行，行二十一字，白文無注，每篇相次，分卷則別起，款式如：

欽定四庫全書

文心雕龍卷一　　梁劉勰撰

文心雕龍提要云：「文心雕龍十卷，梁劉勰撰，勰字彥和，東莞莒人，天監中，兼東宮通事舍人，遷步兵校尉，兼舍人如故。後出家爲沙門，改名慧地，事蹟具詳南史本傳。其書原道以下二十五篇，論文章體製；神思以下二十四篇，論文章工拙，合序志一篇爲五十篇。據序志篇稱：上篇以上，下篇以下，本止二卷，然隋志已作十卷，蓋後人所分。又據時序篇中所言，此書實成於齊代，此本署梁通事舍人劉勰撰，亦後人追題也。是書自至正乙未刻於嘉禾，至明宏治、嘉靖、萬歷間，凡經五刻，其隱秀一篇，皆有闕文。明末常熟錢允治稱得阮華山宋槧本，鈔補四百餘字；然其書晚出，別無顯證，其詞亦頗不類，如嘔心吐膽，似摭李賀小傳語；鍛歲鍊年，似摭六一詩話論周朴語；稱班姬爲匹婦，亦似摭鍾嶸詩品語，皆有可疑。況至正去宋未遠，不應宋本已無一存，三百年後，乃爲明人所得。又考永樂大典所載舊本，闕文亦同，其時宋本如林，更不應內府所藏無一完刻，阮氏所稱，殆亦影撰，何焯等誤信之何也。至字句舛譌，自楊愼、朱謀㙔以下，遞有校正，而亦不免於妄改，如哀誄篇賦憲之謚句〔一〇〕，皆云賦憲當作議德，蓋以賦形近議，憲形近悳，悳古德字也。然考王應麟玉海曰，周書謚法，惟三月既生魄，周公旦，太公望相嗣王發。既賦憲，受臚於牧之野；將葬，制作謚，文心雕龍云，賦憲之謚，出於此，然則二字不誤，古人已言，以是例之，其以意雌黃者多矣。」

清文淵閣欽定四庫全書黃叔琳輯註本文心雕龍十卷

黃叔琳輯註本文心雕龍十卷，刋行於清高宗乾隆六年，此書爲江蘇巡撫採進，四庫館臣特根據黃氏輯註手鈔以成。書一函四册，現存臺北外雙溪國立故宮博物院。首册封裏附「詳校官侍郎臣劉曜雲，主事銜臣徐以坤覆勘」，雙行並列十八字。首頁錄提要，次附黃氏原序，各册末頁註明總校官、校對官、

助教、謄錄者、姓名，首頁緣眉加蓋文淵閣寶，末頁同位處也加蓋「乾隆御覽之寶」方璽二顆，其他皆同黃氏原刋本，款式如

欽定四庫全書

文心雕龍輯註卷一

詹事府詹事加吏部侍郎銜黃叔琳撰

文心雕龍輯註提要云：「文心雕龍輯註十卷，國朝黃叔琳撰，叔琳有研北易鈔，已著錄，考宋史藝文志有辛處信文心雕龍註十卷，其書不傳。明梅慶生註，麤具梗概，多所未備。叔琳因其舊本，重爲刪補，以成此編。其譌脫字句，皆據諸家校本改正，惟宗經篇末附註，極論梅本之舛誤，謂宜從王惟儉本，而篇中所載，乃仍用梅本，非用王本，殊自相矛盾。所註如宗經篇中「書實記言，而訓詁茫昧，通乎爾雅，則文義曉然」句，謂爾雅本以釋詩，無關書之訓詁。案爾雅開卷第二字，郭註卽引尙書哉生魄爲證，其他釋書者不一而足，安得謂與書無關。詮賦篇中拓宇於楚辭句，拓宇字出顏延年宋郊祀歌，而改爲括字，引西京雜記所載司馬相如賦家之心包括宇宙語爲證，割裂牽合，亦爲未協。史傳篇中「徵賄鬻筆之愆，公理辨之究矣」句，公理爲仲長統字，此必所著昌言中，有辨班固徵賄之事，今原書已佚，遂無可考。觀劉知幾史通亦載班固受金事，與此書同，蓋昌言唐時尙存，故知幾見之也。乃不引史通互證，而引陳壽索米事爲註，與前漢書何預乎？又時序篇中論齊無太祖、中宗，序志篇中論李充不字宏範，皆不附和本書。而指瑕篇中西京賦稱中黃賁獲之疇，薛綜註謂之閹尹句，今文選薛綜註中，實無此語，乃獨不糾彈。小小舛誤，亦所不免。至於徵聖篇中四象精義以曲隱句，註引易有四象所以示也。又引朱子

本義曰，四象謂陰陽老少。案繫辭易有四象，孔疏引莊氏曰：四象謂六十四卦之中有實象、有假象、有義象、有用象，爲四象也。又引何氏說，以天生神物，八句爲四象，其解兩儀生四象，則謂金木水火秉天地而有，要自唐以前，均無陰陽老少之說。劉勰梁人，豈知後有邵子易乎？又秉文之金科句，引揚雄劇秦美新金科玉條，又引註曰謂法令也，言金玉佞詞也。案李善註曰：金科玉條謂法令，言金玉貴之也。此云佞詞，不知所據何本？且在劇秦美新猶可謂之佞詞，此引註徵聖篇而用此註，不與本意刺謬乎！其他如註宗經篇三墳五典，八索九丘，不引左傳，而引僞孔安國書序註，諧讔篇荀卿蠶賦，不引荀子賦篇，而引明人賦苑，尤多不得其根柢，然較之梅註，則詳備多矣。」

季振宜藏文心雕龍鈔本

季振宜字詵兮，號滄葦，江南泰興人，順治丁亥進士，官御史。其所著季滄葦書目雜部，錄有「文心雕龍一本，抄」，不註抄自何本，錢曾述古堂藏書序云：「已酉清和，詮次家藏書目，告蕆，放筆而嘆，蓋嘆聚之艱而散之易也。竭予二十餘年之心力，食不重味，衣不完采，摒擋家貲，悉藏典籍中，如蟲之負版，鼠之搬薑，甲乙部居，粗有條理。憶年驅雀時，從先生長者游，得聞其緒論。經綸文緯，頗知讀書法。逮壯，有志藏弆，始次第訪求，問津知途，幸免於冥行擿埴。然生平所酷嗜者，宋槧本爲最。友人馮定遠每戲予曰，昔人佞佛，子佞宋刻乎，相與一笑，而不能已於佞也。丙午、丁未之交〔一一〕，胸中芒芒然，意中惘惘然，舉家藏宋刻之重複者，折閱售之泰興季氏，殆將塞聰蔽明，仍爲七日以前之混沌與，抑亦天公憐予佞宋之癖，假手滄葦，以破予之惑與！」又南海伍崇曜跋述古堂書目云：「遵王書多得自牧翁〔一二〕，後又售於泰興季氏，則是編與絳雲樓書目，季滄葦藏書目合讀之，亦可略知聚散之源委，而感慨繫之矣。」是證季藏文心雕龍鈔本，殆即述古堂藏書目卷二詩文評類之劉勰文心雕龍十卷，亦即讀書敏求記卷四詩文評類之劉勰文心雕龍十卷，同時也是錢謙益絳雲樓書目卷四文說類之劉勰文心雕龍十卷本也。

瞿鏞藏舊鈔本文心雕龍

瞿鏞字子雍，江蘇常熟人，歲貢生，居菰里村，父紹基，喜購書，收藏多宋、元善本。鐵琴銅劍樓藏書目錄卷二十四集部詩文評類有文心雕龍十卷，旁註舊鈔本，雙行小字。又云：「題梁通事舍人劉勰彥和述，是書隱秀一篇，元至正乙未刻於嘉禾者已闕，此後諸刻仍之，自錢功甫從阮華山得宋本補足，方有完書，功甫本藏絳雲樓，馮已蒼假以傳錄，上方朱筆校字，一仍功甫之舊，已蒼有跋，卷首有『季振宜藏書』朱印。」依陸心源宋刊婺州九經跋及南海伍紹堂季滄葦書目跋，康熙後，季氏藏書旋又散佚，其中一部分經何義門介紹，歸於怡府；一部分爲瞿鏞搜得，流入鐵琴銅劍樓。足以證明瞿藏文心雕龍鈔本，也就是滄葦，述古，絳雲的舊物。

張誕嘉藏文心雕龍鈔本

拜經樓藏書題跋記云：「胡夏客曰：隱秀篇書脫四百餘字，余家藏宋本獨完。丁丑冬〔一三〕，復得崑山張誕嘉氏雅芭緘寄家藏鈔本，爲校定數字，以貽之朋好。夏客字宣子，海鹽人，孫輶先生子也。然據所錄補四百餘言，尚不無魯魚，爰復爲校訂，錄爲簡端，槎客吳某記。」根據吳騫此跋，則張誕嘉家中，藏有文心雕龍鈔本無疑。

陳揆藏文心雕龍鈔本

此本見稽瑞樓書目〔一四〕

清謹軒藍格舊鈔本文心雕龍十卷

王某文心雕龍新書序錄云：「北京大學藏，此本由何允中本出，今稱清謹軒鈔本。」此本在臺不可見，而其序目卻因王氏新書得以流傳。文曰：

「勰著文心十卷，總論文章之始末，古今之妍媸，其文雖拘於聲偶，不離六朝之體；要爲宏博精當，鮮麗琢潤者矣。傳言勰聲名未振，書既成，欲取定於沈約，無繇自達，以負書候約於車前，狀若鬻貨者。約取讀，大重之，爲之標譽而書乃傳，魏、晉諸家，實難與並鑣爭先矣。」

二、單刻本

文心雕龍的單刻本自阮華山宋本至清末湖北崇文書局本共得十八種。其中在臺可以看到的，有明弘治甲子（西元一五〇四）吳門本，明嘉靖庚子（西元一五四〇）歙邑汪一元本，明萬曆壬午（西元一五八二）胡維新兩京遺編本，明何允中廣漢魏叢書本（西元一五九二），明說海彙編本，清王謨增訂漢魏叢書本（西元一七九一）六種。陷入大陸匪區者，計有元至正乙未（西元一三五五）嘉禾本，明嘉靖癸卯（西元一五四三）佘誨本，明萬曆已卯（西元一五七九）張之象本，清光緒三年（西元一八七七）湖北崇文書局本。其他或傳聞異辭〔一五〕，或秘藏私家〔一六〕，皆史留其目，簡編俄空。臺灣商務印書館縮印涵芬樓藏明刊本，藝文印書館印行百部叢書，一主張之象本，一主勾餘胡氏之兩京遺編，皆依舊板翻印，無可稱述。今文心宋、元本既不易得，幸明弘治本還獨完人間，學者得此與通俗本互勘，也可以竟校書掃葉之功矣。

阮華山宋本文心雕龍

愛日精廬書志卷二錢允治跋云：「此書至正乙未（西元一三五五）刻於嘉禾，弘治甲子（西元一五○四）刻於吳門，嘉靖庚子刻於新安，辛卯〔一七〕刻於建安，癸卯（西元一五四三）又刻於新安，萬曆已酉〔一八〕刻於南昌，至隱秀一篇均闕如也。余從阮華山得宋本鈔補，始爲完書。」功甫姓錢名允治，明末常熟人，爲此跋時已七四高齡，對阮華山宋本堅信不疑，並依之鈔補隱秀篇闕文四百零一字。讀書敏求記錢遵王跋，皕宋樓藏書志何義門跋，均從功甫爲說。允其何跋，更對阮華山宋本有進一步之記述，他說：「錢功甫得阮華山宋鈔本，後歸虞山，而傳於外甚少，康熙庚辰，心友弟從吳興賈人得一舊本，適有錢補隱秀篇全文，除夕坐語古小齋，走筆錄之。」似所得吳興賈人舊本，即功甫遵阮華山宋本鈔補者，但阮華山又係何人？又何以得藏宋本文心雕龍？以及功甫從阮華山得宋本鈔補之經過又若何？

皆略不可考。故四庫全書總目提要，芸香堂隱秀篇後紀昀評，郘園讀書志葉德輝跋，無不紛獻疑辭。如提要云：「是書至正乙未刻於嘉禾，至明弘治、嘉靖、萬曆間，凡經五刻，其隱秀一篇，皆有闕文，明末常熟錢允治，稱得阮華山宋槧本，鈔補四百餘字。然其書晚出，別無顯證。其詞亦不類：如嘔心吐膽，似摭李賀小傳語，鍛歲煉年，似摭六一詩話論周朴語，稱班姬爲匹婦，亦似摭鍾嶸詩品語，皆有可疑，況至正去宋未遠，不應宋本已無一存，三百年後，乃爲明人所得。又考永樂大典所載舊本，闕文亦同。其時宋本如林，更不應內府一無完刻。阮氏所稱，殆亦影撰，何焯等誤信之也」。提要由書出之時間，措詞之不倫，以及與永樂大典所載內府藏本之比較，確信錢、何諸公爲造僞者所愚。黃季剛隱秀篇札記，更由補亡與原作合校，指證阮氏宋本贋跡確鑿。如云：「詳此補亡之作，出辭膚淺，無所甄明。且原文明言思合自逢，非由研慮，卽補亡者亦知不勞妝點，無待鎔裁，乃篇中忽羼入馳心溺思，嘔心煆歲諸語。此之矛盾，令人笑詫，豈以彥和而至於斯！至如用字之庸雜，舉證之闊疏，又不足誚也。案此紙亡於元時，則宋時尚得見之，惜少徵引者。惟張戒歲寒堂詩話引劉勰云：『情在詞外曰隱，狀溢目前曰秀。』此眞隱秀篇之文。今本既云出於宋槧，何以遺此二言？然則贋跡至斯愈顯，不待考索文理而亦知之矣。」季剛先生既肯定所謂宋槧爲贋跡，復惜篇簡俄空，微言遂閟，乃揣摩劉旨，旁輯舊聞，有補文心雕龍隱秀篇之文，見載於札記一九一至一九三頁。隱秀補亡既知爲後人僞造，而僞於何時乎？近人范文瀾文心雕龍注，王利器文心雕龍新書〔一九〕，以爲是明人鈔補者之僞。時人張嚴先生著文心雕龍板本考〔二〇〕，曾有「何學士焯多蓄宋元舊槧，言據元刻阮華山本校補，當無疑義。」所謂元刻阮華山宋本既經證明爲明人僞造，且久成公論，張氏突發此議，殆未詳考歟？

胡夏客宋本文心雕龍

吳騫拜經樓藏書題跋記云：「胡夏客曰：『隱秀篇書脫四百餘字，余家藏宋本獨完。』丁丑冬，復得崑山張誕嘉氏雅芭緘寄家藏鈔本，爲校定數字，以貽之朋好。夏客字宣之，海鹽人，孫轅先生子也。然據所錄補四百餘言，尙不無魯魚，爰復爲校訂，錄於簡端。」夏客，震亨子，何義門皕宋樓藏書志跋上卷第二頁上有云：「隱秀篇自『始正而末奇』，至『朔風動秋草』朔字，元至正乙未刻於嘉禾者，卽闕此一頁，此後諸刻仍之，胡孝轅、朱鬱儀皆不見完書。」、震亨、謀㙔既未睹隱秀篇全文，則夏客又何從而有宋本文心乎？明是信口虛衒，而槎客又不加深考，卽信以爲眞，鑄成大誤。

元至正乙未（西元一三五五）嘉禾本文心雕龍

何焯皕宋樓藏書志卷一一八，錢曾讀書敏求記卷四，黃丕烈蕘圃藏書題識卷十，從以上三家的記載中，可知他們似均親見元刊嘉禾本文心雕龍者，尤其蕘圃黃氏並以元刻校俗本，故清末孫詒讓文心雕龍札迻，所載諸底本中，有「黃丕烈校元至正刊本」之目。近據王理器文心雕龍新書序錄云：「元至正中嘉興郡學刊本，每半葉九行，行十七字，現藏北京圖書館，今稱傳校元本。」此本卷首載錢惟善序，文中於劉侯貞丐序，刻書目的，付梓經過等，敍述頗詳。似此，則元至正嘉禾本的眞貌，藉此序的說明，可有較清晰之瞭解了。特將全文錄之如下，文曰：

「六經聖人載道之書，垂統萬世，抗衷百氏者也。與天地同其大，日月同其明，亘宇宙相爲無窮而莫能限量；後雖有作者，弗可尙已。自孔子沒，由漢以降，老、佛之說興，學者日趨於異端，聖人之道不行，而天地之大，日月之明，固自若也。當二家濫觴橫流之際，孰能排而斥之。苟知以道爲原，以經爲宗，以聖爲徵，而立言著書，其亦庶幾可取乎。嗚呼！此文心雕龍所由述也。夫佛之盛，莫盛於晉、宋、齊、梁之間；而通事舍人劉勰生於梁，獨不入於彼而歸於此，其志寧不可尙乎！故其爲書也，言作文者之用心；所謂雕龍，非昔之鄒奭輩所能知也。勰自序曰：『文心之作也，本乎道，師乎聖，體乎經，酌乎緯，變乎騷。』自二卷以至十卷，其立論井井，有條不紊，文雖靡而說正，其指不謬於聖人，要皆有所折衷，莫非六經之緒餘爾。雖曰一撮土之微，不可與語天地之大；一螢爝之光，不可與語日月之明；視彼畔道而陷於異敎者，顧不韙矣乎！嘉興郡守劉侯貞，家多藏書。其書皆先御史節齋先生手錄。侯欲廣其傳，思與學者共之，刊梓郡庠，令余序其首。因念三十年前，嘗獲聆節齋先生敎於琴床下，今侯爲政是郡，不失其淸白之傳，文章政事，爲時所推，余嘗職敎於其地而目擊者，故不敢辭。若夫學者欲觀天地之大，覩日月之明，則自有六經在，此固不可並論。聖人不曰『不有博奕者，爲之猶賢乎已』，況是書乎？侯可謂能世其家學者，故樂爲之序。至正十五年龍集乙未（西元一三五五）秋八月，曲江錢惟善序。」

明弘治甲子（西元一五〇四）吳門本文心雕龍

黃丕烈蕘圃藏書題識云：「余旣校元刻，又臨馮本，暇日當以元刊爲主，再以弘治、活字，嘉靖汪刻，參其異同，就所目見之刻本，輯一定本……」似此，則蕘圃確有此刻，民國四十五年（西元一九五六），香港饒宗頤教授著唐寫本文心雕龍景本序云：「弘治甲子馮允中吳中刋本，友人神田喜一郎博士藏有其書。」並云：「卷末有吳人楊鳳繕寫一行，天祿琳琅書目著錄誤以為元版。」似此則唐鈔以後最重要之明弘治吳中刋本，尚幸存於日人神田君之手〔二一〕。六十二年（西元一九七三）九月謁黃錦鋐師，十二月復向李師健光請益，談到明弘治甲子〔二二〕馮允中吳中刋本時，李、黃二師均以為臺北外雙溪國立故宮博物院藏有此刻。查故宮民國五十七年（西元一九六八）出版之善本書目，著錄明刋本文心雕龍二册，卽以電話向老友吳哲夫先生請教，繼又親赴故宮借閱。知此刻為昭仁殿舊藏，半葉十行，行二十字。其款式：

文心雕龍卷第一　　　　梁通事舍人劉勰

書首目錄頁印鑑多達二十顆，玆擧其中特別顯著者：有「長洲吳氏」、「吳興趙氏」、「謙牧堂藏書記」、「謙牧堂」、「天祿琳琅」、「天祿繼鑑」，更於首頁之上護書空白處，蓋有「五福五代堂寶」、「太白皇帝之寶」，由其印鑑之多，足證本書的珍貴，十卷末，又刻有「吳人楊鳳繕寫」。如以之與饒宗頤教授所附之影本相論，筆者斷言和日本神田君所藏者，纖毫不差。又楊明照文心雕龍校注拾遺云：「元本，見天祿琳琅書目續編〔二三〕。按葉德輝書林清話〔二四〕以為明刻，或有所據。然原書經元趙孟頫虞集遞藏〔二五〕，彭元端歸諸元板，蓋非誤認顏標〔二六〕，惟未見原書，姑存疑以論之異日。」楊氏已疑此書非元板，印記或為僞造。又楊氏校注拾遺四二〇頁序跋云：「馮允中序載明弘治甲子吳門刋本於卷首，黃丕烈蕘圃藏書題識卷十，愛日精廬藏書志並言之，未見」。楊氏因未見明弘治甲子吳中刋本，無由對照。而葉德輝書林清話首發元本之覆，今由目驗明本，復與神田君所藏者相同，足徵故宮藏本爲明弘治吳門本，楊明照校注拾遺之疑，得此也可渙然冰釋了。此刻係馮允中巡按吳中時，假來都穆進士家藏，重雕傳世。故書前錄有都穆、馮允中二序，對鋟版經過，頗有詳盡的記載，玆分別轉錄於下。

都穆進士序云：

「劉勰文心雕龍十卷，元至正間，嘗刻於嘉興郡學，歷歲既久，板亦漫滅。弘治甲子，監察御史郴陽馮公出按吳中，謂有益於文章家，而世不多見，爲重刻以傳，夫文章與時高下，時至齊、梁，佛學昌熾，而文隨以靡，其衰甚矣。當斯之際，有能深於文理，折衷羣言，究其指歸，而不謬於聖人之道如劉子者，誠未易得，是編一行，俾操觚之士，咸知作文之有體，而古人之當法。則馮公嘉惠學者之功，豈淺鮮哉！穆以進士試政內臺，受知於公；亦嘗有志古學而未之能者，因不媿荒陋而書其後。吳人都穆識。」

馮允中序云：

「天地間物，莫奇於書，奇則秘，秘則不行，此好古者之所同惜也。有能於其晦伏之餘，廣而通之，使不終至於泯沒，非吾黨其誰與歸。梁通事舍人劉勰文心雕龍四十九篇，論文章之法備矣。觀其本道原聖，暨於百氏，推窮起始，備陳其訣，自詩騷賦頌而下，凡爲體二十七家，一披卷而摛辭之道具；學者如不欲爲文則已，如欲爲文，舍是莫之能焉。蓋作者之指南，藝林之關鍵，大可以施廟堂，資制作，小可以舒情寫物，信乎其爲書之奇也。余素粗知嗜文，每覽是書，輒愛玩不忍釋。然惜其摹印脫略，讀則有嘆。玆奉命至江南，巡歷之暇，偶聞都進士玄敬，家藏善本，用假是正，既慰夙願矣。因以念夫國家右文圖治，彬彬乎著作之盛，與三代比隆，屈、宋、班、馬，並駕於當時者，踵武相接，則固無庸求古以爲法矣。惟是石渠具草之用，皂囊封事之作，以迪後彥而備時需者，不可一日缺；則是編能無益乎。此余捐廩而行者，蓋有以也。然世以其奇也而秘，至有克爲者，又直視其秘，而不之鋟以永厥傳，抑豈公天下之心哉！按劉勰字彥和，東莞莒人。既成書以見沈約，約大重之，嘗陳諸几案，其爲當時所貴如此。覽者其毋徒以呂舍人所謂文一小技，與楊子雲所云雕蟲者埒觀，則庶乎資有益之文，而余志副矣。弘治十七年（西元一五〇四），歲在甲子，四月上澣日文林郎監察御史郴陽馮允中書於姑蘇行臺之涵清亭。」

明正德仿元本文心雕龍

史學年報第二卷第五期三九九頁，載張孟劬先生遯堪書題云：「文心一書，六代覃奧。黃注行世最廣，而敷析淵旨，多未洞徵，考證疏舛，亦似稗販，蓋猶未脫明季注家結習。然視浦釋史通，則雅潔矣，其後孫詒讓有校記刋札迻中，吾友李審言有補注。聞江安傅氏藏元槧本，近燉煌新出唐寫本殘卷，往見吳興蔣氏樂地盦一明本，遠在胡孝轅本上，有明人識語，審爲正德倣元刻。亂離斯瘼，故篋叢殘，惜未能細勘也。此本初印紙色古香可玩，爾田記。」由孟劬先生書題，尚可窺見此刻大略，但是非然否，亦別無實證，引以爲憾耳。

明嘉靖庚子（西元一五四〇）新安本文心雕龍

書分二册，爲明嘉靖庚子〔二七〕歙邑汪一元校刻，故亦稱汪一元本。現藏於臺北中央圖書館特藏組，汪氏批於眉端，字作行體，如原道篇批「遞進盛世，以文原道，思嚴而義正。」時序篇批「文章關於世運，故評文大略雖□者之工拙，亦世運之漓淳也。」「此作品舊章第文□，自陶、姚迄劉□，歷歷如詘，詘詞□，而麗事周□□，當是彥和之□意者。」一因蠹魚為災，一由代久年淹，收藏不易，致本書上下兩端磨損奇烈，不僅汪批頂眉者字跡模糊難辨，卽原刻文心正文，也已蛀蝕斑斑，難以卒讀。其校字，類在誤字當行之旁，或兼注直音，蠅頭工楷，爛然可觀。封裏附方元禎序，殘缺不全。第二冊神思篇體性篇以及知音篇之自「故魏文稱文人相輕」以下，至序志篇終全缺。復經後人鈔補，紙呈灰褐色，與原刻斷不相同。每半葉十行，行二十字，字多俗體及簡寫，板心上緣鐫有「私淑軒」三字，篇次相接，分卷則別起。其款式：

文心雕龍卷之一

梁通事舍人劉勰撰　明歙邑汪一元校

書封裏首頁載有新安石巖方元禎撰之刻文心雕龍序，文曰：

「文心雕龍凡十卷，合篇終序志一篇，為五十篇，梁通事舍人劉勰彥和所作也。勰東莞人，自言『嘗夜夢執丹漆之禮器，隨仲尼而南行，寤而思敷讚聖旨，莫若注經；而馬、鄭諸儒，弘之已精，就有深解，未足立家。唯文章之用，有裨經典，於是搦筆和墨，論著古今文體，以成此書』。出示沈約，約大重之，謂其深得文理，常陳之几案。今讀其文，出入六經，貫穿百氏，遠搜荒古之世，近窮宇內之事，精推灝穹之微，精及塵礫之細，陳明王之禮樂，述大聖之道德，蔚如也。至其陽秋先後作家，袞鉞區分，瑕瑜不掩，百年斷案，莫之異同；非博學雄辯，深識瑕究，烏能及茲。若夫論著爲文之義，陳古繹今，別裁分體，如方員之規矩，聲音之律呂，雖使班、馬、長、雲並列。將彬彬與揖，共游、夏之堂矣。論者以六朝齊梁而下，佛學昌熾，爲文多工纖巧駢儷，氣亦衰靡，概以律繩，豈通論哉！方今海內，文教盛隆，操觚之士，爭崇古雅，獨是書時罕印本；好古者思欲致之，恒病購求之難。吾邑汪子仁卿，博文談藝，喜而校刻之。嗚呼！此刻既行，世有休文，寧無同賞音者！吾知雋永之餘，固不必鐫肝刻肺，抽黃對白；而於文也，亦思過半矣。時嘉靖庚子六月既望，書於葵栢山齋。」

明嘉靖辛丑（西元一五四一）建安本文心雕龍

錢允治愛日精廬藏書志卷三十六文心雕龍跋，錢曾讀書敏求記卷四文心雕龍跋，均載此書〔二八〕辛丑刻於建安〔二九〕，據徐𤊹校本所錄建安西橋程寬序，知係張安明於嘉靖辛丑〔三〇〕重鋟於閩者。原刻在臺未見。不過，根據前人的記載，知版式行款均和明弘治甲子吳中刊本同。程寬序曰：

「昔之君子曰：『六朝無文章，惟陶淵明歸去來辭一篇爾。』陶公之人品甚高，固未易班；然六朝風靡，雋傑崇清虛之教，篇牘咸雪月之形，孰知太極一元之眞，仲尼六經之訓乎哉！是故余竊於劉子原道有取焉。觀其泝羲皇堯舜相傳之源流，闡天地萬物自然之法象，其知識有大過人者。其餘所著四十九篇，當時以沈文通品論見重，吁！後世詎知無沈之知音者耶！歲弘治甲子，馮公允中已鋟于吳，汪子一元再鋟于歙。茲嘉靖辛丑，建陽張子安明將重鋟于閩，以廣其傳：迺拜余屬以序。序曰：『文之義大矣哉！魏文典論，隘而未揚；士衡文賦，華而未精；若氣揚矣，而法能玄博，義精矣，而詞能煒煒，兼斯二者，其劉子之文心乎！揚搉古今，鑿鑿不詭，樹之矩繩，彬彬可宗，誠文苑獨照之鴻匠，詞壇自得之天機也。究其所自。夫豈徒哉！蓋勰也，彩雲已兆七齡之初，丹漆茲隨大成之聖，夢之所寄，文亦寄焉。其志固，其幽芳，其歷時久，是故煥成一家，法垂百祀云。惜也道崇金聲玉振，而謂雕琢性情，志雅樹德建言，而詫知術拔萃，宗經而無得於六經，養氣而固迷其正氣，此劉子文心之所以爲雕龍也。自辨不羣，鄒奭詎能免誚虛車。嗚呼！宇宙浩浩，惜高才之陵替，歲月悠悠，惟性靈之不居；君子誠欲啓此文心，能無把玩於五十篇之文？或曰：君子欲充此文心，則有宋儒原道之言粹如也。要之，實得此文心，則羲皇、堯、舜一也，禹、湯、文、武、周公、一也，孔子、孟子一也，天、地與我一也。顧劉子見其本，宋儒見其末；劉子見其華，宋儒見其實。』」

明嘉靖癸卯（西元一五四三）新安本文心雕龍

楊明照文心雕龍校注拾遺附錄六所載文心板本中有佘誨本，並謂此本卷首有佘氏序。知爲嘉靖癸卯〔三二〕刻於歙者，每半頁十行，行二十字，白文無注，每篇相接，分卷則別起，此刻一名佘誨本，現藏臺北南港中研院傅斯年圖書館，根據王某文心雕龍新書序錄云：「北京大學圖書館亦藏有此本」。其款式：

文心雕龍卷之一　　梁通事舍人劉勰撰

茲將佘誨自序，錄之於下，以見當時重鋟的大略。序曰：

「齊、梁以上，立言之士，無慮數千家，珠聯綺合，玉振金聲，彬彬焉，鏘鏘焉，於文雅之場矣。夫世代所趨，巧拙所指，作者殊科，擇源涇渭，則澄濁易淆，按轡路歧，而康徑未顯。自非子野，安能雅俗並陳乎？故知宏麗尚於體裁，銓品存乎明鏡，此文心雕龍之所以作也。文心作於梁通事舍人劉勰氏，勰東莞人，嘗夜夢執丹漆之禮器，隨仲尼而南行；寤而喜曰：『大哉！聖人之難見也，小子之垂夢與！』乃始論文，以成此籍。雖弘經之志未竟，庶乎聖典之英蕤矣，史稱勰博雅君子，醞釀篇章；今讀其文，網羅古今，彌綸載籍，遡文體之自始，要辭流之所終，析其義於毫芒，精其法於聾聵：誠文章之奧區，聲音之律呂也。至於銓衡往哲，品論羣言，彰美指瑕，曲極情狀；昭昭乎化工肖形，九原可作，懲其月旦矣。典論之制，徒擬夫七臣，文賦之摛，未窮乎九變，方斯何如哉？今天下文教隆盛，海內操觚之士，翕然同風，人縶麟鳳，家寶隨和，享敝帚於千金者亦寡，顧擬迹前修，存乎體要，筌求是本，不異司南。苦印傳之不廣，博古者致憾于斯，予偶搜諸壁間，如見良玉。又惡夫己而不人者也，遂梓布焉。文凡四十九篇，合篇終序志一篇五十篇，釐爲十卷。時嘉靖癸卯仲春朔日，古歙佘誨序。」

明嘉靖乙巳（西元一五四五）沙陽本文心雕龍

此刻不見於他書記載，楊明照文心雕龍校注拾遺附錄六板本考也不着錄，目前在臺各公私藏書機構均未收存。僅王某文心雕龍新書附錄第二頁，載有樂應奎、葉聯芳二先生序，始知此本實係樂應奎在明嘉靖乙巳〔三二〕以家藏善本，刻以傳世。至其所據之善本爲何，均未詳述。玆錄葉、樂二家序，以見其對此本籌梓之經過。

葉聯芳序曰：

「文生於心者也，文心，用心於文者也，雕，刻鏤也。龍，靈變不測而光彩者也。又籠取也。觀夫命名，則其爲文也可知矣！孔子曰：『辭達而已矣。』雕龍奚爲哉？聖人道德淵鴻，吐詞爲經，憲垂億世；下此則言以徵志，文以永言，言之無文，行之不遠，文固弗可已矣！梁彥和氏，著玆編凡四十有九，自書記以上，則文之名品；神思以下，則文之情度。所謂『網領明，毛目顯』是已。稽聖據典，援經訂子，考傳彙略，褒同析異，聖賢之蘊，幽顯之閟，廣約之分，運啚之則，隳括之變，鈞鑄鎔烣，攢矗剔抉，翕儵韜截，洸漾混演，摩揣煆斲，各極其趣，成一家言。若錦綺錯揉，而毫縷有條。若星斗雜麗，而象緯自定。詭然而潛，耀然而見，瀾然而章，燦然而絡，噫！信奇備矣哉！或謂傷於綺靡而乏風骨，文以時論，梁之體自應爾也。夫衆材聚，始足以成匠氏之技；列寶積，始可以驗朱頓之寄；羣書徧，始能登藝苑之錄，千金之裘，非一狐之腋；九層之臺，非一陶之埴，牛溲敗鼓，兼蓄於醫師之良。則跂遐躅於邃古，寄妙想於異代者，里歌埤雅，尙不克遺，況玆網集也哉？沙陽樂生應奎，家藏善本，獨好而刻以傳焉；其有得於是焉矣，因爲之序，嘉靖乙巳孟秋望日，臨橋葉聯芳書。」

樂應奎序曰：

「文心雕龍一書，文之思致備而品式昭矣。蓋嘗觀之序志之篇，而文之全體已具，各篇之中，而文之各法俱詳，且有窮源溯流之學，摘弊奇美之功，從善違否之義。又於各篇之末，約爲一贊，要而備，簡而明，精而不詭。予以是知文之思致備而品式昭也，劉彥和故自言：『嘗夢從仲尼遊，寤而思敷讚聖言，莫若注經，迺搦筆和墨，論著古今文體，以成此書。』出示沈休文，休文大重之，謂其深得文體，常陳之几案而不置。然則是書是開先於神助，而括盡乎人能者也。或曰怪；則嘗於練字之篇其厭奇怪也，已先言之矣。或曰拘於駢麗，如麗辭篇所云：則駢麗之體，亦非易作也。或以其猶滯六朝之風氣，獨不曰文運每關乎世運，相爲汙隆者也，梁之時何時耶？然又可以過論乎哉！唯其思致備而品式昭，則亦可以傳也。但時前未尚是書，予雖得之家藏之久，猶未敢自信。迄今聞之父師之言，與乎士類之論，多得我心同然，迺以梓行之，告成，用序其意如此云。」

明嘉靖丙寅（西元一五六六）青州本文心雕龍

此刻未見，曹學佺序凌雲刻本時，曾有「予以公暇，取青州本對校」的話。則青州本是否即此嘉靖丙寅〔三三〕經青社誠軒壐信父勘校重鋟者，意未敢定，茲將徐𤊹手錄之壐信父自序，轉載如次。序曰：

「予生當海岱之墟，慶衍天潢之派，坐享千鍾，深慚尸素，行年四十，自愧無聞。是以心存尚友，志切探奇。誦讀則典墳丘索，上自聖經賢傳之旨，每肆焚膏。旁搜則史記、國語，下逮百家衆技之流，頗煩絕韋。奈何世教下衰，衆言淆亂，放逸者泛濫乎繩檢，深詭者屈抑其音節，體裁舛戾，妄希武仲之下筆不休；斧藻參差，謬同季緒之訶詆弗置。無惑乎至文罔覩，而古□難期也。予嘗閉關卻掃，馳騁藝圃之場。文章自秦漢而上，未暇殫述。嘗取六朝以下諸書，擇其事偕文告，語及故實，圓融密緻之體，峻潔遒勁之格，足以啓多識畜德之助，擅登高作賦之奇者，惟梁通事舍人劉勰所著文心雕龍一書，凡十餘卷，合篇終序志爲五十篇。見其綱領昭暢，而條貫靡遺，什伍嚴整，而行綴不亂；標其門戶，而組織成章，雕縷錯綜，而輻輳合節。典雅則黃鍾、大呂之陳，綺靡則祥雲、繁星之麗，該贍儲太倉武庫之積，考覈拆黃熊、白馬之辯。羽陵玉笥，奧遠畢收，牛鬼蛇神，秘怪悉錄。語駢驪則合璧連珠，談芬芳則佩蘭紉蕙，酌聲而音合金匏，絢采而文成黼黻；眞文苑之至寶，而藝圃之瓊葩也。惜其棗梨漫漶於歲月之深，訛謬踵承於亥豕之襲。爰命博雅之夫，懷鉛之士，勘校窮年，重鋟諸梓，以昭示學焉。嗚呼！是刻也，英華泄越，與日月而並明；聲名流播，垂古今而不朽。嗣休文芳躅之跡，敢步後塵；朱弦疏越之音，寧無同賞者乎！嘉靖四十五年歲次丙寅上元。」

明萬曆己卯（西元一五七九）張之象本文心雕龍

此本原刻首有張氏自序，由序文知張氏客居梁溪時，見友人秦中翰藏本甚佳，遂假歸研討，並商請付梓行世。每半頁十行，行十九字。白文無注。每篇相次，分卷則別起。每卷末列有校者姓名。如卷一爲「山人陸瑞家校」，卷二「太學生程一枝校」，卷三「鄉貢士諸純臣校」，卷四「鄉貢士陸光宅校」，卷五「鄉貢士張雲門校」，卷六「郡庠生董開大校」，卷七「鄉貢士楊繼美校」，卷八「山人蔡懋孫校」，卷九「山人沈荆石校」卷十「太學生錢日省校」。書中誤字俗體甚多，其常見者如：「商」作「啇」，「派」作「泒」，「蟲」作「虫」作「蝨」，「虬龍」作「虯龍」，「雙」作「雙」，「器」作「

器」，「沿」作「沿」，王某文心雕龍新書序錄云：「書藏北京大學圖書館。」臺灣商務印書館四部叢刊初編，所景印的涵芬樓明刊本，因闕張之象序，常人遂誤爲嘉靖本〔三四〕，其於錢功甫校宋本所補之隱秀篇四百零一字，現亦附載於該書的末尾。此刻款式：

文心雕龍卷之一

梁通事舍人東莞劉勰撰

張之象序曰：

文心雕龍十卷四十九篇，合篇終序志一篇爲五十篇，梁通事舍人劉勰彥和所著也。勰生而穎慧，甫七歲，乃夢彩雲若錦，則攀而採之；齡在踰立，則又嘗夢持丹漆之禮器，隨孔子而南行，寤而喜焉。思敷贊聖道，莫若注經；而馬、鄭諸儒，弘之已精，卽有深解，未足表見。惟文章之用，羽翼經典；於是引筆行墨，論著古今文體，以成此書，勰自負蓋不淺矣！出示沈約，約大重之。謂爲深得文理，嘗陳諸几案。當是時，如昭明太子最好文學，深愛接之；其爲名流賞識，殆不異其所自負也。今覽其書，採摭百氏，經緯六合，遡維初之道，闡大聖之德，振發幽微，剖析淵奧。及所論撰，則又操舍出入，抑揚頓挫，語雖合璧，而意若貫珠；綱擧目張，枝分派別，假譬取象，變化不窮。至其揚搉古今，品藻得失，持獨斷以定羣囂，證往哲以覺來彥。蓋作者之章程，藝林之準的也。自非博極羣書，妙達玄理，頓悟精詣，天解神授，其孰能與於此耶！如在仲尼之門，較以文學，必當與游、夏同科矣。或謂六朝齊、梁以下，佛學昌熾，而文多綺麗，氣甚衰靡，執以議勰，不亦謬乎？嗚呼！道貴自信，豈必求知，世無文殊，誰能見賞。阮光祿思曠有云：『非但能言人之不可得，正索解人亦不可得。』是以牙生輟絃於鍾子，匠石廢斤於郢人，作之難，知之難也。方今海內文教振興，綴學之士，競崇古雅，秘典奇編，往往間出；獨是書世乏善本，譌舛特甚，好古者病之。比客梁溪，見友人秦中翰汝立藏書本甚佳，請歸研討，始明徹可誦。且聞之山谷黃太史云：『論文則文心雕龍，評史則史通；二書均有益後學，不可不觀也。』予遂梓之，與史通並傳，不使掩沒；又安得如休文者共披賞哉！勰作書大旨本末，語在序志及梁書列傳，故不論；論其時之遇不遇，類如此。萬曆七年次己卯春三月朔旦，碧山外史雲間張之象撰。」

明萬曆壬午（西元一五八二）兩京遺編本文心雕龍

兩京遺編爲明萬曆壬午〔三五〕勾餘胡氏刋本，黃省曾注，朱筆墨校。分上下二册，上册自原道至書記，下册自神思至序志。每半頁九行，行十七字，板心鐫有校者姓名。每篇相次，分卷則別起，此書簡字異體字甚多。目前在臺可見者，如國立中央圖書館，國立故宮博物院，中研院史語所，三處所藏明版多不同。近年臺灣藝文印書館影印百部叢書，文心雕龍係據兩京遺編爲底本，册末又附加漢魏叢書本王謨跋，宗誨文心雕龍序，四庫全書文心雕龍提要，以及胡玉縉提要補正，其款式：

文心雕龍卷之一

梁通事舍人東莞劉勰彥和著

兩京遺編胡維新前序云：

「勰文藻翩翩，讀之千古如掌，晉魏之濫觴乎！」

兩京遺編原一魁後序云：

「陶冶萬彙，組織千秋，則勰亦六朝之高品也。」

明萬曆辛卯（西元一五九一）伍讓本文心雕龍

伍讓刻本未見，據徐𤏡手校本注，知伍氏爲明甲戌〔三六〕進士，他自稱偶於里人處得一善本，與世所刻迥異，乃假歸夥同貴陽守謝文炳共事讐刻，置於郡庠，其行款情形均難稽考。

伍讓刻本序曰：

「夫文之爲用大矣，而其旨莫備於書，書之言曰：『辭尚體要』，蓋謂言以足志，文以足言，用雖不同，而其體各有攸當。譬天呈象緯，地列流峙，人別陰陽，其孰能易之。故書之典，謨、訓、誥，符采不同；詩之國風、雅、頌，音節自異；易之典奧，禮之閎該，春秋之謹嚴，蓋諷而可知其爲體。故曰六經無文法；非無法也，夫文而能爲法也。世未有不明於體，而可以語法者。今世學士大夫，一意修古，無司祝司馬子長，第類多依採，而闇於指歸，獵其殘膏餘瀝，輒自神王，曰：「此龍門令家法也；而不知設情有宅，置言有區，卽如優孟學孫叔敖尚不可得，安得稱神理耶？試取子長紀傳書表觀之，何奇古雄深，不可端倪！至其報任安書，則又慷慨閎肆，若壅大川焉，決而放諸陸也，彼其體固自有在也。文心雕龍者；梁劉彥和勰所論者，其言文之體要備矣。大都本道而徵聖，酌緯自宗經。自騷賦以至書記，臚列陳示以詮序之要；而神思諸篇，則又直陳雅道，妙析言詮，標置六觀，陽秋九代，纚纚乎若鑑懸而衡設也。若夫程器一篇，則以警乎鶩華而棄實者，與吾夫子躬行君子之旨合，蓋篤論哉！書成以示沈約，約大重之，常置几案，卓乎成一家言已。勰嘗夢綵雲若錦，則攀而採之。又嘗夢操丹漆之器，隨仲尼而南行。蓋致精久習，形諸夢寐，宜其品藻玄黃，若斯之諦也。其自序曰：『文果載心，余心有寄』，古人之立言於世，豈直目睫已哉！世未可以六朝語而易之也。綴文之士，玩其意不泥其詞，循派而索其源，酌奇而以馭正，則可按轡文雅之場，而書所云體要，或者其庶幾乎！是書類多舛譌不可讀，偶於里人所，得善本；與近世所刻迥異，然亦不能無亥豕。貴陽守謝君文炳，博雅士也；相與更讐之，間有疑者，仍闕焉。余爲刻置郡庠，而序其大旨如此。萬曆十九年歲次辛卯仲春，湘東伍讓子謙甫書。」

明何允中廣漢魏叢書本（西元一五九二）文心雕龍

此刻爲明萬曆壬辰〔三七〕武林何氏刊本，書藏國立臺灣大學圖書館，臺北國立中央圖書館。卷首附古歙余誨文心雕龍序，白文無注，每半頁九行，行二十字。篇相鱗次，分卷則別起，至於日本尙古堂活字本，卽翻何允中本，現爲王某私藏〔三八〕。其款式：

文心雕龍卷一

梁　東莞劉勰著　張遂辰閱

明說海彙編本文心雕龍

此刻分二冊裝，不著刊刻年月與編者姓氏，書藏國立中央圖書館，該館善本書目着錄爲明刊本。全書自原道至書記爲第一册，神思以下至序志爲第二册，其他篇卷行款字數，均與何氏廣漢魏叢書本同。惟每句加逗，佳句發圈，或於當行密加逗號或墨圈，以示識別。首頁下方有「劉承幹字貞一號翰怡」，「吳興劉氏嘉業樓藏書印」，篆章二顆，據此可知原書乃烏程劉翰怡嘉業堂舊物。

清翻佘誨本文心雕龍

楊明照文心雕龍校注拾遺，考此本卷首亦有佘氏序，惟首行無「刻字」，末行有「嘉靖癸卯仲春朔日」九字，又卷中諸「玄」字皆闕末筆，隱秀篇有「始正而末奇」，至「朔風動秋草」，四百字，注云「從宋本補」，故楊氏據此疑本刻可能成於黃氏輯注本前後。半頁九行，行二十字，每篇相接，分卷則別起，白文無注，在臺各公私圖書館未見藏板。其款式：

文心雕龍卷一

梁　東莞　劉勰著

清王謨增訂漢魏叢書本（西元一七九一）文心雕龍

此乃清乾隆五十六年(西元一七九一)金谿王謨增訂漢魏叢書八十六種本。字句與何允中本有出入，而近凌雲五色套印本。卷首有佘誨序，卷末附王謨跋，白文無注，每半頁九行，行二十字。篇相鱗次，分卷則別起。書藏臺中私立東海大學圖書館。其款式：

文心雕龍卷一

梁　東莞劉勰著　奉新彭瑞麟校

王謨文心雕龍跋曰：

「右文心雕龍十卷，見隋唐志，按南史文學傳：『勰字彥和，天監中，兼東宮通事舍人，撰文心雕龍，論古今文體，凡五十篇，篇係以贊，沈約謂其深得文理。』劉亦云：『詞人爲文，其體非一，譬甘辛殊味，丹素異彩，後來祖述，識味圓通，家有詆訶，人相掎摭，故劉勰文心生焉。』蓋亦服膺此書。而晁氏乃題其後以譏之曰：『世之詞人，刻意文藻，讀書多滅裂；杜牧以龍星爲眞龍，王摩詰以去病爲衞青，昔人譏之。然亦不足怪，蓋詩賦或率爾之作故也。今勰著書行世，自謂「嘗夢執丹漆器，隨仲尼南行。」其自負亦不淺矣。乃其論說篇云：「六經論語以前，經無論字，六韜三論，後人追題。」是殊不知書有論道經邦之言也，其疏略過於王、杜矣。』愚嘗考論道經邦，語出古文尚書、周官，說者亦以爲非眞尚書，則此子仍出論語後。要之，文心原主論文，不得以是爲病也。汝上王謨識。」

清湖北崇文書局本（西元一八七七）文心雕龍

按此本刊於清光緒三年（西元一八七七），民國元年（西元一九一二）鄂官書局有重刊本。白文，無序跋，未審原據何本。每半頁十二行，行二十四字。篇相鱗次，分卷則別起。在臺未見此刻。其款式：

文心雕龍卷一

三、評註本

梁　東莞劉　勰著

文心雕龍之評註本，以宋辛處信文心雕龍注爲濫觴，惜辛注不傳爲憾。王惟儉訓故本，雖完成於萬曆己酉（一六〇九），但明、清公私藏目幾無一著錄，王漁洋嗜古成癖，博訪周諮，尙歷二十餘年始得，可見傳本的稀少。明萬曆四十年（一六一二）豫章梅氏刋本，卽楊升菴批點，梅子庾音註。相傳升菴批點者，義隱未標，字譌猶故；子庾從事於斯，音註十五，而校正十七，差可讀矣。所以顧起元序此書，譖子庾不獨爲劉氏之功臣，抑可稱楊公之益友，故文心評註本，雖有辛、王二家居先，但或佚不可見，或秘不公開，學者欲問津劉子雕龍，則豫章梅氏刋本自然被奉爲無尙規臬。淸乾隆六年（一七四一）姚刻黃注，就是根據梅氏音註爲主本，補輯闕略，穿穴百家，而剪裁成編者。黃氏自謂：「承子庾之綿蕞，旁稽博考，益以友朋見聞，兼用衆本比對，正其句字，更歷寒暑，乃得就緒，覆閱之下，差覺詳盡」。乾隆三十八年（一七七三）紀曉嵐評，五十六年（一七九一）張松孫輯注，民國六年（一九一七）李詳補注，亦無非就黃注而增華，集諸家而參考；拾遺補漏而已，今在臺通行之板本，若中華書局聚珍仿宋本，世界書局文學名著本，臺灣商務印書館人人文庫本，文光公司杜天縻注本，皆由淸道光十三年（一八三三）兩廣節署本黃注紀評脫出。原刻尙在，比對自知，故略而不贅。

宋辛處信文心雕龍注十卷

宋史藝文志載有此目，文心雕龍之有注，辛氏洵謂最早，惜不傳爲憾耳。玉海引文心雕龍，率附有注，不知是否本之辛氏？

明萬曆己酉（西元一六〇九）王惟儉訓故本文心雕龍十卷

黃叔琳文心雕龍輯注錄文心雕龍元校姓氏，附有王惟儉字損仲，並云：梅子庾音註流傳已久，而嫌其未備，後得王損仲本，援據更爲詳該，因重加考訂，增注十之六、七」〔三九〕。王士禎帶經堂全集卷九一第十二頁下文心雕龍跋云：「黃山谷云：『論文則文心雕龍，評史則史通，二書不可不觀。』明王侍郎損仲惟儉作雕龍，史通二書訓故。以此二訓故援據甚博，實二劉之功臣，余訪求二十餘年始得之，子孫輩所當愛惜。」經查王惟儉訓故本，在明清公私藏目中，幾無一著錄，以王漁洋生值清初，去損仲不遠〔四〇〕，尚歷二十餘年始得之，則其傳本之少可知。近人王某校文心，曾在北京圖書館親見此書原刻，並於文心雕龍新書附錄二，列有王惟儉訓故序，茲轉載如次，以見其述作之大要。

「夫文章之道，蓋兩曜之麗天，綴文之術，則六轡之入握。不稟先民之矩，妄意絕麗之文，縱有駿才，將逸足之泛駕。豈無博學，終愚賈之操金，此彥和文心雕龍之所由作也。爾其自詔敕之弘筆，逮箋記之細文，由碑賦之巨篇，曁箴贊之短什，網羅千秋，鑽神思於奧窔；牢籠羣彥，程品格於錙銖，篇體精嚴，骨氣爽緊。觀其序志之篇，薄典論爲不周，嗤文賦爲煩碎；知自待之不輕，審斯語之不謬矣。固宜昭明之鑒裁，深被愛接；隱侯之名勝，時置几案者也。惟是引證之奇，等絳老之甲子；兼之字畫之誤，甚晉史之已亥。爰因誦校，頗事箋釋；庶暢厥旨，用啓童蒙。余反覆斯書，聿考本傳；每怪彥和晚節，燔其鬢髮，更名慧地，是雖靈均之上客，實如來之高足也。乃篇什所及，僅般若之一語；援引雖博，罔祇陀之雜言。豈普通之津梁，雖足移人；而洙、泗之畔岸，終難逾越者乎？且其持論深刻，摛詞藻繪，凡所撰著，必將含屈吐宋，陵顏蹈謝爲者。而新論一書，類儒士之書抄，多老生之常談，何也？匪知之難，惟行之難，士衡言之矣，萬曆己酉夏日王惟儉序。」

明楊升菴先生批點本文心雕龍十卷

此卽梅慶生音註本，明萬曆四十年（西元一六一二）豫章梅氏刋刻，封面題「複校音釋文心雕龍，楊升菴先生五色圈點，曹能始批評。」封裏首附曹學佺文心雕龍序，江寧顧起元序，馬允中文心雕龍序，新安石巖方元禎撰的文心雕龍序，建安西橋程寬撰的文心雕龍序，臨橋葉聯芳書的文心雕龍序，樂應奎文心雕龍序，古歙宗誨文心雕龍序。次附梁書劉舍人本傳，楊升菴先生與禺山公書，文心雕龍校讐姓氏，音註校讐姓氏，與李本寧先生書，曹能始先生書，及校刻楊升菴先生批點文心雕龍音註凡例，卷末封底附刻吳人都穆跋，朱謀㙔跋。首頁下方有「澤存書庫」，「龍山藝盧藏書之章」，「古莘陳氏子子孫孫永寶用」，篆文方印三顆。每篇相次，分卷則別起。書分上下二册，現藏臺北國立中央圖書館。其款式：

楊升菴先生批點文心雕龍卷之一

梁　通事舍人劉　勰　著
明　豫　章梅慶生音註

書前所附序跋，皆屬一時之選。對於升菴先生題識，梅慶生音註的特點，敍述綦詳，頗富參考價值。除已見單刻本之序不錄外，茲錄其尤要者如下：

明顧起元序曰：

「彥和之爲此書也，濬發靈心，而以雕龍自命。末篇序志，垂夢聖人，意益鴻遠。前乎此者，有魏文之典，陸機之賦，摯虞之論，並爲藝苑懸衡。彥和囊而獄究之，疏瀹詞源，搏裁意匠，甄敍風雅，揚搉古今，允哉！述作之金科，文章之玉尺也。至其辭條佚麗，蔚乎鸞龍，辨騷有云：『才高者菀其鴻裁，中巧者獵其豔辭。』殆是自爲賞譽耳。升菴先生酷嗜其文，咀咳菁藻，爰以五色之管，標舉勝義，讀者快焉。顧世復文渝，駁蝕相禪，問攄裁定，猶俟剗除。豫章梅子庾氏，既擷東莞之華，復賞博南之鑒，手自校讐，博稽精考，補遺刋衍，汰彼殽訛，凡升菴先生所題識者，載之行間，以聚詞致。至篇中曠引之事，畢用疏明；旁采之文，咸爲昭晳。使敦閱研味者，不滯子才之思；甄索鈎校者，直撮孝標之勝。若子庾者，微獨爲劉氏之功臣；抑可稱楊公之益友矣。昔彥和既著此書，欲取定于沈尚書，無繇自達，至乃負笈車前，示同鬻販。洎尚書取閱，大爲稱賞；謂其深得文理，陳諸几案。夫以寸心手口，猶假通人；名山寂寥，遺帙誰賞。肆歷稷綿曖，不乏子雲，斯知羽陵之蠹，不腐神奇；酉室之藏，寧憂泯絕。彥和固言，『百齡影徂，千載心在』矣；故士有薄鍾鼎而貴竹素，紬珪組而伸觚翰；誠知不朽之攸寄，豈故抗辭以夸世哉！子庾系本仙源，洞精文事，閔雅道之凘淪也；是以寤寐昔賢，抽揚遺典，懲茲畫虎，冀彼眞龍，豈徒茹華搴采，糅其雕蔚已乎？君他所著述，固已彪炳一時，睹厥標尙，可以知其志之所存矣，萬曆己酉（一六〇九）嘉平月江寧顧起元撰於嬾眞草堂。」

明曹學佺序曰：

「劉勰撰文心雕龍五十篇，見於本傳，文獻通考諸家評隲無稱焉。文之一字，最爲宋人所忌，加以雕龍之號，則目不閱此書矣。黃魯直以『作文者不可無雕龍，作史者不可無史通』。雖則推尊，亦乖倫次。魯直好掊擊，故引子玄也。論家劉子五卷，唐志亦謂勰撰，陳振孫歸之劉晝孔昭，謂序云：『晝傷己不遇，天下陵夷，播遷江表，故作是書。』按是勰以前人，似東渡時作，其於文辭，燦然可觀。晁公武以淺俗譏之，亦不好文之一證矣。傳稱『勰爲文深於佛理，京師寺塔，名僧碑誌，多其所作。』予讀高僧傳往往及之；但惜不見全文一篇，勰不婚娶，依沙門僧祐，與之居處十餘年，博通經論，定林寺藏，勰所次也。竊恐祐高僧傳，乃勰手筆耳。沈約論文，欲易見事，易見理，使人易誦；賞譽雕龍，謂其深得文理。大抵理非深入，則不能躍然；彥和義炳而采流，故取重於休文也。雕龍上二十五篇，詮次文體；下二十五篇，驅引筆術，而古今短長，時錯綜焉。其原道以心，卽運思於神也。其徵聖以情，卽體性於習也。宗經紬緯，存乎風雅；詮賦及餘，窮乎變通；良匠苦心，可得而言。夫雲霞煥綺，泉石吹籟，此形聲之至也；然無風則不行，風者化感之本源，性情之符契。詩貴自然，自然者，風也。辭達而已。達者，風也，緯非經匹，以其深瑕。歌同賦異，流於侈靡。郡國文計，先集太史之府；諸家詭術，不應賢王之求。以至詞命動民，有取於巽。

諧隱自喻，適用於時。豈非風振而本舉，風微則末墜乎！故風骨一篇，歸之於氣，氣屬風也。文理數盡，乃尙通變，變亦風也。剛柔乖利而定勢，繁簡趨時而鎔裁；律調則標清而務遠，位失則颺寓而不安。風刺道喪，比興之義已消；物色動搖，形似之工猶接。蓋均一風也，襲蘭轉蕙，足以披襟；伐木折屋，令人喪膽。條焉而起，不知所自，攸焉而止，不知所終。善御之人，行乎八極；知音之士，程於尺幅。勰不云乎：『深於風者，其情必顯。』勰之深得文理也，正與休文之好易合。而勰之所以能易也，則有風以使之者矣。雕龍苦無善本，漶漫不可讀。相傳有楊用修批點者，然義隱未標，字譌猶故。予友梅子庾從事於斯，音註十五，而校正十七，差可讀矣。予以公暇，取青州本對校之，間一籤其大指。是亦以易見意，而少補茲刻之易見事易誦者也，江州與子庾將別書。萬曆壬子（一六一二）仲春友人曹學佺撰。」

楊升菴先生與張禺公書曰：

「批點文心雕龍，頗謂得劉舍人精意。此本亦古，有一二誤字已正之，其用色或紅、或黃、或綠、或青、或白，自爲一例。正不必說破，說破又宋人矣。蓋立意一定，時有出入者，是乖其例。人名用斜角，地名用長圈。然亦有不然者，如董狐對司馬，有苗對無棣，雖係人名、地名，而儷偶之切，又當用青筆圈之。此其區區宋人之所能盡，高明必契鄙言耳。」

「張含字愈光，別號禺山，滇之永昌人也。寄懷人外，耽精詞賦。弱冠，從渠尊人宦遊京師，李獻吉一見，忘年相與定交，爲作月塢癡人對，以寫其致。嗣後爲楊用修最所推崇。以地遠莫可與談，乃於暇日選前人諸詩不常見者題品，名曰千里面談二卷，作書前後寄之，且論詞場得失，而言不及世事。己酉（一六〇九）孟冬梅慶生識。」

李本寧先生與梅子庾書曰：

「暗書成於愁病中，殊不足爲行李重，且以不疑代面，遂不具八行；伏荷手字，深慚簡率。曹公書付去，小舟已附陳方伯青雀，足下行何日？穀雨無風，而黃沙盈寸，先夜又大雨，地上無塵，此何祥也。江漲道遠，萬望珍重。雕龍偶檢數篇，或有可商，具在別紙。左乳結塊爲祟，不能據案。俟後卒業，更請教，楨白，子庾足下。」

曹能始先生與梅子庾書曰：

「移居定否？末趨諦酒爲煖具，幸勿卻。文心雕龍欲補一序，前所閱者發下，併黃、鄧二公復書，便中擲之亦可。王損仲雕龍刻本，似當參校，總携來面商之耳。子庾丈，弟佺頓首。」

明萬曆壬子（西元一六一二）吳興凌雲刊五色本文心雕龍卷五

吳興淩雲刊五色套印本，刻於明萬曆四十年壬子（西元一六一二）卷首列曹學佺文心雕龍序，楊升菴與張禺公書，吳興閔繩初玄宰甫撰之刻楊升菴先生批點文心雕龍引，吳興凌雲宣之甫識凡例，劉勰本傳，及文心雕龍校讐姓氏。音註皆列眉端，各冠姓氏以別之，註仍梅氏，別出爲四子卷。如卷上之上，由原道至哀弔，爲第一冊，卷上之下，由雜文至書記，爲第二冊，卷下之上，由神思至事類，爲第三冊，卷下之下，由練字至序志，爲第四冊。總注附於白文之後。成劉子文心雕龍注，爲第五冊。由凌氏凡例得知此刻是從楊升菴先生批點本文心雕龍蛻出，使白文與注釋分別成冊，乃凌本之一大特色。書藏臺北國立中央圖書館，每半頁九行，行十九字。各篇自爲起訖，不相鱗次。其款式：

劉子文心雕龍卷上之上

楊明照文心雕龍校注拾遺稱謂凌雲本，范文瀾文心雕龍稱謂閔本者，指的就是此一刻本。茲將閔繩初刻楊升菴先生批點文心雕龍引，錄之如次，以見當時槧板之經過：

「洪範五行，兆於龍馬之圖，列於禹箕之書。其見象於天也爲五星，分位於地也爲五方，行於四時也爲五德，禀之於人也爲五常，播之於聲也爲五音，發於文章爲五色，則五色之文，陰符已記之矣。若夫握五色管，點綴五色文，則吾明升菴楊先生實始基之。先生起成都，探奇摘豔，漁四部，弋七略，胸中具一大武庫。凡經所涉獵，手所指點，若闇室而賜之燭，閉關而提之鑰也。豈粉黛飾無鹽，效矉妝治態，作倚市羞者，絜長較短哉！將令寶之者，如吳綾，如蜀錦，如冰綃，如火布，不勝目賦；後生文人之心之巧，蔑以加矣。至於文心雕龍之爲書，則有先生之五色管在。余知爲圖之河，書之洛而已矣，又何贅焉。吳興閔繩初玄宰甫撰。」

明金閶擁萬堂刊本文心雕龍十卷

此刻爲鍾惺所輯秘書九種之一，付梓時、地均不載，由楊家駱先生叢書大辭典之記載，知爲明萬曆中葉刊行。卷首列劉彥和文心雕龍自序〔四一〕，曹學佺序。曹序首行之下方有「必端堂圖書記」篆文長戳一顆，篇卷皆別起。其款式：

文心雕龍卷一

梁　東莞　劉　勰著
明　竟陵　鍾　惺評

鍾氏於文心佳句皆加圈點，評語類次於當行之眉端。每篇所評，多者三數，少者一二；但亦有綴屬於正文之旁者。此刻紙極暗黃，質地奇差，無板心，字體草率，想必刻工拙劣，不甚經意之故，書僅一冊，現藏臺北外雙溪國立故宮博物院。

明天啓二年（西元一六二二）梅氏第六次校定本文心雕龍十卷

此刻封裏有「楊升菴先生批評文心雕龍，金陵聚錦堂梓」。卷首載江寧顧起元萬曆己酉序，序末有「天啓壬戌長至日莆陽宋穀重書」字樣。後又接印梁書劉舍人本傳，及校刻楊升菴先生批點文心雕龍音註凡例，其他所附舊跋，均與萬曆四十年刋本同，全書四冊，也有六冊裝者。首冊包括卷一卷二，次冊卷三卷四，第三冊卷五至卷七，末冊卷八至卷十，每篇相次，分卷則別起，原文用大字，音註用小字，其款式：

楊升菴先生批點文心雕龍卷之一
梁　通事舍人劉　勰　著
明　豫　章梅慶生音註

范文瀾文心雕龍注引鈴木虎雄校勘所用書目，列有此刻，云「係金陵聚錦堂刋，日本京都帝國大學所藏。」楊明照文心雕龍校注拾遺謂：「梅慶生音註本凡三種；一爲金陵聚錦堂本，此本世多有之。一爲古吳陳長卿本，卷首並載有萬曆已酉顧起元序，爲天啓壬戌宋穀重書，字作隸體，題曰文心雕龍批評音註序，又列有凡例，梁書舍人本傳，讐校音註諸家姓氏，及楊愼與張含書，都穆、朱謀瑋兩跋，卷一首頁板心下欄前後，有「天啓二年梅子庚第六次校定藏板十四字。每半頁九行，行十八字，餘一本無刊刻年地，顧序爲許延祖楷書，卷一首葉板心下欄空白，餘悉與上述二本同。」目前臺北國立中央圖書館所存四冊裝者，即楊明照所謂古吳陳長卿本者，六冊裝者，即所謂無刊刻年地，顧序爲許延祖楷書者。

明合刻五家言文言本文心雕龍十卷

此刻在臺未見，王某文心雕龍新書序錄謂：「金陵聚錦堂梓行，現藏北京清華大學。」楊明照文心雕龍校注拾遺以爲：「此本凡三，皆無序跋及刊刻年地。」並謂：「由其字紙觀之，其出明季無疑。」每半頁九行，行二十字，各篇自爲起訖。註仍梅氏，附於卷後。楊愼、曹學佺、梅慶生、鍾惺，四家評語，列諸眉端，其款式：

合刻五家言文心雕龍文言卷一

梁　東莞劉　勰彥和　著

成都楊　愼用修

明　閩中曹學佺能始　合評

竟陵鍾　惺伯敬

清康熙三十四年（西元一六九五）抱青閣本文心雕龍十卷

此本明張墉、洪吉臣參註，康熙三十四年（一六九五）重鋟，武林抱青閣梓行，豹軒藏板，依范文瀾文心雕龍注引鈴木虎雄校勘所用書目，卷頭有西湖張石宗、洪載之兩先生參註，武林周兆斗所識凡例，及校讐姓氏，書陷大陸，在臺不可見。

清乾隆六年（西元一七四一）姚刻黃注養素堂本文心雕龍十卷

按書分上下二册，現藏臺北外雙溪國立故宮博物院，首册開卷第一行下端有「朱師轍觀」陰文方印一顆，次册首頁下端沿邊有「楊守敬印」，「宜都楊氏藏書記」，陰文方印二顆。卷末附有「男登賢、雲門、登穀、春畬校」諸字。清乾隆六年(西元一七四一)刋行，封裏有「文心雕龍輯注，養素堂藏板」，卷首附黃氏自序，南史劉勰本傳，華亭姚培謙序，例言六條，及元校姓氏，板心下端有「養素堂」三字。每半頁九行，行十九字，注附各篇之末，較正文低一格。每篇相次，分卷則別起。眉端間有黃氏評語。其款式：

文心雕龍卷第一

梁劉　勰撰

北平黃叔琳崑圃輯注

吳趨顧　進尊光
武林金　甡雨叔　參訂

董叔琳自序曰：

「劉舍人文心雕龍」一書，蓋藝苑之秘寶也。觀其苞羅羣籍，多所折衷，於凡文章利病，抉摘靡遺。綴文之士，苟欲希風前秀，未有可舍此而別求津逮者。若其使事遺言，紛綸葳蕤，罕能切究。明代梅子庾〔四二〕氏爲之疏通證明，什僅三四耳。略而勿詳，則創始之難也。又句字相沿既久，別風淮雨，往往有之。雖子庾自謂校正之功，五倍於楊氏；然中間脫訛，故自不乏，似猶未得爲完善之本。余生平雅好是書，偶以暇日，承子庾之綿蕞，旁稽博考；益以友朋見聞，兼用衆本比對，正其句字。人事牽率，更歷寒暑，乃得就緒。覆閱之下，差覺詳盡矣。適雲間姚子平山來藩署，因共商付梓。方今文治盛隆，度越先古；海內操奇觚弄柔翰者，或有騰聲飛實之思。竊以爲劉氏之緒言餘論，乃斯文之體要存焉，不可一日廢也。夫文之用在心，誠能得劉氏之用心，因得爲文之用心；於發聖典之菁英，爲熙朝之黼黻，則是書將爲魚兔之筌蹄，而又況於瑣瑣箋釋乎哉！時乾隆三年歲次戊午秋九月，北平黃叔琳書。」

華亭姚培謙序曰：

「此書向乏佳本，少宰北平先生因舊注之闕略，爲之補輯，穿穴百家，剪裁一手，既博且精，誠足以爲功于前哲，嘉惠乎來茲矣。培謙於先生爲年家子，屢辱以文字敎督，午秋過山左藩署，蒙出全帙見示，並命携歸校勘，付之梨棗，譾劣無能爲役。又良工難得，遷延歲月，而後告成。匪苟遲之，蓋重之而不敢輕云爾，乾隆六年辛酉仲秋華亭姚培謙謹識。」

清乾隆五十六年（西元一七九一）張松孫輯注本文心雕龍

在臺各公立圖書館無此書，據王某文心雕龍新書序錄稱，書爲王氏私藏，卷首有張松孫自序，及凡例，餘較梅氏六次校定本，黃氏輯註本，頗有增省。卽張氏所謂「視梅注而加詳，稍更陳氏，集楊評而參考，敢步後塵。」每半頁九行，行十八字，各篇自爲起訖，不相鱗次，道光二十二年(西元一八四二)讀味齋有重刊本。其款式：

文心雕龍卷之一

梁　劉　勰撰　　長洲張松孫鶴坪輯註

明　楊　愼批點　　男　智瑩樂水校

張松孫自序曰：

「周詩雅麗，漢賦矞皇；典午風流，每華言而少實。昭明精選，乃壽世而不磨，青宮窺玉海之藏，紫閣盡金相之彙。然而紛紜卷軸，疇是總持？輝映縹緗，誰歟甄綜？則有青州才子，宋代公孫，萃百家藝苑之精，研衆體詞場之妙，隨人變幻，歸我折衷，箸論者五十篇，示津梁於千百載。鏤文錯采，如吐鳳而欲飛；索隱鉤玄，取雕龍以爲號。珠璣歷落，常耀珊瑚玳瑁之旁；金石鏗訇，更越琴瑟管籥而上。窺來衆妙，心結花叢；挹盡羣芳，文成蘭氣。檢昔賢之篇什，幾燃太乙之藜；啓後學之聰明，如贈景純之筆，爾其留連初地，參契空王，敷辭於靜悟之餘，心映水晶之域；摛藻於研幾之後，字成舍利之光。自喜性靈，流傳不朽；縱甘身隱，賞鑑寧孤？爰仰一世知音，賴有東陽家令；亦若三都作序，重煩玄晏先生。故歷唐、宋、元、明，爲藝文志不祧之目；直比經、史、子、集，爲絃誦家必讀之書。楊升菴闡發精微，厥功偉矣；梅子庾疏通訓詁，其旨深焉。乃迄今一百餘年，古篇漸缺；雖不至三三其說，眞本難傳。徒問東觀之藏，意殷往代；空入洛陽之市，心切前人。余也卅載宦場，一麾出守，家原儒素，酷類任昉之貧；學愧書淫，深慕張華之積。況東都士俗，堪上擬鄒、魯之風；而古郡人文，宜益振絃歌之化。是編盡屈壘曹牆之蘊，擅班香宋艷之能。試攬英華，快覩珠聯璧合；堪供佔畢，永稱玉律金科。惟思被諸膠庠，賓多士下帷之讀；必當壽之梨棗，公一時希世之珍。爰爲數典而稽，瞭如指掌；庶使悅心以解，朗若列眉。視梅註而加詳，稍更陳式；集楊評而參考，敢步後塵。略避雷同，習見者尤滋娛目；再經剞劂，傳誦者益足饜心。寫入衍波牋中，碧窗觀海；携到讀書樓上，烏几生雲。從玆比戶流傳，儒林爭賞，卷非衍繁，自薈紅珊碧樹之奇；集便批吟，莫弛黃緗青箱之志，文成競秀，可相與鼓吹齊、梁；體善衆長，亦且得笙簧典籍云爾。乾隆五十六年，歲在重光大淵獻九月既望，長洲張松孫鶴坪氏並書。」

清道光十三年（西元一八三三）兩廣節署本文心雕龍十卷

黃叔琳文心雕龍輯注纂於雍正九年（西元一七三一）彼因舊本流傳既久，音注多譌，暇日繙閱，隨手訓釋。書成，一校於吳趨文學顧尊光進，再校於錢塘孝廉金雨叔甡，至乾隆三年，又與陳祖范論定之，雲間姚平山培謙請付梓，至乾隆六年始刊刻行世〔四三〕。紀評成於乾隆三十八年（西元一七七三）〔四四〕，而首合黃注紀評爲一編者，卽盧坤道光十三年（西元一八三三）癸巳兩廣節署刊本，翰墨園藏板。據楊明照文心雕龍校注拾遺稱，原刻爲邢贊廷氏收藏，在臺未見。後光緒十九年癸巳（西元一八九三）湖南思賢精舍有重刊本，民國十三年（西元一九二四）上海掃葉山房有石印本，底本雖出自黃注，而字詞間有異同，蓋手民之誤也。此刻黃注用墨字，紀評用朱字，書於眉端，每半頁十行，行二十一字，注附當篇之後，較正文低一格，各篇自爲起訖，不相連屬。其款式：

文心雕龍卷第一

梁　劉　勰撰
北平黃叔琳註
河間紀　昀評

民國六年（西元一九一七）龍溪精舍叢書本文心雕龍十卷

此本在臺不可見，據楊明照文心雕龍校注拾遺載，此書封面有「用宛平黃氏本校刊」字樣，但與清乾隆六年（西元一七四一）養素堂本相校，無黃氏例言，南史舍人傳，及元校姓氏，眉端評語亦無之，惟注尚無異，每半頁九行，行十九字，篇相鱗次，分卷則別起。書末附錄李詳補注二十頁，卷首有四庫全書文心雕龍提要。其款式：

文心雕龍卷第一

梁　劉　勰　纂
北平黃叔琳　註

興化李　詳補注

民國十三年（西元一九二四）掃葉山房石印本文心雕龍十卷

書分四册，初刊於民國十三年（西元一九二四），二十六年（一九三七）再版，紀評置眉端，每半頁十二行，行二十五字。篇第相次，分卷則別起。此本原板現藏臺北國立臺灣師範大學國文系圖書室，民國五十年前後，臺北經文書局曾依原式影印，改裝成精裝一册。朱筆墨校，與初本大致無異，其款式：

（新體廣注）文心雕龍卷第一

梁　劉　勰　撰

北平黃叔琳　註

河間紀　昀　評

嘉應吳蘭修跋，將兩廣節署於道光十三年癸巳（一八三三）刊本之大略，敍述頗詳，足供留心黃註紀評文心雕龍合刻之參考，特錄其全文如次：

「右文心雕龍十卷，黃崑圃侍郎本，紀文達公所評也，是書自至正乙未刻於嘉禾，至明末刻於常熟，凡六本，此爲黃侍郎手校，而門下客補注，時侍郎官山東布政使，不暇推勘而遽刻之，尋自悔也。今按文達舉正凡二十餘事，其稱引參錯者不與焉，固知通儒不出此矣。道光癸巳冬，官保盧涿州夫子，命余校刻史通削繁，既訖，復刊此本（史通通釋舉例云：「書皆舉名，篇皆舉目；如左傳則稱某公某年，漢書則稱某紀某傳之類，例至善也。而注或云漢書本傳而不稱名，或云漢某人傳而不稱書，或云漢書而不舉某紀某傳，未免矛盾。余改歸畫一。其文下釋語，按語皆八股，家數概從刪汰，惟注下按語有考證者存之。文心雕龍注，其參錯處與史通注同；然已經文達駁正，當悉用原文矣」）。昔黃魯直謂：『論文則文心雕龍，論史則史通，學者不可不讀。』余謂文達之論二書尤不可不讀，或曰文達辨體例甚嚴，刪改故籍，批點文字，皆明人之陋習；文達固常訶之，是書得無自戾與？余曰：此正文達之所以辨體例也。學者苟得其意，則是書之自戾可無議也；雖然必有文達之識，而後可以無議也夫！嘉應吳蘭修跋。」

四、校　本

校本二十種，在臺可見者甚稀，曩黃叔琳輯註本根據梅本列有原校姓氏三十四家，計同姓者，有五王、三許、二孫、二徐，黃皆不錄其原名，但記其姓，近人王某著文心雕龍新書，於附錄四，除繼踵黃注，綴錄原校姓氏外，更考辨諸家名字，以免乾沒其說，其用心亦良苦矣。然而以之與本文所載者相較，明代以前之倖存者十僅一二；而清以後之諸家校本，存佚又各居其半。夫人事代謝，歲月更迭；著者成書，非期覆瓿，刋諸梨棗，計在永壽。故生前則兀兀窮年，何期沒後則雲散風消！茲特參綜史志，會最各家，文獻難徵，僅述大略，可慨也已！

謝兆申校文心雕龍十卷

此本在臺未見，王某文心雕龍新書稱謝校以汪一元刻本爲底本，原書現藏北京大學。

徐㶿校文心雕龍十卷

此書以汪一元刻本爲底本，現藏北京大學。繆荃孫重編紅雨樓題跋，錄有徐㶿手校本跋語六首，文涉雕龍，持論可欽。尤其對於士林掌故，傳本情況的敍述，頗富參考價值，特轉錄如下：

「此書脫誤甚多，諸刻本皆傳譌就梓，無有詳爲校定者。偶得升菴校本，初謂極精；辛丑（一六〇一）之冬，携入樵川，友人謝伯元借去讎校，多有懸解，越七年始付還。余反復諷誦，每一篇必誦數過，又校出脫誤若干，合升菴、伯元之校，尤爲嚴密，然更有疑而未穩，不敢妄肆雌黃，尚俟同志博雅者商略。丁未（一六〇七）夏日徐惟起。」

「文心雕龍一書，余嘗校之至再至三，其訛誤猶未盡釋然，彥和博綜羣書，未敢遽指爲亥豕而臆肆雌黃也。今歲偶遊豫章，王孫鬱儀素以洽聞稱，余乃扣之，鬱儀出校本相示，旁引經史，以訂其訛，詳味細觀，大發吾覆。鬱儀僅有一本，乞之不敢，鈔之不遑，而王孫圖南欣然捐家藏斯本見贈，余方有應酬登眺之妨，鬱儀又請去重校，凡有見解，一一爲余細書之，鐙燭下作繩頭小楷，六十老翁用心亦勤，愛我亦至矣。今之人略有一得，則視爲奇秘，不肯公諸人，偶有藏書，便秘爲帳中之寶；若鬱儀、圖南，眞以文字公諸人者也。鬱儀名謀㙔，石城王裔，圖南名謀堚，弋陽王裔；皆鎭國中尉，與余莫逆。時萬曆己酉（一六〇九）十一月二十八日，徐惟起書於臨川舟次。」

「按出三藏記卷第十二載勰有鍾山定林上寺碑銘，建初寺初創碑銘，僧柔法師碑銘三篇，有其目而無其文。曹能始云：『沙門僧祐作高僧傳，乃勰手筆。』今觀其法集總目錄序，及釋迦譜序，世界序等篇，全類勰作，則能始之論不誣矣。壬子（一六一二）仲秋五日，興公志。」

「第四十隱秀一篇，原脫一板，予以萬曆戊午（一六一八）之多，客遊南昌，王孫孝穆云：『曾見宋本，業已鈔補。』予從孝穆錄之。予家有元本，亦係脫漏，則此篇文字旣而復蒐得之，孝穆之功大矣。因而告諸同志，傳鈔以成完書。古人云：『書貴舊本。』誠然哉！己未年（一六一九）秋日興公又記」。

「此本吾辛丑年校讐極詳，梅子庚刻於金陵，列吾姓名於前，不忘所自也。後吾得金陵善本，遂舍此少觀。前序八篇，半出吾抄錄，半乃汝父手書，又金陵之未收者。家藏書多此。紙易蛀，當倍加珍惜。時取讀之，可資淹博也。崇禎己卯（一六三九）中秋書付鍾賓。」

「眉上小字，是吾所書，間有謝伯元者，伯元看書甚細耳。」

錢允治校文心雕龍十卷

愛日精廬藏書志錢允治跋云：「余從阮華山得宋本鈔補，始爲完善。」所謂「從阮華山得宋本鈔補」者，卽以宋本校明本也。

馮舒校文心雕龍十卷

愛日精廬藏書志馮跋云：「予從牧齋借得此本〔四五〕，因乞友人謝行甫錄之。錄畢，閱完，因識此。其隱秀一篇，恐遂多傳於世，聊自錄之。」又「南都有謝耳伯校本〔四六〕，則又從牧齋所得本，而附以諸家之是正者也。讐對頗勞，鑒裁殊乏，雖云朱改，則必鑿鑿可據，今亦列之上方。聞耳伯借之牧齋時，牧齋雖以錢本與之，而秘隱秀一篇，故別篇頗同此本，而第八卷獨缺，今而後始無憾矣」。又「崇禎甲戌（一六三四），借得牧齋趙氏鈔本，太平御覽，又校得數百字」。馮氏據錢氏鈔補本，謝兆申校本，趙氏鈔本，太平御覽，參互勘校，凡有鑒裁，必列諸簡端，不敢專輒改定，短損前賢，其著述之道德有如此者，原書陷大陸，在臺未見。

何焯校文心雕龍十卷

皕宋樓藏書志何焯跋云：「……序志中張氏刻本〔四七〕脫誤尤甚，自『嘗夢執丹漆』，至『觀瀾而索源』，中間失去數百字〔四八〕，張氏書其後，遂云『嘗夢索源，近代寡學，蓋不足道也。』」〔四九〕，何氏以馮校爲底本，校張之象刻本，據楊明照文心雕龍校注拾遺之考正，何氏校本，現藏日本，靜嘉堂文庫漢籍分類目錄八頁列有此一校本。

葉石君校文心雕龍十卷

上善堂書目校本類，錄「文心雕龍一本，葉石君校宋本」，詳細情形不可得知。

沈岩校文心雕龍十卷

皕宋樓藏書志沈岩跋云：「庚寅夏，吾友子遵得弘治刻本于吳興書賈，並爲余得嘉靖間刋於新安者，弘治本稍善，予本間有朱筆改一二訛處，但不知爲何人手校。因從義門先生借所藏校本，與子遵勘對。至隱秀、序志兩篇脫誤，亦都補定。」沈氏取弘治甲子（西元一五〇四）刻本。嘉靖新安刋本，何義門所藏校本，與其私人藏本對勘，原校在臺未見。

吳翌鳳校文心雕龍十卷

吳翌鳳校本之眞象，可由盧文弨抱經堂文集文心雕龍輯注書後知其大略，其文曰：

「余向有此本，粗加讐校，寓吳趨時，兒輩不謹，爲何人攜去，後遂不更蓄也。昨年吳秀才伊仲示余校本，無可比對，復就長安市覓得此本，紙墨俱不精，吳所錄隱秀篇之缺文，及勝國諸人增刪改正之處，此本具有之；然他人所改，俱著其姓，唯梅子庾獨不，不幾攘其美以爲己有耶！亦有異同數處：其練字篇引尚書大傳「別風淮雨」，於「傅毅制誄已用淮雨」下，多「元長作序亦用別風」八字。頃無王融集可檢，惟憶陸雲九愍有「思振袂於別風」之句，此亦一證也。傅毅作北海靖王興誄云：「白日幽光，淮雨杳冥」。古文苑所載，其文不全，今見此書誄碑篇者，又爲後人改去淮雨，易以氣霧二字矣。鄭康成注大傳云：「淮，急雨之名。」是不以爲字誤；而詩正義引大傳竟改作「

列風淫雨」，蓋義僻則人多不曉也，哀弔篇首云：「賦憲之謚」。此出周書謚法解「旣賦憲，受臚於牧之野，乃制作謚。」今所傳周書，文多脫誤，惟困學紀聞所引，尙有此語。此於賦憲下引舊人校云：「當作議德」。失之不考矣。至詔策篇「賜太守陳遂。」汪本作「責博進陳遂」。正與下「故舊之厚」句相應，然責字亦疑償字之誤。其末引詩云：「有命在天，明爲重也。」周禮曰：「師氏詔王，明爲輕也」。下衍一命字，養氣篇「故有錐股自厲，和熊以苦之人。」案下六字吳本無，當本脫四字，不學者妄增成之，而忘其年代之不合也。末序志篇：「茫茫往代，旣沈予聞，眇眇來世，倘塵彼觀也。」謝耳伯云：「沈一作洗。」余疑皆未是，當作況，況與貺古通用。又吳本倘字作諒，吳本從曲江錢惟善本臨出，前有其序，余遲暮之年，尙爲此矻矻，不欲虛見示之惠故也，凡異同處勝此本者，已俱錄之；爲語小兒子輩，愼勿再棄也。乾隆辛丑七月〔五〇〕九日書。」

吳校從元至正乙未（西元一三五五）嘉禾本臨出，書藏北京大學。

張青芝校文心雕龍十卷

黃丕烈蕘圃藏書題識云：「讀書敏求記謂此書至正乙未刻于嘉禾，而此本錄功甫跋亦云然。然刻書緣起，未之詳也。頃郡中張青芝家書籍散出，中有青芝臨義門先生校本，首載錢序一篇，亦屬鈔補，爰錄諸卷端素紙；行款用墨筆識之。噫！阮華山之宋槧不可見，卽元刊亦無從問津，徒賴此校本流傳，言人人殊，卽如此本爲沈寶硯所臨，與青芝本又多異同。」張氏校本由何義門校本出，原書在臺不可見。

張紹仁吳翌鳳合校本文心雕龍十卷

清丁丙善室藏書志云：「文心雕龍十卷，嘉靖刋本，張紹仁、吳翌鳳校藏。」又云：「前有嘉靖庚子方元楨序，後有萬曆癸巳(西元一五九三)朱謀㙔跋，末有錢功甫記云：『此書至正乙未，刻於嘉禾，宏治甲子，刻於吳門，嘉靖庚子，刻於新安，辛卯刻於建安，癸卯又刻於建安，萬曆己酉，刻於南昌，至隱秀一篇，均付闕如也，余從阮華山，從宋本鈔補，始爲完書。甲寅（西元一六七四）七月二十四日書於南宮舫之新居，時年七十四歲。』更有孱守居士題識四條，此卽功甫記稱之新安刻本也。功甫諱允治，吳人，磬室子。有『青箱世業』，『住世忘世、居塵出塵』，『讀異齋』，『張紹仁印』，『學安』諸印，『吳翌鳳借校』一條。」據楊明照校注拾遺，知原校藏於江蘇第一圖書館。

吳騫校文心雕龍十卷

拜經樓藏書題跋記吳騫跋：「胡夏客曰：『隱秀篇書脫四百餘字，余家藏宋本獨完。』丁丑冬，復得崑山張誕嘉氏雅芭緘寄家藏鈔本，爲校定數字，以貽之朋好，夏客字宣子，孝轅先生子也。然據所錄補四百餘言，尙不無魯魚，爰復爲校訂，錄於簡端。」可知此校本由胡夏客所稱宋本，及張誕嘉家藏鈔本臨出，在臺未見。

吳枚菴校文心雕龍十卷

此校本見清吟閣書目，係過錄錢功甫校明刋本者，在臺未見。

孫樹杓精校文心雕龍十卷

此本見帶經堂書目，孫氏所據何本臨校？均未明言，故其詳不可知。

黃丕烈校文心雕龍十卷

蕘圃藏書題識云：「余既校元刻，又臨馮本，暇日當以元刋爲主，再以弘治活字，嘉靖汪刻，參其異同。就所目見之刻本，輯一定本，若馮校可爲參考之一助，因非目擊功甫本也。」其所校元至正乙未刋本，孫詒讓札迻文心雕龍札迻列爲底本。

顧廣圻傳校文心雕龍十卷

清譚獻復堂日記卷五載：「顧千里傳校文心雕龍十卷，蓋出黃蕘圃，蕘圃則據元刻本，弘治活字本，嘉靖汪一元本，朱墨合施，足爲是書第一善本。」其所校文心雕龍，孫詒讓札迻列爲底本之一。

徐渭仁校文心雕龍十卷

徐氏所校以明張之象本爲底本，乃過錄梅註本而成。現藏北京圖書館。

顧黃合校本文心雕龍十卷

近人陳準著顧黃合校文心雕龍跋，載於民國十七年（西元一九二八）三月圖書館學季刊二卷二期，對此本敍述綦詳，云「劉氏之書自成一家，昭晰羣言，發揮衆妙。海內學者，所公認也。但校本絕少，注釋不詳，所以校讐者非窮源討流，終難折衷。余於劉氏之書頗有研究之志，苦無善本耳，但就所知者惟弘治甲子吳門刋本（顧黃合校引汪一元卽此本也），嘉靖庚子新安刋本（顧黃活字本卽合校引此本也），嘉靖庚子，新安刋本，辛丑建安刋本，癸卯新安刋本，萬曆己卯南昌刋本（天一閣書目爲萬曆七年張之象序卽此本也），漢魏叢書本，兩京遺編本。繡谷亭書錄解題云：錢功甫有阮華山宋刋本，秘不肯示人；所以傳於世者極少也。餘杭譚中義藏有顧黃合校本十卷至詳。吾邑孫仲容先生叚此本傳錄，乃從孫先生所校本轉移書眉，以留其眞，蓋抑劉氏之幸矣，顧黃合校本，李慈銘越縵堂日記云：「顧黃二氏據元刋，弘治活字本，嘉靖汪一元本，朱墨合校，足爲是書第一善本。原道時序篇紀氏云：此書實成於齊代，今題曰梁，按顧氏云此所題非也，時序篇有皇齊馭寶，運集休明，是彥和此書作于齊世，又人文之元，肇自太極，幽贊神明，易象爲先。顧氏所引舊本，作讚是也，素王述訓，莫不原道心以敷章，黃注云：以敷一作裁文，不明來歷，今此本注元刋本以敷章作裁文，活、汪本同，足見是書之勝於各本也。」

譚獻校文心雕龍十卷

清譚獻復堂日記卷五載：「彥和著書，自成一子，上篇二十五，昭晰羣言，下篇二十五，發揮衆妙，並世則詩品讓能，後來則史通失雋，文苑之學，寡二少雙。立言宏詣，在於述聖宗經，此所以羣言就治，衆妙朝宗者也。予就顧校，擇要錄入鄂刻中。」是譚氏將顧校過入湖北崇文書局本〔五二〕，在臺未見。

孫詒讓校文心雕龍十卷

孫校現存札迻卷十二，彼係以黃註本，紀評本，黃丕烈校元至正本，傳錄馮舒、顧廣圻校本，與明嘉靖汪一元本對校，所得雖不多，而凡弋獲者，皆確鑿不刊。

傅增湘校文心雕龍十卷

傅氏以張之象本校俗本，現藏北京圖書館。傅氏曾著徐興公校文心雕龍跋，發表於民國三十（西元一九四一）年，國民雜誌第十期，於校讐文心之經過，敍述至備，特轉錄如次：

「文心雕龍一書，論文章之流別，爲詞苑之南鍼。文人學士，誦習不衰。而傳世乃少善本，阮華山之宋槧，自錢功甫一見後，踪跡遂隱，即黃蕘圃所得之元至正嘉禾本，後此亦不知何往。明代刻本，以弘治甲子吳門本爲最先，嗣是嘉靖中建安、新安等處，付梓者凡六本。萬曆中，自張之象以後，付梓者凡四本，而奪文譌字，多不能舉正。至金陵梅慶生出，乃取諸家校本，彙集而刊傳之，雖校定未必悉當，然考證之功，亦云勤矣。頃從李椒微師遺書中，假得徐興公手勘本。原書用嘉靖汪一元所刊，半葉十行，行二十字。版心上方，有『私淑軒』三字。其校讐始於萬曆二十九年辛丑，訖於四十七年己未，逮崇禎己卯，乃手跋以付其孫鍾震。卷首南史本傳，及元明刻本序八首，均興公及其子延壽所繕。歷年數十，留貽及於三世。詣力專精，良堪欽仰。各卷訂正之字，自興公所校外，所取者以楊升菴爲多，餘則謝耳伯、朱鬱儀、曹石倉諸家。今以梅子庾本對核興公之說，固已十取八九。此己卯跋中所謂『金陵刻本，列吾姓名，不忘所自。』正指此也。末卷序志篇，脫三百二十二字，取廣文選本訂補。其隱秀篇闕葉四百餘字，則萬曆戊午，游豫章，於王孫朱孝穆許，始錄得之。是所見在錢功甫之外矣。茲將興公前後跋語，書於左方，其各序咸有本書可考，不復盡錄焉。辛巳（西元一九四一）五月十九日藏園識」。

五、選　本〔五二〕

選本十二種，在臺多可見。如梁書、南史，見於百衲本二十四史，百衲本早年不易得，近已由臺灣商務印書館重印行世。宋洪興祖楚辭補注，臺灣商務有涵芬樓景印明翻宋本，亦可覆案。廣文選、文體明辨、續文選、古論大觀、諸子彙函、尺牘新鈔、莒州志等，現存臺北國立中央圖書館特藏組，索閱不難。古今圖書集成，前有文星書店據上海版的複印本，年來鼎文書局又增訂發行，亦普及可觀，不算難得之書。惟陳仁錫諸子奇賞，原爲國立東北大學善本，現藏師範大學國文系圖書室，在臺較稀。以下詳錄各本，以見其實。

梁書（百衲本二十四史）

書中卷五十劉勰傳，載序志篇全文，當爲選錄文心雕龍之最早者。

按百衲本二十四史，書凡八百册，其中計宋本十五種，元本六種，版式、行款、字畫、形體、完全依照舊樣。其內容要目：史記（宋慶元本）、漢書（宋景祐本）後漢書、三國志、晉書（宋紹興本）、宋書、南齊書、梁書、陳書、魏書、北齊書、周書（宋紹興蜀刋大字本），隋書、南史、北史（元大德本），舊唐書（宋紹興刋），唐書（宋嘉祐刋），舊五代史（原輯大典注本），五代史記（宋慶元刋），宋史、遼史、金史（元至正刋），元史（明洪武刋），明史（淸本）。梁書既是宋紹興刻本，故史載文心序志篇，當以此爲最早。

南史（百衲本二十四史）

書中卷七十二劉勰傳，也節錄有文心雕龍序志篇，惟略而不全。

楚辭（涵芬樓景印明翻宋本）

書中卷一末載文心雕龍辨騷篇全文。

按黃伯思東觀餘論云：「（楚辭）陳說之本，以劉勰辨騷在序（卽王逸序）之前。」是此篇或爲陳氏所選。說之天聖中人，見郡齋讀書志楚辭類楚辭釋文下。

廣文選（明嘉靖十六年，晉江陳氏刊本）

書中卷四十二，選有文心雕龍序志篇文。

文體明辨（明萬曆三年刊本）

書中卷四十八，選有文心雕龍徵聖、辨騷、明詩、誄碑、史傳、詔策、情采、養氣、總術、物色、程器等十一篇贊。

續文選（明萬曆三十年，海鹽湯氏刊本）

書中卷二十七，選有文心雕龍神思、夸飾、時序、物色等四篇。

諸子奇賞（明古吳陳仁錫明卿父評選本）

書中卷四十七，錄有文心雕龍原道、徵聖、宗經、正緯、辨騷、明詩、樂府、詮賦、頌贊、祝盟等十篇。卷四十八，錄有銘箴、誄碑、哀弔、雜文、諧讔、史傳、諸子、論說、詔策、檄移等十篇。卷四十九，錄有封禪、章表、奏啓、議對、書記、神思、體性、風骨、通變、定勢等十篇。卷五十，錄有情采、鎔裁、聲律、章句、麗辭、比興、夸飾、事類、練字、養氣、附會、時序、物色、才略、知音、程器、序志等十七篇。

按此書首題「劉子文心雕龍。」每頁九行，行二十字，目錄之前，陳氏曾根據序志篇文，成劉勰小傳一通，云：「名勰，字彥和，梁東莞人也。爲通事舍人。自言嘗夜夢執丹漆之器，隨仲尼南行，寤而思敷讚聖旨，莫若注經，而馬、鄭諸儒，弘之已精，就有深解，未足名家。唯文章之用，有裨經典，於是論著古今文體以成此書」。書前並載有明嘉靖癸卯仲春朔日古歙佘誨序。

古論大全（明刊本）

書中卷三十五選有辨騷、史傳二篇。卷三十七選有諸子一篇。

雲門子（明天啓五年達古堂刊諸子彙函本）

書中選有文心雕龍原道、徵聖、辨騷、情采、風骨等五篇。

按國立中央圖書館藏諸子彙函，有兩個不同的刊本。一爲二十六卷二十八册裝，一爲二十六卷十四册裝，均題「歸有光編，文震孟訂」。卷二十首頁，標「雲門子」，又細字注云：「姓劉名勰，字彥和，東莞人，父尚，越騎校尉。勰蚤孤，家貧好學。曾在青州府城南雲門山讀書。七歲時，夢彩雲若錦，攀而採之。又夢隨仲尼南行，寤有著述意，忽夢入水索源，於是著文心雕龍。爲梁通事舍人，自號雲門子，沈約見而奇之。」又引顧鄰初之言曰：「彥和疏瀹河源，搏裁意匠，甄敍風雅，揚摧古今；允矣！述作之金科，文章之玉尺也。至其辭條佚麗，尉乎鸞龍辨騷者矣。」

尺牘新鈔（**海山仙館叢書本**）

此書卷首采文心雕龍書記篇爲序。

古今圖書集成（**臺北鼎文書局本**）

此書卷一三七、一四五采文心雕龍詔策篇。卷一四六采章表篇，卷一四九采書記篇，卷一五〇采奏啓篇、議對篇。卷一五三采頌讚篇、封禪篇。卷一五六采銘箴篇。卷一六五采史傳篇。卷一六七采誄碑篇，卷一七一采論說篇，卷一七四采祝盟篇，卷一七五采哀弔篇，卷一八三采詮賦篇。

莒州志（**清嘉慶元年刊本**）

此書卷十三載序志篇全文

按所載非出黃叔琳輯註本，故列入。

【附　註】

〔一〕引文見文心雕龍黃叔琳輯註本序言。

〔二〕引文見楊升菴先生批點本文心雕龍顧起元序。

〔三〕黃說見文心雕龍黃叔琳輯註本序言。

〔四〕按何允中重編漢魏叢書本，刻於明萬曆二十年（一五九七）。

〔五〕錢遵王卽錢曾字。爲錢謙益之族孫，著有讀書敏求記。

〔六〕泰興季氏，卽季滄葦。淸人，有季滄葦藏書目。

〔七〕楊升菴先生批點本成於明萬曆四十年（西元一六一二）。王惟儉先生故訓本成於明萬曆己酉（西元一六〇九）。

〔八〕郭伯恭永樂大典考，民國二十七年七月商務印書館初版。

〔九〕事見鮚埼亭集外編，卷十七，鈔永樂大典記一文。

〔十〕「哀誄篇」‧當是「哀弔篇」之誤。

〔一一〕丙午、丁未之交，卽淸世宗雍正四年、五年，西元一七二六、一七二七前後。

〔一二〕遵王卽錢曾字，詳註〔五〕。

〔一三〕丁丑冬卽指淸嘉慶二十二年（西元一八一七）冬天。

〔一四〕稽瑞樓藏書目，陳揆著，揆字子準，淸道光時人。所居稽瑞樓，儲書甚富，尤備於地志。

〔一五〕傳聞異辭者，如阮華山宋本文心雕龍，胡夏客宋本文心雕龍，所藏究爲何人？眞象如何？均不可確悉。

〔一六〕私家秘藏者，如明正德仿元本文心雕龍，嘉靖辛丑建安本文心雕龍，乙巳沙陽本文心雕龍，丙寅青州本文心雕龍，萬曆辛卯伍讓本文心雕龍，皆私家刻藏，目前不知所終。

〔一七〕「辛卯刻於建安」：「辛卯」實「辛丑」之誤，當西元一五四一年。

〔一八〕「萬曆己酉」，「己酉」實「己卯」之誤，當西元一五七九年。

〔一九〕范說見文心雕龍注隱秀篇注，王說見新書隱秀篇注（七）。

〔二〇〕張氏文心雕龍板本考，原載大陸雜誌第十二卷第十一期，現收入文心雕龍通識中。

〔二一〕按王某文心雕龍新書所用校本甚繁，獨無明弘治甲子馮允中吳中刋本，足證大陸沒有收藏，故曰「幸存」。

〔二二〕明弘治甲子，卽孝宗十七年（西元一五〇四）。

〔二三〕見天祿琳琅書目續編卷十一第二十一頁下元版集部。

〔二四〕葉氏說見書林淸話卷七第十五頁上。

〔二五〕書中列有趙孟頫，虞集的印記。

〔二六〕按諸印記或以爲耿氏僞造。

〔二七〕明嘉靖庚子，卽明世宗嘉靖十九年，西元一五四〇年。

〔二八〕書指文心雕龍。

〔二九〕「辛丑」刻於建安，揚明照文心雕龍校注拾遺附錄，誤作「辛卯」。

〔三〇〕嘉靖辛丑，卽明世宗嘉靖二十年，西元一五四一年。

〔三一〕嘉靖癸卯，卽明世宗嘉靖二十二年，西元一五四三年。

〔三二〕嘉靖乙巳，卽明世宗嘉靖二十四年，西元一五四五年。

〔三三〕嘉靖丙寅，卽明世宗嘉靖四十五年，西元一五六六年。

〔三四〕如今人張立齋先生著文心雕龍考異（臺北正中書局發行），據以考訂之板本有五，其中第二種卽涵芬樓影印之嘉靖本。此嘉靖本實際上就是張之象本。

〔三五〕萬曆壬午，卽明神宗萬曆十年，西元一五八二年。

〔三六〕明甲戌，卽明神宗萬曆二年，西元一五七四年。

〔三七〕萬曆壬辰，卽明神宗萬曆二十年，西元一五九二年。

〔三八〕事見王著文心雕龍新書序錄。

〔三九〕按黃氏輯註校字，仍多用梅本，少用王本，所以四庫提要斥其矛盾自陷。再王惟儉文心雕龍訓故、原在台不可見。前年由學生張盛凱轉託現居東京都練馬區之潘憲榮先生，假日本京都大學影攝寄台，現藏筆者寓所。筆者並作有「日藏明刋本王惟儉文心雕訓故之評價」一文，刋於幼獅月刊四十七卷、三期，文中對王本內容特色有詳盡說明，可參。

〔四〇〕按王漁洋先生生於明思宗崇禎七年（西元一六三四），卒於淸聖祖康熙五十年（西元一七一一）。

〔四一〕鍾氏所列文心雕龍自序，卽指文心雕龍序志篇文。

〔四二〕梅子庚，「庚」原誤作「庚」，今據史傳正。
〔四三〕黃氏文心雕龍輯注刋刻經過，詳顧鎮黃崑圃先生年譜。
〔四四〕紀昀文心雕龍評成書時間，見文心雕龍宗經篇末紀氏評語，有「癸巳（乾隆三十八年）三月」之語。
〔四五〕此本指錢允治鈔補本文心雕龍。
〔四六〕謝耳伯，即謝兆申，曾校文心雕龍。
〔四七〕張氏刻本，指明張之象本。
〔四八〕按文中奪漏三百二十字。
〔四九〕按張之象序無此語，何校原刻陷大陸，據王某文心雕龍新書序錄載，書爲北京大學收藏。
〔五〇〕乾隆辛丑，即清高宗乾隆四十六年，西元一七八一年。
〔五一〕崇文書局本，清光緒三年，西元一八七七槧校行世。
〔五二〕此節多參考楊明照先生文心雕龍校注拾遺附錄六。

第四章　文心雕龍之美學

一、美學與文心雕龍

文學是藝術的產物，當然執「美」爲其中心。文學必如何而始美？檢我國古來文獻，多略而不言。至近代蔡元培博士任教育總長，以「美育」爲天下倡，國人始瞭然「美」之爲用。迨後朱光潛著「文藝心理學」，正式引進意大利美學家克羅齊（Bene detto Croce）的美學知量，中國文學談美始有借鑑。民國三十六年（西元一九四七）正中書局編審會，重譯克氏「美學原理」。加上早期耿濟之所譯的托爾斯泰（Tolstoy）「藝術論」，學術界始由思想的震撼，而急起直追。居今而言美學又有論著行世的，國內頗有幾家，惟大多蹈足西洋，很少有自家的面目。

所謂「文學之美」，初在能自感，繼在能感人。能自感未必專屬於文學家，能感人則確爲文學家的專責。自感者，即情趣的意象化；感人者，即意象的情趣化。情趣意象化者，就是對人情物態的觀察，能了悟其因緣結果，判斷其是非善惡，蘊蓄於心。意象情趣化者，即將胸中所蘊蓄而欲發洩者，加以綜合有效的表曝。前者屬內，故或稱內美(Internal beauty)；後者屬外，故或稱外美(External beauty)。

然內美必藉外美而彰，外美必資內美而成，兩者如一體之二面，不容偏廢，亦不能偏廢。所以劉勰文心雕龍云：「情動而言形，理發而文見，蓋沿隱以至顯，因內而符外者也。」〔一〕

劉勰文心雕龍，成書於南齊和帝中興元年（西元五〇一），適逢儒學消沈，釋、老並興之會；又其著述的動機，旨在讚聖述經，拯末流之文弊，立一家之言論，所以統全書三萬七千餘言而計之，以「美」字構成的文句，共六十三條之多，其中或論人物，或衡事理，或美文辭，或稱德操，卻獨乏「美學」之範義。是以言「文心雕龍之美學」，上考下求，實乃空無依傍。文心雕龍固不明言美學，但並不代表文心雕龍絕無美學。何況其陶冶萬彙，組織千秋，吾人誠欲知中國傳統美學的眞象，恐怕除問津文心之外，似別無他途可循。

二、藝術的架構

探討文心雕龍之美學，首須瞭解文心雕龍五十篇，即爲藝術的化身。諸如思想的統一性、理論的完整性、字句的對稱性、敍事的遞進性、語調的感染性、結構的和諧性等。極富多樣性的變化。涵泳其間，眞乃千門萬戶，令人目不暇接。

甲、思想的統一性

就思想而言，經學是構成文心雕龍的一大動脈，從經學思想去貫串全書，不僅得知劉勰著書立說的動機，且其本人更是一位古文經家。「宗經篇」是他思想的核心。「宗經」不但是一篇非常典雅的文字，同時也是劉勰以莊嚴之筆，盡讚述之能。他從「三極彝訓，其書曰經」談起，到「萬鈞之洪鐘，無錚錚之細響」爲止，文中涉及到經的定義、經的價值，孔子刪經前後的羣經眞象，以及經書與文學創作之關係，像百川滙海，萬派發源，他賦予羣經以無比崇高的地位，旣爲衆流之所出，亦爲衆流之所歸。中國文學創作的基礎，可以說是隨着羣經的建立，而發皇滋長，有了生生不息的活力。中國人之與五經，不啻釋敎徒之與阿含，耶敎徒之與新舊約，回敎徒之與可蘭經。當我們民族的生命快要竭蹶，創作的活力瀕臨歧途的時候，五經可以導引我們前進的去路，煥發我們的生機。至若羣經與後世文體的關係，他說：「論說辭序，則易統其首；詔策章奏，則書發其源；賦頌謌讚，則詩立其本；銘誄箴祝，則禮總其端；紀傳盟檄，則春秋爲根。」並「窮高以樹表、極遠以啓疆」，不但後世各種文體皆本之於經典，而經典更是文學創作崇高永恒的理則，所以「百家騰躍，終入環內」〔二〕。宗經篇以爲文能宗經的效益，是「文能宗經，體有六義：一則情深而不詭，二則風淸而不雜，三則事信而不誕，四則義貞而不回，五則體約而不蕪，六則文麗而不淫。」其六義所指有二：一是文學創作應以五經爲楷模，二是藉五經以矯正當時的文弊。所以他引揚雄法言的話，「比雕玉以作器」，喻五經含藏之文采；又說：「正末歸本，不其懿歟！」這和通變篇所說的「矯訛翻淺，還宗經誥」，序志篇「文章實經典枝條」，「詳其本源，莫非經典」，體系前後一貫。至於由五經衍生的文體論，依經樹則的修辭觀，從經學出發的批評理則，可以說全書五十篇，處處衡文，卻處處言經。尊五經爲寫作的典範，治事的通衢，正如百川滙海，萬壑競流，或出或入，總逃不脫依經附聖的規律。這是何等綿密，何等統一的思想！

乙、理論的完整性

就理論而言，時至南朝齊梁，整個文壇風氣，是「楚艷漢侈，流弊不還」〔三〕，「辭人愛奇，言貴浮詭」〔四〕，「體情之製日疎，逐文之篇愈盛」〔五〕，「儷采百字之偶，爭價一句之奇；情必極貌以寫物，辭必窮力而追新」〔六〕，究其致此的原因在於「去聖久遠，文體解散」〔七〕，所以造成「離本彌甚，將遂訛濫」〔八〕的末流。劉勰乃本其經學思想，高揭「讚聖述經的大纛」作「矯訛翻淺」的努力。所以他特提出兩大主張：一是自然，二是情性。他以爲人是自然的產物，發言成文，乃自然之趨勢。所以他說：「人爲五行之秀氣，實天地之心生，心生而言立，言立而文明，自然之道也。」因而進一步強調，行文當取法自然，不可假寵於雕飾，「龍鳳以藻繪呈瑞，虎豹以炳蔚凝姿；雲霞雕色，有踰畫工之妙；草木賁華，無待錦匠之奇；夫豈外飾，蓋自然耳」〔九〕，即針對此點而發。不僅此也，其評詩的起源：「人禀七情，應物斯感，感物吟志，莫非自然。」〔一〇〕評蔡邕的碑銘：「其敍事也該而要，其綴采也雅而澤，清詞轉而不窮，巧義出而卓立。察其爲才，自然而至矣。」〔一一〕論情性與作品之關係，特歷引賈誼、司馬相如、揚雄、劉向、班固等十二位作家相印證，以爲「觸類以推，表裏必符，豈非自然之恒資，才氣之大略哉！」〔一二〕論作品體勢的形成，莫不「因情立體，即體成勢」，如「機發矢直，澗曲湍回，自然之趣也。」〔一三〕言駢辭偶句之造作，以爲「心生文辭，運裁百慮，高下相須，自然成對。」〔一四〕言文章之含蓄與妙境，以爲「語句晦澀，文奧而非隱，刻削纖巧，辭美而非秀。」所謂「含蓄」也者，要「自然會妙，譬卉木之耀英華；潤色取美，譬繒帛之染朱綠。」〔一五〕他由人文之原，到評詩評文，莫不以自然爲宗。甚而更獨標「物色」篇，以闡發文學與自然之關係。清朝紀曉嵐評：「齊梁文藻，日競雕華，標自然以爲宗，是彥和契緊爲人處。」〔一六〕我認爲「自然」不僅是「彥和契緊爲人處」，更是他「美學」的絕大源頭。其次講到「情性」，文心雕龍以「情」字成句的，計一百三十餘條；以「情性」爲句的，計六條；以「性情」造語的，計四條。如外加「性」或「性靈」的句子一併計算，可能數近兩百大關。從這個多次出現的頻率上想像，便不難了解「情性」之爲用，在文心雕龍的理論中，所佔的比重爲若何了。同時，劉勰於文心雕龍五十篇，更不惜筆墨，將「情采」單獨設篇。強調文學主於「情性」，應當抒發作者之眞實情感，切忌無病呻吟。他把古來文章分成「爲情造文」和「爲文造情」兩類，此兩類的大較，是：「詩人什篇，爲情而造文，辭人賦頌，爲文而造情……故爲情者要約而寫眞，爲文者淫麗而煩濫。」〔一七〕至於何以產生這種分道揚鑣的現象，他賡續的推斷，蓋由於「後之作者，採濫忽眞，遠棄風雅，近師辭賦，故體情之製日疎，逐文之篇愈盛。故有志深軒冕，而汎詠皐壤，心纏幾務，而虛述人外，眞宰弗存，翩其反矣。」〔一八〕既然如此，則「情」「文」相互的關係又如何？他說：「情者文之經，辭者理之緯；經正而緯成，理定而後辭暢，此立文之本源也。」〔一九〕可見「情性」是「立文」的大經大法，文而無情，正像「翠綸桂餌」，「反所以失魚」了。因此，理想的文章，是使「文不滅質，博不溺心」，正采耀乎朱藍，間色屏於紅紫。」類似這種「意在筆先」，「內容決定形式」的主張，眞是平實公允，切中時弊。紀曉嵐評云：「去泰去甚，持平之論。」〔二〇〕章實齋贊曰：「體大慮周，籠罩羣言」〔二一〕，這種完整性的理論，自當歷千古而不朽。

丙、字句的對稱性

就字句而言：文心雕龍對於行文造句，理到法密，堪資重視。章句篇云：「人之立言，因字而生句，積句而爲章，積章而成篇。篇之彪炳，章無疵也；章之明靡，句無玷也；句之清英，字不妄也；振本而末從，知一而萬畢矣。」他把字、句、章、篇的本末關係，如繭抽緒，說得極具條貫。誠因一句之中，或多一字，或少一字；一字之中，或用平聲，或用仄聲，或用陰平、陽平、上聲、去聲、入聲，則音節迥異。故臨文綴慮，若字句安頓不妙，豈復有文章之可言乎！所以他又說：「章句無常，而字有條數，四字密而不促，六字裕而非緩，或變之以三五，蓋應機之權節也。」可見聯字局言，或長或短，取適聲氣，皆有規矩。文心雕龍練字篇，專言字法，以爲「心旣託聲於言，言亦寄形於字，諷誦則績在宮商，臨文則能歸字形矣。」特擬定四大原則，卽「一避詭異，二省聯邊，三權重出，四調單複」。又文至齊、梁，聯字析句，剖毫析釐，故麗辭篇之於句法，首標四對，所謂「言對爲易，事對爲難，反對爲優，正對爲劣。」不過劉勰於「氣無奇類，文乏異采」的對偶句法，並非所喜，他理想中的文句，是使「理圓事密，聯璧其章。迭用奇偶，節以雜佩，乃其貴耳。」以下本人試就劉勰之自爲法，以觀其實際寫作之用心。首言章法：文心雕龍五十篇之順序，大抵都經過縝密的安排，此由序志篇可窺梗概。各篇長短雖不一，要皆章明法辨，可資遵循。茲以神思篇爲例，本篇六百八十八字，分四段，初段總論神思之要，次段明言不盡意，故貴修養心神，使其虛靜，中分四節。三段論思有遲緩，心神得修養，則均無害，中分三節。末段補論爲文有待修改之功；及文事之妙，有非言語可說者，中分二節。全篇大用有二：一論內情與外境交融而後文生之理，二論修養心神乃為文要術之故。了此二義，而後始知本篇論文之精微。至若章中之細節，節內之小目，一經體會，頓成妙諦，不僅引人入勝，亦有助乎心力。次言句法：常人以為文心雕龍四儷成采，是駢體之大宗，事實上文心之行文有不同於後世之駢四儷六，而是標準之六朝美文。茲仍以神思篇為例，如起首「古人云：形在江海之上，心存魏闕之下；神思之謂也。」又「吟詠之間，吐納珠玉之聲；眉睫之前，卷舒風雲之色；其思理之致乎？」於六、六對等，上四、下六的句型中，突出一散句，或前承，或後繼，於整齊中有錯綜，於錯綜中有整齊，造成一種單複參差的形態。不過完全駢偶的句式尤多，如「登山則情滿於山，觀海則意溢於海。」「意翻空而易奇，言徵實而難巧。」「人之稟才，遲速異分；文之制體，大小殊功。」無不錦心繡口，聯璧疊章。讀來，有「聲轉於吻，玲玲如振玉；辭靡於耳，纍纍如貫珠」之感。彥和於駢散之外，更喜用排句，如「積學以儲寶，酌理以富才，研閱以窮照，馴致以繹辭。」「相如含筆而腐毫，揚雄輟翰而驚夢，桓譚疾感於苦思，王充氣竭於思慮，張衡研京以十年，左思練都以一紀。」前者四句連下，後者六句排比，就像脫線的珍珠，發出扣人心弦的音符。至於字法，彥和講求的是「體必鱗次」，如「思理為妙，神與物遊。神居胸臆，而志氣統其關鍵；物沿耳目，而辭令管其樞機；樞機方通，則物無隱貌；關鍵將塞，則神有遯心。」此言心神與外物交融而後文生之理。「神」「物」二字為全文眼目，次句疊「神」字，啓下文「志氣統其關鍵」；又疊「物」字，啓下文「辭令管其樞機」；以下又疊「樞機」，反照上文「物」字；再隔句疊「關鍵」，照應上文「神」字。而「關鍵」又為「志氣」的代稱，「樞機」為「辭令」的假名。前疊後啓，上下映襯，大有一字轉關，寸轄制輪之概。由以上所言文心雕龍的字法、句法、章法的開闔變化，足以證明其理到法密，有字句對稱之美了。

丁、敍事的遞進性

就敍事而言：劉彥和是採取文學發展的史觀，用遞進的層次，系聯了由上古到六朝，數千年之間的文學史料。不僅如此，它還藉着不同史料的結合，把原本不太明確的中國古典文學發展，鈎畫出了彼此間的因果關係。例如明詩篇，在首段「釋名章義」以後，接着由「人稟七情」起，到「此近世之所競也」，先推「詩」的起源，次溯「詩」的流變，其中從葛天氏樂辭，而黃帝的雲門，堯有大唐之歌，舜造南風之詩，大禹的九序，五子的怨歌。再是商、周的雅頌，春秋的諷誦，楚臣賦離騷，秦皇作仙詩。漢初韋孟，首唱四言，孝武柏梁，七言列韵。時至東漢，張衡的怨篇，清典可味。建安初年，文帝、陳思、王、徐、應、劉，並肩唱和，蔚爲五言的極盛時代。魏正始年間，阮籍、嵇康的作品，爲一時之選。晉代文士，如三張、二陸、兩潘、一左，無不淫文破典，摸擬前修，缺乏獨創的傑構。永嘉亂後，衣冠東渡；江左詩壇，由於受到談玄的影響，起了急劇變化；此時只有郭璞的遊仙詩，算是挺拔俊秀，爲時代的寵兒。劉宋以下，「莊老告退」，山水文學，油然勃興，「儷采百字之偶，爭價一句之奇」，人人盡重視形式的雕琢，而忽略內容的充實。總結此段文字，你看他從遠古的葛天氏，講到卽身的宋、齊。通變篇上說是「九代詠歌，志合文別」，時序篇上說是「蔚映十代，辭采九變」，才略篇上也說：「九代之文，富矣盛矣」，我們不管他「九代詠歌」也好，「蔚映十代」也好，總而言之，三千年來的詩學變遷大勢，以文學發展史觀的態度，採取遞進的方式，層層推剝，節節緊迫，就像銀河落於九天，霞光萬道，聲勢逼人。至於其行文論事，均按時代先後爲序，凡時代承接的地方，都刻意安排一個轉折的字眼。如「昔葛天氏樂辭」的「昔」字，「至堯有大唐之歌」的「至」字，「及大禹成功」的「及」字，「自商暨周」的「自」字「暨」字，「自王澤殄竭」的「自」字，「逮楚國諷怨」的「逮」字，「至成帝品錄」的「至」字，「又古詩佳麗」的「又」字，「至於張衡怨篇」的「至於」，「暨建安之初」的「暨」字，「及正始明道」的「及」字。有時，他爲了避免轉折詞的重複運用，更以直呼朝代之名的辦法，錯落於前後文句之間；使整個文章的層面，顯出多樣性的變化。例如：「秦皇滅典」的「秦」字，「漢初四言」的「漢初」，「晉世羣才」的「晉世」，「江左篇製」的「江左」，「宋初文詠」的「宋初」，類似此等關鍵性的字眼，無一不備穿鍼引線的功能。所以講到敍事的遞進性，文心雕龍確實具有獨到的藝術手法。

戊、語調的感染性

文學之所以稱美，就在其能感人。講到感人，文心雕龍設有「風骨」篇，專言文章如何而可風清骨峻，篇第光華。他說：「召悵述情，必始乎風，沈吟鋪辭，莫先於骨。」所謂「風」，指辭趣，「骨」，指思理。兩者交互激盪，形成的一種感染力，叫做「風骨」。風骨所需之條件，是「鎔鑄經典之範，翔集子史之術，洞曉情變，曲昭文體，」而後始能「孚甲新意，雕畫奇辭。」使「意新而不亂」，「辭奇而不黷。」至於文有風骨的徵象，彥和云：「練於骨者，析辭必精，深乎風者，述情必顯，捶字堅而難移，結響凝而不滯。此風骨之力也。」所以他舉潘勗册魏公九錫文，稱其「思摹經典，羣才韜筆」，因為骨髓峻。舉相如大人賦，讚其「氣號凌雲，蔚為辭宗」，由於風力遒。潘文載於昭明文選卷三十五，司馬長卿賦分見於史記，漢書相如本傳，一則是文宗經誥，援事奧博；一則是文采鋪張，發敍妙思。兩相覆按，若合符節。彥和之著文心，彌綸羣言，折衷今古，「有同乎舊談者」，「有異乎前論者」，故能集中國古典文論之大成，啓後世學術之新運。茲僅擇語調一端，以窺其「篇章之珠澤，文彩之鄧林」。語調之所以富有感染性，正因其合乎用意含蓄，誇張事物，想像豐富，借物為喻，排疊詞句等原則。以借物為喻觀之，有引人體比況者：如神思、體性、風骨、養氣、序志的命篇，一望可知其與人體有關。情采、聲律、麗辭、知音、程器的篇題，意境雖有廣狹，要亦不可否認其與人體的相關性。至若「胎息之萬術，衞氣之一方」〔二二〕，此假胎兒呼吸喻導引文思。「善附者異旨如肝膽，拙會者同音如胡越。」〔二三〕此借肝膽喻聯屬文辭。「雖復輕采毛髮，深極骨髓，」「擘肌分理，唯務折衷」〔二四〕，此又是藉毛髮、骨髓、肌肉，喻文章的枝節、核心、辭采問題。有引染絲製器比況者：如「斲梓染絲，功在初化；器成綵定，難可翻移。」〔二五〕此以木工製器，染匠設色，喻人之為學，須慎始習。「繩墨之審分，斧斤之斲削」〔二六〕，此以木工之審分斲削，喻文章必須剪裁。有引女工織布比況者：如「視布與麻，雖云未費，杼軸獻功，煥然乃珍，」〔二七〕此借以麻織布之理，喻文章的藝術加工。「經正而後緯成，理定而後辭暢」，〔二八〕此以經緯喻情理為文章之本源。辭采乃其末流。有引調味比況者，如「伊摯不能言鼎。」〔二九〕「聲得鹽梅，響滑榆槿。」〔三〇〕有引樂舞比況者，如「其控引情理，送迎際會，譬舞容廻環，而有綴兆之位；歌聲靡曼，而有抗墜之節。」〔三一〕「伶人告和，不必盡窕槬之中；田連揮扇，何必窮初終之韵。」〔三二〕又有引其他動物比況者，如「器分有限，智用無涯，或慚鳧企鶴，瀝辭鐫思。」〔三三〕「夫驥足雖駿，纆牽忌長；以萬分一累，且廢千里。」〔三四〕更有引植物比況者：如「草木賁華，無待錦匠之奇〔三五〕。」「薑桂同地，辛在本性；文章由學，能在天資〔三六〕。」其他引日、月、山、川，經典之誥，諸子之文者尤不勝枚舉，都能「據事以類義，援古以證今」〔三七〕，增加說理的情趣，發揮感染的力量。再以排疊詞句而言，彥和運用尤加熟稔。如上下重疊者，「爲五行之秀氣，實天地之心生，心生而言立，言立而文明，自然之道也〔三八〕。」一連兩疊，詞動氣揚，文思不窮。「道沿聖以垂文，聖因文以明道〔三九〕。」更是交互重疊，上下翻騰，文勢盪漾無邊。「文以行立，行以文傳，四教所先，符采相濟〔四〇〕。」此固然採取論語的成說，但文字既經重新組合，即有無限飄逸。前後雙疊，而末以八字作束結，使原文勢流自反，較上例更見工穩。如隔句重疊者：「情理設位，文采行乎其中，剛柔以立本，變通以趣時。立本有體，意或偏長；趣時無方，辭或繁雜。蹊要所司，職在鎔裁。櫽括情理，矯揉文采也〔四一〕。」文中「立本有體」，疊第三句「剛柔以立本」；「趣時無方」，疊第四句「變通以趣時」；末「櫽括情理」，重疊首句「情理設位」；「矯揉文采」，重疊次句「文采行乎其中」，前者隔一句承疊，後者直隔八、九句遙疊。行文綿密緊湊，如倒啖甘蔗，如抽絲剝繭。乍觀若紛絲無緒，細繹則連環套扣，可說天衣無縫。衡諸並世著作，其結構之完美，罕有類乎此者。又如用反詰語以加強聲情之例：「若情周而不繁，辭運而不濫，非夫鎔裁，何以行之乎〔四二〕？」「舊練之才，則執正以馭奇；新學之銳，則逐奇而失正。勢流不反，則文體遂弊。秉茲情術，可無思耶〔四三〕？」「一葉且或迎意，蟲聲有足引心，況清風與明月同夜，白日與春林共朝哉〔四四〕？」皆在筆酣墨飽時用之，可是一經提點，即若流風廻雪，引發無限震憾。這種語調的抑揚，實是彥和藝術手法的高度表現。

己、結構的綿密性

文心雕龍全書十卷五十篇，每卷五篇。前二十五篇爲上篇，後二十五篇爲下篇。每篇都用二字標題，文長由五百餘字，到一千八百餘字不等。全書共三萬七千多字。根據文心雕龍序志篇所作的說明，其內容組織：卷一原道、徵聖、宗經、正緯、辨騷五篇，是劉勰的文學本原論。卷二到卷五，是劉勰的文學體裁論，這二十篇又可分兩部分：前一部分，包括明詩、樂府、詮賦、頌讚、祝盟、銘箴、誄碑、哀弔、雜文、諧讔等十篇，屬於有韵的文。後一部分，包括史傳、諸子、論說、詔策、檄移、封禪、章表、奏啓、議對、書記等十篇，講的是無韵的筆。這二十篇的基本架構，是放在劉勰自己安排的四大綱領上。這四大綱領，就是「原始以表末，釋名以章義，選文以定篇，敷理以舉統。」所謂「原始以表末」者，推論此一文體之源流與變遷。「釋名以章義」者，詮釋此一文體命名之涵義及由來。「選文以定篇」者，開示此一文體之領袖作家和作品。「敷理以舉統」者，鋪敍此一文體之作法和特徵。惟四綱的先後次第，也不盡劃一，如「原始以表末」與「選文以定篇」，往往因行文之便，混而不分，蓋寓選文於表末之中也。又「釋名以章義」與「原始以表末」。也常有前後倒置的情形。是皆非一成不變，要在學者識其大體。下篇由「神思」至「程器」二十四篇，也可以分成兩部分看。由卷六到卷九是他的文學創作論，而卷九的「時序篇」與卷十的「物色篇」，根據前人的考訂，是刻書誤倒，所以兩篇互易，「物色篇」應改歸創作論，「時序篇」和「才略篇」相接，屬批評論，才是正本清源。創作論二十篇，按照各篇的內容性質，可以分爲三組：有剖情的，有析采的，更有剖情而兼析采的。如屬於剖情的部分，有神思、體性、風骨、定勢、通變、養氣等。屬於析采的部分，有聲律、章句、麗辭、比興、夸飾、事類、練字、隱秀、物色、指瑕、附會、總術等。屬於剖情而兼析采的部分，計情采、鎔裁等。統觀三組的含意，仍然是循着內容和形式兩方面去開展。關於文學創作中的內容問題：他以爲內情與外境交融而後文章始生，故提出「陶鈞文思」的主張，並開出「積學以儲寶，酌理以富才，研閱以窮照，馴致以繹辭」四種饋貧的妙方。誠以「情者文之經，辭者理之緯。經正而緯成，理定而後辭暢」，這才是立文之本源，謀篇之大端。至於文學創作中的形式問題：他由文法而修辭、而氣勢、而聲律、而風格、而結構，涉及的相當廣泛。單以其中修辭一項來論，又可分爲比興的表現手法，夸張的寫作技巧，感情的凝煉與含蓄，文章的鎔意與裁辭。類似這些獨照之見，卽令在今天的實際創作中，還有他嶄新的價值。卷十的前四篇，是劉勰的文學批評論。所謂「崇替於時序，褒貶於才略，怊悵於知音，耿介於程器〔四五〕。」「時序篇」論文學與時代潮流之關係，「才略篇」論文學與才學識略的關係，「知音篇」論文學與讀者鑑賞的關係。「程器篇」論文學與道德修養的關係。我們看這四篇所涉及的範圍，就知道文心雕龍批評論，具有全面性和獨創性。另外「序志篇」，也是文心雕龍的最後一篇，乃全書的總序。序中對「文心雕龍」的命名，著述的動機，以及「文心雕龍」的組織體系，寫作態度，對讀者的期望，都作了適當的說明。所謂「長懷序志，以馭羣篇」，我們透過本篇的介紹，可以對「文心雕龍」作初步的理解。綜覽文心雕龍五十篇，大體上均經過縝密的設計，篇和篇間的連絡照應，除了少數幾篇爲後世刋刻誤倒，「隱秀篇」部分散佚外，其他各篇可說架構綿密，無懈可擊。

庚、音韻的和諧性

文心雕龍情采篇，將文理分爲三種：「一曰形文，五色是也。二曰聲文，五音是也。三曰情文，五性是也。五色雜而成黼黻，五音比而成韶夏，五情發而爲辭章，神理之數也。」形文、聲文、情文，是就廣義而言。若從狹義方面來說，形文指的是辭藻的修飾，聲文指的是音韻的諧調，情文指的是內容思想，所謂文章也者，卽辭藻、音韻、內容思想的綜合呈現。文心雕龍言聲文之重要文獻是聲律篇。他以爲作家固非音樂家，而作品卻必須富有音樂美。所以僅憑他個人對中國文字特性的默識冥索，發明了文章和諧的四原則：卽一、由內聽以審和律〔四六〕。二、節聲韻以避吃文〔四七〕。三、明和韻以調宮商〔四八〕。四、切正韻以求清切〔四九〕。因言爲心聲，言語的疾徐高下，一準乎心，文章的抑揚頓挫，一依乎情。然而心紛者，言失其條理，情浮者，文乖其節奏。此中機杼至微，消息至密，而理亦未易明，故論者往往將此等情形，歸之於天籟之自然；殊不知苟作者於臨文之頃，能襟懷澄澈，神定氣靜的話，則情發肺腑，聲流脣吻，自然如符節之將合，而發生文章感物的偉大力量，這種靜心凝念，不假外求的審音力，謂之「內聽」。至於「節聲韻以避吃文」，特彥和就雙疊之用，飛沈之別，發明了兩條避忌的原則，這兩條原則，一是講陰陽清濁的相間，二是明雙聲疊韻的接合，如二者分合適當，文律之諧調，自然如轆轤交往，逆鱗相比了。「明和韻以調宮商」者，「和」指文章的聲調，一句之內，平仄順適，合乎脣吻。「韵」指詩文韵脚，每句之末用押一韵，使其鏗鏘相應。自晉迄梁，二百五十年來，辭人用韵，從凌雜而修整，這固然是大勢所趨，而聲律說之日見綿密，實爲誘導之功。所謂「切正韵以求清切」

者，言文中用韻，取其諧調，不可雜以方音，而今人作文，尤不可雜以古音，否則便失去「黃鐘之正響」了。以上文章和諧之原則，不僅是鍼砭齊梁時文的藥石，亦爲今人搦管和墨的信條。彥和是理論而兼實行的學者。通觀文心五十篇，其行文調聲押韻的例子不勝枚舉，茲就以原道篇爲例，如文首「日月疊璧，以垂麗天之象；山川煥綺，以鋪理地之形。」上四下六的句法中，上四六爲仄仄平仄，仄平仄平平仄，下四六爲平平仄仄，仄平仄仄平平。全句「日月」對「山川」、「疊璧」對「綺煥」、「垂」對「鋪」、「麗天之象」對「理地之形」，於名、動詞性對仗之外，「仄仄」「平平」，「平仄」「仄仄」，以及「仄平平仄」「仄仄平平」，也上下調配，音籟天成。又「雲霞雕色，有踰畫工之妙；草木賁華，無待錦匠之奇」句型與前相同，而上四六爲平平平仄，仄平仄平平仄，下四六爲仄仄仄平，平仄仄仄平平。「雲霞」對「草木」、「雕色」對「賁華」、「有踰」「無待」相對，而「畫工之妙」對「錦匠之奇」。至於首句平平平仄、平仄仄平，上用三平，下用二仄。次句仄平仄平平仄，平仄仄仄平平，亦對仗工穩。如「爲五行之秀氣，實天地之心生」，六六相等的句法。上句是「平仄平平平仄仄」，下句是「平平仄平平平」。不僅文字的詞性珠聯璧合，無懈可擊，就是聲調方面，抑揚抗墜，亦自爲節奏。至於用韻方面，觀文末贊語可知，如「道心惟微，神理設教。光采玄聖，炳耀仁孝。龍圖獻體，龜書呈貌。天文斯觀，民胥以傚。」此八句以「教、孝、貌、傚」爲韻，均見廣韻去聲之十六效，四字互押，極爲清切。而細審彥和之用贊，又寓有明結全文大意之作用。如前二句「道心惟微，神理設教」照應首一段「文之爲德、與天地並生」，次二句「光采玄聖、炳耀仁孝」，暗指「庖犧畫始、仲尼翼終」，又二句「龍圖獻體，龜書呈貌」點出「鳥跡代繩，文字始炳」，末云「天文斯觀，民胥以傚」，指「道沿聖以垂文，聖因聖文而明道」，等於把全文重新作一次整理，而其八句四韵，又爲吾人提供了考察中古學者用韵的憑藉，故不可純以雕蟲篆刻目之也。

三、美學的基礎

文心雕龍的美學，顯然是建立在自然的基礎上。劉勰從天人合一的思想出發，化心物爲一體，天道、人事斷不可分。因爲由天道可睹人事，從人事反映天道，所以自然、羣經與道德，就成了文心雕龍美學的三環節，沒有自然，羣經與道德，便失去了產生的媒體。沒有羣經，則自然與道德，卽失去了依存的活力。沒有道德，自然與羣經，就喪失了運行的軌道，以下本人就從自然、羣經、道德三方面，分別蠡測文心雕龍的美學基礎。

甲、美學與自然

從劉勰的文學思想加以分析，他認爲沒有自然就沒有美，美因自然而生，因自然而長，文心雕龍原道篇，曾爲此一理論提出最佳證明。他說：

「文之爲德也，大矣！與天地並生者，何哉？夫玄黃色雜，方圓體分，日月疊璧，以垂麗天之象；山川煥綺，以鋪理地之形；此蓋道之文也。」

「文」的本義，卽「彣」，「文章」卽「彣彰」，有「文彩」之意。考工記云：「青與白謂之文，赤與白謂之章」，許氏說文解字謂：「文，錯畫也；象交文。」都解釋爲「文彩」，後來引申作「文辭」講，所以左傳有「言之無文，行之不遠」的話，文彩既與天地並生，則日月麗天之象，山川理地之形，莫非自然的文彩，有自然始有文彩，是文彩之原於自然也，其理甚明。文彩原於自然，美學才得到發展的溫床。又說：

「仰觀吐曜，俯察含章，高卑定位，故兩儀既生矣。惟人參之。性靈所鍾，是謂三才，爲五行之秀氣，實天地之心生；心生而言立，言立而文明，自然之道也。」

此段賡續推求，由於人之參兩儀而生，乃五行之秀氣，天地之心生。心意動而有語言，語言發而成文章，是不僅文彩原於自然，即人類之思想，亦莫不原於自然。有心之人，既與自然血肉相關，而無心之物，其眞象又如何乎？他說：

「傍及萬品，動植皆文：龍鳳以藻繪呈瑞，虎豹以炳蔚凝姿；雲霞雕色，有踰畫工之妙，草木賁華，無待錦匠之奇；夫豈外飾，蓋自然耳。」

彥和由天地日月之文，推到人心思想之文，再由人心思想之文，傍及動植雲霞之文，以爲不假外飾，都屬自然之恒資。尤其仰觀俯察，傍及萬品，更有暗示文學家模仿的作用。謂人「實天地之心生」，與我等乃上帝所創造，寓意正同。蓋宇宙間形形色色，可以美觀之者，莫不諧和、條貫，而諧和、條貫之事，冥冥之中，似有主宰。此主宰者，宗教家曰神，哲學家曰道，科學家曰力，文學家曰自然。文心雕龍以原道設篇，而推自然與人文的關係，可以說是有意把文學家所謂的「自然」，作形而上化。不過，彥和畢竟不是純粹的哲學家，所以儘管他富有形而上的思想，卻仍然回歸於文學家的本體，落實到「自然」方面來。以下他又說：

「至於林籟結響，調如竽瑟；泉石激韻，和若球鍠；故形立則文生矣，聲發則章成矣。夫以無識之物，鬱然有彩，有心之器，其無文歟！」

此正反映文學家的模仿，乃自然現象，蓋不知模仿，於人情物態，不能了悟其原因、結果，判斷其是非、善惡，熟悉其內容，深明其關係。試問於盈虛消長之理，既一無所知，又何言創造。故物象之因果與變化，雖仿之於自然界，而眞理之了悟和創進，嘗主之於文學家。所以文以自然爲美，就成了文心雕龍文學思想的重點。物色篇云：

「四序紛廻，入興貴閑，物色雖繁，而析辭尚簡，使味飄飄而輕舉，情曄曄而更新。古來辭人，異代接武，莫不參伍以相變，因革以爲功，物色盡而情有餘者，曉會通也。」

又說：

「若乃山林皐壤，實文思之奧府；略語則闕，詳說則繁。然屈平所以能洞監風騷之情者，抑亦江山之助乎！」

其言自然環境與文學之關係，可謂合則兩美，背者兩傷。自然不僅可以洞風騷之情，亦文心雕龍美學之重要基礎。

乙、美學與羣經

既知「自然」是文心雕龍美學之基礎，則人爲之文，必本於自然之文，所以從人文發展的過程，來透視文心雕龍美學與羣經之關係，顯然正確，並有其必要。原道篇云：

「人文之元，肇自太極。幽贊神明，易象爲先。庖犧畫其始，仲尼翼其終。而乾坤兩位，獨制文言。言之文也，天地之心哉！」

太極者，無極也。由無極而太極，太極生兩儀，兩儀生四象，四象生八卦，故易上繫辭云：「易有太極，是生兩儀。」韓康伯注：「太極者，無稱之稱，不可得名，取有之所極，況之太極者也。」彥和之所以稱「人文之元，肇自太極者」，是刻意把人文的肇造，推尊到兩儀既生之前。而庖犧畫卦，爲中國第一位聖哲和第一部文集。由自然之文，而後始有人爲之文，所以「言之文也，天地之心哉」，在他「人文」原於「自然」的前提下，便成了必然的結論。此外若：

「河圖孕乎八卦，洛書韞乎九疇，玉版金鏤之實，丹文綠牒之華，誰其尸之，亦神理而已。」

若河圖，若洛書、若玉版、若丹文，這一些還都局限於傳疑時代的人文記錄，傳疑時代的人文記錄，既沒有具體的資料，可資印證；則神明變化，出乎自然，似乎是最好的答案，不需追究，亦不必追究。以後不知經過了多少苦心經營的歲月，發明文字以代結繩。人類文化起了革命性的躍進。於是由「皇世三墳，帝代五典」，到商周雅頌，周公制禮。我國人文的創進，至此可說光輝燦爛，大放異采。然而由於代久年淹，流派互歧，孔子乃上承堯、舜、禹、湯、文、武、周公的道統，在授徒講學之餘，復從事整理古籍之工作。經他刪訂完成的易、書、詩、禮、樂、春秋，不但鎔鑄了我國上古人文而推陳出新，更爲百代之後的典章制度的發展，而開宗立極。同時由第一部的庖犧畫卦爲基點，拓展而成六經的傑構，所以他說：

「爰自風姓，暨於孔氏，玄聖創典，素王述訓，莫不原道心以敷章，研神理而設教，取象乎河洛，問數乎蓍龜，觀天文以極變，察人文以成化；然後能經緯區域，彌綸彝憲，發揮事業，彪炳辭義。故知道沿聖以垂文，聖因文以明道。」

他從庖犧創典，迄孔子述訓，推原天地自然之理，明察人文變化之要，歸功於古聖先哲。所以「道沿聖以垂文，聖因文以明道」。聖心合天地之心，而自然之文便經聖人的努力，轉變爲人爲之文，所以六經爲人文的總薈。尊經矩聖，即所以原道法天。天道不可見而法，聖經得以取而尊。故美學之與羣經，亦如美學之與自然，構成文心雕龍理論的基礎。

劉彥和既把經典崇奉爲文學談美的權衡，所以他的宗經思想，就成了文心雕龍論文的轉關，例如論文章風格首列典雅，云：

「典雅者，鎔式經誥，方軌儒門者也。」〔五一〕

論文章之所以富有感染力，鎔鑄經典，爲必要條件，如云：

「鎔鑄經典之範，翔集子史之術，洞曉情變，曲昭文體，然後能孚甲新意，雕畫奇辭〔五二〕。」

論文學家的修養要宗經，否則，不足與言文學通變問題。他說：

「矯訛翻淺，還宗經誥，斯斟酌乎質文之間，櫽括乎雅俗之際，可與言通變矣〔五三〕。」

文學上的夸飾手法，他特別強調須斟酌詩、書，去泰去甚。他說：

「飾窮其要，則心聲鋒起，夸過其理，則名實兩乖。若能酌詩、書之曠旨，翦揚、馬之甚泰，使夸而有節，飾而不誣，亦可謂之懿也〔五四〕。」

論文章之援事用典，作家必先多識前言往行，取法經典。云：

「夫經典深沈，載籍浩瀚，實羣言之奧區，而才思之神皋也。揚、班以下，莫不取資，任力耕耨，縱意漁獵，操刀能割，必裂膏腴。」

論作家爲文必先練字，而練字亦應以經典爲取舍。云：

「夫爾雅者，孔徒之所纂，而詩書之襟帶也。倉頡者，李斯之所輯，而鳥籀之遺體也。雅以淵源詁訓，頡以苑囿奇文。異體相資，如左右肩股，該舊而知新，亦可以屬文。」

彥和的修辭觀，是放在宗經的焦點上。他認爲合乎經典的就美，不合經典的就醜，我們再拿此一結論來看他的批評論，凡模經範典的作品，他都給予很高的評價，厭舊取新之作，以爲違背民族文化傳統，乃屬不足爲訓的雕蟲小技〔五五〕。由此觀之，羣經是文心雕龍美學的標竿，殆無可疑。吾人由人文滙萃的羣經，逆溯到天文極變的自然，更可以了悟文心雕龍的美學。自有其一貫開展的個性。

丙、美學與道德

文心雕龍之所以偉大，所以尊爲千古文論之宗，不在其能彌論羣言，不在其體大慮周；最重要的在於講明了文學的究竟。有究竟才有主從，才有是非；有是非才有善惡，有善惡，人生悲歡離合之情才發而中節；發而中節，則悲天憫人至聖至情之文學可達矣。故文學者，憫人生之顚倒，思有以增進其樂於無窮也。文心雕龍不云乎：「身爲時舛，志共道申，標心於萬古之上，送懷於千載之下」〔五六〕，形甚草木之脆，名踰金石之堅，是以君子處世，樹德建言」〔五七〕，又說：「文果載心，余心有寄」

〔五八〕。試問其所建何言？心所寄何事？一言以蔽之，曰：「思無邪。」

蓋人生莫不有思，所思合理，就是道德；而能思合理，就是智慧。換言之：即所思者善，能思者眞。再換言之：所思者眞卽善，能思者善卽眞。眞善兩合，則美。故眞與善，爲文學家應具之學識也。具此學識，不必正言質言以強聒於人，而以巧妙的創作技術，運用文字感化人，不必空言抽象之理於人，而於具體的表現，令讀者自我領悟，故文學家不可無道德智慧。時至六朝，唯美主義興起，文學重形式而輕內容，根據南史簡文帝本紀說：「帝辭豔發，然傷於輕靡，時號宮體」。所謂「宮體」，卽「色情文學」的雅稱。此等文學的特色，隋書經籍志上講得明白，他說：「淸辭巧製，止乎袵席之間；雕琢蔓藻，思極閨闈之內」，影響所及，是「後生好事，遞相效習，朝野紛紛，號爲宮體。」所以自江左以降，垂二百餘年，搦管寫志者少，操觚競文者多，大勢所趨，眞有江河日下之概！「亡國之音，哀以思」，文學對社會人生的意義，到此已失去了積極鼓勵的功能。故文心雕龍程器篇云：「近代詞人，務華棄實，故魏文以爲古今文人，類不護細行。韋誕所評，又歷詆羣才；後人雷同，混之一貫，吁可悲矣！」這眞使彥和「念天地之悠悠，獨愴然而涕下」了！

彥和理想中的文士，是「君子藏器，待時而動，發揮事業，固宜蓄素以弸中，散采以彪外，楩柟其質，豫章其幹，摛文必在緯軍國，負重必在任棟梁，窮則獨善以垂文，達則奉時以騁績，若此文人，應梓材之士矣〔五九〕。」他以爲「丈夫學文」，要「達於政事」：既可「華身」，又能「光國」，不同乎流俗，不合乎汚世。寧可孤芳自賞，亦無須卑躬乞憐。這種光風霽月的人格和修養，求之當世，還是鳳毛麟角。劉勰既以悲天憫人的胸襟，作文章淑世的努力。所以道德標準，就成了文心雕龍美學的另一基礎。例如論詩與樂的關係，云：

「詩爲樂心，聲爲樂體，樂體在聲，瞽師務調其器；樂心在詩，君子宜正其文。好樂無荒，晉風所以稱美；伊其相謔，鄭國所以云亡。故知季札觀樂，不直聽聲而已〔六〇〕。」

論辭賦末流之弊，云：

「逐末之儔，蔑棄其本，雖讀千賦，愈惑體要。遂使繁華損枝，膏腴害骨，無實風軌，莫益勸戒〔六一〕。」

論論說文寫作之要領，云：

「原夫論之爲體，義貴圓通，辭忌枝碎，必使心與理合，彌縫莫見其隙，辭共心密，敵人不知所乘，乃其要也。說之樞要，必使時利而義貞，進有契於成務，退無阻於榮身。自非譎敵，則唯忠與信。披肝膽以獻主，飛文敏以濟辭，此說之本也。」

其他如於史傳篇評遷史班書，爲呂后立紀之違經失實。史家述古記近所犯之通病。於指瑕篇舉文章六種瑕累，獨對「掠人美辭，以爲己力」者，比做穿窬之盜。而於正緯篇，以爲緯書「事豐奇偉，辭富膏腴，無益經典，而有助文章。」於時序篇評南齊文學，說當世「鴻風懿采，短筆敢陳，颺言讚時，請寄明哲。」一方面可以看出，他宅心仁厚，有溫良克讓的美德；另一方面也可以看出，他以道德爲審美的標準，向文壇的惡棍挑戰。所以他勉勵文學家說：「丹青初炳而後渝，文章歲久而彌光，若能檃括於一朝，可以無愧於千載也。」若非彥和的美學，基於道德的實用價值，斷難發出這警世的鐸音。

四、能量的涵藏

文學的創作，非憑空而來，必有所自。古代學者以爲來自天才。近代生物學勃起後，推翻前論，以爲來自遺傳。心理學家又從行爲科學上去分析，以爲天才、遺傳二說，均未得其全；否則曹氏三祖便永遠執翰苑之牛耳，唐、宋八家也應該世代永踞英傑了；事實上，曹氏身後卽闃其不聞，韓柳歐蘇的後嗣，更看不出誰能克紹先烈。所以他們認爲這是受了環境和個性兩個因子的影響。所謂「時勢造英雄，英雄造時勢」是也。不過，此說是否就天衣無縫呢？茲就環境而言，其對作家從事創作的影響是不可否認的，但根據史實，同樣的環境，並不一定產生同樣的作家；甚而偉大的時代，也不一定就有偉大的作品。至於個性，當然也是構成文學創作的重要因素，說來奇怪，按照現在心理衞生專家所提供的研究結論，認爲「天才是一種精神病」〔六二〕。如果天才確實是一種精神病，則司馬遷、陶淵明、李太白是我們衆所公認的天才作家，他們也都應該是屬於精神病院裏的瘋子；以此類推世界上最偉大的事業，和最偉大的作品，都成於瘋子之手了。這簡直是天大的幽默，所以持環境和個性說法的人，也不見得就算是千秋定論。可見談到文學創作之所自來，眞是因外有因，不能以偏概全的。牛頓是近代科學界的一顆慧星。他常常說：「天才祇是長久的耐苦。」杜甫自道作詩的經驗，「讀書破萬卷，下筆如有神」，尤值得玩味。讀梁書劉勰本傳，知道他幼卽篤志好學，長依沙門僧祐，與之居處十餘年，遂博通經論。三十歲以後，感夢述造文心雕龍，積六年之辛苦經營，成此一部空前未有的傑構〔六三〕。雖然六朝的學術界，不似現在科學分工的細密；可是經他實際的體驗和領悟所得，有關文學家創作能量的涵藏問題，確有相當的卓見，完整的保留在文心雕龍裏。以下本人從「靈感與想像」、「才氣與學習」兩方面，加以分析。

甲、靈感與想像

西方人講美學原理，總離不開意象（Image）想像（Imagination）分想（Dissociation）聯想（Association）以及靈感（Inspiration）等有關名詞，我國學者於思維法則本極缺乏，劉勰著文心雕龍前，雖然接觸過印度的因明學，可是在讚聖述經的大纛下，並沒有充分的加以利用。所以他仍然是以傳統學術的知量，記述了純中國文學理論的特質。講到「想像力」的時候，他覺得這種突如其來，行蹤飄忽的玩藝兒，實在不好解，亦不可解，只好歸之於「神」。遂以「神思」命篇，並置於創作論二十篇之首，可見他對此一問題的重視和迷惘。現在有些人研究「神思」，故意把它給魏晉的玄學結合，並特別強調，這實在是天大的寃枉。事實上，彥和所謂之「神思」，就是西方所謂之「靈感」，或文學上的「想像力」，並沒有甚麼好「玄」的。

「神思」篇涉及的問題很廣泛，從作品構思之初，到作品定稿之後，其中關於神思的定義，心神與外物交融而後文生之理，陶鈞文思的方法，神思運行的狀況，以及作品與神思兩不相應之故，文思變化無定，只可意會，不能言傳的悵惘等等，眞是乘一總萬，鉅細靡遺了。先拿「心神與外物交融而後文生」來看，他說：

「思理爲妙，神與物遊。神居胸臆，而志氣統其關鍵；物沿耳目，而辭令管其樞機。樞機方通，則物無隱貌，關鍵將塞，則神有遯心。」

文中以「神」「物」二者爲主，「神」之外有「志氣」，「物」之外有「辭令」。「神」居胸臆，屬內在的意識活動；物沿耳目，屬外在感官活動。外界的事物，以各種不同的形貌，經過耳目的媒體，傳遞到內心，則作家的精神，卽以不同的聯想，作相對的反應。這樣內神與外境交通融會以後，卽產生複雜連鎖的情感。不過從情感的發動，到文字的形成，還有一個堅靱的紐帶，必須突破，那就是志氣。「志氣」者，意志精氣也。當意志精氣集中時，文如行雲流水，一切物象都毫不隱藏的，呈露在腕底筆端，否則，一旦思路阻塞，就證明意志精神不夠集中。這裏有一個癥結，那就是當「神思正在運行時，如何能將精神集中於所想像的某一點的問題。所以劉勰進一步提出陶鈞文思的方法。說

「陶鈞文思，貴在虛靜，疏瀹五藏，澡雪精神。積學以儲寶，酌理以富才，研閱以窮照，馴致以繹辭。然後使玄解之宰，尋聲律而定墨；獨照之匠，窺意象而運斤；此蓋馭文之首術、謀篇之大端也〔六四〕。」

劉勰認爲「神思」可以經後天的陶鍊而成，單就此點而言，已較西洋某些美學家抱定「思由天授」「遺傳決定一切」的觀念，不知道要高明多少！「陶鈞文思」是「神思」篇的大法眼，我們得分兩方面看：一是臨文時的修養，一是平時準備的工夫；而臨文修養，又端賴平時準備，兩者有依附關係。臨文之時，貴在內心虛靜，排除一切私慾雜念。志淸神明，自有物來順應之妙。平時準備工夫，更分四點，一是累積學問，以儲藏知識於寶庫；二是體驗事理，以豐富寫作的才能；三是廣泛閱覽，以增進作者的觀

察力；四是順着情感的發展，去行文措辭。以上臨時與平時兩種陶鍊文思的工夫作到後，才可進一步按照創作技巧去實地寫作。可是既成的作品，往往與原來所構想者不盡相符，如云：

「方其搦翰，氣倍辭前，曁乎篇成，半折心始〔六五〕。」

此其故何也？古今中外的學者，對這方面作深入研究，而又能言之成理的，頗不易見。只有彥和獨具隻眼，他說：

「意翻空而易奇，言徵實而難巧也。是以意授於思，言授於意，密則無際，疏則千里，或理在方寸，而求之域表，或義在咫尺，而思隔山河。」

這是「意虛」「言實」的問題，所謂「意虛」，原來在藝術的創造未經傳達之前，想像中的事物，在心眼裏不過是一些模糊的概念，而作者就在如何系聯舊概念，造成新形式；比如「落日照大旗，馬鳴風蕭蕭。」上下兩句九個不同的字，所指的概念，拆開來看，稀鬆平常，但一經組合，由此九個概念所成的形式，清新美妙，愛不忍釋，使人不能不承認這是一種藝術的傑作。試想當作者意念初動之時，各種概念的紛至沓來，就像活動的影片，一幕一幕地映上心頭，或驀然而來，或瞬間即逝，翩若驚鴻，迅若脫兔，在作者只是異想天開，可是一旦要依實落筆的時候，就發生了所說的系聯上的困難，而不易從中取巧了。所以劉勰把這種文學心路分作思、意、言三個層次。意念來自作者的想像，言辭又受意念所支配。如三者密切配合，其作品就如天衣無縫，一有疏忽，便差以毫釐，謬之千里。所以最後他大聲疾呼，要我們「養心秉術」、「含章司契」，正見「思」可「養」而致，「文」有「法」可尋。

乙、才氣與學習

「神思」旣是「馭文之首術，謀篇之大端」，但「思而不學則殆」，所以彥和陶鈞文思之法，列「積學」爲四法之冠，實有深意存焉。總觀對文家寫作有決定影響的「神思」之外，就是「才氣」與「學習」。彥和云：

「情動而言形，理發而文見，蓋沿隱以至顯，因內而符外者也。然才有庸儁，氣有剛柔，學有淺深，習有雅鄭。並情性所鑠，陶染所凝。是以筆區雲譎，文苑波詭者矣。」

這講的是情理內隱，言文外顯，文章風格與作家的個性必內外相符。但由於才氣學習各人的禀受不同，故風格的變化，也就因人而異了。他把才氣說成「情性所鑠」，屬於天賦；學習歸之「陶染所凝」，屬於漸染。天賦卽生物學家所謂之「遺傳」，漸染卽社會學家所謂之「環境」。父母的遺傳固可以影響子女的才性氣質，而後天的環境，經由學習的過程，亦可以彌補先天的不足。從文章的構想上觀察，至少有遲速兩種類型的作家。他說：

「人之禀才，遲速異分，文之制體，大小殊功；相如含筆而腐毫，揚雄輟翰而驚夢，桓譚疾感於苦思，王充氣竭於沈慮，張衡研京以十年，左思練都以一紀，雖有巨文，亦思之緩也。淮南崇朝而傳騷，枚皐應詔而成賦，子建授牘如口誦，仲宣舉筆似宿構，阮瑀據鞍而制書，禰衡當食而草奏，雖有短篇，亦思之速也〔六六〕。」

這兩種類型，他各舉六家相勘驗，而一是皆以才性各異，所以造成遲速的不同。另外再從血性氣質上觀察，作者禀賦的氣質，與作品的風格，更是息息相關。如云：

「才力居中，肇自血氣；氣以實志，志以定言，吐納英華，莫非情性〔六七〕。」

彥和似乎把血性氣質，看成才力所本。血氣充實意志，意志決定言辭。由思想而意念，由意念而言辭，與他曾經講過的文家心路的三層次毫不相背。所以推到極處，指的仍是心靈的活動。自然藝術創造必須經過心靈的活動，則作品風格與作者血氣之表裏必符，當然是合理的結論了。他又歷舉賈誼、司馬長卿、劉向、揚雄等十二位作家，來印證立說的權威性。雖然由於儷偶行文的缺點，對自己的理論，未能充分的闡發，但大體無誤，亦足令人心折。至於他對學力的重視，實不亞於才氣。事類篇說：

「薑桂同地，辛在本性，文章由學，能在天資。才自內發，學以外成，有學飽而才餒，有才富而學貧。學貧者，迍邅於事義；才餒者，劬勞於辭情；此內外之殊分也。」

作者既有先天優異的禀賦，再加上後天辛勤的力學，才如盟主，學爲輔佐，主佐合德，必稱霸文壇。我們既知才學之相輔相成，而所學習之究爲何業，是又不可不知。體性篇云：

「才有天資，學愼始習，斲梓染絲，功在初化，器成綵定，難可翻移。故童子雕琢，必先雅製。」

這一段強調兩件事，一是學貴愼始，二是習必雅製。這都和劉勰創作起於模仿的思想有關，因爲模仿是從事文學創作的重要過程，所以他提供「雅製」，作爲摹習的標準。何爲「雅製」？「雅製」者，五經也。宗經篇云：「禀經以製式，酌雅以富言」，夸飾篇亦云：「詩書雅言，風格訓世。」事類篇更明指經典爲學習之業，云：「經典深沈，載籍浩瀚，實羣言之奧區，而才思之神皋也。揚班以下，莫不取資，任力耕耨，縱意漁獵，操刀能割，必裂膏腴。是以將贍才力，務在博見，狐腋非一皮能溫，雞蹠必數千而飽矣。」經典不僅是他所習之業，更是他審美的標準。尤其「厭黷舊式，穿鑿取新。」已成六朝的文風時，爲了正末歸本，以宗經爲號召，正見彥和用心。

先天的才性，旣然和後天的學習，內發外成，相互依附，在才氣學習之間，似乎還應該有一個導引的媒體，否則，才性之優劣，學習之勤惰，幾乎無從得知。旣無法得知，又如何能善誘善導，使學者由知之而好之，由好之而樂之呢？所以劉勰在體性篇有：「宜摹體以定習，因性以練才」的話，摹體者，摹擬雅正的風格，以確定寫作的習性；因性者，因循性情之所好，以鍾鍊寫作之才華。則敎育適構成兩者之間的橋樑。他從敎育的薰染上，去講才氣學習的涵藏與修爲，自是正本淸源。所以劉彥和文學談美的態度，是堪賓注意的。

五、情意的表出

生而爲人，不能無情；有情而欲表出，此乃心理之自然。蓋人心有所感，自以發而抒之爲快。至於抑鬱之情，尤必有所告訴，如得人所同情，亦可以自慰而減其愁苦。故詩大序說：「情動於中，而形於言。言之不足，故嗟嘆之。嗟嘆之不足，故詠歌之。詠歌之不足，不知手之舞之，足之蹈之也。」但情感之表出，必有方法，亦不可率然而成。因眞摯之情，渺冥之思，欲以有限之工具而傳達之，其事自非易易。所以文心雕龍論文學創作，以爲作品的構成，必須有幾個條件，要先期瞭解。

第一，材料的選取：作者之情，必附麗事物以呈現，此附麗之事物，卽文中的材料，而材料充塞天地，大至日月運行，小至毛髮細微，只要情有所鍾，莫不爲選取的對象。前人選取材料之法很多，如司馬遷寫史記歷盡中國名山大川，紬金匱石室之書。陶淵明是好讀書，不求甚解。杜甫是讀書破萬卷。詩中鬼才李長吉更有驢背尋詩的逸事。語云：「長袖善舞，多財善賈」，巧婦尙難作無米之炊，更況乎有事於文學創作者，如不儲材料於平時，或臨渴而掘井，或綆短而汲深，又怎能應付無窮呢？所以彥和提出「積學以儲寶，酌理以富才，研閱以窮照，馴致以繹辭」的說法，並謂「博見爲饋貧之糧」〔六八〕，「圓照之象，務先博觀」〔六九〕，「綜學在博，取事貴約」〔七〇〕，「先博覽以精閱，總綱紀以攝契」〔七一〕，從書本知識的吸收，到實際生活的體驗，都廣泛的加以涉及。作家預先有了這些豐富的材料，精密的理論，深入的觀察，實際的體驗，再想把蓄久待發的情感作適當的表現時，似乎不會感到甚麼困難了。

　　第二，體裁的配合：材料既經選得，次當求其所以位置之體裁。材料如水，體裁如器，器方水方，器圓水圓，各適其宜，兩合無傷。所以某種體裁，僅適宜於表現某種意義。如平常契約之事，而寫以比興之詩體，則契約必生糾紛。市井交易債券，而書以閎侈之辭賦，則交易必費解釋。顏之推家訓，還記載着博士買驢，書券三紙，未見驢字，以爲笑柄。便是譏諷當世文人，不知體裁，喜用典故的毛病。故精美的材料，如不能安置於適當的體裁，簡直類乎牛糞上的花朵，由於不得其位，而使文章蒙羞了。所以作家行文，首在辨體。文心雕龍定勢篇云：「括囊雜體，功在銓別，宮商朱紫，隨勢各配。」其文體論二十篇，更把各種體裁的創作要領，作明確的解析，使我們了悟到文體如人體，目主視，耳主聽，手職持物，足職行步，各有所司，彼此不能相假之理，體裁之於材料，亦當如是觀！

第三，通變的觀念：文學隨時代的變遷而日新其業，所以一時代有一時代的文學，顧炎武日知錄說：「三百篇之不能不降而楚辭，楚辭之不能不降而漢魏，漢魏之不能不降而六朝，六朝不能不降而唐也，勢也。」顧文所謂的「勢」，指的正是風氣和潮流。風氣潮流之於文學，雖然如風鼓浪，如勢揚波之前湧後推，重疊起伏，固有不同，但水之本質，並未絲毫增損。由此觀之，文學之變，又何獨不然乎！所以文心雕龍之言通變，以爲一個夠資格的作家，應該明白窮變通久之理，既不能一味從古，亦不可一切趨新。新舊之間，一定有可變與不可變者存焉。變其可變者，而後通其不可變者，這就是他說的「體必資於故實」，「數必酌於新聲」。參伍因革，用舊如新了。彥和說：「若乃齷齪於偏解，矜激乎一致，此庭閒之廻驟，豈萬里之逸步哉？」可見局限於一偏之見，只知復古；或認爲百慮一致，惟新是尙的作者，都是時代的糟粕，非通變的鳴鳳。

第四，情采的相稱：文家用采，雖在狀物寫象；而采之爲物，實以明情爲本。蓋情物交融而後文生，然當其交會成文之際，或物來動情，或情往感物。情物之間，交互相加。及其至也，即物即情，即情即物，融合無間，結成一體，這就是采以稱情敷設爲貴，情因敷采得當而顯。不足，則情不能達；太過，則情爲之掩。此所以內容形式之要完全統一。其理就在於此。司馬子長爲文中之聖，而人所欲讀者，不過屈原、伯夷、貨殖、游俠數列傳，蓋有感而發。孔明的出師表，李密的陳情表，雖庸人讀之，猶當涕零，何哉？亦因眞情流露，援筆而成，遂爲千古絕唱。所以文心雕龍有「情采」篇之設，就是希望作者體乎「文不滅質，博不溺心」的原則，使內容與形式兩兩相稱，而無爲文造情之弊。

材料既得，體裁已定，既有通變的認識，復能因情以造文，而能力有限的文字，往往使人有不足應用之苦。必至表出者，與所表出者，不能錙銖相等，纖毫不遺，於是表出之事乃生困難，因有修辭之法。修辭之法，乃就文字之短處而利用之，即以有限能力的文字，用成無限。文學家感此困工，是文學家不可缺少的修養。能講修辭之功，則少字可以表多意，常字可以言深情。甚而一切可喜可愕之迹，可歌可泣之事，都能畢現。渺冥之思，幽深之情，亦能奔赴腕底。所以文心雕龍創作論，設練字、章句、麗辭、鎔裁、聲律、比興、夸飾、隱秀、物色、事類等篇，意在竟修辭之全功，開美學之妙用。以下將分別說明。

甲、標三準以立意

作文之法，首先立意。其意既立，於是乎始，於是乎終，於是乎前，於是乎後，萬變不離其宗。例如賈誼過秦論，重在「仁義不施」四字，諸葛亮出師表祇以「親賢臣，遠小人」勗後主，李密陳情表亦祇主一「孝」字。雖一篇之中，波瀾起伏，變化無窮，而大意總不離乎此。文心雕龍鎔裁篇云：

「草創鴻筆，先標三準：履端於始，則設情以位體；舉正於中，則酌事以取類；歸餘於終，則撮辭以舉要。然後舒華布實，獻替節文，繩墨之外，美材既斲，故能首尾圓合，條貫統序。」

「鎔裁」者，鎔意裁辭也。故「草創鴻筆，先標三準」，指的是先建立三種構思的程序。「履端於始，則設情以位體」，是說寫作的開始，先設立主意，以確定本文的思想內容。「舉正於中，則酌事以取類」，言其次，應酌取本文內容所需要的材料，加以去蕪存精。「歸餘於終，則撮辭以舉要」，言最後，應運用扼要的文辭，表達本文的思想內容。三準既定，再進一步去舒布文華，鋪陳情實，推敲文字的音節和辭采。從這段話的含意上看，他把「命意」派在「舒文布實，獻替節文」的前面。就可以了解「三準」在他心目中的地位了。

吾人既知「意在筆先」，行文首重立意矣，而命意之法，又如何乎？吳曾祺涵芬樓文談說：「命意之法，凡一題到手，必先明其注重之處，譬之連山千里，必有主峯，滙水百川，必有正派。由此着想，則陳義能見其大，而不至常落邊際。而其餘所兼及者，不過枝葉鱗爪；而一篇所著力者，不外乎此。」古人文章，有意在題面者：如柳宗元愚溪詩序，即以「愚」字爲主意；蘇東坡喜雨亭志，即以「喜」字爲主意。有意在文內者：如韓愈平淮西碑的主意，是「決斷」二字；歐陽修縱囚論的主意，是「不近人情」四字。亦有意在言外者：如列禦寇假「愚公移山」的寓言，寫「有志竟成」之旨。柳宗元託捕蛇者說，寫「苛政猛於虎」之意，皆能互相闡發，以補文心雕龍「三準」未竟之緒。

乙、討字句以安章

昔日譏人之不善作文者，曰知字而不知句，知句而不知篇，此言謀篇之困難也。文心雕龍章句篇云：

「人之立言，因字而生句，積句而爲章，積章而成篇。篇之彪炳，章無疵也；章之明靡，句無玷也；句之清英，字不妄也，振本而末從，知一而萬畢矣。」

這又是欲知篇必先知句，欲知句必先知字之說。蓋：

「善爲文者，富於萬言，貧於一字，一字非少，相避爲難也〔七二〕。」

有人固一日可以千言，但因一字之未安，即令搜刮枯腸而終不可得；及其遇之也，則又全不費力，如同探囊得物。此雖在善文者，亦不能言其所以然。所以彥和勉人要虛心修改。他說：

「拙辭或孕於巧義，庸事或萌於新意，視布於麻，雖云未費，杼軸獻功，煥然乃珍〔七三〕。」

拙劣的文辭中，或包孕着巧妙的文義，平凡的敍事裏，或含有清新的意境，以麻織布之理觀之，雖然說並未增加甚麼材料，但經過機軸的加工以後，就成光彩煥發的衣料了。這不就是藝術加工的結果嗎？過去宋范希文作嚴先生祠堂記，其末歌詞云：「雲山蒼蒼，江水泱泱，先生之德，山高水長」，文成以示至友李泰伯，泰伯請改「德」字爲「風」字，當時希文凝坐頷首，殆欲下拜，因而文壇盛傳「一字之師」的佳話。至於練字造句之法，一是文字順序不可顚倒。彥和說：

「若辭失其朋，則羈旅而無友，事乖其次，則飄寓而不安。是以搜句忌於顚倒，裁章貴於順序。斯固情趣之旨歸，文筆之同致也〔七四〕。」

文字既有一定的順序，而標新立異者，往往不守常規，「顚倒文句，上字而抑下，中辭而外出，回互不常」〔七五〕，彥和以爲這些都是「訛濫」之體，「逐奇失正」。其次，是每句字數的多寡，要有適當配合。他說：

「章句無常，而字有條數，四字密而不促，六字裕而非緩。或變之以三五，蓋應機之權節也。」〔七六〕

句子的長短，與語氣有關。過短，則音節促迫；太長，則脣吻告勞。所以在四字、六字之間，變之以三五，所謂「折之中和，庶保无咎」，可謂定論。第三，要愼用語助詞。彥和云：

「(語助詞)據事似閑，在用實切，巧者廻運，彌縫文體，將令數句之外，得一字之助矣〔七七〕。」文中語助詞，有的是「發端之首唱」，有的是「劄句的舊體」，更有的是「送末之常科」，看似閑散，於用實切。在六朝時代，文心雕龍之言造句安章，就注意到語助詞的功用，也可以略窺彥和銳思千載的才華了。

丙、綜附會以謀篇

任何作品，都是複雜的整體，都是在一定體系和序列之中，許多因素的通盤組織。在此一通盤組織中，須綱領分明，首尾一貫，所以章句篇說：「外文綺交，內義脈注，跗萼相銜，首尾一體。」附會篇更講得明白：

「凡大體文章，類多枝派，整派者依源，理枝者循幹。是以附辭會義，務總綱領，驅萬塗於同歸，貞百慮於一致，使衆理雖繁，而無倒置之乖，羣言雖多，而無棼絲之亂。扶陽而出條，順陰而藏跡，首尾周密，表裏一體，此附會之術也。」

一文之中有許多理論，作者能使衆理相接，聯成一片，就像那「駟牡異力，而六轡如琴；並駕齊驅，而一轂統輻」，文義該顯則顯，該隱則隱，首尾照應，表裏一體，這就是所謂「結構」的工夫。不過，有些作者，只注意細節的描寫，而忽略重點的說明，以致輕重倒置，偏於一曲，不能產生藝術的作品。所以他說：

「畫者謹髮而易貌，射者儀毫而失牆，銳精細巧，必疎體統。故宜詘寸以信尺，枉尺以直尋，棄偏善之巧，學具美之績，此命篇之經略也〔七八〕。」

此對附辭會義的大經大法，說得眞是入木三分。不過徒然講究篇第的結構，而無充實的內容，則仍不免流於形式，似亦不得謂爲完善之作，所以劉勰鄭重的說：

「必以情志爲神明，事義爲骨鯁，辭采爲肌膚，宮商爲聲氣，然後品藻玄黃，摛振金石，獻可替否，以裁厥中，斯綴思之恒數也〔七九〕。」

他由情志而事義，而辭采，而宮商，內包外延，把文章的結構講得體用兼備，這和明清八股文章所謂之間架，精神上是截然不同的。

丁、本比興以烘托

古人爲文，最工比興。舊意有不能明者，設他語以明之。如劉向說苑載惠施答梁王說彈之難，「以其所知，諭其所不知」，便是此類最常見的實例。後世蘇東坡之文，亦好作喻體，蓋坡公平生喜讀莊子，莊子之書，託之寓意者十常八、九。至如詩經周南以關雎興后妃之德，召南以鵲巢象夫人之義，這都是「稱名也小，取類也大」，屬之興體。衛風淇奧以金錫比光明之德性，大雅卷阿以珪璋譬優秀之人才，這都是「寫物附意，颺言切事」，屬之比體。故彥和解釋比、興說：

「比者，附也；興者，起也。附理者切類以指事，起情者依微以擬議〔八〇〕。」

就此而論，比，是借他類以喻此理，言近指遠，情附於物，故可謂修辭學上之象徵法。興，乃寄託外物以興內感，環譬託諷，觸物起情，故可謂修辭學上之聯想法。比興二法如表現得當，正如彥和說的：「

物雖胡越，合則肝膽。」不過，兩漢以來，辭人作賦，惟知取媚君主，無復詩騷作者之「志思蓄憤」，所以「詩刺道傷，興義云亡賦，頌先鳴，比體雲構」了。推衍下去，到了六朝，更是「日用乎比，月忘乎興，習小而棄大，所以文謝於周人也。」興既云亡，故彥和暢述比體，以爲比之爲義有四，他說：

「比之爲義，取類不常；或喩於聲，或方於貌，或擬於心，或譬於事〔八一〕。」

至於比體的用法，彥和認爲：

「比類雖繁，以切至爲貴；若刻鵠類鶩，則無取焉〔八二〕。」

此明示比之表情手法，必須切合事實，如物物相比，失去象徵之意義時，卽弄巧成拙，一無可取。過去李卓吾焚書，曾說：「世之眞能文者，其初皆非有意於文也。其胸中有如許無狀可怪之事，其喉間有如許欲吐而不敢吐之物，其口中又時時有許多欲語，而莫可所以告語之處；蓄積既久，勢不能遏；一旦見景生情，觸目興嘆；借他人之酒杯，澆自己之塊壘；訴心中之不平，感數奇于千載。」比興之法，所以稱情而用，量物而使，正所以達到「借他人之酒杯，澆胸中塊壘」之目的也。

戊、用夸飾以傳神

彥和論文，抑浮僞而崇眞采，故斥相如爲「詭濫」，病子雲、平子爲「虛用濫形」，思以「酌詩書之曠旨，翦揚馬之甚泰」補救之，持論十分正大。蓋文字的功用有限，文人的情意無窮，修辭之法，在所以運用有限之文字，成無限之妙用，亦卽達無窮之情思也。故文意待辭修而益明，而修辭以能使意明爲限度。過此限度，亦足以「繁華損枝，膏腴害骨」，不但無益，反生瑕累。故文心雕龍夸飾篇云：

「神道難摹，精言不能追其極；形器易寫，壯辭可得喻其眞；才非短長，理自難易耳。故自天地以降，豫入聲貌，文辭所被，夸飾恒存。」

這就是說，自然界有許多事物，都有聲音形貌，想把它們在文辭上生動的加以表現，往往須極力形容，才能描摹傳神，使聞者快意，聽者愜心。所以「言峻則則嵩高極天，論狹則河不容舠；襄陵舉滔天之目，倒戈立漂杵之論」，辭雖已甚，其義無害。又像宋玉登徒子好色賦，形容美人之美，說「增之一分則太長，減之一分則太短，著粉則太白，施朱則太赤」，世界上雖無此等美人，但却使讀者更能體認到美人身材之修短合度，麗姿天成。杜甫形容孔明廟前的古柏，說它「霜皮溜雨四十圍，黛色參天二千尺。雲來氣接巫峽長，月出寒通雪山白」，世界上雖然找不到這樣大的柏樹，然而古柏參天蔽日之雄姿，與風雨搏鬪的勁力，均突出地呈現在我們眼前。所以彥和說：

「氣貌山海，體勢宮殿，嵯峨揭業，熠燿焜煌之狀，光采煒煒而欲然，聲貌岌岌其將動矣。莫不因夸以成狀，沿飾而得奇也〔八三〕。」

眞叫人有點兒愈荒唐而愈眞實的感覺。以此類推，像「挾泰山以超北海」，「拔一毛而利天下」，「鼻涕長一尺」，「白髮三千丈」，以及「怒髮衝冠」，「目眦盡裂」，都屬於夸飾性的文字。或曰：美文務在動人，未可責其不切事情。如王充論衡云：「爲言不溢，則美不足稱；爲文不渥，則事不足褒。」但事實上，夸飾的表情手法，是有其一定限度的。因爲夸飾不是粉飾表面，而是揭露眞情，不是壯言慷慨，而是鋪張當理。彥和不云乎：

「飾窮其要，則心聲鋒起；夸過其理，則名實兩乖〔八四〕。」

所以夸飾誠然是文學創作的方法，但一定要「夸而有節，飾而不誣」，不可徒務騁馳筆墨之工，而甘蹈諂誣詭濫之譏，才是以翰墨傳神的必要手段。

己、會隱秀以抒情

情感之表現，須以夸飾傳神，尤貴以含蓄抒情。含蓄者，在抑制個人的哀樂，使之鬱鬱勃勃而出，不欲徑情直行，以合於詩人溫柔敦厚之旨。昔人有「將軍欲以巧服人，盤馬彎弓惜不發」二語，最能形容行文蓄勢之貌，可謂至妙。以之比喻情感抑制之狀，似更眞切。中庸云：

「喜怒哀樂之未發，謂之中。發而皆中節，謂之和。」

使哀樂之情，發而中節，這就是含蓄之妙用。所以彥和云：

「隱也者，言外之重旨者也；秀也者，篇中之獨拔者也〔八五〕。」

張戒歲寒堂詩話所引，雖不見於今本文心雕龍，但確爲彥和之言，較之前面的定義，尤加明確。他說：

「情在詞外曰隱，狀溢目前曰秀。」這和北宋梅聖俞所謂之「含不盡之意見於言外，狀難寫之景如在目前」之語完全相合。蓋言外之意，必由言得，目前之景，乃憑情顯。若言失其當，則含意晦澀，不易領略；若情喪其用，則景物虛設，浮假無功，所以感情表出之法，要有適當的限度，太過或不及，都足使文學之美因而減色，所以古來文家，於此等地方殊費經營，而文學作品之優劣，也以此爲分界。彥和云：

「或有晦塞爲深，雖奧非隱；雕削取巧，雖美非秀〔八六〕。」

如揚雄的文章，假艱深以文其淺陋，不能說他是「隱」。顏延之的詩篇，錯采鏤金的詞句，不能說他是「秀」，大抵所作文章，從正面少，從反面多。寫實處少，寫虛處多。或道古而今自見，或語後而前益彰。卽彥和「文隱深蔚，餘味曲包」之意，這種精思冥想的道理，有時直可意會，不可言傳。至於像王國維人間詞話說：「雲破月來花弄影，著一弄字，而境界全出矣。紅杏枝頭春意鬧，著一鬧字，而境界全出矣」，由「弄」字，使我們領會花枝在月下搖動的姿態；由「鬧」字，使我們看見怒放枝頭的紅杏。眞乃字簡意繁，生動突出。不過，那只是合乎彥和所稱的一個「秀」字。至於像後來神韻派的作家，主張「弦外之音」，「味外之味」，只局限於王、孟的家數，便不免「東向而望，不見西牆」，更談不上「隱秀」的妙境了。

庚、據事類以明理

文家用典，亦修辭之一法。蓋作者欲直接表達自己的思想情感，有時也需要藉古事舊文，以濟白描之窮。所以彥和說：

「事類者，蓋文章之外，據事以類義，援古以證今也〔八七〕。」

爲文所以要「據事類義，援古證今」正因一字可以表多意，一事可以會萬情，有以少總多，以簡約繁之妙。事類爲用旣廣，故文家必須「綜學在博，取類貴約，校練務精，捃理須覈。」所謂「博」「約」「精」「覈」，就是讓我們去其糟粕，取其精華。如果多敍細事，愛用僻典，以一事不知爲恥，以字有來歷爲高，那就像魏晉以至六朝的文章，一節之中，連引十餘事，各以類相從，層見疊出，殆同事類統編，毫無思想情感之可言。所以鍾嶸詩品序痛詆而非譏之。以爲「吟咏情性，亦何貴于用事？思君如流水，既是卽目；高堂多悲風，亦惟所見。淸晨登隴首，羌無故實，明月照積雪，詎出經史。觀古今勝語，皆非補假，多由直尋。」全盤反對用典。彥和於事類篇，雖不作過激之語，但對時人用典，也提出了自己折衷的主張。他說：

「事得其要，雖小成績，譬寸轄制輪，尺樞運關也。」

又說：

「或微言美事，置於閑散，是綴金於足脛，靚粉黛於胸臆也。凡用舊合機，不啻自其口出，引事乖謬，雖千載而爲瑕。」

這就是要我們運用前人的事義典故，不露斧鑿痕跡，自然圓熟，脫口而出。邢子才說：「沈侯文章，用事不使人知覺，若胸臆語也，深以此服之。」與彥和「不啻自其口出」之說，冥符遙契。修辭用典到了「用舊合機」，若出胸臆的地步，我們又爲何要堅持反對的態度呢？

辛、因聲律以和諧

聲律，有自然之聲律，有人爲之聲律。人爲的聲律，有長短疾徐，抑揚高下。合乎自然的音節者，便是自然的聲律。如果像沈約發明的四聲八病，人們的情感思想完全被聲病所束縛，不能自由暢敍，甚或拘牽格律，使內容空洞，詞意扭曲，便有損自然之美，不合音聲大和的原則。所以劉彥和著聲律篇，開宗明義便說：

「音律所始，本於人聲者也。聲含宮商，肇自血氣。先王因之以制樂歌；故知器寫人聲，聲非學器者也。故言語者，文章關鍵，神明樞機，吐納律呂，脣吻而已。」

他首先認定言語的本身已自具宮商，而文章爲語言之精者，其疾徐高下，本自天籟。宣之於口而順，聽之於耳而調。故文以音節諧和爲貴。彥和聲律篇正發明此義。他說：

「聲有飛沈，響有雙疊，雙聲隔字而每舛，疊韵離句而必睽；沈則響發如斷，飛則聲颺不還，並轆轤交往，逆鱗相比，迕其際會，則往蹇來連，其爲疾病，亦文家之吃也。」

彥和從雙疊之用，飛沈之別，發明了「沈則響發如斷，飛則聲颺不還，雙聲隔字而每舛，疊韵離句而必睽」四條避忌的原則。質言之，一是講陰陽清濁的相間，二是明雙聲疊韵的接合。如果這二者分合適當，自然如轆轤交往，逆鱗相比。否則，迕其際會，往者無應，來則難悅，就難免有「吃文」之患了。

其次他又講到文章的和韵問題。說：

「異音相從謂之和，同聲相應謂之韵。韵氣一定，則餘聲易遣，和體抑揚，故遺響難契。屬聲易巧，而選和至難，綴文難精，而作韵甚易。」

這是由文章的選韵和體方面立說。實際上就是個「調聲」和「押韵」的問題。調聲、押韵爲文事所不可缺，誠因文辭不調，如人之「口吃」。故古來文家對此無不留意。唯有韵之文，其得失易見；無韵之文，其得失難知。由於易見，所以今人以有韵之文始講究聲律，無韵之文可略而不言。其實，天有天籟，人有人籟，詩有詩籟；文章發乎情，出乎口，又怎能因其駢散，而不講文籟乎。彥和之聲律說，就是希望吾人由人爲之音律，以上達音律之自然。在修辭學上是極端重要的一環。不可忽視的。

六、美感的回顧

本文內容共分六章，二十一節，首章美學與文心雕龍，在言「美學」和「文心雕龍」二者的關係，爲文心雕龍之美學首揭序幕。第二章藝術的架構，筆者以爲文心雕龍全書之分卷別篇，均經彥和刻意經營，苦心安排，爲一部生機活潑的藝術整體。所以從思想、理論、字句、敍事、語調、結構各方面，去鳥瞰文心的多樣變化，眞是柳暗花明，別具洞天。第三章美學的基礎，文心雕龍的美學，不是架空騰說，而是實有其事，實有其理。在其理論與事實的結合上，又必有一肯定的立足點，就是文心雕龍的美學基礎。筆者從全書行文命意，議論、敍事過程上，以抽絲剝繭的方式，比類歸納，認定自然、羣經、道德是文心雕龍美學三環節，而彼此依附，相生相成。由此再旁推交通，劉勰的美學知量，才有明確的依據。第四章能量的涵藏，美學之所以謂美，在於實際應用於創作，如置而不用，雖美無功。一言美學之爲用，從事創作的作家，其本身能量之何所自，可以說爲古來研究美感經驗之學者，一致關注，文心雕龍亦不例外。故筆者根據彥和的卓見。分由「靈感與想像」，「才氣與學習」兩方面加以剖析。第五章情感的表出，此與上章相表裏，因爲人既有藝術能量的涵藏，必有將個人死生新故之感，悲歡離合之情，寄身於翰墨，見意於篇籍的慾望。有此慾望，即思表出，而表出之方式，是隱言？是顯言？是夸張？是設喩？或如何命意？如何安章？如何謀篇？甚而又如何據事類義，援古證今？用功能有限的文字，抒寫文思不盡的情感，這就是所謂文學家必須工於修辭之理由。也正是美學的具體實踐。筆者於此特不惜筆墨，逐條闡釋。使文心雕龍的美學，不假外求，有自我落實之感。末章美感的回顧，乃本文之緒論。蓋仿史記自序，文心序志之成例而爲之也。

文心雕龍體大慮周，雖經筆者籌思半載，聚材盈篋，排比歸納，而成茲編。惟自覺中西雙方的思維法則，審美觀念，語言組織，有斷然不同之處，信不可勉強牽合。又我國古來學術界雖多不言美學，但美學知量蘊藏之富，衡諸並世，罕與倫比。本人深愧自己的學術水平不夠，對於文心雕龍之美學，實不敢以自詡已盡擷其精華，尤其面對古聖今賢，中外博雅，只怕欲寡其過，猶未能也。

【附註】

〔一〕引文見於文心雕龍體性篇。

〔二〕引文見於文心雕龍宗經篇。

〔三〕同前註。

〔四〕引文見於文心雕龍序志篇。

〔五〕引文見於文心雕龍情采篇。

〔六〕引文見於文心雕龍明詩篇。

〔七〕同註〔四〕。

〔八〕同註〔四〕。

〔九〕引文見於文心雕龍原道篇。

〔一〇〕同註〔六〕。

〔一一〕引文見於文心雕龍誄碑篇。

〔一二〕引文見於文心雕龍體性篇。
〔一三〕引文見於文心雕龍定勢篇
〔一四〕引文見於文心雕龍麗辭篇。
〔一五〕引文見於文心雕龍隱秀篇。
〔一六〕記評見於文心雕龍原道篇評。
〔一七〕同註〔六〕。
〔一八〕同註〔六〕。
〔一九〕同註〔五〕。
〔二〇〕紀評見於文心雕龍夸飾篇評
〔二一〕章氏說見於文史通義詩話篇。
〔二二〕引文見於文心雕龍養氣篇。
〔二三〕引文見於文心雕龍附會篇。
〔二四〕同註〔四〕。
〔二五〕同註〔一二〕。
〔二六〕引文見於文心雕龍鎔裁篇。
〔二七〕同註〔五〕。
〔二八〕同註〔五〕。
〔二九〕同註〔五〕。
〔三〇〕引文見於文心雕龍聲律篇。
〔三一〕引文見於文心雕龍章句篇。
〔三二〕引文見於文心雕龍總術篇。

〔三三〕同註〔二二〕。

〔三四〕同註〔三二〕。

〔三五〕同註〔九〕。

〔三六〕引文見於文心雕龍事類篇。

〔三七〕同註〔三六〕。

〔三八〕同註〔九〕。

〔三九〕同註〔九〕。

〔四〇〕同註〔二〕。

〔四一〕同註〔二六〕。

〔四二〕同註〔二六〕。

〔四三〕同註〔一三〕。

〔四四〕引文見於文心雕龍物色篇。

〔四五〕同註〔四〕。

〔四六〕所謂「由內聽以審和律」者，文心雕龍聲律篇云：「今操琴不調，必知改弦，摛文乖張，而不失所調，所謂響在彼弦，乃得克諧，聲萌我心，更失和律，其故何哉？良由外聽易爲巧，而內聽難爲聰也。」

〔四七〕所謂「節聲韻以避吃文」者，文心雕龍聲律篇云：「聲有飛沈，響有雙疊，雙聲隔字而每舛，疊韻離句而必睽。沈則響發如斷，飛則聲颺不還，並轆轤交往，逆鱗相比，迂其際會，則往蹇來連，其爲疾病，亦文家之吃也。」

〔四八〕所謂「明和韻以調宮商」者，文心雕龍聲律篇云：「異音相從謂之和，同聲相應謂之韻。……若夫宮商大和，譬諸吹籥；翻廻取均，頗似調瑟。瑟資移柱，故有時而乖貳；籥含定管，故無往而不壹。」

〔四九〕所謂「切正韻以求清切」者：文心雕龍聲律篇云：「凡切韻之動，勢若轉圜，訛音之作，甚於枘方，免於枘方，則無大過失。」

〔五〇〕今人韓耀隆先生，著有「文心雕龍五十篇贊語用韵考」一文，載於淡江文理學院民國五十九年（西元一九七〇）十一月出版的「文心雕龍研究論文集」。

〔五一〕同註〔一〕。

〔五二〕引文見於文心雕龍風骨篇。

〔五三〕引文見於文心雕龍通變篇。

〔五四〕引文見於文心雕龍夸飾篇。

〔五五〕請參閱本書第七章「文心雕龍之文原論」，第六節「從經學出發的批評理則」。

〔五六〕引文見於文心雕龍諸子篇。

〔五七〕同註〔四〕。

〔五八〕同註〔四〕。

〔五九〕引文見於文心雕龍程器篇。

〔六〇〕引文見於文心雕龍樂府篇。

〔六一〕引文見於文心雕龍詮賦篇。

〔六二〕本段措意，採自朱光潛著「文藝心理學」，第十三、十四章「藝術的創造」（臺灣開明書店出版）。

〔六三〕詳情可參閱本書第二章「梁劉彥和先生年譜」第二節「年譜」。

〔六四〕同註〔五〕。

〔六五〕引文見於文心雕龍神思篇。

〔六六〕同前註。

〔六七〕同註〔一〕。

〔六八〕同註〔六五〕。

〔六九〕引文見於文心雕龍知音篇。
〔七〇〕同註〔三六〕。
〔七一〕引文見於文心雕龍通變篇。
〔七二〕引文見於文心雕龍練字篇。
〔七三〕同註〔六五〕。
〔七四〕同註〔一三〕。
〔七五〕同註〔三一〕。
〔七六〕同註〔三一〕。
〔七七〕同註〔三一〕。
〔七八〕同註〔二三〕。
〔七九〕同註〔二三〕。
〔八〇〕引文見於文心雕龍比興篇。
〔八一〕同註〔七九〕。
〔八二〕同註〔七九〕。
〔八三〕同註〔五四〕。
〔八四〕同註〔五四〕。
〔八五〕同註〔一五〕。
〔八六〕同註〔一五〕。
〔八七〕同註〔三六〕。

第五章　文心雕龍之史學

一、史官建置與史學演進

推尋「史」的本義，本為記事。許叔重說文解字史部：「史，記事者也，从又持中。中，正也。」江永為之說云：「凡官署簿書謂之中。故諸官言治中、受中，小司寇斷庶民訟獄之中，皆謂簿書，猶今之案劵也，此中字之本義。故掌文書者謂之史，其字从又从中。又者右手，以手持簿書也」〔一〕吳大澂則謂：「史，記事者也，象徵簡形，古文中作朿，無作中者。推其意，蓋以中當作[illegible]，即冊之省形。冊為簡策本字，持中，即持冊之象也。」近人章太炎、王國維更展衍前人的成說，推闡說文从又持中的本義，釋中為盛筭之器，引申之而為掌其事者之名。遠自黃帝，即置史官。彥和云：「軒轅之世，史有蒼頡」。便是顯著的證明〔二〕。惟此史官，是書記官，非歷史官，故彥和又說：「主文之職，其來久矣」〔三〕。則史策記注，想亦必起於此時。到了夏、商兩代，史分左右〔四〕。周官、禮記載有所謂之大史、小史、內史、外史、御史之名，大抵都是掌管案卷，起草文書的人。時至成周，由於史官們對歷史的因果、時間、空間觀念的瞭解，史料益臻密備；就是諸侯附庸，也都設有史職。如魯之太史（左昭二年），齊之南史（左襄二十五年），鄭之祝史（左昭十八年），楚有左史（左昭十二年及國語楚語上），又有倚相（左昭十二年）史皇（左定四年），趙有史墨（左昭二十九年），薛有侍史（史記孟嘗君傳），晉有史趙、董狐（左襄三十年），衞有祝史（左襄二十五年），虢有史嚚（國語晉語二），統計起來，古代的史官，而見之於載籍的，將近八十位之譜〔五〕。至於甲骨文、金文中所發現的史官，尚不包括在內。後來隋書經籍志論史官具備的條件時說：「必求博聞強識疏通知遠之士，內掌八柄以詔王治，外執六典以逆官政，前言往行無不識，天文地理無不察，人事之紀無不達。」其關係之大如此。然自周室東遷，史職弛廢，戰代紛紜，秦制草率，漢初少文，史事不修，故司馬遷序史記，以爲身任史職，而言主上所戲弄，倡優所畜，流俗所輕，極端發抒胸中之憤懣。東都以後，蘭臺、東觀始稱著述之林，史記、漢書遂成時人研習的對象。魏、晉以下，雖史學轉盛，而其道愈替。於是彥和著史傳，列爲文辭之一體，並索其源流，述其旨義，精到周洽，開我國史論的先河。

二、闡明史著的義例

大抵說來，史學的發展有兩大軌跡，一是由簡單而趨於複雜，一是由混合而趨於分析〔六〕。而論史之書，就其功用言，也有兩條途徑，一曰揚搉利病，一曰闡明義例。揚搉利病重在分析演繹；闡明義例貴乎綜合歸納。二者互相挹注，不容偏廢。文心雕龍史傳篇闡明史例，認爲史肇軒黃，體備周孔，於周公則云：

「姬公定法，紬三正以班歷，貫四時以聯事」。

於孔子則云：

「夫子閔王道之缺，傷斯文之墜，靜居以嘆鳳，臨衢而泣麟，於是就太師以正雅頌，因魯史以修春秋，舉得失以表黜陟，徵存亡以標勸戒」。

孔子修春秋，託始魯隱，以事繫日，以日繫月，以月繫時，以時繫年，自是以後，時間之觀念因而大明，因果之關係於是顯著，編年記事之史，從而奠定了它的永久地位。

但春秋「睿旨幽隱，經文婉約」，丘明左氏，親炙尼父的教誨，深得至聖之微言，恐人各任己意，以揣測孔子的論旨，而異其端，失其眞，故論其間二百四十二年的行事以作傳，使人因實事而觀言，不因空言而求意。彥和稱讚他說：

「丘明同時，實得微言，乃原始要終，創爲傳體。傳者轉也，轉受經旨，以授於後。實聖文之羽翮，記籍之冠冕也」。

丘明之作傳，或先經以始事，或後經以終義〔七〕，言見經文，而事詳傳內；或傳無而經有，或經闕而傳存〔八〕。既以五十凡釋經，又有書、不書、先書、故書、不言、不稱、書曰、七類，以曲暢其義。使興亡的原委，經國的謨略，風教的盛衰，政事的得失，彰往察來，鉅細畢陳，衡諸遷史、班漢，東觀、三志之作，無一不採掇左氏，陶鎔國語，則文心之言，眞是再恰當也沒有了。

到了西漢，子長繼述父志，天漢二年，遭李陵之禍，被幽禁於縲紲之中，身毀不用，故述往事，思來者，卒述陶唐，至於麟止，自黃帝始。彥和稱史記的體例云：

「本紀以述皇王，世家以總侯伯，列傳以錄卿士，八書以鋪政體，十表以譜年爵，雖殊古式，而得事序」〔九〕。

編年之史，往往局於政治，難覩社會的全體，所以常人多以我國二十五史，等於歷代帝王或貴族們的家譜，不載民事，如以此論史記，未免過苛，說者或未嘗深加瀏覽，誤信耳食。姑且以史記爲例，本紀、書表、世家，固不免偏於貴族政治，然其篇數，僅占六十；其他列傳七十篇，自管、晏、莊、孟、荀、申、韓、孫、吳、蘇、張、計、范、諸子，以及仲尼弟子，當世儒林，屈、賈、枚、鄒的文學，扁鵲、倉公的方技，甚而循吏、酷吏、刺客、游俠、日者、龜策、貨殖等傳，將累代的民俗、社會、文化、無不詳究密察，所以彥和說他「雖殊古式，而得事序」。

及班固著漢書，因循前人的緒業。以爲史記止及漢武，其後史事闕而不錄；於是上自高漢，下訖王莽，成一家之言。彥和史傳篇稱之云：

「其十志該富，讚序弘麗，儒雅彬彬，信有遺味」。

其稱陳壽三國志云：

「文質辨洽，荀、張比之於遷、固，非妄譽也」。

於晉書則以爲：

「陸機肇始而未備，王韶續末而不終，干寶以審政得序，孫盛以約舉爲能……春秋經傳，舉例發凡，自史、漢以下，莫有準的……鄧粲晉記，始立條例」。

觀此，可知彥和對史書義例的審正，不僅態度十分嚴肅，而眼光更是牢籠百代，上下千載。

三、揚搉史書的利病

至於揚搉利病，彥和評史記云：

「其實錄無隱之旨，博雅弘辯之才，愛奇反經之尤，條例踳落之失，叔皮論之詳矣」〔一〇〕。

於漢書則云：

「至於宗經矩聖之典，端緒豐贍之功，遺親攘美之罪，徵賄鬻筆之愆，公理辨之究矣」〔一一〕。

於後漢紀傳有云：

「袁、張所製，偏駁不倫，謝、薛之作，疏而少信，若司馬彪之詳實，華嶠之準當，則其冠也」。

於三國志評曰：

「陽秋、魏略之屬，江表、吳錄之類，或激抗難徵，或疏濶寡要，唯陳壽三志，文質辨洽」。

而左傳、史記、漢書，爲我國史學名著，載籍的準繩，學覽者的覃奧，摛翰者之華苑，影響學術界，至深且鉅。故彥和對此三大史學名著又特別加以綜合的比較，他說：

「觀夫左氏綴事，附經間出，於文爲約，而氏族難明。及史遷爲傳，人始區分，詳而易覽，述者宗焉。及孝惠委機，呂后攝政，史、班立紀，違經失實。何則？庖犧以來，未聞女帝者也。漢運所值，難爲後法。牝鷄無晨，武王首誓，婦無與國，齊桓著盟，宣后亂秦，呂氏危漢，豈唯政事難假，亦名號宜愼矣。張衡司史，而惑同遷、固，元、平二后，欲爲立紀，謬亦甚矣」。

彥和以客觀的態度，指陳三書的利病，於史、班爲呂后立紀一節，以爲違經失實；於張衡欲爲元、平二后立紀，以爲惑同遷、固，在一個父權至上的社會裏，牝鷄司晨，爲史家所不許，是想當然的事。

四、依經附聖的思想

舍人爲一代奇才，其從事著述的旨趣，在文心雕龍序志篇裏已說得十分明白。今讀其五十篇的大作，可以說沒有任何一篇是架空虛設的，紀氏曉嵐詆訶他「史事非當行，此篇文字特繁，而約略依倚，無甚高論，特敷衍以足數耳。學者欲析源流，有劉子元之書在」〔一二〕，實非「知言」。筆者認爲文心雕龍史傳篇較之劉子玄史通，從字數多寡上看，雖僅及史通六十分之一〔一三〕。但由內容方面探討，史傳篇由史例、史評的闡發，旁推交通，論到著述的目的，以及史家應備的條件，遵行的最高原則，與夫所謂之「二難、兩失、四要」等，無一不深得史法的精蘊。或以爲子玄作史通，蓋即文心史傳的擴大〔一四〕，這確實是信而有徵之辭。如由著述的本源上去評估，史傳篇卻更能逆溯史學的總體，提出「立義選言，宜依經以樹則；勸戒與奪，必附聖以居宗」之最高原則。故「依經附聖」的原則，也可以說就是彥和史傳篇的主導思想。全篇涉及「依經附聖」的話很多，如「言經則尚書，事經則春秋」，「睿旨幽隱，經文婉約」，「轉受經旨，以授於後」，「實聖文之羽翮，記籍之冠冕」，「法孔題經，則文非玄聖」，「愛奇反經之尤」，「宗經矩聖之典」，「左氏綴事，附經間出」，「史班立紀，違經失實」，「春秋經傳，舉例發凡」，「依經以樹則，附聖以居宗，」「尼父之聖旨」，前後凡十二處。再則不僅他的史學思想是以「依經附聖」爲主導，就是在他整個的文論裏，徵聖、宗經，也構成了重要環節。於徵聖篇云：

「夫鑑周日月，妙極機神，文成規矩，思合符契，或簡言以達旨，或博文與該情，或明理以立體，或隱義以藏用。故春秋一字以褒貶，喪服舉輕以包重，此簡言以達旨也。邠詩聯章以積句，儒行縟說以繁辭，此博文以該情也。書契決斷以象夬，文章昭晳以効離，此明理以立體也。四象精義以曲隱，五例微辭以婉晦，此隱義以藏用也。故知繁略殊制，隱顯異術，抑引隨時，變通適會，徵之周、孔，則文有師矣」。

但「論文必徵於聖，窺聖必宗於經」，彥和於宗經篇又云：

「論、說、辭、序，則易統其首；詔、策、章、奏，則書發其源；賦、頌、歌、讚，則詩立其本；銘、誄、箴、祝，則禮總其端；記、傳、盟、檄，則春秋爲根。並窮高以樹表，極遠以啓疆；所以百家騰躍，終入環內者也。若稟經以製式，酌雅以富言，是即山而鑄銅，煮海而爲鹽也」。

由此觀之，「文術」「文體」既須徵驗於聖人，尊崇於五經，更何況「尊賢隱諱，固尼父之聖旨；奸慝懲戒，實良史之直筆」〔一五〕哉！正因爲彥和著史傳先掌握了此一述作的本源，所以就產生了他對史學上的卓越貢獻。

五、史家責任與著述目的

任何一部著作，必有著者的動機與目的，何況史家行文，其關係的重大，影響之久遠，誠如史傳篇贊語云：

「世歷斯編，善惡偕總，騰褒裁貶，萬古魂動」。

昔蒼頡造字，嚇得「天雨粟，鬼夜哭」。史記上曾說：「春秋上明三王之道，下辨人事之紀，別嫌疑，明是非，定猶豫，善善惡惡，賢賢賤不肖，存亡國，繼絕世，補弊起廢，王道之大者也」。孔子自己也說知我罪我其爲春秋〔一六〕。觀乎此，可知史家從事著述，眞乃驚天動地的千秋盛業，故下筆不可不愼。彥和言史家的責任云：

「史之爲任，乃彌綸一代，負海內之責，而贏是非之尤，秉筆荷擔，莫此之勞」。

又論作史的目的說：

「原夫載籍之作也，必貫乎百氏，被之千載，表徵盛衰，殷鑒興廢，使一代之制，共日月而長存；王霸之跡，並天地而久大」

所謂「表徵盛衰，殷鑒興廢」，正是本春秋史漢之義，立百代述作之幟。昔司馬遷著史記，劉子玄成史通，皆以爲人之著述，大多由於發憤〔一七〕，這是只齊其末不揣其本的說法，我覺得彥和所拈的這八個字的本義，純粹是一個史德的問題，章實齋文史通義說得好：「德者何？謂著書者之心術也。……蓋欲爲良史者，當愼辨於天人之際，盡其天而益以人也。盡其天而益以人，雖未能至，苟允知之，亦足以稱著述者之心術矣。而文史之儒，競言才、學、識，而不知辨心術以議史德，烏乎可哉！夫是堯舜而非桀紂，人皆能言矣；崇王道而斥霸功，又儒者之習故也。至於善善惡惡，褒正而嫉邪，凡欲託文辭以不朽者，莫不有是心也」〔一八〕。後人泥於發憤的說法，遂以史記百三十篇爲謗書，將史遷視同譏謗的能手，這實是不究史德之誤。彥和倡史家的責任與著述目的，雖不明言史德，而八字薪傳，可謂洪規遠模，百世不刊。

六、學以練事的強調

史學寄於史著，史著撰自史官、史家，而史官史家所賴以撰述史著者爲史料。所謂史料，範圍至廣，如史官記注、官署檔案、州郡計書、文士別錄、金石記載、地下蘊藏，無一不是史料，如漢代天下計書，上於太史，是爲備采的史料，太史公據此以成史記，是爲勒定之史著，然自現代史家觀之，前人的史著，也正是今日的史料。史料爲史著所本，故撰述史著者，又貴乎儁才通識。所以劉子玄云：「史有三長，才學識，世罕兼之，故史者少。夫有學無才，猶愚賈操金，不能殖貨；有才無學，猶巧匠無楩、柟、斧、斤，弗能成室。善惡必書，使驕君賊臣知懼，此爲無可加者」〔一九〕。考史通有覈才篇，所以明史才；有識鑒篇，所以明史識，獨彥和懼學者空言才識，不由力學，乃特於史傳篇強調史學的重要性，他說：

「東漢之初，史職爲盛，郡國文計，先集太史之府，欲其詳悉於國體也，閱石室，啓金匱，抽裂帛，檢殘竹，欲其博練於稽古也」。

閱石室金匱之所藏，抽裂帛殘竹之所書，以博練稽古，正所謂強調史家著述與史料蒐集，以及史學的重要性。因爲非學無以成其才識之故。至唐劉子玄著史通，始就彥和之義加以發揮，提出才、學、識三者爲史家必備的條件。清章實齋以爲「三者固有所近也，其中固有似之而非者也」，於是在才、學、識之外，又以史德、史意爲天下倡。史家撰述之主觀因素，到此可說已發揮得淋漓盡致。不過觀瀾索原，振葉尋根，彥和的說法，雖卑之無高，但其作始也簡，大有開山的氣象。尤其他在評文時兼言史法，於史法中強調史學，平實切當，洵爲篤論。雖然不脫辭章之習染，但這也是他的所長。子玄史通盡說史才、史識，而不及史學，故終不若彥和立說圓該可據。

七、史料的整理與鑑別

史著必須取資於史料，本文已迭加說明。惟古代史料流傳於現在的，已不限於金匱石室，斷竹殘帛了。我們根據梁啓超中國歷史研究法的分析，屬於文字記錄的與文字記錄以外的史料，計有數十種之多，史料缺乏，固然是有口難言，如果史料豐富，又發生了整理上的不易。所以劉彥和史傳篇於此特別提出二難、兩失的意見。所謂二難，大致是偏重於史料的蒐集，兩失則在說明辨眞僞的問題，現在分別闡述之：所謂史有二難，就是綜合史料，融會貫通之難，與權衡輕重，分別部居之難。誠因代久年淹，史有闕文，或事類繁多，傳聞異辭，故有綜合貫通之難也。彥和云：

「記傳爲式，編年記事，文非泛論，按實而書，歲遠則同異難密，事積則起訖易疎，斯固總會之難也」。

史通二體篇載：「若乃同爲一事，分在數篇，斷續相離，前後重出。於高紀則云語在項傳，於項傳則云事具高紀」。同爲一事，分篇敍述的體例，正是紀傳體的弱點，所以彥和又說：

「或有同歸一事，而數人分功，兩記則失於複重，偏擧則病於不周，此又銓配之未易也」。

東漢時張衡掌理史職，就分條摘錄了史記、漢書所敍與典籍不合的地方十餘事〔二〇〕。傅玄撰論經國九流及三史故事，於後漢書備加譏評〔二一〕。足徵彥和所謂之二難，實史家所難免，而又不得不同聲致慨的。所謂史有二失者，一爲訛濫之失，一爲妄論之失。所謂訛濫之失，卽追述古史，穿鑿附會，耀已炫博之意。史家追述古史，因書缺簡脫，致時代愈遠，史料的譌誤愈多，所以史家著述，略遠詳近，已成共同而必然的趨勢。孔子因魯史而修春秋，便是採取了這種辦法。如書中自宣、成以下，三紀而成一卷，可是至昭、襄以下，數年就佔了一篇，且此書託始乎隱公，意爲高祖以來事，尚可聞問而知也。至若尚書，託始乎堯、舜，以堯、舜爲孔子所虛懸的理想人物，故堯、舜二典稱謂尙書。尙書者，上古之書，與夏書、商書、周書、之有代可實指者，斷然不同，由此可見孔子取材的態度是如何的審愼了。竹書紀年起於夏禹，雖不必可信，倒言之有物。而司馬遷撰史記，卻遠推五帝，作五帝本紀。張衡欲紀三皇，唐司馬貞卽本其意，以補三皇本紀。至於皇甫謐的帝王世紀，徐整的三五歷記，不僅論及三皇五帝之事，甚而還記了許多盤古時代的神話。宋朝有胡宏者，又撰皇天大紀，其書果然又上起盤古。似此則愈後出的史家，其所知也愈多於前人，牽引附會，好像是在以古復有古相鳴高，這就是史家著述訛濫妄論的最大原因。彥和云：

「公羊高云，傳聞異辭，荀況稱錄近略遠，蓋文疑則闕，貴信史也。然俗皆愛奇，莫顧實理，傳聞而欲偉其業，錄遠而欲詳其跡，於是棄同卽異，穿鑿傍說，舊史所無，我書則傳，此訛濫之本源，而述遠之巨蠹也」。

其中尤其「俗皆愛奇，莫顧實理」一語，正中史家耀己炫博之病，並隱然說明史料之整理與鑑別的重要，雖然他沒有條列鑑別的方法，那只是由於本文的重點勢不在此，非彥和無能爲也。又有所謂妄論之失者，卽史家記編同代的歷史，褒貶由己，不尙客觀，「愛之欲其生，惡之欲其死」，劉子玄史通曾說：「其有舞詞弄札，飾非文過，若王隱、虞預，毀辱相凌；子野、休文，釋紛相謝；用舍由乎臆說，威福行乎筆端，斯乃作者之醜行，人倫之所同嫉也。亦有事每憑虛，詞多烏有，或假人之美，藉爲私惠，或誣人之惡，持報己讎，若王沉魏錄，濫述貶甄之詔；陸機晉史虛張拒葛之鋒。班固受金而始書，陳壽借米而方傳，此又記言之奸賊，載筆之凶人……」〔一二二〕，正見人事的曲直，全在史家下筆時的一念之間，他們權力之大，直可稱得上生死人而肉白骨。所以彥和早在史通成書以前就說過：

「記編同時，時同多詭，雖定、哀微辭，而世情利害。勳榮之家，雖庸夫而盡飾，迍敗之士，雖令德而嗤埋，吹霜煦露，寒暑筆端，此又同時之枉論，可爲嘆息者也」。

文中「勳榮之家，雖庸夫而盡飾；迍敗之士，雖令德而嗤埋」句，眞可爲藉藉無名的黃泉忠骨，一洒同情之淚。「吹霜煦露，寒暑筆端」，更寫盡了史家予取予奪的虛僞面孔。此不僅爲史家進忠告，也是向天下素心人士道衷曲。是眞能言人之所不能言，和不願言者，其間足見彥和魄力。今人許冠三講史學方法的時候，特別提到「設身處地的了解法」(Method of empathetic understanding)〔一二三〕，美人班茲(H. E. Barnes)也強調內部的考證：「史料雖眞，顧其所述者未必確然不誣。或心有所偏，或胸懷成見，均足縈惑作者之視聽，使其所述幾若讕言。故必須詳審作者之是否輕信人言，以及其個人意志態度之所向，以便了然其所述史事是否受有影響」〔二四〕。這些都在暗示作者讀者對史事眞僞作正確的考察，作者既不可譁衆取寵，讀者尤不能輕言採信。

八、綜論史法四原則

作史須先立例，尤貴有法可循。史通曾謂「史之有例，猶國之有法，國無法，則上下靡定；史無例，則是非莫準」，由此可知例就是法，法就是例。史法的重要，從而確認。彥和惟恐前說的籠統，於史傳篇末，特綜舉史法四原則，作爲述作的典要。他說的這四個原則：關於史料整理方面，須具「尋繁領雜之術」。史料選取方面，須守「務信棄奇之要」。行文敍事方面，要「明白頭訖之序」。謀篇布局方面，應「品酌事例之條」。這由史料的蒐輯揀擇，到行文立意，鎔裁布局，均一一縷陳，眞是括囊大體，洞曉綱領了。在這四者之中，「務信棄奇」一條最爲重要，故通篇舉元聖之經，爲天下則，獨稱左氏析理居正，爲聖文之羽翮，而史、漢以下，瑕瑜互見，雖有足取，難臻上乘。文末以爲史家的任務，乃彌綸一代之史實，負有澄淸天下的言責，而又易招致謗尤；所以他說「秉筆荷擔，莫此爲勞」。如果史家一味的「任情失實」，高下在心，則史著的編纂，將難期久遠。對「俗皆愛奇，莫顧實理」的當世的史學界，反復叮嚀。正因爲他立論有宗，故能鑒文若鏡。

九、結語

綜觀彥和先生的史學思想，於史官建置，史著源流，論史途徑，依經附聖的理則，史家的責任與目的，以及史料的整理，史法的確認，和學以練事的強調，皆能針對當世史家好奇反經的流弊，援引春秋經傳以及馬班史漢的既有成就，由史德史意兩方面植基，然後逐類旁伸，構成了他尚具條理的，並且是空前未有的史論。進而以他的自爲法，去評隲所有的史學名著。辭簡而意賅，條析而流別。雖然後人批評他史事非當行〔二五〕，但史傳篇論史，是由經學說到史學的，尤其是「立義選言，宜依經附聖」之說，爲千古史家不易之典要。基於此，彥和於春秋「尊賢隱諱」的筆法，便認爲是萬代一準。然觀劉子玄史通反以爲「春秋重名，左傳徵實，春秋略舉大綱，左傳詳於記事」，因而有「惑經申左」的驚世駭俗之論〔二六〕。今賢錢賓四評校文心雕龍與史通的優劣，平實中肯，足資留心史學者所借鑑。他說：「我們平心來看這兩部書，文心雕龍之價值，實還遠在史通之上。我曾講過，史學當有三種工作，即考史、論史、著史。史通向來列爲一部評史的書，但評史更重要是在評論一時代的歷史，而史通只是在評論史著，不是評論歷史……回頭來看劉勰的文心雕龍，那就偉大得多了。他講文學便講到文學的本源，學問中爲什麼要有文學，文學對整個學術上應該有什麼樣的貢獻。他能從大處會通處著眼，他是從經學講到文學的，這就是他能見其本原，能見其大；大本大原他已把握住……因他能注意到學問之大全，他能討論到學術的本源，文學的最後境界應在那裏？這些用心，卻是劉知幾所缺乏的」〔二七〕。我們借用錢先生的史學眼光，就更可以看出彥和先生史學思想之精博。然而人恒知文心雕龍爲文論的名著，竟忽視了他在文論中的史學方面的成就。至於薈萃其史學思想的史傳篇，更是史學界考史、論史、空前未有之作，今特鈎稽出來，以饗世之好劉氏學者。

【附註】

〔一〕說見江著周禮疑義舉要。

〔二〕見文心雕龍史傳篇。

〔三〕見文心雕龍史傳篇。

〔四〕漢書藝文志「左史記言，右史記事，事爲春秋，言爲尚書」。文心雕龍史傳篇也有「古者，左史記言，右史書事，言經則尚書，事經則春秋」之語。

〔五〕近人金靜庵中國史學史第九頁有古代史官表。該表上起黃帝時代的蒼頡，下終漢武時代的司馬遷，綜計史官共七十八位之多。

〔六〕近人朱希祖中國史學通論，評中國史學之派別時，曾列舉自春秋迄今的史學名著六十七種，分析歸納，成此通則。

〔七〕見杜預春秋經傳集解序。

〔八〕劉知幾史通六家第一左傳家。

〔九〕引文見文心雕龍史傳篇。

〔十〕叔皮，班彪字，彪著史記論，載於范曄後漢書本傳裏。

〔一一〕公理，仲長統字，山陽高平人，每論說古今及時俗行事，恒發憤歎息，因著論曰昌言，凡三十四篇，十餘萬言，已佚。

〔一二〕紀說見文心雕龍史傳篇評。

〔一三〕按史通凡二十卷五十二篇，除去逸篇外，凡八萬三千三百五十二字，文心雕龍史傳篇連同贊語在內，共一千三百九十九字，僅及史通六十分之一。

〔一四〕今人傅振倫著劉彥和之史學一文，以爲史通一書卽就文心之意而推廣之。史通自敍也說：「自法言已降，迄于文心而往，以納諸胸中，曾不慸芥者矣」，劉氏似亦暗自承認史通之作，乃步武文心。

〔一五〕見文心雕龍史傳篇。

〔一六〕孔子說，見孟子滕文公下。

〔一七〕史記太史公自序：「昔西伯拘羑里演周易，孔子厄陳蔡作春秋，屈原放逐著離騷，左氏失明厥有國語，孫子臏脚而論兵法，不韋遷蜀世傳呂覽，韓非囚秦說難、孤憤，詩三百篇，大抵聖賢發憤之所爲作也」。劉知幾史通自敍：「蓋仲尼既歿，微言不行，史公著書，是非多謬，由是百家諸子，詭說異辭，務爲小辨，破彼大道，故揚雄法言生焉。儒者之書，博而寡要，得其糟粕，失其菁華，而流俗鄙夫，貴遠賤近，傳茲牴牾，自相欺惑，故王充論衡生焉。民者冥也，冥然罔知，率彼愚蒙，墻面而視，或訛音鄙句，莫究本源，或守株膠柱，動多拘忌，故應劭風俗通生焉。五常異稟，百行殊軌，能有兼偏，知有長短，苟隨才而任使，則片善不遺，必求備而後用，則舉世莫可，故劉劭人物志生焉。夫開國承家，立身立世，一文一武，或出或處，雖賢愚壤隔，善惡區分，苟時無品藻，則理難錯綜，故陸景典語生焉。詞人屬文，其體非一，譬甘辛殊味，丹素異彩，後來祖述，識殊圓通，家有詆訶，人相掎摭，故劉勰文心生焉」。

〔一八〕章氏說，見文史通義史德。

〔一九〕見新唐書劉子玄傳。

〔二〇〕見范曄後漢書張衡傳：「衡條上司馬遷班固所敍與典籍不合者十餘事」。

〔二一〕見晉書傅玄傳：「玄少時避難於河內，專心誦學，後雖顯貴，而著述不廢，撰論經國九流及三史故事，評斷得失，各爲區別，名爲傅子」，書佚，嚴可均全晉文四十七至五十有傅子輯本。

〔一二二〕引文見史通卷七曲筆第二十五。

〔一二三〕見許冠三史學與史學方法第一四三頁。

〔一二四〕班茲原著，向通譯述的史學第五三頁。

〔一二五〕見紀評「彥和妙解文理，而史事非其當行……」本文四依經附聖的思想首段引有紀氏全文。

〔一二六〕劉知幾史通外篇有惑經申左兩篇。

〔一二七〕見錢賓四先生近著中國史學名著第一五四頁至一六二頁。

第六章　文心雕龍之子學

一、寫作本文的動因

諸子學爲我國哲學的淵藪，先秦學術思想的結晶。他們的著述雖以立意爲宗，不以能文爲本〔一〕，然其中於訓詁、考據、義理、辭章，則無所不包，無所不具。考其學術淵源，於春秋學派，則以儒、道、墨三家最稱顯學；名、法、陰陽，興於戰國；縱橫、農、雜、小說，起於衰世之末，源遠流長，派別支分，各以所學，設教立說，致五百年之學術，造成文化上燦爛的高峰，曠古絕今，莫能比擬，求之瀛寰，未如其盛，斯爲絕詣，亦屬專門，此乃我學術文化所以誇耀於世界者也。梁劉彥和著文心雕龍五十篇，列諸子爲辭章的一體，其間不僅述流別，評優劣，而於諸子辯雕萬物，智周日月的麗辭秀句，更覽華食實，爲後來操觚染翰者闢一習作的知識寶庫，使百氏的情采與文學體式發生了血緣上的關係，這種金鍼引渡的功能，確乎是造詣空前，同時也是本文寫作的基本動因〔二〕。

二、諸子及其著述

諸子云者：蓋以先秦學者爭鳴天下，自六經以外，凡立說名世的都屬子書，合言之稱謂諸子，析言之則曰某子。子者，本爲男子的通稱或美稱，後引申而爲尊稱或自稱，如稱有爵位的官員，公羊宣公六年傳：「子，大夫也。」穀梁宣公十年傳：「其曰子，尊之也。」於各國卿大夫舉其謚者，皆曰某子，如韓宣子，季康子等。對有道德有學問的人也稱之曰某子，如孔子、老子。也有弟子單用「子」字以尊師者，如論語中孔門弟子之於孔子。又有於姓氏之上再加「子」字者，如公羊傳中的子沈子、北宮子。至同輩互稱者，如孔子稱蘧伯玉爲公叔文子，以上皆屬尊稱一類。至於自稱者，如巷伯自稱孟子是也。至學者著述，也有以子署名的前例，如老子、莊子、墨子、孟子等。迨後史家著錄，因子書衆多，於是滙萃成編，而有司馬談的論六家要旨，劉歆諸子略，班固漢書藝文志的九流十家。隋書經籍志又承王儉七志、阮氏七錄而設立子部，自此諸子始正式成爲部勒羣籍的一個專門名詞。劉彥和以「入道見志」釋諸子，並謂「太上立德，其次立言，百姓之羣居，苦紛雜而莫顯；君子之處世，疾名德之不章。唯英才特達，則炳耀垂文，騰其姓氏，懸諸日月〔三〕。」彼等皆深究古先聖王治事理民的大體，因應時代的需求而變制革術，衒己求售，取悅諸侯；惜遭時不遇，遂乃假空文以見志。他們的著述或佚而不傳，或傳而後世莫能爲之繼。是以彥和乃廣推文學至上之理，申述百家炳文之義，可說是辭近寓遠，含有重大意義。

三、彥和對先秦子學的重大發現

劉彥和論諸子學術的演進，除兼採各家分類之長外，更具有三點卓見：一、客觀的疑古態度，二、證兩漢爲子學變遷的重大關捩，三、正本歸源的宗經思想。現在就此三說，依次闡明如下：

古人簡質，不尙空言，是以春秋以前沒有以專門著作名家的〔四〕。今漢書藝文志所列諸子百八十九家，四千三百二十四篇，其書大多結集於戰國以後，傳其學者之手。觀彥和述諸子學術流派，不僅逆溯他們的淵源，且兼窮其流派；而源流區分，復以戰國爲畫境，戰國以前是「聖賢並世」；戰國以後，乃「俊乂蠭起」。「聖賢並世」，可謂子學的萌芽。諸子學術之於此期，如蘐之始生，水之濫觴，其間所傳者有風后、力牧、伊尹、鬻熊，諸位作者爲代表〔五〕。及「伯陽識禮，而仲尼訪問，爰序道德，以冠百氏」〔六〕；然而鬻熊爲周文王之友，李耳實孔子之師，追根究柢關係至爲密切。孔子祖述堯舜，憲章文武，刪訂原籍以成六經，後世儒者，尊仲尼爲師，誦詩書之文，於是經典子書分道並馳，成了我國學術上的兩大環節。故彥和稱此期爲「聖賢並世，經子異流。」戰國以武力相征伐，周朝的政令已不能影響諸侯，所謂周衰文敝，六藝道息，造成處士横議，百家競鳴的新時代。彥和特綜其尤著者，於九流十家，各擧其一。他說：「孟軻膺儒以磬折，莊周述道以翺翔，墨翟執儉确之教，尹文課名實之符，野老治國於地利，騶子養政於天文，申、商刀鋸以制理，鬼谷唇吻以策勳，尸佼兼總於雜術，靑史曲綴於街談。」其他承流而枝附的爲數甚多。

及至漢成帝留意古學，乃刻意搜求天下遺書；詔下光祿大夫劉向校經傳諸子詩賦，於是「七略芬非，九流鱗萃」。然而經漢歷唐，以迄乎今，書經數厄，因而有胡應麟四部正譌之作，胡適審定史料之法，梁啓超鑑別僞書之公例，高本漢中國古籍辨僞方法〔七〕。對先秦古籍之流傳於今者，都想用客觀徵實的態度，考定眞僞，別白同異，一舉而廓淸之。自此，我國的羣經、三史，諸子百家，幾乎無書不僞，無僞不摧；從而二千年來以儒家爲中心思想的學術主流，發生了根本上的動搖。惟勇於疑古者，破壞有餘，建設不足，致中國目前思想界未蒙其利，先受其害。反觀彥和辨眞別僞的態度，於諸子篇論及風后、力牧、伊尹的作品時，他說：

「篇述者，蓋上古遺語，而戰代所記者也。」

又論鬻子，以爲

「鬻熊知道，而文王諮詢，餘文遺事，錄爲鬻子。」

明言各家著述雖爲戰國學者所依託，但上古遺語、遺事存乎其間，未容偏廢，故其書雖僞，也應錄而存之。又正緯篇彥和對緯書的辨正，云

「蓋緯之成經，其猶織綜，絲麻不雜，布帛乃成；今經正緯奇，倍擿千里，其僞一矣。經顯，聖訓也；緯隱，神教也，聖訓宜廣，神教宜約，而今緯多於經，神理更繁，其僞二矣。有命自天，迺稱符讖，而八十一篇，皆託於孔子，則是堯造綠圖，昌制丹書，其僞三矣。商、周以前，圖籙頻見，春秋之末，羣經方備，先緯後經，體乖織綜，其僞四矣，僞既倍摘，則義異自明，經足訓矣，緯何豫焉。」

他痛詆緯書之乖道謬典，並條列四僞以正之，力闢緯書亂經的事實；但緯書「事豐奇偉，辭富膏腴，無益經典，而有助文章，是以後世辭人，採摭英華」，雖「平子慮其迷學，奏令禁絕，仲豫惜其雜眞，未許煨燔。」故主張「芟夷譎詭，採其雕蔚〔八〕。」我們看了這幾段說話，知道彥和能從史事、文體、思

想、各方面覈緯書之爲僞，但他又不預存成見，不別具用心，如果拿他來方之王充的問孔、刺孟、劉知幾的惑經、申左，以及近代撰述古史辨諸公的大著，徒逞一時驚世駭俗的快意，無視民族自信心的喪失者，則彥和客觀的疑古態度，可說是他的卓見之一。

其次彥和論子學的變遷，以兩漢爲一大斷限。他認爲

「自六國以前，去聖未遠，故能越世高談，自開戶牖；兩漢以後，體勢浸弱，雖明乎坦途，而類多依採，此遠近之漸變也〔九〕。」

此雖然未明言原因，但論子學之興衰，斷自兩漢，實在也是空前的創說。至於以「六國以前，去聖未遠，故能越世高談。」揭出先秦學術突飛猛進的基本因素，更是別具慧眼。蓋有特殊的變革，必有特殊的原因，春秋以後，由於周室東遷，王綱不振，列國角戰，官失其守，是以在思想言論，經濟結構，政治制度，多方面造成大解放、大動亂的非常時代。非常的時代必有非常的人才，有非常的人才，才能建立非常的功業，孔子係由貴族降爲平民，並以多禮博學名世〔一〇〕；一車兩馬，周遊列國，所到之處多不受歡迎；乃退而於游、夏之徒，講學於洙、泗之上，六藝的敎化因而大明。自此私家著述之事啓，自由講學之風開；此清章學誠所以讚夫子功過堯、舜者也〔一一〕。加以時君世主，多以甄拔人才相尙，以至諸子爭鳴，俊乂蠭出；有志之士，以積極救世的熱忱，發而爲革命性的言論，尋繹他們的論旨，於舊制度竭力擁護者有之，反對批評者有之，修正補苴者有之，甚而託古改制者亦有之。皆能持之有故，言之成理，這就是彥和所謂之「越世高談，自開戶牖」。此一大解放大混亂局面，一直延長到西漢初葉，由於五百餘年的兵連禍結，致國人引領思治，若大旱之望雲霓；於是黃，老無爲之術，申、商刑名

之教，縱橫修短之說，此起彼伏，相激相盪，是證秦嬴焚書坑儒，諸子之學並未稍歇，故彥和說：

「暴秦烈火，勢炎崐岡，而煙燎之毒，不及諸子。」〔一二〕

漢武帝於衆說叢脞之際，思學術言論之當有所一統，乃採董仲舒的對策，罷黜百家，表章六經，從此以利祿之道，倡導儒學，登庸人才；致天下羣英，盡入彀中，則春秋以來醞釀而成之言論思想自由的空氣遂亡，諸子百家之學日衰，此彥和所謂

「兩漢以後，體勢浸弱，雖明乎坦途，而類多依採」，「迄至魏、晉，作者間出，讕言間存，瑣語必錄，類聚而求，亦充箱照軫矣〔一三〕。」

顏氏家訓序致篇也說：「魏晉以來，所著諸子，理重事複，遞相模斅，猶屋下架屋，牀上施牀耳。」可見彥和證兩漢爲子學變遷的大關捩、大終結，乃學界公認的確論，爲後此治子學者立一準據，這可以說是他的卓見之二。

凡學皆有源流，由流可以溯源；然有近源，亦有遠源，溯近源而不溯遠源，亦未能得學術之眞象也。莊子天下篇，荀子非十二字，淮南子要略，以及司馬談論六家要旨，班固復據劉歆七略著漢書藝文志，均爲言諸子學術源流的重要文獻，其中尤以莊子天下篇與班固漢志，持論平實，既觀其本源，復會其消流。天下篇云：「其在於詩、書、禮、樂者，鄒魯之士，搢紳先生多能明之；詩以道志，書以道事，禮以道行，樂以道和，春秋以道名分。其數散於天下，而設於中國者，百家之學，時或稱道之。」班固漢書藝文志云：「諸子十家，其可觀者九家而已。皆起於王道既微，諸侯力征。時君世主好惡殊方，是以九家之術，蠭出並作，各引一端，崇其所善，以此馳說，取合諸侯。其言雖殊，譬猶水火，相滅亦

相生也。仁之與義，敬之與和，相反而皆相成也，易曰：『天下同歸而殊途，一致而百慮。』今異家者各推所長，窮知究慮，以明其指，雖有蔽短，合其要歸，亦六經之支與流裔。」彥和總覽諸子的源流，兼採莊、班的英華，確認「諸子述道言治，枝條五經」，並由純粹、踳駁兩方面分引實例以徵之。云「禮記月令，取乎呂氏之紀；三年問喪，寫乎荀子之書，此純粹之類也。若乃湯之問棘，云蚊睫有雷霆之聲；惠施對梁王，云蝸角有伏尸之戰；列子有移山跨海之談，淮南有傾天折地之說，此踳駁之類也。」我們以彥和之說，較之莊周、班志，雖非創解，而持論的綿密，舉證的確鑿，尤有過之。所謂前修未密，後學轉精者是也。時值齊、梁，釋、老並興，儒學式微的時候，彥和能變通今古，反宗經誥，不惜與詖辭邪說相頡頏，亦足見其膽識，這可說是他的卓見之三。

此外彥和曾將法家的商、韓，名家的公孫龍子，單獨提出批判。於商、韓云：「六蝨五蠹，棄孝廢仁，轘藥之禍，非虛至也。」於名家云：「公孫之白馬孤犢，辭巧理拙，魏侔比之井鼃，非妄貶也。」按法家信賞必罰，及刻者為之，言今而不言古，言人而不言天，言刑法而不言仁義，言功利而不言教化，盡舉舊有道德而廢之，殘害至親，傷恩薄厚。商君六蝨，韓非五蠹，取合時世，逞意雌黃，結果商君車裂，韓非囚秦。後李斯、姚賈之徒，變其本而加厲，終至六經泥燔，百家飈駭。推其所以致此的原因，皆由主政者誤「人性本惡」一念所引起也。矯首今日大陸共匪，厲行破舊除新，其慘礉少恩，視乎商、韓，又瞠乎所不及。前事不忘，後世之師，殷鑑不遠，信必有更甚於轘藥之禍者。至於名家公孫龍子，持材善辯，好分析詭異之言，為堅白異同之論；辭窮衆口，知困百家，如「卵有毛」，「鷄三足」之類違經背實，淆亂視聽，故魏公子侔比之埳井鼃，東海鼈；莊子也斥其能勝人之口，不能服人之心。舉目斯世，愛奇尚詭之說，標新立異之行，較諸戰國、六朝之世尤有過之。彥和舉名、法二家為例，以哀古藥今，期永為後世所烱戒，用心亦深遠矣。

四、先秦諸子與文學

彥和之論諸子，係由經學談到文學，再由文學籠圈子學。我國文學發達最早，而秦、漢諸子的作品，各具特色，為秉文之金科，足令萬世所取法。固然諸子以立意為宗，但凡在思想上能卓然成家的，於文辭上也必有可觀。所以彥和於評述子學的發展以後，復能「覽華食實，棄邪採正」，這也可說是他三大卓見之外的又一傑構。茲申其說如下。彥和評諸子文辭云：

「孟、荀所述，理懿而辭雅。管、晏屬篇，事覈而言練。列禦寇之書，氣偉而采奇。鄒子之說，心奢而辭壯，墨翟、隨巢，意顯而語質、尸佼尉繚，術通而文鈍。鶡冠綿綿，亟發深言。鬼谷眇眇，每環奧義，情辨以澤，文子擅其能，辭約而精，尹文得其要；慎到析密理之巧，韓非著博喻之富，呂氏鑒遠而慮周，淮南汎採而文麗。」

由於文心雕龍是將子學鎔入文學的範疇去講的，所以諸子在文學創作方面便構成了一個重要環節。如風骨篇之論文術，云：「鎔鑄經典之範，詳集子、史之術……然後能孚甲新意，雕畫奇辭。」情采篇論立文之道，云：「孝經垂典，喪言不文，故知君子常言未嘗質也。老子疾偽，故稱美言不信；而五千精妙，則非棄美矣。莊周云：辯雕萬物，謂藻飾也；韓非云：艷乎辯說，謂綺麗也；綺麗以艷說，藻飾以辯雕，文辭之變，於斯極矣。研味孝、老，則知文質附乎性情，詳覽莊韓，則見華實過乎淫侈，若擇源於涇渭之流，按轡於邪正之路，亦可以馭文采矣。」時序篇論作家與時代風尚的關係，云：「春秋以後，角戰英雄，六經泥蟠，百家飇駭，方是時也，韓、魏力政，燕、趙任權，五蠹、六蝨，嚴於秦令。唯齊楚兩國，頗有文章：齊開莊衢之第，楚廣蘭臺之宮，孟軻賓館，荀卿宰邑，故稷下扇其清風，蘭陵鬱其茂俗。鄒子以談天飛譽，騶奭以雕龍馳響；屈平聯藻於日月，宋玉交采於風雲。觀其豔說，則籠罩雅、頌。故知暐曄之奇意，出乎縱横之詭俗也。」才略篇論作家與個人才情的關係，云：「及乎春秋大夫，則修辭聘會，磊落如琅玕之圃，焜耀似縟錦之肆，薳敖擇楚國之令典，隨會講晉國之禮法，趙衰以文勝從饗，國僑以修辭扞鄭，子太叔美秀而文，公孫揮善於辭令，皆文名之標者也。戰代任武，而文士不絕，諸子以道術取資，屈宋以楚辭發采……」文心之論文，均由全盤會通問題，將秦漢諸子的著作，列爲後人博練稽古，依採鎔鑄的典模。誠因諸子爲我國散文大宗，他們的作品，無論是內容的發展，或形式的表現，可以說都臻於藝術上的至高境界。如論語子路曾晳冉有公西華侍坐章，子之武城章。孟子齊桓晉文之事章，養氣與知言章，予豈好辯哉章。莊子逍遙遊篇，齊物論篇，養生主篇，秋水篇，韓非子孤憤篇，五蠹篇。墨子非攻，荀子勸學，呂覽察傳，李斯諫逐客，賈誼論過秦。其他管子牧民，晏子諫問，老氏道德經，劉向新序、說苑等，他們敍事說理有卮言，有重言，有寓言；思維方法有考之者，有原之者，有用之者；創作特色由孔子「辭達而已矣」，知諸子無一不反對形式主義，由孟子「詖辭知其所蔽，淫辭知其所陷，邪辭知其所離，遁辭知其所窮」，知諸子爲文，當內容與形式不能兼顧時，寧可爲內容犧牲形式。藝術乃思想之結晶，秦漢諸子既已爲我國散文奠定了完美的藝術形式，則彥和文心雕龍之列諸子爲辭章的一體，眞正是理所當然。如方諸魏文典論，陸機文賦，李充翰林，昭明文選，論古今文體與選文標準時，尤其覺得彥和文筆無間的見解，不僅戛戛獨造，卽千古論文者，亦皆出其下。

五、結語

總結所論，彥和之意，大抵揚戰國而抑漢晉。蓋戰國諸子，學有所本，文非苟作；漢代已遜其弘深，魏、晉更難相比數，尤其自仲長統昌言以下，大部分都是務切時要之作，別無創解，未鑿研求，故彥和文心雕龍之述諸子，於先秦諸子的定義，秦漢子學的演進，鑒別眞僞的態度，經子合流的思想，以及論文兼及子學，無文筆門戶的私見，皆爲其承先啓後的偉大成就，淸朝紀曉嵐評其「泛述成篇，不見發明」〔一四〕，這可說是執一隅之解，而擬萬端之慮，豈公論哉！

【附註】

〔一〕語見昭明文選蕭統序。云：「老、莊之作，管、孟之流，蓋以立意爲宗，不以能文爲本。」

〔二〕以流派論諸子，起於漢人，前此無有也。莊子天下篇，荀子非十二子篇、天論篇、解蔽篇，尸子廣澤篇、呂氏春秋不二篇，淮南子要略，皆臚列諸家主義學說，比較評騭，而未嘗冠以流派之名。至司馬談始標儒、墨、名、法、陰陽、道德等六家。而劉氏向、歆父子，更析爲儒、道、陰陽、法、名、墨、縱橫、雜、農、小說等十家。後之言學派者多取法於此。而言諸子與文學之關係者，起於劉勰文心雕龍。文心以前，若王充論衡、魏文典論、陸機文賦、摯虞流別、論文均不及此。

〔三〕引文見文心雕龍諸子篇。
〔四〕參見章實齋先生文史通義詩教篇文。
〔五〕據班固漢書藝文志，兵陰陽家有風后十三篇。自注：「圖二卷，黃帝臣，依託也。」又有力牧十五篇。自注：「黃帝臣，依託也。」又道家有力牧二十二篇。自注：「六國時所作，託之力牧。力牧，黃帝相。」又道家有伊尹五十一篇。小說家有伊尹說二十七篇。自注：「其語淺薄，似依託也。」又道家有鬻子二十二篇。自注：「名熊，爲周師，自文王以下問焉。」又小說家有鬻子說十九篇。自注：「後世所加。」是證風后、力牧、伊尹、鬻熊諸人，皆不自著書，漢志所記，特戰國時代依託之言。
〔六〕同注〔三〕。
〔七〕胡應麟四部正譌，胡適中國哲學史大綱，言審定史料之法，梁啓超古書眞僞及其年代，瑞典人高本漢（**Bernhard Karlgron**）著中國古籍辨僞法（**The Authonticity of Ancient Chinese Texts**），大抵均收入張心澂編著的僞書通考（臺北明倫出版社印行）中。
〔八〕以上引文均見文心雕龍正緯篇。
〔九〕同注〔三〕。
〔十〕論語子罕篇：「達巷黨人曰，大哉孔子，博學而無所成名。……」
〔一一〕參見章實齋先生文史通義原道篇。
〔一二〕同注〔三〕。
〔一三〕同注〔三〕。
〔一四〕紀評曰：「此亦泛述成篇，不見發明。蓋子書之文，又各自一家，在此書原爲贅入，故不能有所發揮。」紀說實誤。韓昌黎進學解謂：「上規姚姒，渾渾無涯；周誥殷盤，佶屈聱牙；春秋謹嚴，左氏浮誇；易奇而法，詩正而葩；下逮莊、騷，太史所錄。……」柳子厚答韋中立論師道書亦云：「參之孟、荀以暢其支，參之莊、老以肆其端。」似此，彥和論文及於諸子，安可非議！

第七章　文心雕龍「文原論」

「文原論」，就是劉彥和的文學思想。他的文學思想，源淵於羣經，所以我們研讀文心雕龍，首須瞭解我國傳統的經學，對作者劉勰的影響怎麼樣？然後才能原始要終，看出劉勰文論發展的軌跡，和他思想之所自來。雖然劉勰的作品，遺留下來的不多，但如連同他佐釋僧祐撰成的出三藏記、法苑記、世界記、釋迦譜、弘明集、以及自造的滅惑論，和爲梁建安王造剡山石城寺石像碑文等計算在內，對一位千五百年前的作家來說，資料也不能算少。不過我們要想知道劉勰所承受的儒家傳統的經學思想，還得撇開那些純粹佛學方面的論文，到文心雕龍裏來尋找。而文心雕龍雖有「宗經」之篇，但那只是文學基本原理的一部分，並不能包括其他相關的文字。劉勰說：「長懷序志，以馭羣篇」〔一〕，這樣看來，我們要瞭解劉彥和的文學思想還得先由「序志」入手。

一、讚聖述經的寫作動機

序志篇於說明「文心雕龍」一書命名的由來以後，接着劉勰暢述自己寫作「文心雕龍」的動機說：

「夫宇宙綿邈，黎獻紛雜，拔萃出類，智術而已。歲月飄忽，性靈不居，騰聲飛實，制作而已。夫人肖貌天地，稟性五才，擬耳目於日月，方聲氣乎風雷，其超出萬物，亦已靈矣。形甚草木之脆，名踰金石之堅，是以君子處世，樹德建言，豈好辯哉，不得已也！」〔二〕

他在這段文字裏主要說明兩件事：一是強調「文學至上」，一是擔心自己身後寂寞，不為人知。這種名山事業的心理，另外又見之於諸子篇，他說：

「太上立德，其次立言，百姓之羣居，苦紛雜而莫顯，君子之處世，疾名德之不章。唯英才特達，則炳曜垂文，騰其姓氏，懸諸日月焉。……嗟夫！身與時舛，志共道申，標心萬古之上，送懷千載之下，金石靡矣，聲其銷乎！」

這當然是借古人的酒杯，澆胸中的塊壘，不過「標心萬古，送懷千載」，也正是引發他寫作「文心雕龍」，從事文學批評的原因。而此一原因正與儒家思想符合：我們拿孔子講的「後生可畏，焉知來者之不如今也！四十五十而無聞焉，始亦不足畏也已！」〔三〕以及「君子疾沒世而名不稱焉」〔四〕「立身行道，揚名於後世」〔五〕，兩相比較，便可以發現他們前後相承的關係。而與「見素抱樸，少私寡欲」〔六〕，「不忘其所始，不求其所終」〔七〕的老莊思想，迥異其趣。我們再根據梁書劉勰傳的記載來看：

「既成（指文心雕龍），未為時流所稱，勰自重其文，欲取定於沈約，約時貴盛，無由自達，乃負書候約出，于之車前，狀若貨鬻者。」

其懼書之不為時人稱賞，竟至喬妝以邀沈約的青睞，這也絕非一個佛門弟子能做得出來的。

劉勰既不能忘情於「名利」，而事之可以「名利」雙收者，不啻恒河沙數，何以單單從事於文論工作呢？說到這裏，就不能不連想到他做的兩個夢。序志篇明白的記載着：

「予生七齡，乃夢彩雲若錦，則攀而採之。齒在踰立，嘗夜夢執丹漆之禮器，隨仲尼而南行；旦而寤，迺怡然而喜，大哉聖人之難見也，乃小子之垂夢歟！自生民以來，未有如夫子者也」。

文人做夢的掌故很多，如謝靈運夢見謝惠連卽成佳句〔八〕，江淹夢張載索錦〔九〕，郭璞索筆〔一〇〕，而才思涸竭。劉勰所以要大書特書做夢的事，究其主因，在暗示自己的文學素養，得自天授，有異乎常人的創作才華。不然，在序志篇中夾敍童年時代的綺夢幻覺，便成無的放矢，不切體要了。關於第二個夢有三點值得注意：一、是做夢的年齡，是「齒在踰立」。由於這一個夢的啓示，改變了劉勰從事著述的方向。遂於佐釋僧祐整理經藏的同時，又轉而朝着文學理論方面邁進，這對於推定文心雕龍的寫作年代是很重要的依據。其二、當注意的是「執丹漆之禮器，隨仲尼而南行」，劉勰祖籍山東莒縣，僑居京口〔一一〕。京口位在山東曲阜以南，故「隨仲尼而南行」，有聖道南矣的暗示〔一二〕，也正代表劉勰實質上對至聖孔子的傾心。其三、注意「自生民以來，未有如夫子者也」句，這顯然是援孟子引有若、子貢二賢的話以讚聖。讚聖而援有若、子貢的話，誠以爲有若似夫子，弟子相與共立爲師〔一三〕，子貢聞一知二，有瑚璉之器〔一四〕。何況孔子自己也說過「甚矣，吾衰也！久矣，吾不復夢見周公」〔一五〕，周公是孔子所崇拜的人物，而孔子又是劉勰「高山仰止」的偶像，所以一則曰「夜夢執丹漆之禮器，隨仲尼而南行」，再則曰「公旦多材，振其徽烈。……夫子繼聖，獨秀前哲」〔一六〕，三則曰「徵之周孔，則文有師矣」〔一七〕，似此，則劉勰的思想淵源，便不言而喻了。所以他參今驗古，原想從「注經」這方面來讚聖的，可是這條路已被馬融、鄭玄捷足先登。尤其當他目睹「去聖久遠，文體解散，辭人愛奇，言貴浮詭，離本彌甚，將遂訛濫」〔二八〕的六朝文風，便改弦易轍，撇開漢儒訓詁名物的老路，勇敢地從六經的枝條——「文章」入手。試想在那個儒學消沉，釋老並興的時代裏，他能突破傳統和時代的局限，其識見與魄力，又怎能不爲我們研究文心雕龍的人低廻不已呢？

我國學者之從事於文學理論之研究，當不以劉勰爲首創，如在他以前的有魏文帝曹丕、陳思王曹植、江南二俊之一的陸機；稍後於他的如鍾嶸、梁元帝。後於劉勰的文評家和作品，爲他所不及見，姑且置而不論；論其所見者，他又一概對之表示不滿。例如他批評魏文帝典論是「密而不周」，曹植與楊德祖書是「辯而無當」，應瑒的文質論是「華而疏略」，陸機的文賦是「巧而碎亂」，摯虞的文章流別論是「精而少功」，李充的翰林論是「淺而寡要」；至於桓譚的新論，陸雲與兄平原君書，以及劉楨、應貞二家有關論文的作品，無一不是只注意到文學的一部分，很少能周延的觀察文學的全面性，所以劉勰批評他們：

「或臧否當時之才，或詮品前修之文，或汎舉雅俗之旨，或撮題篇章之意。……並未能振葉以尋根，觀瀾而索源。不述先哲之誥，無益後生之慮」〔一九〕。

可見劉勰著述文心雕龍，不但要「振葉尋根，觀瀾索源」；更在於「述先哲之誥，益後生之慮」。所以我們從這個角度來看，雖然他帶有冀求名山事業的心理，但畢竟讚聖述經才是他寫作文心雕龍的主要動機，同時從這個主要動機裏，放射出他經學思想的霞光，不僅藉此架構成一部空前未有的文論名著，更因爲文心雕龍的出現，使中國民族文學的發展有了脚前的明燈。

二、百川匯海的宗經思想

文學家寫作的目的在追求眞、善、美人生的崇高理想，而文學批評就在假借具體的作品，以逆溯作家求眞、求善、求美的眞象。但這中間有一個最重要而又極易被人忽視的關鍵，是文學批評家本身的思想問題。綜觀我國文學發展史，文學創作與文學批評的雙軌合轍，除了魏、晉、六朝這三百八十四年，曇花一綻之外，在其以前或以後，甚而直到現在，也還沒再次出現過它的勝景。我們如舉首西顧，看一看歐、美，不但是名符其實，一時代有一時代的文學，更是一時代有一時代的主義。批評家往往運用主導思想，控馭作家寫作的方向，而作家也經常以突出的作品，作了時代思潮的寵兒。彼此互相影響，互相推動，卒造成西方五光十色的文壇奇彩。不過，我們不能不明白的指出我國若干詩話、詞話家，他們在茶餘飯後，把古今名作不僅當成談助的資料；更由口舌的喧騰，筆之於書札，原本是輕心快語，想不到就成了人們置喙的藉口。蓋文學批評家本身的思想觀念，學術素養，是否有凌駕作品之上的優勢，着實是談文學批評的重要條件。那麼，我們基於這個認識來看文心雕龍，它除了含有文體論、文術論、文評論以外，還有文學基本原理，劉勰管它叫「文之樞紐」，也可以說是劉勰爲自己從事實際批評的時候，所建立的一套理論根據。他這套原理原則，仍然是從儒家傳統的經學思想上衍繹而出的。

我們首先探究原道、徵聖、宗經三篇的經學思想。彥和以爲人文原於天地自然，故設原道篇，篇中一開始就說明天、地、人三者的關係，然後「旁及萬品，動植皆文」，以為「無識之物」，尙「鬱然有彩」，而人「為五行之秀氣，天地之心生」，能無文乎哉！所以第二段接敍「人文之元，肇自太極，幽贊神明，易象為先」。首述庖犧畫卦，仲尼贊翼，而乾坤兩位，獨制文言，所以劉彥和說：「言之文也，天地之心哉」！這不正好說明人文原於天地自然，同時又以易經為參天緯地的第一部經典嗎？其他若河圖洛書，玉版丹文的傳說，也不過是神明變化，出乎自然而已！但自從發明文字以代結繩記事以後，人類文化起了革命性的躍進，於是由「皇世三墳，帝代五典」，到商、周的雅頌，文王的重卦，周公的「制詩緝頌」，我國上古文化至此可說是光輝燦爛，大放異采。然而由於代久年淹，流派複雜，孔子乃上承堯、舜、禹、湯、文、武、周公的道統，在授徒講學之餘，復從事整理古籍的工作。於是經他刪訂完成的易、書、詩、禮、樂、春秋，不但鎔鑄了我國上古文化而推陳出新，更為百代之後的文物制度的發展，而開宗立極。同時由第一部經書為基點，拓展而成六經的傑構，關於六經的演進過程，根據劉彥和的說法，是

「爰自風姓，暨於孔氏，玄聖創典，素王述訓，莫不原道心以敷章，研神理而設教，取象乎河洛，問數乎蓍龜，觀天文以極變，察人文以成化；然後能經緯區宇，彌綸彝憲，發揮事業，彪炳辭義」〔二〇〕。

他從伏羲創典，迄孔子述訓，推原天地自然之理，明察人文變化之要，無不歸功於古聖先哲。所以「道沿聖以垂文，聖因文而明道」，聖心合天地之心，故尋根討葉，便自然有徵聖之作了。

說到徵聖，我們有兩個問題要先弄清楚，一是聖人有何可徵？一是所徵者為何人？我們瞭解了可徵

的事實，與所徵者爲何人以後，才能認定劉彥和經學思想的本質。依照徵聖篇上的說法，聖人之所以需徵，在於聖人之「鑒周日月，妙極機神，文成規矩，思合符契」。故後世言文章寫作技巧者，雖極盡其千變萬化的能事，但究其大體，要不外聖人行文的四個義例。這四個義例就是「簡言以達旨，博文以該情，明理以立體，隱義以藏用」。換言之，也就是「繁略隱顯」而已。故春秋、喪服之文，不嫌其簡；豳詩、儒行之篇，不病其繁；書契取決斷之用；文章象離麗之義，此文所當顯者也。所以劉永濟校釋本篇的時候說，「苟非聖心深體自然之道，安能立言有則若此」。紀曉嵐評此篇「爲裝點門面，推到極處，仍是宗經」，黃季剛先生斥其「不悟宣尼贊易序詩，制作春秋，所以繼往開來，唯文是賴」。我倒覺得紀氏「裝點門面」的說法，也許容得商量；而「推到極處，仍是宗經」之語，又何嘗不對？他不但言中肯棨，而且也代我們揭穿了徵聖篇內經學思想的眞面目。更何況聖文的雅麗，是銜華佩實；天道難聞，還不乏鑽研的學者；聖文可見，又怎能不去探討呢！所以劉勰說「徵之周孔，則文有師矣」（二二）。周、孔乃儒家一貫道統的所繫，徵聖立言，取則周、孔，那麼劉勰的經學思想便昭然若揭了。

原道、徵聖二篇雖然都是環繞着羣經立論，但原道的重點在昌明人文之原，徵聖在說明述作之聖；聖人之文如日月經天，歷久彌新，因此文心雕龍繼徵聖之後而有宗經。

「宗經」不但是一篇非常典雅的文章，同時也是劉勰以莊嚴之筆，盡讚述之能。你看他從「三極彝訓，其書曰經」談起，到「萬鈞之洪鐘，無錚錚之細響」的一段話，關於經的定義，經的價值，孔子刪述前後的羣經眞象，以及經書與文學創作的關係，好像百川滙海，萬脈發源，他賦予羣經以無比崇高的地位，既爲衆流之所出，亦爲衆流之所歸。中國文學創作的基礎，可以說是隨着羣經的建立，而發皇滋長，有了生生不息的活力。在這篇文獻裏，我們至少要注意三方面：一是五經的內容，二是羣經與文體的血緣關係，三是文能宗經的效益。

常人讀宗經篇，每不喜劉勰言五經內容一大段文章，以爲泛舉成篇，無關文藝。事實上，他是先言五經的內容，再比較尙書、春秋、二經行文的特殊風格，處處從文學的觀點，去透視五經，較之兩漢經生以名物訓詁說經的方式，自是大有不同。我們如果勘破他這一點，便發覺他處處釋經，卻處處言文，有力透紙背，入木三分的感受！最後歸結到：

「根柢盤深，枝葉峻茂，辭約而旨豐，事近而喻遠。是以往者雖舊，餘味日新，後進追取而非晚，前修久用而未先，可謂太山徧雨，河潤千里者也」〔一一一〕。

說明羣經對文學含有無限的可能性，只要我們去潛心發掘，便自然會領悟到過去的經典雖已陳舊，而其所含藏的情味卻歷久彌新。可說是如同太山之烏雲，徧雨天下，黃河的流水，沾溉無窮呵！中國人之與五經，誠如釋教徒之與阿含，耶教徒之與新舊約，回教徒之與可蘭經。當我們民族的生命快要蹶竭，創作的活力走向歧途的時候，五經可以煥發我們的生機，導引我們前進的去路。所以從這個角度去揣摩劉彥和的話，並沒有半點兒誇張。

至於羣經與後世文體的血緣關係，他說：

「論說辭序，則易統其首；詔策章奏，則書發其源；賦頌謌讚，則詩立其本；銘誄箴祝，則禮總其端；記傳盟檄，則春秋爲根」〔一一二〕。

並「窮高以樹表，極遠以啓疆」，不但後世各種文體皆本之於經典，而經典更是文學創作的崇高永恒的理則。所以「百家騰躍，終入環內」，正說明了羣經對文學的偉大貢獻。

宗經篇談到文能宗經的效益說：

「文能宗經，體有六義：一則情深而不詭，二則風清而不雜，三則事信而不誕，四則義貞而不回，五則體約而不蕪，六則文麗而不淫」〔二四〕。

他說的六義有兩大作用：一是文學創作應以五經爲楷模，二是藉五經以矯正當時的文弊。所以他一方面引揚雄法言的話，「比雕玉以作器」，謂五經之含藏文采；另一方面又說「正末歸本，不其懿歟」！這和通變篇所說的「矯訛翻淺，還宗經誥」，序志篇「文章實經典枝條」，「詳其本源，莫非經典」，體系前後一貫。

原道、徵聖、宗經三者篇題雖有不同，而皆以宗經爲依歸。由天文、地文以至人文，最後鎔鑄而成五經。則五經爲寫作的典範，治事的通衢，正如百川滙海，萬壑競流，或出或入，總逃不脫依經附聖的大規律。

三、以衛道為主的正緯與辨騷

正緯、辨騷兩篇之設，可以說是彥和最大特識，爲千古文論家所不及。如果我們把原道、徵聖、宗經三篇當成一組，屬於正面明揭劉彥和的「宗經論」的話，那麼這兩篇便是另一組，屬於反面開示劉彥和鍼俗、衞道的精神。兩方面雖都集中在宗經上，而表現的手法卻剛好是相背的角度。

緯書的興起，起於戰國末年的陰陽五行，到了秦、漢之際，一部分雜有方技思想的儒生，便持之做爲析經辨道的根據。孝景以後，專經之儒出，而方技之儒，乃附會曲解，將經義神化，企圖在傳統的經學中，爭得一席之地，於是「六經彪炳，而緯候稠疊」〔二五〕，儼然形成了分庭抗禮的局面。所以彥和在正緯篇，用相當多的篇幅，證明緯書之僞造。說它思想雜亂，神道設教，託古立說，乖違體制。並援桓譚、尹敏、張衡、荀悅四家的譏論，作爲立言的憑藉。老實說，站在宗經的立場上，緯書是不屑一顧的，而劉彥和卻將明知爲虛僞雜湊的玩意兒，也列爲「文之樞紐」，作爲自己批評理則的一部分，甚而還要爲文相正，這種常人每以爲浪費筆墨的話，在今天我們倒覺得，如非是匠心獨運，斷不敢這樣大膽。

我最近讀到時人徐復觀先生作的文心雕龍漫談〔二六〕，他說：「緯書與文學的關係，即是神話與文學的關係」，神話與羣經的最大分野，就在於性情。羣經雖然是「洞性靈之奧區，極文章之骨髓」，「義既埏乎性情，辭亦匠於文理」，但它同時也只是情深義正，體約風清；至於詭誕蕪雜的浪漫色彩，自爲羣經所不取，但却適成神話式的緯書所富有。由於劉彥和看出了緯書對文學的特殊意義，所以便不能不一方面伸張經義，而另一方面更要突破經義，採緯書神話以入文學的領域。試想以他這種卓識與魄力，衡之兩漢經學家，那一位有這樣高超的想像。他稱述緯書說：

「事豐奇偉，辭富膏腴；無益經典，而有助文章」〔二七〕。

所謂「事豐」「辭富」，指的就是文學內容的充實與擴大，語言表現能力的靈活與感性。由此看來，正緯不僅在正緯書之不可亂經，同時也是「芟夷詭譎，糅其雕蔚」〔二八〕，正視緯書在文學上的意義，以輔翼五經。所以正緯一篇的要旨，仍是立足在經學思想上。

辨騷篇是劉彥和「文之樞紐」之一，而范文瀾先生不察，把它誤入文體論；時下駁議的文章有很多篇，不過我覺得要想透徹理解這個是非的眞象，得從三方面去追索答案：一是從劉彥和自己的說法去觀察，二是從歷史演進的立場去分析，三是從文學本身的成分去探究。捨此三者而放言高論，都是違背劉勰「將覈其論，必徵言焉」〔二九〕的辨僞法則。

過去紀曉嵐對辨騷篇的評語是：「詞賦之源出於騷，浮艷之根亦濫觴於騷，辨字極爲分明」。觀序志篇言「文之樞紐」時，謂「變乎騷」，「變」「辨」一字之別，我們就可以看出彥和設篇的精義，和楚辭在中國文學上承先啓後的地位了。這一篇首敍騷辭之興起，與各家評述之非是。正是給「辨」字作一地步，重點當然放在騷辭與經典之異同上，所以他繼而各舉四個實例證明「經」「騷」的異同，眞是鐵案如山。百世以下，論騷辭者，當秉爲不易之金科。

劉彥和辨騷篇與正緯篇的行文方式相同，首先都是貼着五經立說，到最後再由經學拓展到文學。他一方面是祖述經典，一方面又是突破傳統，就拿稱讚騷辭在文學上的成就來說吧：

「固知楚辭者，體憲於三代，而風雜於戰國。乃雅頌之博徒，而詞賦之英傑也。觀其骨鯁所樹，肌膚所附，雖取鎔經旨，亦自鑄偉辭」〔三〇〕。

他除了承認騷辭在內容方面襲取五經的菁華以外，還特別強調，由於屈原秉賦沈滯鬱伊的理智，狷介不阿的個性，炙熱奔放的情感，以及靈活生動的語態，所以在他的作品中，充滿了空前絕後的生命力。不但氣勢邁往，有凌駕古人的成就；而且辭開來世，適合今天寫作的需要。尤其他那驚人的辭藻，絕代的風華，實不愧為兩漢詞賦的開山。

屈、宋行文的特殊風格，實兼有抽象與寫實之長，他能運用極其巧妙的文字，描述非常複雜的情感，聯類而推，攝人心魄。如其：

「敘情怨，則鬱伊而易感；述離居，則愴快而難懷；論山水，則循聲而得貌；言節候，則披文而見時」〔三一〕。

因為他具備了這些特色，所以後來的讀者，都能就個人性情之所近，才力之所及，而取精用弘。如「才高者菀其鴻裁，中巧者獵其豔辭，吟諷者銜其山川，童蒙者拾其香草」〔三二〕。顧盼之間，就可以驅遣文辭的氣力；欬唾之際，可以窮極作家的情致。他對屈、宋的推崇，可說是無微不至了。但如果我們了解他辨騷的目的，在辨解詩經、楚辭、漢賦三者的承傳統緒，以及楚辭與經典之異同以後，便知道他的目的仍然是放在「宗經」上。所以我說正緯、辨騷二篇，充滿了衞道的精神，原因就在乎此。

四、由五經衍生的文體論

在本文第二節裏談到劉彥和的「宗經論」時，曾約略提到後世文體與羣經的血緣關係，近人范文瀾先生著文心雕龍講疏，便根據序志篇，言文心雕龍內容的一段話，製定兩張圖表，分別附於原道、神思、二篇注後。尤其在原道注所附的表解裏，他把由明詩到書記二十篇，類聚羣分，大使讀者稱便。文心雕龍的寫作，是承前人的統緒，而更加恢廓的一部書。所以他對文體方面的體認，不能說與前人絕無因緣，也不能說絕無推陳出新的發明。

從中國文學批評史上展開搜索，文學觀念的產生是與文學作品相終始的。而魏、晉、六朝適爲中國文學的黃金年代；由於專門作家的出現，單篇的製作增多，文章的體類也與日繁雜，所以便給文評家帶來了濃厚的興趣。最先接觸這個問題的是魏文帝曹丕的「典論論文」，他說：「奏議宜雅，書論宜理，銘誄尚實，詩賦欲麗，此四科不同，故能之者偏也」（三三）。這幾句話，雖尚不能謂爲文體論，因爲他並非專爲論文體而發；但這時候有人注意到各種文體的性質和作法的不同，則已可概見。晉初，陸機「文賦」中，乃正式討論到各體文章的特質，如云：「詩緣情而綺靡，賦體物而瀏亮，碑披文以相質，誄纏綿而悽愴，銘博約而溫潤，箴頓挫而清壯，頌優遊以彬蔚，論精微而朗暢，奏平徹以閑雅，說煒曄而譎誑」。以之與典論論文相較，不但詳細得多，同時解說得也更具系統，可以說是我國文體論的濫觴亦不爲過。以後的杜預作「善文」，摯虞著「文章流別論」，而二書或佚或缺，難見其持說的眞象，故置而不論。

南朝齊、梁是我國文體論的全盛時代，劉彥和的文心雕龍成於齊和帝中興元年（西元五〇一），較諸昭明文選的成書至少要早二十五年。文心雕龍的上篇，從明詩以下，樂府、詮賦、頌讚、祝盟、銘箴、誄碑、哀弔、雜文、諧讔、史傳、諸子、論說、詔策、檄移、封禪、章表、奏啓、議對、書記等二十篇，類分各種文章體製。這二十篇，每五篇爲一卷，自明詩至諧讔二卷，所論皆屬有韵的文，自史傳至書記二卷，所論都是無韵的筆，這也就是他在序志篇上所說的「論文敍筆，囿別區分」。

文心雕龍文體論是建立在經學思想上的，劉彥和在序志篇對早期的文論著作，曾斥爲「不述先哲之誥，無益後生之慮」，所以他博綜各家，推本溯源，倡文體根柢於五經之說。這個具體的論證見於宗經篇〔三四〕。惟劉氏此說一出，由於他能跨過前人的界域，眞是震古鑠今。第一他能考鏡源流，第二他能評論得失，的確是辨別文體最完備的著述。

從考鏡源流上說，文心雕龍的文體論，每篇都是按照他的自爲法——四大體例去舖陳的。這四大體例是「原始以表末，釋名以章義，選文以定篇，敷理以舉統」。所謂「原始以表末，釋名以章義」者，就是考鏡源流；所謂「選文以定篇，敷理以舉統」者，也含有評論得失的作用。茲就其先後，援例以證，如：

明詩篇：「大舜云：詩言志，歌永言，聖謨所析，義已明矣」。

樂府篇：「樂府者，聲依永，律和聲也」。

詮賦篇：「詩有六義，其二曰賦」。

頌讚篇：「四始之至，頌居其極，讚者，明也。助也。昔虞舜之祀，樂正重讚，蓋唱發之辭也」。

祝盟篇：「天地定位，祀徧羣神。六宗既禋，三望咸秩。盟者，明也。騂毛白馬，珠盤玉敦……」。

銘箴篇：「昔帝軒刻輿几以弼違，大禹勒筍簴而招諫。箴者，針也，所以攻疾防患，喻鍼石也。斯文之興，盛於三代」。

誄碑篇：「周世盛德，有銘誄之文。碑者，埤也。上古帝皇，紀號封禪，樹石埤岳，故曰碑也」。

哀弔篇：「賦憲之謚，短折曰哀。弔者，至也。詩云：神之弔矣，言神至也」。

史傳篇：「開闢草昧，歲紀緜邈，居今識古，其載籍乎！軒轅之世，史有倉頡，主文之職，其來久矣」。

諸子篇：「諸子者，入道見志之書。太上立德，其次立言。百姓之羣居，苦紛雜而莫顯；君子之處世，疾名德之不章」。

論說篇：「聖哲彝訓曰經，述經敍理曰論。論者，倫也。倫理無爽，則聖意不墜」。

詔策篇：「…昔軒轅、唐、虞，同稱爲命。命之爲義，制姓之本也。其在三代，事兼誥誓」。

檄移篇：「…昔有虞始戒於國，夏后初誓於軍…暨乎戰國，始稱爲檄。移者，易也。移風易俗，令往而民隨者也」。

就拿以上所引各篇的內容看來，他每下一義，沒有不是則古稱先，引經據典的。不過有的是明引，有的是暗喩，有的僅釋其名，有的旁蒐其義。雖然限於文章的篇幅，筆者不能一一照錄，但只要細心體察，舉一反三，便不難看出他是以文學發展的史觀，考鏡文體之所從出的。

彥和除考鏡文體的源流外，他還注意到衆作的利弊得失，往往提出各體的代表作品，爲學者樹立模擬仿效的準繩。如章表篇，他在歷敍章表一體發展演進的過程以後，於後漢作品中，以爲「左雄奏議，臺閣爲式；胡廣章奏，天下第一，並當時之傑筆也」。於魏有「文舉之薦禰衡，氣揚采飛。孔明之辭後主，志盡文暢；雖華實異旨，並表之英也。琳、瑀章表，有譽當時；孔璋稱健，則其標也。陳思之表，獨冠羣才」。於晉初，則「張華爲儁，及羊公之辭開府，庾公之讓中書，劉琨勸進，張駿自序，文致耿介，並陳事之美表也」。他的抑揚褒貶，又由於都能持之有故，早被後世奉爲月旦的依據，對文學界的影響不能說不大。

至於每一文體之末，提出當篇創作的理則，以資學者與發感憤，更是他的大貢獻。例如於明詩篇云：「四言正體，則雅潤爲本；五言流調，則淸麗居宗；華實異用，惟才所安」。

詮賦篇云：「文雖新而有質，色雖糅而有本，此立賦之大體也」。

頌讚篇云：「古來篇體，促而不廣，必結言於四字之句，盤桓乎數韵之辭；約舉以盡情，昭灼以送文，此其體也」。

論說篇云：「是以論如析薪，貴能破理。斤利者，越理而横斷；辭辨者，反義而取通。……凡說之樞要，必時利而義貞；進有契於成務，退無阻於榮身。自非譎敵，則唯忠與信。披肝膽以獻主，飛文敏以濟辭，此說之本也」。

他從內容和形式兩方面建言，所謂「文雖新而有質，色雖糅而有本」，「新奇」「嬌糅」，都是末流之弊；而「有本」「有質」，乃正末的法門。作家如能文不棄質，質能待文，銜華佩實，便達到了彥和文學宗經的目的了。

繼劉勰「文體根柢於五經」之說以後，而首加唱和的，於北齊有顏之推〔三五〕，於明代有香山黃泰泉〔三六〕，於淸朝有浙東章學誠〔三七〕、湘鄉曾國藩〔三八〕，於民國有吳曾祺〔三九〕。「文體根柢於五經」，是劉彥和千古卓識，百世不刊的定論。我們論文體必本之於五經，才是追根究柢，才是見眞識切。

五、依經樹則的修辭觀

文心雕龍是時代的產物，他必須依附時代做背景，才能寄託他正末歸本的經學思想。欲知齊、梁時代的文風，我們只要看一看劉彥和自己的說法，不必外求。現在經過縝密的歸納，至少可得到以下的結論。這些結論，固不能完備無缺的闡明齊、梁時代的文壇眞象，但這畢竟是劉彥和自己的觀察所得。正因爲他有觀察所得，才建立了他依經樹則的修辭觀。劉彥和以爲在「文學思想」方面：魏、晉六朝是莊、老告退，山水方滋。明詩篇云：「江左篇製，溺乎玄風，嗤笑徇務之志，崇盛忘機之談。宋初文詠，體有因革，莊、老告退，而山水方滋」。論說篇亦云：「迄至正始，務欲守文；何晏之徒，始盛玄論。於是聃、周當路，與尼父爭途矣。逮江左羣談，惟玄是務；雖有日新，而多抽前緒矣」。時序篇也說：「自中朝貴玄，江左稱盛，因談餘氣，流成文體。是以世極迍邅，而辭意夷泰；詩必柱下之旨歸，賦乃漆園之義疏」。由老、莊談玄的文風，到模山範水的作品興起，可以說是此一時代文學思想的具體特徵。在「文學作品」方面：首爲競今疎古，風末氣衰。通變篇云：「黃、唐淳而質，虞、夏質而辨，商、周麗而雅，楚、漢侈而豔，魏、晉淺而綺，宋初訛而新；從質及訛，彌近彌澹。何則？競今疎古，風末氣衰也」。又云：「今才穎之士，刻意學文，多略漢篇，師範宋集，雖古今備閱，然近附而遠疎矣」。我們細加玩味劉勰的說法，在那個釋、老并興，經學消沉的時代，大家皆游心於談玄，棄風雅而不顧；雖然這是運會所趨，但是也不禁令人有一種數典忘祖的感覺。其次是標新立異，務華棄實。程器篇云：「近代辭人，務華棄實」。所謂之「務華棄實」，表現於用字上；是「一字詭異，則羣句震驚，三人弗識，則將成字妖」〔四〇〕。表現於遣辭上；是「儷采百字之偶，爭價一句之奇：情必極貌以寫物，辭必窮力而追新」〔四一〕。表現於風格上；是「擯古競今，危側趣詭」。「浮文弱植，縹緲附俗」〔四二〕。表現於音節上；是「吃文爲患，生於好詭，逐新趣異，故喉唇糺紛」〔四三〕。表現於氣勢上；是「漢世迄今，辭務日新，爭光鬻采，慮亦竭矣」〔四四〕。表現於文學批評上；是「各執一隅之解，欲擬萬端之變。所謂東向而望，不見西牆」〔四五〕。表現於內容和形式的配合上；是「體情之製日疎，逐文之篇愈勝。故有志深軒冕，而汎詠皐壤，心纏機務，而虛述人外，眞宰弗存，翩其反矣〔四六〕。文章最重要的是「文不滅質，博不溺心」，否則，只是「窺情於風景之上，鑽貌於草木之中」，當然會造成「繁采寡情，味之必厭」的後果。在「文章體裁」方面：定勢篇說得好：「自近代辭人，率好詭巧，原其爲體，訛勢所變，厭黷舊式，故穿鑿取新。察其訛意，似難而實無他術也，反正而已」。又說：「新學之銳，則逐奇而失正，勢流不反，則文體遂弊」。我們綜合硏究劉彥和對六朝文風的批判，可以說由作家的素養到作品的形式，處處都表現了六朝文學已是風末氣衰；如不起而補偏救弊，實不知伊於胡底！故彥和本着儒家的經學思想，抱定「雖千萬人，吾往矣」的決心，作了時代潮流叛逆，文學革命的先驅。

劉彥和依經樹則的修辭觀，可以從文心雕龍「神思」至「總術」二十篇中看出來。例如他論文章的八種風格，首列典雅，並加解釋說：「典雅者，鎔式經誥，方軌儒門者也」〔四七〕。論文章內容與形式的如何配合說：「鎔鑄經典之範，翔集子史之術，洞曉情變，曲昭文體，然後能孚甲新意，雕畫奇辭」〔四八〕。使「正采耀乎朱藍，間色屏於紅紫；乃可謂雕琢其章，彬彬君子矣」〔四九〕。論文學的通變問題，他說：「矯訛翻淺，還宗經誥，斯斟酌乎質文之間，櫽括乎雅俗之際，可與言通變矣」〔五〇〕。論文學上的夸飾問題，他特別強調斟酌詩、書，去泰去甚，云「飾窮其要，則心聲鋒起，夸過其理，則名實兩乖。若能酌詩、書之曠旨，翦揚、馬之甚泰，使夸而有節，飾而不誣，亦可謂之懿也」〔五一〕。論到文章之用事時，他更勉勵作家多識前言往行，取法經典。云「經典深沉，載籍浩瀚，實羣言之奧區，而才思之神皐也。揚、班以下，莫不取資，任力耕耨，縱意漁獵，操刀能割，必裂膏腴。是以將贍才力，務在博見，狐腋非一皮能溫，鷄蹠必數千而飽矣」〔五二〕。論作家爲文必先練字，然後綴字屬篇，才能取舍得宜，他說：「夫爾雅者，孔徒之所纂，而詩、書之襟帶也。倉頡者，李斯之所輯，而鳥籀之遺體也。雅以淵源詁訓，頡以苑囿奇文。異體相資，如左右肩股，該舊而知新，亦可以屬文」〔五三〕。彥和又總論文筆之分，有云：「文以足言，理兼詩、書，別目兩名，自近代耳……經以典奧爲不刊，非以言筆爲優劣也」〔五四〕。

總之，彥和的修辭觀，是針對時文之弊，痛下藥石。因爲五經措辭簡潔，意旨豐富，敍事淺近，喻理深遠，有無限的崇高，以樹立創作的標準；無窮的廣濶，以開拓文學的領域。只要我們能「因方以借巧，即勢以會奇，善於適要，則雖舊彌新」〔五五〕。彥和尋根索源，發宗經之首唱，其堅守正統思想的壁壘，與異端邪說相頡頏，裨益於文學創作，誠不可以道里計呵！

六、從經學出發的批評理則

文心雕龍是一部批評文學，序志篇上說：「崇替於時序，褒貶於才略，怊悵於知音，耿介於程器」。而事實上文心雕龍對文學的批評並不局限於這四篇文字，而是全書五十篇，到處都瀰漫了批評的氣氛。同時他不僅評文，也進而評人；不但評某代某家之作，更能跨越不同的時代，不同的作品，作互相比較的批評。近幾十年來，西洋有所謂「比較文學論」；甚而近年，在臺灣也有「比較文學會」的召開。我們如果眞的談比較文學，並且想在中國古典文論裏來找的話，恐怕劉彥和的文心雕龍，要算是最值得參考的一部書。文心雕龍談比較文學，最具代表性的作品有三篇：一是通變篇，他歷敍黃帝、唐、虞、夏、商、周、漢、魏、晉、九代。九代之中，又以「黃、唐淳而質，虞、夏質而變，商、周麗而雅，楚、漢侈而豔，魏、晉淺而綺，宋初訛而新」，說明六種文風上的變化。二是時序篇，本篇論十代文運升降之故，所以有「蔚映十代，辭采九變」的說法。試想彥和憑其高度的組織力，以不滿兩千字的篇幅，歷敍二帝、三王，以至南齊文學演變之趨勢與進程，不啻給十代文學作一總結，眞有尺幅萬象的妙境。三是才略篇，時序篇是序文學風尚高下流變，所謂「論世」之事；才略篇在比較作品之優劣，作家的異同，所謂「知人」之事。其行文跨越九代，其舖叙又分單論、合論、附論。事本衡文，義同史傳，故能在寥寥數百字中，見九代人才的高下，苟非卓裁廣識，斷不及此。

至於彥和談批評的理則，知音篇論述得最爲詳備。大體而言，他是由批評的蔽障，批評的素養，批評的態度，而後建立他批評的標準。這六個標準是：「一、觀位體，二、觀置辭，三、觀通變，四、觀奇正，五、觀事義，六、觀宮商」〔五六〕。細究這六個標準，「位體」是指文章的布局，「置辭」是指文章的辭藻，「通變」指作品融舊取新的創意，「奇正」指行文的藝術手法，「事義」就是指材料的運用，「宮商」就是指文章的和諧性，殆全屬於文章形式方面的。正合乎他所謂的「綴文者情動而辭發，觀文者披文以入情，沿波討源，雖幽必顯」的原則〔五七〕。似此，彥和的文學批評和創作，有異曲同工，內外一體之妙。從這六個標準，去透視他實際的批評成果。我們發覺他仍然是從經學思想上出發。例如；評韋孟的四言詩：「漢初四言，韋孟首唱，匡諫之義，繼軌周人」〔五八〕。評揚雄百官箴：

「及揚雄百官箴，頗酌於詩、書」〔五九〕。評司馬遷史記：「子長純史，而麗縟成文，亦詩人之告哀焉」〔六〇〕，「子長繼志，甄序帝勣，比堯稱典，則位雜中賢，法孔題經，則文非元聖」〔六一〕。評陸賈新語：「若夫陸賈新語，咸叙經典」〔六二〕。評班固漢書：「其十志該富，讚序弘麗，儒雅彬彬，信有遺味」〔六三〕。評蔡邕黃鉞銘：「橋公之鉞，吐納典謨」〔六四〕，評楊賜碑：「觀楊賜之碑，骨鯁訓典」〔六五〕。評崔瑗七厲：「唯七厲敍賢，歸以儒道；雖文非拔羣，而意實卓爾矣」〔六六〕。評潘勗册魏公九錫文：「潘勗九錫，典雅逸羣」〔六七〕，「潘勗錫魏，思摹經典，羣才韜筆，乃其骨髓畯也」〔六八〕。評摯虞思遊賦：「摯虞述懷，必循規以溫雅」〔六九〕。可以說凡模經範典的作品，他都給予很高的評價；對於厭舊取新之作，他總認爲是違背民族文化的傳統，不足爲訓的雕蟲小技。

七、劉彥和是古文經家

經分今古，是東漢開始的。沒有古文經的出現，則今文經便成多餘。尤其從劉歆讓太常博士，奏立春秋左氏傳列爲學官後，今古文之壁壘，才此疆彼界，嚴分畛域。魏、晉以還，家尚清談，人誦老、莊；而鄭、王之學，互爭雄長，在當時的學術思想界，構成了兩股暗流。五胡亂華以後，南北已成分立之局面，此時談玄之風未歇，而釋敎之狂流正方興未艾。由宋、齊二史，儒林無傳，可以略窺傳統經學消沉的端倪。李延壽採擷諸書爲南北史，於南史儒林傳序云：「自中原橫潰，衣冠道盡。逮江左草創，日不暇給。以迄宋、齊，國學時或開置，而勸課未博，建之不能十年，蓋取文具而已。是時鄉里莫或開館，公卿罕通經術，朝廷大儒，獨學而弗肯養衆，後生孤陋，擁經而無所講習，大道之鬱也久矣乎！」對當時六藝道息，學術颸駭的情況，寫來眞是令人驚心動魄。而彥和就在這個時候，讚聖述經而成文心雕龍；上接古文經家的思想，以與世俗邪說相周旋，他的這種擇善固執的精神，也有點像陳子昂的登幽州臺，「念天地之悠悠，獨愴然而泣下」了。

過去楊明照在「從文心雕龍原道、序志兩篇看劉勰的思想」一文中，曾經刻意討論劉勰的經學思想，是傾向古文經學派的。他從文心全書去考證，找到了六個實例，這六個實例，都十分貼切，諸如他說「㈠毛詩大序的一些說法，書中多所運用。㈡僞古文尙書的某些辭句，往往爲其遺辭所祖（當時還不知其爲僞）。㈢古文經學家一般不爲章句之學，論說篇『通人惡煩，羞學章句』的『通人』，就是指古文經學家而言。在他所舉『要約明暢』的四個範例中，如毛萇、孔安國、鄭玄，都是兩漢的古文經學大師。㈣史傳篇對於左傳極力推崇。㈤詩經的毛傳鄭箋，書中多本之爲說（例多不具舉）。㈥古文經學家的舊說。間或采用，如宗經篇『皇世三墳，帝代五典』兩句，係用賈逵說（賈說見左傳昭公十二年正義引，僞孔傳序也是用的賈逵說），書記篇『繞朝贈士會以策』句，也是用的服虔說（服說見左傳文公十三年正義引）」。只此六端，就可以看出劉勰所受古文經學派的影響而予以認定。但是楊氏還忽略了爲常人所不及注意的「羣經次第」的問題，因爲我們從「羣經次第」方面，更可以看出來劉彥和思想的傾向。

經學上一個素被忽視而其實非常重要的「羣經次第」問題，在兩漢今古文經中爭辯甚烈。我們從各種資料探求，知道今文學派按照經的內容程度的淺深爲由，主張六經的次第，是㈠詩㈡書㈢禮㈣樂㈤易㈥春秋。古文學派是依六經產生時代的早晚爲序，主張㈠易㈡書㈢詩㈣禮㈤樂㈥春秋。他們兩派除在行文上偶爾顚倒外，是決不隨便亂寫的，例如莊子天運篇：「丘治詩、書、禮、樂、易、春秋」，天下篇：「詩以道志，書以道事，禮以道行，樂以道和，易以道陰陽，春秋以道名分」。董仲舒春秋繁露玉振篇：「詩、書序其志，禮、樂純其養，易、春秋明其知」。司馬遷史記儒林傳序漢初傳經諸儒，說「自是以後，言詩於魯則申培公，於齊則轅固生，於燕則韓太傅。言尚書自濟南伏生。言禮自魯高堂生。言易自淄川田生。言春秋，於齊、魯自胡毋生，於趙自董仲舒」〔七〇〕。禮記經解：「其爲人也，溫柔敦厚，詩教也；疏通知遠，書教也；廣博易良，樂教也；絜靜精微，易教也；恭儉莊敬，禮教也；屬辭比事，春秋教也」〔七一〕。淮南子泰族訓：「溫惠淳良者，詩之風也；淳龐敦厚者，書之教也；淸明條達者，易之義也；恭儉尊讓者，禮之爲也；寬裕簡易者，樂之化也；刺幾辨義者，春秋之靡也」〔七二〕。除史記缺「樂經」而不言，禮記「易、樂」二經，淮南子「易經」的次序偶亂外，其他可說是有條不紊〔七三〕，以上是今文學派的主張。現在再讓我們看一看古文學派的說法：班固漢書藝文志六藝略，序六經次第，首易、次書、次詩、次禮、次樂、次春秋，儒林傳言六經傳授：「漢興，言易自淄川田生；言書自濟南伏生；言詩於魯則申培公，於齊則轅固生，燕則韓太傅；言禮則魯高堂生；言春秋於齊則胡毋生，於趙則董仲舒」，白虎通德論五經篇：「五經何謂也？易、尚書、詩、禮、樂」〔七四〕。許愼說文解字序：「其稱易孟氏，書孔氏，禮周官，春秋左氏，論語，孝經，皆古文也」〔七五〕。宋范曄後漢書儒林傳：「易有施、孟、梁丘、京氏；尚書歐陽、大小夏侯；詩齊、魯、韓、毛；禮大小戴；春秋嚴、顏，凡十四博士」。其中除了漢書儒林傳因樂經亡佚，缺而不錄，白虎通德論五經篇未及春秋，許氏說文序中的孟氏當作費氏，范氏後漢書儒林傳詩毛氏，「毛」字衍文〔七六〕外，也是體系嚴整，毫不假借。尤其班志與遷史，兩家同傳儒林，而結果對「羣經次第」，論述各異，這是堪可玩味，也是最足以證明今古文學派，對「羣經次第」的主張，是此疆彼界，不容強合的。據此，我們反觀劉彥和的經學思想，他在宗經篇曾三次提到經書的次序，如：

「易張十翼，書標七觀，詩列四始，禮正五經，春秋五例」。

「易惟談天，入神致用。……書實記言，而詁訓茫昧。……詩主言志，詁訓同書。……禮以立體，據事制範。……春秋辨理，一字見義……」。

「論說辭序，則易統其首；詔策章奏，則書發其源；賦頌謌贊，則詩立其本；銘誄箴祝，則禮總其端；記傳盟檄，則春秋爲根」。

又在徵聖篇也提「易稱辨物正言，斷辭則備；書云辭尙體要，弗惟好異」，由於行文的需要，缺詩、禮、春秋而不引，樂經焚於秦火不加記載以外，其他都和古文學派的說法完全相合，而與今文學派的說法完全不合。所以我們從這個經書排列的次第上，更可以加強楊明照先生的推論，確信劉彥和是位古文經家。從這個證明，可以合理的導引我們去逆溯文心雕龍經學思想的所自來，顯然這是極端重要的步驟。

八、結　語

本文對劉彥和的文學思想，從他著述文心雕龍的動機說起，到證明彥和是位古文經家爲止，全書五十篇差不多都涉及到了。我們惟求抉發彥和文學思想的眞象，所以儘管是旁徵博引，但無一不是採摘文心雕龍的菁華，作我們立說的依據。有關他書或他說，卽令是足以與本文主題相發明者，除非特別必要，否則筆者是一律割愛的。至少從本文裏可以得到如下的結論：第一、經學思想是構成文心雕龍的一條大動脈，其他都屬旁枝細節；如果我們研究文心雕龍能從他的經學思想去貫串了解的話，不啻振衣挈領，擧網提綱，可收事半功倍之效。第二、從文心雕龍的寫作動機，證明劉彥和受我國儒家正統思想的影響。固然由於該書的組織嚴密，與彥和一生和沙門的關係，而被後人誤解；但我們沒有理由去接受那些誤解。因爲他們犯了只看現象，不務實際的毛病。第三、劉彥和的文學思想，是建立在六朝文弊的條件上，由於時代的局限，他往往先作破他立己的工作，立己固然是宗經，破他亦是宗經，說法雖有正反兩面，體系原本一貫。第四、文心雕龍是一部批評文學，粗言之，全書五十篇，篇篇都是文學批評；析言之，有所謂「崇替於時序，褒貶於才略，怊悵於知音，耿介於程器」。凡所批評，既評文，亦評人；既作單篇的評介，亦作比較性的研究。第五、從文心雕龍特殊的語態方面去探究，我們得知劉彥和不僅以五經爲他的主導思想，而且他本人更是一位古文經家。行文至此，自覺雖已過分冗繁，由於文心雕龍體大慮周，挂漏之處，還是在所不免。但在我們全力推動復興中華文化，建立民族文學的今天，研究劉彥和在文學上的基本思想，作爲我們溫故知新的張本，不但是有必要，而且是迫切的。

【附　註】

〔一〕引文見文心雕龍序志篇。

〔二〕引文見文心雕龍序志篇。

〔三〕引文見論語子罕篇。

〔四〕引文見論語衞靈公篇。

〔五〕引文見孝經開宗明義章。

〔六〕引文見老子道德經第十九章。

〔七〕引文見莊子大宗師。

〔八〕見鍾嶸詩品引謝氏家錄，及南史謝方明傳。

〔九〕見南史江淹傳。

〔十〕見詩品中、南史江淹傳。

〔一一〕京口卽今江蘇省鎭江縣。

〔一二〕後漢書鄭玄傳，載玄師扶風馬融故事，中有「吾道東矣」之嘆。

〔一三〕見史記仲尼弟子列傳。

〔一四〕見論語公冶長篇。

〔一五〕引文見論語述而篇。

〔一六〕引文見文心雕龍原道篇。

〔一七〕引文見文心雕龍徵聖篇。

〔一八〕引文見文心雕龍序志篇。

〔一九〕同前註。

〔二〇〕引文見文心雕龍原道篇。

〔二一〕引文見文心雕龍徵聖篇。

〔二二〕引文見文心雕龍宗經篇。

〔二三〕同前註。

〔二四〕同〔一二〕註。

〔二五〕引文見文心雕龍正緯篇。

〔二六〕徐文原載香港華僑日報中國文學雙周刊，現收入增補二版中國文學論集。

〔二七〕引文見文心雕龍正緯篇。

〔二八〕同前註。

〔二九〕引文見文心雕龍辨騷篇。

〔三〇〕同前註。

〔三一〕同〔二九〕註。

〔三二〕同〔二九〕註。

〔三三〕引文見曹丕典論論文。

〔三四〕請參閱本文第二節、百川滙海的宗經思想。

〔三五〕顏氏說見所著顏氏家訓文章篇。

〔三六〕黃氏說見所著六藝流別。

〔三七〕章氏說見所著文史通義詩教上。

〔三八〕曾氏說見所著經史百家雜鈔序。

〔三九〕吳氏說見所著涵芬樓文談。

〔四〇〕引文見文心雕龍練字篇。

〔四一〕引文見文心雕龍明詩篇。

〔四二〕引文見文心雕龍體性篇。

〔四三〕引文見文心雕龍聲律篇。

〔四四〕引文見文心雕龍養氣篇。
〔四五〕引文見文心雕龍知音篇。
〔四六〕引文見文心雕龍情采篇。
〔四七〕引文見文心雕龍體性篇。
〔四八〕引文見文心雕龍風骨篇。
〔四九〕引文見文心雕龍情采篇。
〔五〇〕引文見文心雕龍通變篇。
〔五一〕引文見文心雕龍夸飾篇。
〔五二〕引文見文心雕龍事類篇。
〔五三〕引文見文心雕龍練字篇。
〔五四〕引文見文心雕龍總術篇。
〔五五〕引文見文心雕龍物色篇。
〔五六〕引文見文心雕龍知音篇。
〔五七〕同前。
〔五八〕引文見文心雕龍明詩篇。
〔五九〕引文見文心雕龍事類篇。
〔六〇〕引文見文心雕龍才略篇。
〔六一〕引文見文心雕龍史傳篇。
〔六二〕引文見文心雕龍諸子篇。
〔六三〕同〔六一〕註。
〔六四〕引文見文心雕龍銘箴篇。

〔六五〕引文見文心雕龍誄碑篇。
〔六六〕引文見文心雕龍雜文篇。
〔六七〕同〔六〇〕註。
〔六八〕同〔四八〕註。
〔六九〕同〔六〇〕註。
〔七〇〕按依今文經家說，樂本無經，故闕。
〔七一〕此處五經順序，易與樂的先後次第偶亂。
〔七二〕此處五經順序，易序偶亂。
〔七三〕其他言羣經次第的先秦典籍，尚有荀子儒效篇，商君書農戰篇，禮記王制，莊子徐旡鬼篇，論語等。
〔七四〕此處五經不及春秋經。
〔七五〕孟氏當作費氏，說見康有爲新學僞經考說文序糾繆，及章太炎檢論淸儒篇。
〔七六〕說見顧炎武日知錄「史文衍字」條，及皮錫瑞經學歷史「經學昌明時代」章。

第八章　文心雕龍「文體論」

一、前　言

過去劉大杰中國文學發達史，在討論文學體裁的時候，曾針對文心雕龍文體論二十篇，作過率直的批評。說「劉勰在文心雕龍裏，幾乎費了一半的篇幅，專門討論各種文體的問題。他在這方面雖費了不少的氣力，然而我們現在看起來，在全書這是價值最低的一部分。因爲在那裏面，有幾個不可掩飾的缺點：一、是文學的觀念不清楚。二、是次序雜亂。三、是分類沒有統一性。四、是議論時多牽強附會。凡是讀過那二十一篇文字的人〔一〕，想都有那種感覺，我也無須在這細說了〔二〕。」本人以爲由於時異勢變，居今而論成書於千五百年前的文心雕龍，硬說它是「放諸四海而皆準，百世以俟聖人而不惑」，非愚則迂。但如果要說劉勰的文體論，在全書中是價值最低的一部分，我們也照樣地不敢苟同，所以就由於這個思想上的衝擊，引起了我寫作本文的動機。

今姑以劉大杰文學發達史列擧的四個所謂「不可掩飾的缺點」而言，第一點，文學觀念不清楚，顯然是指文筆並列的問題。實際上劉彥和言文體分類，是諱言文筆的。總術篇說：「今之常言，有文有筆，以爲無韵者筆也，有韵者文也。夫文以足言，理兼詩書，別目兩名，自近代耳。」證明文心雕龍之所以囿別區分，文筆並列，這不牽涉文學觀念的清楚與否？而是「今之常言」的現實問題。劉彥和文心雕龍是承認現實，而又矯翻現實訛淺的一部書〔三〕，當時世論，雖區分文筆，然筆不該文，文可該筆，對言則文與筆別，散言則筆亦可稱文〔四〕。故彥和之區分文筆〔五〕，而著書卻以「文心」命名。他這種追懷千載的用意，就隱然可知了。而劉大杰以「文學觀念不清」相責，實乃以今人之心，度古人之腹，可說是犯了貴今賤古的毛病。第二點，次序雜亂之說，更是顚倒是非。文心雕龍序志篇說：「若乃論文敍筆，則囿別區分，原始以表末，釋名以章義，選文以定篇，敷理以舉統，上篇以上，綱領明矣。」蓋言自「明詩」以迄「書記」，其間每篇皆以此四綱爲準則，次第極顯明可見。就以頌讚篇爲例：自「昔帝嚳之世」起，至「相繼於時矣」止，此原始以表末。「頌者，容也」二句，爲釋名以章義。「若夫子雲之表充國」以下，乃選文以定篇，「原夫頌爲典雅」以下，此又敷理以舉統〔六〕。范文瀾疏文心雕龍，以爲文心上篇二十五，排比至有倫序〔七〕。劉永濟校釋也說：「舍人一代奇士，其著書之志，閎闊深遠，……今讀其五十篇，殆無虛設〔八〕。」黃、范、劉三先生皆當代名家，信不至阿其所好。所以文心雕龍上篇二十五之設篇，如岡陵發脈，江河起源，首尾倫脊，研索卽得；而劉氏以爲次序雜亂，未知何所據而云然？第三點，分類沒有統一性。雖然關於這一項劉氏沒有進一步的解釋，不過，我們揣摩出來，他指的可能是各篇的附論。按文心論敍的文體，命篇雖止二十，但雜體之文，不足特立專篇，乃就各體品性何屬，卽附於何篇之末。如雜文篇之後附：典、誥、誓、問等十六類，書記篇之後附：譜、籍、簿、錄等二十四品。這正如劉彥和所說：「漢末雜文，名號多品。……總括其名，並歸雜文之區；

甄別其義，各入討論之域，類聚有貫，故不曲述〔九〕。」「觀此衆條，並書記所總，或事本相通，而文意各異；或全任質素，或雜用文綺，隨事立體，貴乎精要〔一〇〕。」所以文體論在四綱之外，又增附論一例。我們如果了解文心設篇，有這個規則以外的體例，則劉大杰指斥「分類沒有統一性」，便不攻自破了。至於第四點，議論時多牽強附會。須知文學是情感的產物，與作者主觀意識的活動。我們不能苛求彥和持論的絕對客觀，雖然如此，文體論二十篇所涉及的範圍，涵蓋古今，臧否百家，但他卻已盡量借用具體的事物，說明抽象的理念。如諸子篇彥和以「入道見志」四個字推許諸子，可謂深得體要。蓋諸子之學，上焉者入道，下焉者明志；其間復有「純」「駁」之異，「邪」「正」之別，辨章不易；而推原其立論之大旨，大抵揚戰國而抑漢、晉〔一一〕。戰國諸子，文非苟作，雖各得大道之一端，而皆六經的支與流裔〔一二〕。漢代已遜其宏深，魏、晉實難以比數。故顏之推謂：「魏晉以來，所著諸子，理重事複，遞相模效，猶屋下架屋，牀上施牀〔一三〕。」況且魏、晉子書，皆文士之篇章，非學人之述造。其間或雜以求名之心，或參以爭勝前賢之意〔一四〕；心既非鬱陶，事只圖釣譽，這與先秦諸子不得已而爲情造文的情形，實不可同日而語。彥和所以抑之，是理所當然的。其他各篇也都能折衷至當，絕無放言高論的地方。今劉氏竟以牽強附會誣之，可謂之「本欲立論，未見其論立也〔一五〕。」

如上所云，我們既不輕易贊成劉大杰的說法，就必要循着文心雕龍文體論本身的脈絡，去追踪考察。而文心雕龍文體論又集中發表於明詩、樂府、詮賦、頌讚、祝盟、銘箴、誄碑、哀弔、雜文、諧讔、史傳、諸子、論說、詔策、檄移、封禪、章表、奏啓、議對、書記等二十篇裏。這二十篇共分四卷，卷二至卷三，也就是由明詩至諧讔十篇，講的是有韵的文。卷四至卷五，也就是史傳至書記十篇，講的是無韵的筆〔一六〕。這是構成文心雕龍上篇的主脈，居今而言，由於需求不同，較之下篇，雖略有遜色；但回想當彥和搦筆和墨，推文體之本，窮泝作之源的當時，這二十篇確實是他參綜博考，畢力從事的重點所在。所以我們欲評估文心雕龍文體論價值的高低，這一部分是重要依據。不過要想對它作澈底的認知，又不能不把我國文體的發展，先作概括性的說明，然後才可以看出文心雕龍文體論的思想淵源，以及彥和曠古絕今的新發現。

二、彥和文體論的思想淵源

我國的文體論，殆發軔於魏、晉，盛行於齊、梁，根據蔣伯潛文體論纂要，以及薛鳳昌文體論的說法〔一七〕，是因爲文人單篇的作品，到東漢始盛之故。案先秦諸子，多自不著書；而屈、宋僅留辭賦。西漢如陸賈新語、賈誼新書、淮南鴻烈、馬遷史記、劉向說苑、揚雄法言，或近於子，或近於史，各成專書。而單篇之作，惟有碑文、詔奏、書牘之錄存於史書者而已〔一八〕。故劉歆七略、班固漢志，部勒羣籍，於六藝、諸子、兵書、術數、方技之外，僅列一詩賦略，以著錄單篇的詩賦。其中又分歌詩與賦，賦更分屈原賦、孫卿賦、陸賈賦、雜賦四種。這雖然不能涵蓋文體的全貌，但終爲我國文體論的開祖。時至東漢，由於人事日繁，文體隨增；而學者專著之書日少，文人單篇之作加多。所以曹丕與吳質書，獨稱徐幹「懷文抱質，著中論二十餘篇，成一家之言。」隋書經籍志以爲「別集之名，蓋漢東京之所創也。總集之起，由於建安之後。」於是三國吳人杜預著善文〔一九〕，西晉摯虞纂流別〔二〇〕。魏文帝曹丕作典論，認爲「奏議宜雅，書論宜理，銘誄尚實，詩賦欲麗，此四科不同，故能之者偏也。」將當世文體精分八類，並各以「雅」「理」「實」「麗」說明各類文體的風格。這固然不能說它是文體論〔二二〕，但此時有人專門注意到這個問題，已可想見。

西晉陸機作文賦，論各類文體的特質說：「詩緣情而綺靡，賦體物而瀏亮，碑披文以相質，誄纏綿而悽愴，銘博約而溫潤，箴頓挫而淸壯，頌優游以彬蔚，論精微而朗暢，奏平徹以閑雅，說煒曄而譎誑。」從文體類別上說，較諸魏文典論所分的八類要詳細得多。雖然每一體類，只用一句話作解說，但卻給我國文體論樹立了一個新的里程碑。至於摯虞的文章流別論，根據嚴可均輯佚所得，尙知其似乎分文體爲頌、賦、詩、七、箴、銘、誄、哀辭、解嘲、碑、圖讖等十一類。隋志說他是「各爲條貫而論之，謂之流別〔二三〕。」由此看來，這是專論文體分類的一部要籍，所可惜的是已經散佚不全了。

時至齊、梁，文體論邁進到全盛時期，所以文心雕龍與昭明文選，均相繼出現。昭明文選是一部文學總集，還不能說它是論文體的專著。惟有劉彥和的文心雕龍，纔是我國現存最早的文體論的專門著作，尤其是從明詩到書記，以二十篇，幾乎佔了文心雕龍全書五十篇的二分之一的份量，來討論文體分類以及與這方面相關的問題。單就文章體類上作分析，除了五經六緯與騷辭不計外，粗覽大數，凡二十體一百八十類之多。這種「體大慮周〔二四〕」的組織，盱衡劉略、班志、魏文典論、陸機文賦、摯虞流別、李充翰林，那一家談文體也趕不上他。但是那一家的文體論，也都給他提供了最佳的資料。所以彥和這種集大成之作，是值得我們欽佩的。固然他的言論不一定都是顚撲不破，可是如果我們能把自己的思想，還原到了一千五百年前的齊、梁，你就可以想像到他成就的卓越性。所以居今而欲逆溯中古以前文體論的眞象，老實說，還只有靠劉彥和給我們留下的這份文化遺產；否則，我們便很難來禮讚這大漢文學的奇葩！

三、文體論二十篇的基本架構

文心雕龍文體論的基本架構，是放在劉彥和自己安排的四大綱領上。這四大綱領就是本文前面說的「原始以表末，釋名以章義，選文以定篇，敷理以擧統。」「原始以表末」者，敍此體之源流與變遷。「釋名以章義」者，論一體命名涵義之所由來。「選文以定篇」者，開示領袖作家及其篇章。「敷理以擧統」者，說明此體之作法與避忌。惟四綱之先後次第，亦不盡畫一，如「原始以表末」與「選文以定篇」，往往因行文之便，混而不分，蓋寓選文於表末之中也。又「釋名以章義」與「原始以表末」，爲敍述方便計，亦常前後顚倒。要皆非一成不變，在學者識其大體，便不至茫無所措。以下我們分別例證：

「原始以表末」，主要在論敍此體之源流與變遷。例如詔策篇：「昔軒轅、唐、虞，同稱爲命。命之爲義，制姓之本也〔一四〕。其在三代，事兼誥誓。誓以訓戒，誥以敷政，命喻自天，故授官錫胤。易之姤象，后以施命誥四方，誥命動民，若天下之有風矣。降及七國，並稱曰令。命者，使也，秦併天下，改命曰制。漢初定儀，則命有四品：一曰策書、二曰制書、三曰詔書、四曰戒敕。敕戒州部，詔誥百官，制施赦命，策封王侯。……觀文、景以前，詔體浮雜。武帝崇儒，選言弘奧。策封三王，文同訓典。勸戒淵雅，垂範後代。……孝宣璽書，賜太守陳遂，亦故舊之厚也。逮光武撥亂，留意斯文，而造次喜怒，時或偏濫。……暨明帝崇學，雅詔間出。安、和政弛，禮閣鮮才，每爲詔敕，假乎外請。建安之末，文理代興，潘勗九錫，典雅逸羣。……自魏、晉詔策，職在中書，劉放、張華，互管斯任，施命發號，洋洋盈耳。魏文帝下詔，辭義多偉，至於作威作福，其萬慮之一弊乎！晉氏中興，唯明帝崇才，以溫嶠文清，故引入中書。自斯以後，體憲風流矣。」此文首先追溯「詔策」一體，在軒轅、唐、虞的時代，稱爲「命」。夏、商、周三代，擴大了「命」的範圍，把「誥」「誓」也吸收進去，注入了新的活力。到了戰國，又稱爲「令」。秦皇御宇，改「命」曰「制」。西漢初年，再把「命」的性質區分爲四種，所謂「策書」，「制書」，「詔書」，「戒敕」。「詔策」之體，至此益臻繁富。而文景以前，在詔策方面的作品，大致說來是浮誕駁雜，武帝以後，選言弘深。由東漢光武，至安、和二帝，其間由於「禮閣鮮才」，多半「假手外請」，很少有膾炙人口的新著作。時至魏、晉，因爲名儒碩學，職典中書，於是發號施令，足以垂範百代。在這三百字左右的文字裏，既推闡了「詔策」一體的本源，又演繹了它的流變，並兼綜其今後發展的趨勢。尤其在各個不同的時代裏，每能運用寥寥數語，扼要的提出代表作家及其作品，以暗示學術的得失，人才的升降。將一代鴻文巨製，藉着這些文獻，得以完整的保留下來。至於彥和於「詔策」一體，獨推魏、晉，後之論者，或以爲抑揚過實，豈不知這正是他論世知人的精到處。蓋一代文章的因革興衰，必與當時政俗息息相關。考喉舌之官，漢承秦制，其位甚卑，武帝始用宦者主持中書，謂之中書謁者，當時司馬遷就曾擔任過這種職務。記得他還對人發過牢騷，說「被主上所戲弄，倡優所畜，流俗所輕〔二五〕。」到了東漢，較爲優重，出納王命，賦政四海，不啻天之北斗。魏文帝置中書監，才正式把這個衙門提高了身價。當時他們掌理樞密，權傾當朝。晉代因循不改，於是中書監掌贊誥命，記會時事，典作文書。故王獻之啓瑯琊王爲中書監表，才有「中書職掌誥命，非輕才所能獨任」的話。所以魏、晉詔策，盛極一時，其故在此。彥和往往透過史家的才識，發表文學的理論，於此得到有力的證明。

「釋名以章義」，既然在論文體命名涵義之所由來，那麼我們看明詩篇：「大舜云：詩言志，歌永言，聖謨所析，義已明矣。是以在心爲志，發言爲詩，舒文載實，其在茲乎？詩者，持也。持人情性，三百之蔽，義歸無邪；持之爲訓，有符焉爾。」彥和論「詩」之名義，特舉「言志」，與「持人情性」二義，至爲精當，嘗考古籍之中，訓詁「詩」的涵義者，有三種不同說法，一曰承也，禮記內則云：「詩負之」，鄭玄注：「詩之言承也〔二六〕。」二曰志也，尚書堯典云：「詩言志」，孔安國傳：「謂詩言志以導之〔二七〕。」三曰持也，詩緯含神霧：「詩者，持也。在於敦厚之敎自持其心，諷刺之道，可以扶持邦家者也。」一名三訓，而彥和卻採詩緯含神霧的說法，不出禮記鄭注「承」義者，殆因「承」之爲訓，實緣「持」而生。由此可知彥和於釋名章義時，精理密察，思考是如何的深刻了。又一篇之開始，彥和常有強調此一文體之重要性者，例如諧讔篇開頭就說：「芮良夫之詩云：自有肺腸，俾民卒狂，夫心險如山，口壅若川，怨怒之情不一，歡謔之言無方。昔華元棄甲，城者發睅目之謳；臧紇喪師，國人造侏儒之歌。並嗤戲形貌，內怨爲俳也。又蠶蟹鄙諺，貍首淫哇，苟可箴戒，載于禮典。故知諧辭讔言，亦無棄矣。」接着才詮釋文體的名義，他說：「諧之言皆也，辭淺會俗，皆悅笑也。」衡其行文的結構，前後頗不調和，好像應屬於「釋名章義」的一部分；但如細加推敲，只不過是裝點門面，強調此一文體的重要性而已〔二八〕。遇到每篇只有一種文體的時候，如明詩、樂府、詮賦、封禪等，「釋名章義」，還比較容易處理。如果同篇之中，事涉兩種以上的文體時，彥和多半採用分別處理的方式。並間有綜合兩體，同時論敍的現象。這就是在「釋名章義」的常例之中，又有「分釋」「合釋」的兩種變例。例如章表篇在「原始以表末」之後，有「章者，明也。詩云：為章於天，謂文明也。其在文物，赤白曰章。表者，標也。禮有表記，謂德見於儀，其在器式，揆景曰表。章、表之目，蓋取諸此也。」按章、表各有歸屬，應該分別處理，而彥和於此卻採取「合釋」的方式。至於像奏啓篇，他首釋「奏」體的命義云：「奏者，進也。言敷于下，情進于上也。」然後就接述「奏」的源流，與代表作家、作品及作法。另段再解釋「啓」的命義云：「啓者，開也。高宗云：啓乃心，沃朕心，取其義也。」於此又避開「合釋」的原則，而各別處理〔二九〕。所以讀彥和文體論，不可掉以輕心。因為粗觀則無別，析言卻大異。

「選文以定篇」，是開示領袖作家及篇章。這一部份最是彥和「文體論」的喫緊關頭。如果我們能聯合他的文體論二十篇細加檢閱，就可以發覺它不啻是我國由上古至六朝，按文體分類的一部文學史。彥和運用他史學家的目光，嚴謹的態度，炳蔚的才華，和帶有情感的筆觸，寫下了這最富才識，也是最為今人誤解為「籠統」的一部重要文獻〔三〇〕。關於這一部分，他運用「單論」、「合論」、「比論」三種體例構成。所謂「單論」者，是單敍一家之作，而論其優劣也。如章表篇，論陳思王曹植的章表，云：「陳思之表，獨冠羣才，觀其體贍而律調，辭清而志顯，應物制巧，隨變生趣，執轡有餘，故能緩急應節矣。」今觀魏志陳思王傳，載植上書四篇：卽致封雍丘王謝表、求自試表、求通親親表，陳審舉表等。其中求自試表，與求通親親表，已採入文選。茲以求通親親表為例，他先舉「天稱其高者，以無不覆；地稱其廣者，以無不載；日月稱其明者，以無不照；江海稱其大者，以無不容。」繼引論語子罕篇「大哉堯之爲君」，尙書堯典「克明俊德」，詩經「刑于寡妻，至于兄弟」，以及傳曰：「周之宗盟，異姓爲後」，說明「骨肉之恩，爽而不離，親親之義，實在敦固」；以證「未有義而後其君，仁而遺其親者也。」因事以類義，援古以證今，所以彥和讚他「體贍而律調。」以下思王又接敍當時不能親親之實際情形，云「近且婚媾不通，兄弟永絕；吉凶之問塞，慶弔之禮廢。恩紀之違，甚於路人；隔閡之異，殊於胡越。今臣以一切之制，永無朝覲之望；至於注心皇極，結情紫闥，神明知之矣。然天寔爲之，謂之何哉！」再言「遠慕鹿鳴君臣之宴，中詠棠棣匪他之誡；下思伐木友生之義，終懷蓼莪罔極之哀。」因而望風懷想，情不自禁地在「四節之會，塊然獨處；左右惟僕隸，所對惟妻子；高談無所與陳，發議無所與展，未嘗不聞樂而拊心，臨觴而歎息也。」故推而言之，「今之否隔，友于同憂」，爲了免除「柏舟有天只之怨，谷風有棄予之歎」，於是「欲使陛下崇光被時雍之美，宣緝熙章明之德」，並「冀陛下儻發天聰，而垂聖聽也。」其求通親親之懇款之情、期待之志，盡在腕底筆梢，一瀉無遺。這實在是章表中之鳴鳳。所以彥和讚他「辭清而志顯」，「應物制巧，隨變生趣」，確實是的當之論。再文心雕龍時序篇也說：「陳思以公子之豪，下筆琳琅。並體貌英逸，故俊才雲蒸。」才略篇：「子建思捷而才儁，詩麗而表綺。」皆與「體贍而律調」，「辭清而志顯」，「應物制巧」，「隨變生趣」之旨暗合。所以只要我們把彥和的論述，與實際作品兩相印證，應該不至於誤其措辭籠統，或不易理解才對。其他如於頌讚篇評「馬融之廣成上林，雅而似賦，何弄文而失質。」銘箴篇評「張載劍閣，其才清采，迅足駸駸，後發前至，勒銘岷漢，得其宜矣。」哀弔篇評「潘岳慮贍辭變，清洞悲苦，敍事如傳，結言摹詩，促節四言，鮮有緩句。故能義直而文婉，體舊而趣新。金鹿澤蘭，莫之或繼。」這些都是情實切至的評述，絕無架空立說之弊。遺憾的是因爲他涉及的作家太多，文章又繁，我們不可能一一對照說明；只有靠讀它的人自己尋文會情，細心體驗了。

關於「合論」之例：合論者，兼綜文體相類之作家，合論其寫作特色也。我們可以拿詮賦篇來印證。他說：「觀夫荀結隱語，事義自環；宋發夸談，實始淫麗；枚乘菟園，舉要以會新；相如上林，繁類以成豔；賈誼鵩鳥，致辨於情理；子淵洞簫，窮變於聲貌；孟堅兩都，明絢以雅贍；張衡二京，迅拔以宏富；子雲甘泉，構深偉之風；延壽靈光，含飛動之勢；凡此十家，並辭賦之英傑也。」此彥和總列十家，目爲英傑，義切例明，最可研討。常人因爲其行文造語，辭簡義隱，頗有煩言，現在我們略加分析，看他合論十家的眞象。彥和首舉荀、宋的原因，荀、宋是漢賦的本源，而荀卿五賦〔三一〕，賦而用比，故結隱語以喻意。辭事與意義回環相發，故曰「事義自環。」宋玉各篇〔三二〕，如風賦，寫大王之風，庶人之風。高唐賦，形容山勢之高峻。神女賦，敷陳顏色之豔麗。無不閎衍增飾，故曰「夸誕」「淫麗」。枚乘菟園，今存殘文，又多訛奪，幾乎不可句讀。但如細心檢點，其鑄語的新奇，尚循覽可得，故曰「舉要以會新。」司馬相如上林賦，其中寫上林所在；先寫水勢，水族，水中珍異，水鳥；次寫山之林木，皐陵，香草，走獸；再寫上林之宮室，美玉，嘉果，茂木；又寫天子狩獵之事，中間所搏之獸，所弋之禽；至其後敍置酒張樂，以及聲色之娛。極盡夸張的能事，故曰「繁類以成豔。」賈誼鵩鳥賦，通篇以道家齊物之理，自慰遠謫之情，故曰「致辨於情理。」子淵洞簫賦，爲後世音樂賦之祖。篇中舖排次第，井然不紊，最有法度。首敍簫材的產地，次敍製器審聲的巧妙；再寫度曲之時，音隨曲異，復從聲之感人動物的地方，去刻意形容其微妙。可說是窮聲極變，曲盡題旨，故曰「窮變於聲貌。」班孟堅兩都賦，上篇是「極衆人之所眩曜」，首段總列西都之形勢，次寫前漢增飾之閎麗，又次寫畿內的繁庶，宮館的壯麗，再次寫畋獵之盛況，宴飲之歡娛，游觀之樂趣，最後揭示懷歸思古的幽情，以見西都父老怨思的根由，此即彥和之所謂「明絢」者也。下篇「乃折以今之法度」，歷記制度典禮，如蒐獵則順時講武，行幸則修祀崇禮，宴飲則王會燕享；而勸農興學，崇儉抑侈，無一不是施政的要目。所以班氏兩都，實乃一代鉅典，足爲萬世儀表，故而「雅贍」。張衡二京賦，步武孟堅。而西京盛舉荒靡，諷意尤切，故曰「迅拔」。東京鋪陳制度，辭淵義雅，故曰「宏富」。至於子雲甘泉賦，以諷諫爲主。因爲他多識古文奇字，又生性喜歡沉思，故本文半敍甘泉宮室，半寫郊祀典禮。淵深奇偉，故曰「構深偉之風。」延壽靈光殿賦，篇中凡階堂壁柱，殿宇櫛次，棟窗雕刻，榱楣繪畫，無不一一鋪寫，甚得營造的精意。閱讀起來，直覺得鳥飛獸走，如在目前，故曰「含飛動之勢。」由荀、宋的作品，到延壽的靈光殿賦，時越三百，歷敍十家，各家都用三數字以爲諡；既足以表達他們作品的特色，又能比觀辭賦的流變。若非彥和平素會心有得，評隲又怎能如此精確？

其次有「比論」之例。所謂「比論」者，兩兩相較，比對而論也。如封禪篇將揚雄劇秦，班固典引，兩相較論。云：「觀劇秦之文，影寫長卿，詭言遯辭，故兼包神怪。然骨制靡密，辭貫圓通，自稱極思，無遺力矣。典引所敍，雅有懿采，歷鑒前作，能執厥中。其致義會文，斐然餘巧，故稱封禪麗而不典，劇秦典而不實。莫非追觀易爲明，循勢易爲力歟！」蓋封禪之說，倡自讖緯家，而增飾於文士，實逢迎帝王侈心之作。故必能揄揚盛美，誇張祥瑞；而又於頌揚之中，含有戒愼之義，方是佳品，揚雄劇秦美新，於論秦之劇，有云：「來儀之鳥，肉角之獸，狙獷而不臻。甘露嘉醴，景曜浸潭之瑞潛；大茀經實，巨狄鬼信之妖發，神歇靈繹，海水羣飛。」論新莽之美，有云：「上帝還資，后土顧懷，玄符靈契，黃瑞涌出，滭浡沕潏，川流海渟，雲動風偃，霧集雨散，誕彌八圻，上陳天庭，震聲日景，炎光發響，盈塞天淵之間，必有不可辭讓云爾。」故曰「詭言遯辭，兼包神怪。」班固自己說：「相如封禪，靡而不典，揚雄美新，典而亡實。然皆游揚後世，垂爲舊式。臣固才朽，不及前人。……竊作典引一篇。……猶樂啓發憤滿，覺悟童蒙，光揚大漢，軼聲前代。」故彥和說：「追觀易爲明，循勢易爲力。」可知他在詳審兩家之長，因革之故以後，發爲評述。自然是立論有準，衡鑑不爽。

「敷理以舉統」，在說明各種文體之風格、作法與避忌，另外還包括它的作用在內。所以合起來也可以歸納成三個體例。第一，言文體風格。如明詩篇論詩的風格，云：「四言正體，則雅潤爲本；五言流調，則清麗居宗。」詮賦篇論辭賦的風格，云：「詞必巧麗，麗詞雅義，符采相勝。如組織之品朱紫，畫繪之差玄黃；文雖雜而有質，色雖糅而有本，此立賦之大體也。」章表篇論章與表的風格，云：「章式炳賁，志在典謨；使要而非略，明而不淺。表體多包，情位屢遷，必雅義以扇其風，清文以馳其麗。」觀乎以上各篇，則知四言詩的風格是「雅潤」，五言詩的風格是「清麗」。而「麗辭雅義」是辭賦的風格。「明」與「要」是章的風格。表的風格又是「雅義」「清文」。彥和論文章風格，注意到內容與形式兩方面的配合，是難能可貴的見解。第二，言各體寫作方法和避忌。如頌讚篇，言頌之作法，云：「頌惟典雅，辭必清鑠。敷寫似賦，而不入華侈之區；敬愼如銘，而異乎規戒之域。」哀弔篇，先言哀體之作法，云：「哀辭大體，情主於痛傷，而辭窮乎愛惜。幼未成德，故譽止於察惠；弱不勝務，故悼加乎膚色。隱心而結文則事愜，觀文而屬心則體奢。奢體爲辭，則雖麗不哀；必使情往會悲，文來引泣，乃其貴耳。」次言弔體的作法，云：「弔雖古義，而義辭末造；華過韵緩，則化而爲賦。固宜正義以繩理，昭德而塞違；剖析褒貶，哀而有正，則無奪倫矣。」彥和於頌體，首論寫作方法，在措辭淸鑠。次言避忌，以爲鋪陳如賦，敬謹似銘。若文過華侈，義存規戒，皆所不宜。至於哀弔，更是半談作法，半講避忌。也就是一方面作積極的誘導，一方面作消極的限制；對後來作家，提供了他會心獨到的看法，在文體論上是相當重要的環節。他論文是以情性爲根柢，用經典作準則。尤其斥繁縟，黜浮詭的主張，在全書五十篇裏俯拾卽是。本來哀弔文的精神是抒情敍怨的，如果文過縟麗，則情爲詞掩，體與義乖，又如何能引發讀者的流連哀思呢？所以有「情往會悲，文來引泣」，「華過韵緩，化而爲賦」的警語。這實在是我們寫哀弔文的金科玉律啊！第三，言文體之作用。如檄移篇云：「檄移爲用，事兼文武，其在金革，則逆黨用檄。順命資移，所以洗濯民心，堅同符契，意用小異而體義大同。」又章表篇云：「章表之爲用也，所以對揚王庭，昭明心曲，旣其身文，且亦國華。」這都是顯明的成例。我們如果循着這個方向，去讀文體論「敷理以舉統」部分，就文學創作方面來說，必有先得我心的快慰。

四、文體論二十篇的成規定例

我們說明了文心雕龍文體論二十篇的基本架構以後，覺得除此而外，它還牽涉到許多其他有關的問題。例如：各種文體的區別，各種文體的關係，各種文體的共同源淵，各種文體的附論，以及各代文學的風尙等，都不容我們忽視。劉勰自己儘管沒有明言，但後人去研究文心雕龍的時候，不可不預知其例。假使我們能掌握到文心雕龍文體論中的成規定例，則全部二十篇的內容，也可以說是劉彥和在文體論方面的成就，自然如臨鏡窺影，清晰可辨了。以下我們逐次加以說明：

第一、論各種文體的區別：文章體類雖多，而總其旨歸，多屬同源。後來由於人事日繁，需求不同，文章體類就逐漸複雜，粗別已感不易；如欲此疆彼界，綱領昭晰，更是捉襟見肘，力不從心了。而彥和才大如天，在這方面，確能駕輕車而就熟路，既觀其所同，復別其所異。他往往在「原始以表末」的同時，對相近的文體，詳加比較。如頌讚篇於解釋「頌」的定義之後，分析「風、雅、頌」的區別，云「夫化偃一國謂之風，風正四方謂之雅，容告神明謂之頌。風雅序人，故事兼變正；頌主告神，故義必純美。」書記篇言牋記二體之不同，云「記之言志，進己志也。牋者表也，表識其情也。……原牋記之爲式，既上窺乎表，亦下睨乎書。使敬而不懾，簡而無傲，清美以惠其才，彪蔚以文其響，蓋牋記之分也。」這都是他區分文類的例子。

第二、論各種文體的關係：誠如前說，各種文體既是同源異流，所以彼此之間，都可以找出相當的關係。例如詮賦篇言「賦」與「詩」及「楚辭」的關係，云「昔邵公稱公卿獻詩，師箴，瞍賦。傳云：登高能賦，可爲大夫。詩序則同義，傳說則異體，總其歸塗，實相枝幹。故劉向明不歌而頌，班固稱古詩之流。至於鄭莊之賦大隧，士蔿之賦狐裘，結言短韵，詞自己作，雖合賦體，明而未融。及靈均唱騷，始廣聲貌。然賦也者，受命於詩人，拓宇於楚辭也。於是荀況禮、智，宋玉風、釣，爰錫名號，與詩畫境。六義附庸，蔚爲大國。述客主以首引，極聲貌以窮文，斯蓋別詩之原始，命賦之厥初也。」按彥和論文，騷賦分篇，騷屬文原論，賦入文體論。與劉、班志藝文，納騷於賦，似異實同。蓋劉、班認爲騷亦不出古詩六義之賦的範圍，欲明其源，故概以賦名之。而彥和謂漢賦之興，旣遠承古詩的賦義，又近得楚人騷體的變化。故曰「受命於詩人，拓宇於楚辭」，蓋析其流也。又如論說篇：「詳觀論體，條流多品；陳政則與議、說合契，釋經則與傳、注參體，辨史則與贊、評齊行，詮文則與敍、引共紀。故議者宜言，說者說語，傳者轉師，注者主解，贊者明意，評者平理，序者次事，引者胤辭，八名區分，一揆宗論。」「論」之爲體，在作用上，可謂著述之利器，學術之干城。因爲破他立己，能收黜敵尊我，摧邪顯正的功效。所以此一文體之興衰，常與學術相終始。彥和辨之，旣討其源，復析其流，兼推其用，無愧乎「體大慮周」之稱了〔三三〕。

第三、論各種文體的共同源淵：文心雕龍有宗經篇，明言文體備於五經。他說：「論、說、辭、序，則易統其首。詔、策、章、奏，則書發其源。賦、頌、歌、讚，則詩立其本。銘、誄、箴、祝，則禮總其端。記、傳、盟、檄，則春秋爲限。」按照彥和之意，後世各種文體，皆由經典中衍生。不過宗經篇還有尙未涉及的文體，如哀弔、雜文、諧讔、諸子、議對、封禪。茲分別考之如下：雜文篇云：「宋玉含才，頗亦負俗，始造對問，以申其志。」「枚乘摛艷，首製七發，腴辭雲構，夸麗風駭。」「揚雄覃思文閣，業深綜述，碎文璅語，肇爲連珠。」對問、七發、連珠，旣爲宋玉、枚乘、揚雄等三家所創，而三家同出於騷辭，楚騷源於詩經〔三四〕。所以彥和雖未明言，但細究文義，可以得到這種暗示〔三五〕。諧讔篇云：「宋玉賦好色，意在微諷，有足觀者。」又說：「荀卿蠶賦，已兆其體。」故諧讔自然也是直接源於騷辭，間接出於詩經。諸子篇云：「自六國以前，去聖未遠，故能越世高談，自開戶牖。」宗經篇也有「並窮高以樹表，極遠以啓疆，所以百家騰躍，終入環內者也。」班固漢志諸子略也說：「今異家者，各推所長，窮自究慮，以明其旨。雖有蔽短，合其要歸，亦六經之支與流裔。」可見彥和把諸子的文辭，納入五經的範疇去講，是有理論依據的。封禪篇云：「史遷八書，明述封禪者，固禋祀之殊禮，銘號之祕祝，祀天之壯觀矣。」似又屬乎禮經。議對篇云：「洪水之難，堯咨四岳，宅揆之舉，舜疇五人，三代所興，詢及芻蕘。」又「對策者，應詔而陳政也。射策者，探事而獻說也。言中理準，譬射侯中的，二名雖殊，卽議之別體也。」可知議對之體本乎書經。由此觀之，五經是文體之共源，才思之神皐。現在依照上述勒成下表，以見其詳（見表一）

第四、各種文體的附論：所謂附論者，就是雜體之文，不足以特立專篇，乃依其品性何屬，卽附錄於何篇之末。最顯明的例子，就是雜文與書記二篇。雜文篇云：「詳夫漢來雜文，名號多品，或典、誥、誓、問，或覽、略、篇、章，或曲、操、弄、引，或吟、諷、謠、詠，總括其名，並歸雜文之區，甄別其義，各入討論之域。類聚有貫，故不曲述也。」「典」，如尚書之堯典、舜典，班固典引。「誥」，如尚書之湯誥、仲虺之誥。「誓」，如尚書之甘誓、湯誓，蔡邕的艱誓。「問」，如漢文帝策賢良文學詔，晉陸機策秀才文。「覽」，如呂氏春秋的八覽，三國時代某人撰述的皇覽。「略」，如六韜兵略，劉歆七略。「篇」，如史籀篇、蒼頡篇、爰歷篇、博學篇。「章」，如孔融上章謝太中大夫。「曲」，如師曠的陽春白雪曲，漢武帝的落葉哀蟬曲。「操」，如虞舜的南風操，伯牙的水仙操。「弄」，如梁武帝的江南弄。「引」，如楚樊姬的烈女引，曹植的箜篌引。「吟」，如勾踐時的木客吟，卓文君的白頭吟。「諷」，如韋孟的諷諫詩，左思的七諷，「謠」，如康衢童謠，西王母的白雲謠。「詠」，如夏侯湛離親詠，謝安的洛生詠。這十六種文體，雖總稱雜文；然「典」可入封禪篇，「誥」可入詔策篇，「誓」可入祝盟篇，「問」可入議對篇，「典」、「操」、「弄」、「引」、「吟」、「諷」、「謠」、「詠」可入樂府篇。「章」可入章表篇，至於「覽」、「略」、「篇」三類，或可納入諸子篇。這就是彥和所謂之「甄別其義，各入討論之域。」但他總括其名，列入雜文。因此我們說文心雕龍文體論有「附論」一例者，道理就在於此〔三六〕。書記篇云：「書記廣大，衣被事體，筆劄雜名，古今多品。是以總黎庶，則有譜、籍、簿、錄。醫歷星筮，則有方、術、占、式。申憲述兵，則有律、令、法、制。朝市徵信，則有符、契、券、疏。百官詢事，則有關、刺、解、牒。萬民達志，則有狀、列、辭、諺。並述理於心，著言於翰，雖藝文之末品，而政事之先務也。」他列的這二十四品，清末紀曉嵐批評說：「與書記不倫」，有點兒牽強附會〔三七〕。實際上文心雕龍文體論，粗分文、筆兩大類，而每類十篇，所涉文體固多；但尚有若干細目小品，既不足單獨設篇，又不宜錮而不論，所以雜文之後附錄十六品，書記篇末附列二十四品，總結文、筆兩類討論文體的未竟之緒。等於今天通行所謂的「附錄」、「又及」、「備考」之意。過去郭紹虞著中國文學批評史，曾將文體論二十篇的大綱細目列一總表〔三八〕，我覺得他表列過簡，特再補充條舉如左（見表二）：

第五、各類文體之風尚：一個文體的興衰，風會所趨，必有它的前因後果。彥和於時序篇曾言：「時運交移，質文代變」，又說：「文變染乎世情，興廢繫乎時序。」時代背景關繫文學風尚，十分密切。彥和文體論二十篇，對各代文學風尚時有涉及。如明詩篇言建安時代的詩風云：「建安之初，五言騰躍，文帝陳思，縱轡以騁節；王徐應劉，望路而爭驅。並憐風月，狎池苑，述恩榮，敍酣宴，慷慨以任氣，磊落以使才。造懷指事，不求纖密之巧；驅辭逐貌，唯取昭晰之能，此其所同也。」言江左的詩風說：「江左篇製，溺乎玄風，嗤笑徇務之志，崇盛忘機之談，袁孫已下，雖各有雕采，而辭趣一揆，莫能爭雄，所以景純仙篇，挺拔而爲儁矣。」言劉宋初年的文學風尚云：「宋初文詠，體有因革，莊老告退，而山水方滋。儷采百字之偶，爭價一句之奇。情必極貌以寫物，辭必窮力而追新，此近世之所競也。」他把各代的文學運會，思想潮流，作家好尚；都能提綱挈領，說得面面俱到。又諸子篇言先秦、兩漢、魏、晉子學發展的大勢，說：「研夫孟、荀所述，理懿而辭雅；管晏屬篇，事覈而言練；列禦寇之書，氣偉而采奇；鄒子之說，心奢而辭壯；墨翟隨巢，意顯而語質；尸佼尉繚，術通而文鈍；鶡冠綿綿，亟發深言；鬼谷眇眇，每環奧義；情辨以澤，文子擅其能；辭約而精，尹文得其要；愼到析密理之巧，韓非著博喩之富，呂氏鑒遠而慮周，淮南採汎而文麗，斯則得百氏之華采，而辭氣之大略也。若夫陸賈新語，賈誼新書，揚雄法言，劉向說苑，王符潛夫，崔寔政論，仲長昌言，杜夷幽求。或敍經典，或明政術，雖標論名，歸乎諸子。何者？博明萬事爲子，適辨一理爲論。彼皆蔓延雜說，故入諸子之流。夫自六國以前，去聖未遠，故能越世高談，自開戶牖。兩漢以後，體勢浸弱，雖明乎坦途，而類多依採，此遠近之漸變也。」試觀自西漢董仲舒奏請罷黜百家，學歸一尊之後，朝廷用人，貴乎平正。從此諸家撰述，惟有依傍儒家，採掇陳言，爲時君世主，聊備警戒而已。誰也不敢奇行危論，自投文網了。故武帝以後，董、劉、揚雄，趕不上漢初的淮南、陸賈、賈誼。東漢作者，更不及西京。魏、晉之世，學術更衰，所謂「讕言兼存，瑣語必錄」〔三九〕，幾乎到了不能持論的地步。彥和此篇雖用墨不多，但對於我國學術思想的流派，發展的軌跡，均有廣泛的涉及，使我們由這裏可以得到具體的認知。

五、彥和運思行文的方法

誠如前面所說，劉彥和的文體論，佔用了文心雕龍全書差不多二分之一的篇幅，其內容又結構緊密，鋪排嚴整，包羅之廣，創例之多，足以和他的文原論、文術論、文評論，鼎足而立，毫無遜色。所以在我們分析完這二十篇的體例後，對劉氏運思行文的方法，作進一步的探討，是有必要的。經筆者細心推求，發覺彥和運思行文的方法，至少可歸納成兩個條例。這兩個條例，說它是整個文體論中的兩大動脈，最爲適當。因爲靠着它的穿鍼引線，才能把蔚映十代的思潮，和辭采九變的文壇〔四〇〕，塑造成有血有肉的機體，發揮了潛在的功能。第一個條例，是以文學發展史觀爲論敍的方式，另一個條例，是以作家爲評述的中心。

不同的時代，就像幾何圖形上不同的點，合不同的點，聯綴成一條直線。這條直線在文心雕龍文體論上，系聯了由上古到六朝，數千年之間的文學史料。並藉着不同史料的結合，把原本不太明確的中國古典文學發展，鈎畫出彼此間因果依附的關係。例如樂府篇，在釋名章義之後，接着寫道：「鈞天九奏，既其上帝，葛天八闋，爰乃皇時。自咸英以降，亦無得而論矣。至於塗山歌於候人，始爲南音。有娀謠乎飛燕，始爲北聲。夏甲歎於東陽，東音以發。殷整思於西河，西音以興。音聲推移，亦不一概矣。……自雅聲浸微，溺音騰沸，秦燔樂經，漢初紹復，制氏紀其鏗鏘，叔孫定其容典，於是武德興乎高祖，四時廣於孝文。雖摹韶夏，而頗襲秦舊，中和之響，闃其不還。暨武帝崇禮，始立樂府，總趙代之音，撮齊楚之氣。延年以曼聲協律，朱馬以騷體製歌，桂華雜曲，麗而不經，赤雁羣篇，靡而非典，河間薦雅而罕御，故汲黯致譏於天馬也。至宣帝雅頌，詩效鹿鳴。逮及元成，稍廣淫樂，正音乖俗，其難也如此。暨後漢郊廟，惟新雅章，辭雖典文，而律非夔曠。至於魏之三祖，氣爽才麗，宰割辭調，音靡節平。觀其北上衆引，秋風列篇，或述酣宴，或傷羈戍，志不出於慆蕩，辭不離於哀思，雖三調之正聲，實韶夏之鄭曲也。逮於晉世，則傅玄曉音，創定雅歌，以詠祖宗，張華新篇，以充庭萬；然杜夔調律，音奏舒雅，荀勗改懸，聲節哀急，故阮咸譏其離聲，後人驗其銅尺，和樂精妙，固表裏而相資矣。……若夫豔歌婉變，怨詩訣絕，淫辭在曲，正響焉生。然俗聽飛馳，職競新異，雅詠溫恭，必欠伸魚睨；奇辭切至，則拊髀雀躍，詩聲俱鄭，自此階矣。……」這段文章，從「鈞天九奏」，到「亦不一概矣」，是逆溯樂府的本原。他把音樂的始興，上推到生民未有之前。葛天氏操牛尾以歌八闋，見於呂氏春秋古樂篇。自此以降，黃帝之樂有咸池，帝嚳之樂有六英〔四二〕。然後經過大力推廣，又融和了東西南北四方的音樂。時至春秋，經過孔夫子刪述，便成了一部完整的樂經。從「秦燔樂經」，到「自此階矣」，他又詳述中國古樂的蛻變，以為自秦始皇焚書坑儒，樂經泥蟠，古代的廟樂，唯存韶武。漢朝代興，魯人制氏尚知古樂的旋律。叔孫通按照古禮，訂定朝儀。其間經過漢高、孝武的努力提倡，武帝增設樂府之官，專司採訪各地的民謠。時間到了曹魏，有武帝操、文帝丕、明帝叡的領導示範，於是風行乎上，波震於下，薰陶漸染的結果，晉代音樂家傅玄、張華，遂遵照殷周的禮樂，參酌曹魏的儀節，新創了許多合乎民族風格的樂章。南朝樂壇，由於受到外來文化的衝擊，更換了一個嶄新的局面。它充滿男歡女愛的戀歌，厭舊喜新的辭情。所以傳統的正音雅樂，到了此時，已如廣陵之散，幾乎零落略盡了。

我們看彥和從音樂起於生民未有之前，講到正音式微的南齊之後。其中行文論敍，凡時代承接的地方，能用朝代標名的，就儘量利用朝代標名，如「上帝」、「皇時」、「秦」、「漢初」。覺得以朝代標名太過板滯的時候，他就用轉折關係詞，去抽換字面，如「自雅聲浸微」的「自」，「暨武帝崇禮」的「暨」，「至宣帝雅頌」的「至」，「暨後漢郊廟」的「暨」，「至於魏之三祖」的「至於」，「逮於晉世」的「逮於」，「若夫豔歌婉變」的「若夫」，這都是他綴點成線的巧妙安排。學者如果把握着他這方面行文的特色，再來研讀文心雕龍文體論二十篇的時候，會有類聚羣分，怡然理順的感受。

至於以作家爲評述的中心，其實際情形是在每一個時代的平面上，彥和舉出堪資代表當世文學主流的作家與作品，作深入的批評。茲再以樂府篇爲例，他評魏之三祖，「氣爽才麗」，分相和歌辭一部爲二〔四二〕，割裂詩辭的正調。以至於音律靡曼，節奏平夷。試看魏武帝曹操之苦寒行，「北上太行山〔四三〕」云云，通篇感傷羈旅征戍的愁苦。文帝的燕歌行，「秋風蕭瑟天氣涼〔四四〕」云云，也託辭於征婦懷人的哀思。所謂「或述酣宴，或傷羈戍；志不出於慆蕩，辭不離於哀思。」雖名爲「平」「淸」「瑟」三調的正聲，實際上是辭欠典雅，只能算是韶夏中的鄭衞之音了〔四五〕。其所以如此，乃因魏武初政，好法術，貴刑名，是偏霸之雄才，非休明之盛軌。而文帝篡位，慕曠達，賤守節，不務儒術。影響及於文學，武辭悲涼，文曲慆蕩，均非中和雅正之音。職是之故，彥和雖評他「氣爽才麗」，但終斥爲「韶夏之鄭聲」。又細玩「雅聲浸微」、「中和之響」、「正音乖俗」、「辭雖典文」、「律非夔曠」等句的涵義，就知道他持論的嚴正，實與荀卿「樂論」同一旨歸〔四六〕。

走筆至此，我們總括彥和運思行文的方法，以文學發展史觀爲論敍的方式，是屬於歷史性的，時間性的。以作家爲評述中心的方式，是屬於社會性的，空間性的。質言之，一個是直線的聯綴，一個是平面的剖析。兩相交織，便構成了他「選文以定篇」中的「單論」、「合論」與「比論」的憑藉〔四七〕。同時從文心雕龍文體論「陶冶萬彙，組織千秋」方面看，我們如果還是把劉彥和僅當作六朝文士，或如今人所謂之文學理論家，那就大錯特錯了〔四八〕。

六、結語

文心雕龍文體論二十篇，有本有源，有綱有目，是體系完整的作品。劉大杰「中國文學發達史」說它「是全書價值最低的一部分」，自然是措詞武斷。從本人以上各節的分析，知道它除了在「論文敍筆」方面，被妥適的架構在「原始以表末，釋名以章義，選文以定篇，敷理以舉統」四大基礎上以外，又「以時代爲先後的歷史論敍法」，和「以作家爲主的社會評述法」，兩相錯綜，把它們從不同的角度，相異的事件上，聯絡成線。復牽引出許多相關的體例，如「各種文體的區別」，「各種文體的關係」，「各種文體的源淵」，「各種文體的附論」，以及「各代文學的風尙」等。將文體論二十篇塑造成一個有血有肉的機體。我們可以肯定的說。要想瞭解文心雕龍「創作論」與「批評論」的理論依據，則「文體論」不可不讀。如欲探討彥和「文原論」中，「原道」「宗經」的精神所在，亦必須視「文體論」作它的淵藪。所以我們固不願臆斷這是文心雕龍價值最高的部分，但至少它應該獲有與「文原論」、「創作論」、

「批評論」同等的地位。

【附　註】

〔一〕劉大杰從范文瀾先生的分類，將卷一「辨騷篇」入「文體論」，故有「二十一篇」之說。依彥和「序志」，以爲卷一、五篇是「文之樞紐」，「辨騷篇」應歸入「文原論」，劉說非是。

〔二〕以上劉說見於中華書局民國五十一年，印行的「中國文學發達史」二三六至二三七頁，華正書局民國六十五年十二月修訂本已刪。

〔三〕見文心雕龍通變篇。

〔四〕見劉師培中國中古文學史，宋齊梁陳文學概略一〇四至一〇五頁。

〔五〕文心雕龍序志篇云：「若乃論文敍筆，則囿別區分。」

〔六〕參閱黃侃先生文心雕龍札記序志篇札記。

〔七〕參閱范文瀾先生文心雕龍注原道篇注(二)，及附表。

〔八〕參閱劉永濟先生文心雕龍校釋原道篇校釋，徵聖篇校釋，辨騷篇校釋與檄移篇校釋。

〔九〕見文心雕龍雜文篇。

〔一〇〕見文心雕龍書記篇。

〔一一〕參閱王更生著文心雕龍研究二六一頁。

〔一二〕參閱班固漢書藝文志諸子略。

〔一三〕見顏之推顏氏家訓序致第一。

〔十四〕參閱曹植與楊德祖書，蕭世誠金樓子序，葛洪抱朴子自敍。

〔十五〕文心雕龍總術篇，彥和評顏延年語。

〔十六〕過去徐復觀先生在東海學報發表「文心雕龍的文體論」，文中對「文體」「文類」的區別，見地卓越。不過「體」字在文心雕龍中既有不同的用法；我爲了單獨討論由明詩至書記二十篇的特殊體例，所以仍採取傳統的說法。

〔十七〕蔣著「文體論纂要」，正中書局出版。薛著「文體論」，見於臺灣商務印書館人人文庫。

〔十八〕碑文如李斯泰山刻石，嶧山刻石。詔奏如西漢諸帝的詔策璽書，及名臣奏議。書牘如司馬遷報任安書，楊惲報孫會宗書。

〔十九〕書佚，不知內容如何，隋書經籍志總集中有著錄。

〔二〇〕書佚，清嚴可均全晉文有輯本。

〔二一〕因曹丕典論，非專爲論文體而作，故云。

〔二二〕見隋書經籍志總集序文。

〔二三〕章學誠「文史通義」語，見該書詩話篇。

〔二四〕文中「姓」字，原作「性」，依范文瀾先生注正。

〔二五〕見司馬遷報任少卿書。

〔二六〕鄭玄注詩之言，尚見於儀禮特牲、饋食禮，可互參。

〔二七〕說又見於詩大序，劉熙釋名。

〔二八〕其他如史傳篇、檄移篇，均有此例。

〔二九〕此兩例書中多有，檢閱卽得，文煩不能備引。

〔三〇〕見清紀曉嵐文心雕龍評，書記篇評，及今人王夢鷗先生「文心雕龍質疑」一、文辭的陷阱。其中言文心雕龍措辭模稜、游移、曖昧、虛浮。

〔三一〕荀卿五賦爲禮、知、雲、蠶、箴。見荀子卷下。

〔三二〕宋玉賦，漢書藝文志載十六篇，現在流傳的約十二篇。見於楚辭章句的有九辯、招魂。見於文選的有風賦、高唐賦、神女賦、登徒子好色賦。見於古文苑的有笛賦、大言賦、小言賦、諷賦、釣賦、舞賦。

〔三三〕同前註二三。

〔三四〕參閱文心雕龍辨騷篇、詮賦篇、通變篇、時序篇。尤其詮賦篇，云：「賦也者，受命於詩人，而拓宇於楚辭也」，說最顯豁。

〔三五〕七體之興，彥和謂始於枚乘，章實齋謂肇自孟子之問齊王，章太炎先生獨以為是解散大招、招魂之體，枚氏演成七事，散著短章耳。連珠體彥和以為肇自揚雄，而章實齋認為韓非儲說為此體之始。蓋以其結體相同，特子雲加以藻飾之辭而已。

〔三六〕文心雕龍文體論，有「附論」一例，其說首見於劉永濟「文心雕龍校釋」，書記篇校釋。

〔三七〕見紀氏文心雕龍評，書記篇評。

〔三八〕今人郭紹虞著「中國文學批評史」，於上册第二章第四目體製，曾詳列各種文體。羅根澤著「魏晉六朝文學批評史」，於第八章第四節也列有文體總表，可互參。

〔三九〕見文心雕龍諸子篇。

〔四〇〕見文心雕龍時序篇贊曰。

〔四一〕禮記正義引樂緯云：「帝嚳曰六英」。宋均注：「六英者，能為天地四時六合之英華。」

〔四二〕宋書樂志三：「相和漢舊歌也。絲竹更相和，執節者歌，本一部，魏明帝分為二。」彥和所譏「宰割辭調」，就是指此而言。

〔四三〕原詩見昭明文選卷二十七。

〔四四〕原詩見昭明文選卷二十七。

〔四五〕隋書音樂志曰：「清樂其始卽清商三調是也，並漢來舊曲。樂器形制並歌章古詞，與魏三祖所作者，皆被於史籍。……平陳後獲之。高祖聽之，善其節奏，曰此華夏之正聲也。」然則三調之為正聲，其來已久，而彥和云三祖之所謂鄭曲者，蓋譏其詞之不雅。

〔四六〕參閱荀子卷下樂論篇，及劉永濟「文心雕龍校釋」，樂府篇校釋。

〔四七〕參閱本文第三節「文體論二十篇的基本架構」。

〔四八〕參閱王更生著文心雕龍導讀。（臺北華正書局出版）

（表一）

五經與後世各種文體關係系統圖

- 五經
  - 諸子（十　七）——聖賢並世，經子異流
  - 易　經——論說（十　八）——論說辭序，則易統其首
  - 書　經——詔策章奏，則書發其源
    - 詔策（十　九）
    - 章表（二十二）
    - 奏啓（二十三）
    - 議對（二十四）
  - 詩　經——賦頌歌讚，則詩立其本
    - 明詩（　六　）
    - 樂府（　七　）
    - 詮賦（　八　）
    - 頌讚（　九　）
    - 雜文（十　四）
    - 諧讔（十　五）
  - 禮　經——銘誄箴祝，則禮總其端
    - 祝盟（　十　）
    - 銘箴（十　一）
    - 誄碑（十　二）
    - 哀弔（十　三）
    - 封禪（二十一）
  - 春　秋——記傳盟檄，則春秋爲根
    - 史傳（十　六）
    - 檄移（二　十）
    - 書記（二十五）

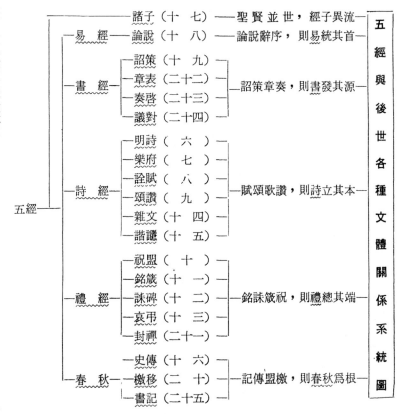

（表二）

文體論二十篇所涵文章體類統計一覽表

論文敍筆	二十篇文體名稱	體類	數目
文	詩	四言、五言、三言、六言、雜言、離合、回文、聯句	9
	樂府	平調、清調、瑟調、鼓吹、鐃歌、挽歌	7
	賦		1
	頌，讚	風、雅、誦、序、引、評	8
	祝，盟	祝邪、罵鬼、譴、呪、誥咎、祭文、哀策、詛、誓、歃辭	12
	銘，箴		2
	誄，碑	碣	3
	哀，弔		2
	雜文	對問、七發、連珠、客難、解嘲、賓戲、達旨、應間、答譏、釋誨、客傲、客問、客咨、七激、七依、七辨、七蘇、七啓、七釋、七說、七諷、七厲、典、誥、誓、問、覽、略、篇、章、曲、操、弄、引、吟、諷、謠、詠	39
	諧，讔	謎語	3
筆	史傳	尚書、春秋、策、紀、傳、書、表、志、略、錄	11
	諸子		1
	論，說	議、傳、注、贊、評、敍、引	9
	詔，策	命、誥、誓、令、制、策書、制書、詔書、戒敕、戒、敕、教	14
	檄，移	戒誓、令、辭、露布、文移、武移	8
	封禪		1
	章，表	上書、章、奏、表、議	7
	奏，啓	上疏、彈事、表奏、封事	6
	議，對	駁議、對策、射策	5
	書，記	表奏、奏書、奏記、奏牋、譜、籍、簿、錄、方、術、占、式、律、令、法、制、符、契、券、疏、關、刺、解、牒、籤、狀、列、辭、諺	31
			179

第九章　文心雕龍「文術論」

一、前　言

劉彥和「文心雕龍」成書於南齊和帝中興元、二年（五〇一）間。沈約讚其深得文理，常陳几案〔一〕。時至唐宋，學術界對它的評價，卻毀譽參半，如劉知幾、孔穎達之著書立說，雖各有取資，但黃山谷、晁公武頗不喜好，以爲簡疏未高〔二〕。自清黃注紀評後，其身價始被提高〔三〕。民元以來，歐風東漸，國人改用西法以治此學。遂得頴脫而出，受到學術界的重視。

黃季剛札記云：「論文之書，鮮有專籍，而桓譚新論，王充論衡，雜論篇章。繼此以降，作者間出。然文或湮滅，有如流別、翰林之類；語或簡括，有如典論、文賦之儕。其敷陳詳覈，徵證豐多，枝葉扶疏，原流粲然者，惟劉氏文心一書耳」〔四〕。文心內容詳贍，超今邁古，曾如札記所言。至如彥和在文學創作方面的理論與實際，其結構的嚴謹，條理的密備，體系的完整，實用的價值，是又黃氏所未及言，或言有不盡其意者〔五〕。

今特依原書所載，去蕪存精；舉其要領，發其大凡。理有深遠難明者，鉤考而演繹之；事有條流旁申者，濃縮而歸納之。務期考諸成說而不謬；驗之實際無不合。

二、三點基本認識

第一，文心雕龍的內容分類：大凡研究「文心雕龍」者，必先了解它的內容分類，而往代學者只以爲上篇論文章體製，下篇評文章工拙〔六〕，所以若干年來，「文心雕龍」的研究，一直困於靜態資料的評校注解。後來可能是受到日本學者青木正兒的影響，才劃全書五十篇爲文原論，文體論、文礎論、修辭論、總論、自序六部分〔七〕。但是這六部分與彥和的自爲法，並不相應。譬如他說：

「蓋文心之作也：本乎道，師乎聖，體乎經，酌乎緯，變乎騷，文之樞紐，亦云極矣。若乃論文敍筆，則囿別區分，原始以表末，釋名以章義，選文以定篇，敷理以舉統，上篇以上，綱領明矣。至於剖情析采，籠圈條貫，摛神性，圖風勢，苞會通，閱聲字。崇替於時序，褒貶於才略，怊悵於知音，耿介於程器。長懷序志，以馭羣篇，下篇以下，毛目顯矣。位理定名，彰乎大易之數，其爲文用，四十九篇而已。」〔八〕

所謂「文之樞紐」就是文學思想，或文學基本原理（簡稱文原論）。「論文敍筆，囿別區分」指文學體裁論（簡稱文體論）。「剖情析采，籠圈條貫」指文學創作論（簡稱創作論或文術論）。「崇替、褒貶、怊悵、耿介」，指文學批評論（簡稱文評論）。古人自序皆在書後，「序志」雖無關文用，但藉此可知彥和造作之意，是謂緒論。所以就全書而言，分上篇下篇；就各篇內容言，上篇二十五，前五篇（

原道、徵聖、宗經、正緯、辨騷）為文原論。後二十篇（明詩以下至書記）為文體論。下篇二十五，前二十篇（神思以下至總術〔九〕）是創作論。再四篇為文評論。末篇緒論。這樣以彥和自己的分類，做研究「文心雕龍」的準據，自較青木君的說法正確，而容易入手，這是我們首當認識的。

第二點，文心雕龍的完整性：式觀彥和以龐大的篇幅寫創作論，其重視的程度，可想而知。但創作論不過是他整體文論的一環。決不能擺脫文原論、文體論、文評論單獨存在。現在就拿彥和的文學思想為例，他的思想是宗經，而宗經的原因，在積極方面：由於經典是「恒久之至道，不刊之鴻教」，可以「象天地，效鬼神，參物序，制人紀，同性靈之奧區，極文章之骨髓〔一〇〕」。在消極方面：因為「中朝貴玄，江左稱盛，因談餘氣，流成文體〔一一〕」，以至「楚豔漢侈，流弊不還〔一二〕」，所以要「正末歸本」，必須宗經。其中所謂之「本」，指的就是經典。而創作論正是貼着宗經思想設計的。換言之，如果沒有宗經思想作主意，其創作論便毫無生機可言。至於文體論，文評論之與創作關係，更是不容分割。所以研究彥和文學創作的理論體系與實際，對於他在思想上的完整性，是不可忽視的。

第三點，文心雕龍的獨創性：凡獨立成家的學者，在學術上不僅承繼前人的學說而取精用弘，更能提出一己之創見，開示新境界。所以我們研究其理論，既要窮其源，又須溯其流。以彥和的文學創作論而言，便解決了前人未曾解決的問題。如曹丕典論，言才氣天成，雖父兄不能以移子弟〔一三〕。但我們要問天賦的才氣，是否為決定作品優劣的全部？與文章風格有無關係？而關係如何？至於所謂「文章乃經國之大業，不朽之盛事〔一四〕」，不必附麗事功，即可共日月並明。但是怎樣的作品，才有傳誦千古的價值？曹氏均略而未言。陸機似比曹丕向前邁進一步，他說：「理扶植以立幹，文垂采而結繁」，

「辭程才以效伎，意司契而爲匠〔一五〕」。顯然在說明有價値的文章，須靠內容與形式的配合。但內容與形式如何配合？到底是內容決定形式？或形式決定內容？又說：「雖抒軸于予懷，怵他人之我先，苟傷廉而愆義，亦雖愛而必捐〔一六〕。」此言文貴自創，不可剽襲前人；但優良的傳統是否可以承襲？還是僅憑作者一空依傍，獨自臆造？他又說：「或竭情而多悔，或率意而寡尤；雖茲物之在我，非余力之所勠；故時撫空懷而自惋，吾未識夫開塞之所由〔一七〕」。是說人之寫作與想像力有關，而想像力運用的情形如何？以及如何培養想像力？他自認爲「開塞莫由」，無法理解。直到劉勰著文心，方才總結前人的學說，提出一己的創見〔一八〕。對文學上久懸不決的各種創作問題，都作了令人十分滿意的彌縫。這也是我們應該認識的一點。

三、重要的理論

由以上三點認識，本文再從理論與實際兩方面，搜討彥和言文學創作的眞象。綜觀其重要理論，約有徵聖宗經的思想，內容形式的並重，才氣學習的兼顧，主觀客觀的聯系。四者之中，又分主從。徵聖宗經是主，其他爲從，因文不宗經，則內容與形式發生偏枯，才氣與學習失所憑藉，主觀與客觀卽形脫節。所以徵聖宗經的思想，乃彥和文學創作理論的靈魂，有樞紐全局的作用。以下分別言之：

（一）徵聖宗經的思想

彥和的宗經思想，完整保留於他的文原論裏。文原論共五篇，前有原道徵聖，後有正緯辨騷，宗經適居二者之間。原道昌明人文原於自然，過分雕琢，卽喪本眞。徵聖言爲文須徵驗聖人，聖人「鑒周日月，妙極神機，文成規矩，思合符契」。所以「道沿聖以垂文，聖因文以明道〔一九〕」。聖人旣能因文明道，則聖文的雅麗，就是自然的本質。至於繼原道徵聖之後，復設宗經的原因，是說：

「經也者，恒久之至道，不刊之鴻敎也。故象天地，效鬼神，參物序，制人紀，洞性靈之奧區，極文章之骨髓者也〔二〇〕。」

言聖人雖杳，聖文尙在，萃聚其文，尊之曰經。加上它「辭約而旨豐，事近而喻遠〔二一〕」，所以彥和把它從哲學的領域，移植到文學範疇裏來，奉爲創作的規臬。如果我們單從國族文化的大本大源上看，當六朝世衰文弊的時候，他能以徵聖、宗經爲出發點，力挽文學創作的頹風，這種魄力，是卓然與衆不同的。

彥和文學創作理論之可貴，在於無論甚麼主張，都追根究底，直探本源。例如「文體本於五經」，就是他的一大發明。他說：

「論說辭序，則易統其首；詔策章奏，則書發其源；賦頌謌讚，則詩立其本；銘誄箴祝，則禮總其端；紀傳盟檄，則春秋爲根〔二二〕。」

從「統其首，發其源，立其本，總其端，爲之根」的含意上翫索，任何文體的產生，如逆考其衍化的初始，無不與五經發生關係。過去曹丕論文體，僅說「奏議宜雅，書論宜理，銘誄尙實，詩賦欲麗。」陸機雖略加充實，可是仍以爲「詩緣情而綺靡，賦體物而瀏亮，碑披文以相質，誄纏綿而悽愴，銘博約而溫潤，箴頓挫而清壯，頌優游以彬蔚，論精微而朗暢，奏平徹以閑雅，說煒曄而譎誑」。二家但舉各體風格、作法，對於發展的源流，卻隻字不提。所以彥和斥其「不述先哲之誥，無益後生之慮〔二三〕」。文學創作之必須宗經，是由於五經對創作，有實質上的效益。他說：

「文能宗經，體有六義：一則情深而不詭，二則風清而不雜，三則事信而不誕，四則義直而不回，五則體約而不蕪，六則文麗而不淫〔二四〕。」

「六義」中的一、三、四項屬內容，指作品必須具有深刻、眞實、醇正的意旨，去襯托形式；二、五、六項屬形式，言作者須用一種眞實、明朗、樸素而美妙的手法，去表現內容。離開了眞實內容的藝術形式，儘管它爛采若金，到底是個沒有靈魂的軀殼。同時，眞實的內容，也需要完美的形式來烘托。離開了完美的形式，也就損害了內容的價值。所以宗經六義，實在是文學創作的坐標。

「文心雕龍」創作論二十篇，更無處不以宗經爲立說的依據。如論文章風格，八體之中，典雅居首，因爲「典雅者，鎔式經誥，方軌儒門者也〔二五〕。」論文章風骨，主張「鎔鑄經典之範，翔集子史之術〔二六〕。」論通變，是「矯訛翻淺，還宗經誥〔二七〕。」論夸飾，以爲須「酌詩書之曠旨，翦揚馬之甚泰〔二八〕。」論用事，更要取法經典，以爲「經典深沈，載籍浩瀚，實羣言之奧區，而才思之神皐〔二九〕。」論練字，推崇爾雅，以爲乃「孔徒之所纂，詩書之襟帶〔三〇〕。」六朝是「擯古競今」「務華棄實」的時代。彥和奮螳臂之力，強調文須宗經，但是他這種積極衛道的苦心，時人是很少理解的。

（二）內容形式並重

內容與形式兼籌並重的作品，才可以稱得上是「情周而不繁，辭運而不濫」。至於內容與形式二者的關係，情采篇分析得極為精密，如云：

「水性虛而淪漪結，木體實而花萼振，文附質也。虎豹無文，則鞹同犬羊，犀兕有皮，而色資丹漆，質待文也。」

明白表示文學的形式，必須為內容服務，所謂「文附質」；文學的內容，也必須有待於恰當的形式來體現，所謂「質待文」。否則，只注重內容的充實，而忽略形式的華麗，其結果是「義華而聲悴」；如徒具形式的完美，而犧牲內容的充實，其結果是「理拙而文澤」。老子雖說「美言不信」，但五千言的道德經，卻氣韻流動，精妙絕倫。可見他並沒有摒棄華麗的辭藻。孔子曾講「言之無文，行而不遠」，則言之欲流傳久遠，有賴於文采自明。

彥和從內容與形式統一的基礎上，來考察文學作品，似乎是銖兩相稱，毫無軒輊。但從文心雕龍中很多地方，可以看出來，他常懷有一種作品的內容，優先於形式的傾向。甚或當內容與形式，絕對不能兩全時，寧可犧牲形式，保留內容。例如情采篇云：

「夫鉛黛所以飾容，而盼倩生於淑姿；文采所以飾言，而辯麗本於情性。故情者文之經，辭者理之緯；經正而後緯成，理定而後辭暢，此立文之本源也。」

同篇又說：

「是以聯辭結采，將欲明理，采濫辭詭，則心理愈翳。固知翠綸桂餌，反所以失魚。言隱榮華，殆謂此也。」

「情」「理」指內容，「文」「辭」指形式。作品須首先具有眞實內容，然後再襯托適當的藝術形式，才能顯出動人的魅力。正如麗質天生的淑女，秋波流轉，必定顧盼生姿；否則，其貌不揚，專靠鉛粉黛墨的化妝技巧，是解決不了根本問題的。好比用翡翠的羽毛作釣絲，滋補的肉桂當香餌，反而釣不到魚一樣。劉勰設這種生動的例子，比況內容優於形式，亦即作品形式，被內容所制約的道理，最能見出他爲文用心的地方。

內容與形式的關係旣如上述，進一步他便要求作家從事創作時，必須根據內容需要，來決定修辭技巧。如定勢篇，言作品的體式和姿態，受情感所支配。他說：「情致異區，文變殊術，莫不因情立體，卽體成勢也。」鎔裁篇言意在筆先云：「情理設位，文采行乎其中。」比興篇論比興的運用，以切合事實，表情恰當爲尙，如云：「比類雖繁，以切至爲貴，若刻鵠類鶩，則無所取焉。」夸飾篇更強調夸飾要和內容作適當配合，不可摹寫失眞，說「飾窮其要，則心聲鋒起，夸過其理，則名實兩乖。」附會篇雖專門講謀篇問題，但謀篇的要領，仍在於內容形式的並重，他說：「何謂附會？謂總文理，統首尾，定與奪，合涯際，彌綸一篇，使雜而不越者也。」指附會之道，辭句未成，而意當先立。

正因爲彥和堅持內容與形式並重的原則，所以對六朝希圖以新奇的外形，來掩飾內容貧乏的文風，予以毫不容情的批判，認爲是「眞宰弗存」「爲情造文」〔三一〕。

爲文的目的，自然是要抒寫情志，言之有物；但如果作家專事爭奇競巧，其結果必會脫離文學創作的常規，走向「繁華損枝」「膏腴害骨〔三二〕」的地步。揚子雲所以「追悔於雕蟲，貽誚於霧縠〔三五〕」者，不謂無因了。

（三）才氣學習的兼顧

從事文學創作固需注意內容與形式的並重，但由於作者先天才氣的不同，與後天學習的差異，便很容易造成不同的個性特徵。所以儘管同處一個時代，而彼此對問題思考的方向，感情處理的手法，觀察所持的角度，往往各不相侔。故單從內容形式兩方面去看文學創作，而抹煞了作者才氣與學習的因素，必如隔靴搔癢，抓不到是處。體性篇對此頗有說明，如云：

「情動而言形，理發而文見，蓋沿隱以至顯，因內而符外者也。然才有庸儁，氣有剛柔，學有淺深，習有雅鄭，並情性所鑠，陶染所凝，各師成心，其異如面。」

作家的創作過程，既有「因內符外，沿隱至顯」的特色，所以才氣學習與文章息息相關。而紀氏竟以爲「此亦約略大概言之，不必皆確，百世以下，何由得其性情？」實不悟因文見人，並非視其義理之當否，而在就其意、言、氣、韻上，作綜合的考察。蓋言爲心聲，語爲心畫，易曰：「將叛者其辭慙，中心疑者其辭枝，吉人之辭寡，躁人之辭多，誣善之人其辭游，失其守者其辭屈。」足徵以言觀人，其法已久。所以由文窺情，不會相去太遠的。

過去曹丕作典論，於歷詆羣才以後，發明「文氣」說，認爲才氣天成，不可改移。並舉音樂爲據，言「曲度雖均，節奏同檢，至於引氣不齊，巧拙有素，雖在父兄，不能以移子弟。」似乎完全忽視了後天學習的功能。陸機也強調天才，以爲「譬舞者赴節以投袂，歌者應絃而遺聲，是蓋輪扁所不得言，亦非華說之所能精。〔三三〕」劉彥和的看法，顯然與他們不同。他說：

「八體屢遷，功以學成，才力居中，肇自血氣，氣以實志，志以定言，吐納英華，莫非情性。」〔三四〕他不否認天才，只是天才要從實際生活中鍛鍊而出；否則，縱然美質天成，也會把它斷送掉的。

文心雕龍事類篇云：

「薑桂同地，辛在本性，文章由學，能在天資。才自內發，學以外成，有學飽而才餒，有才富而學貧。學貧者迍邅於事義，才餒者劬勞於辭情，此內外之殊分也。」

「學習」是一種功力，我們如果藉着「學習」，獲得構思鑄辭的方法，更能助長才氣。表現自己想要表現的內容。所謂「才爲盟主，學爲輔助，主佐合德，文采必霸〔三五〕。」正見「才氣」「學習」互相激盪的關係，實乃合則兩美，悖則兩傷。

以後天的「學習」，補先天「才氣」的不足，這對稟賦較差，而又欲從事於文事者，無形中給予絕大鼓勵。然而當如何擇善學習，方不至以鄭亂雅呢？體性篇曾說：

「才有天資，學愼始習，斲梓染絲，功在初化，器成綵定，難可翻移。故童子琢雕，必先雅製，尋根討葉，思轉自圓。」

文中「學愼始習」「必先雅製」兩點，最堪注意。誠因「才氣」非可力致，「學習」則靠人爲。性爲學所誤，則劬勞而少成，學與性相違，則勤苦而無功。是故性習相資，不許偏發。我們欲求二者配合無間，惟在學文之始，就愼選典雅的作品，專事陶練。而「雅製」究指何等作品？此處雖未明言，但通觀文心雕龍全書，從他所謂之「稟經以製式，酌雅以富言〔三六〕。」「聖文之雅麗，固銜華而佩實者也〔三七〕。」「詩書雅言，則風格訓世〔三八〕。」「典雅者，鎔式經誥，方軌儒門者也〔三九〕。」這些話來揣測，指的就是「經典」。時至六朝，去聖愈遠，文體愈弊。彥和獨以「才氣學習兼顧」，爲其文學創作的理論；並提出「才氣」雖由天成，「學習」可以輔助之說，給世人帶來無窮的希望，可謂持平之論。

（四）主觀客觀的聯繫

文學是反映時代的觸覺，最敏感，也最具代表性。可是影響文學創作最烈的，有兩大因素：一是作家本身，即主觀因素。二是社會背景與自然環境，即客觀因素。假使作品像稻苗，作家是種子，社會與自然便似陽光、水分和土壤。文學固然反映時代，但時代不能脫離現實環境而獨存，所以環境是創作的溫牀。有怎樣的環境，便產生怎樣的文學。作家往往藉作品塑造自己的形像，而環境卻直接孕育了作家的性靈。由於劉勰對客觀因素的重視，所以主觀與客觀的聯繫，就成了他文學創作上的重要理論。時序篇說：

「春秋以後，角戰英雄，六種泥蟠，百家飆駭。方是時也，韓魏力政，燕趙任權，五蠹六蝨，嚴於秦令，唯齊楚兩國，頗有文學。齊開莊衢之第，楚廣蘭臺之宮，孟軻賓館，荀卿宰邑，故稷下扇其清風，蘭陵鬱其茂俗，鄒子以談天飛譽，騶奭以雕龍馳響，屈平聯藻於日月，宋玉交彩於風雲。觀其豔說，則籠罩雅頌。故知煒燁之奇意，出乎縱橫之詭俗也。」

戰國時代法家無文，只有齊楚兩國頗有文學。齊尊孟軻爲上賓，楚拜荀卿爲蘭陵令。鄒子騶奭雖各擅勝場，唯屈原宋玉得江山之助，承雅頌的緒餘，採縱橫家的詭俗，而「取鎔經旨，自鑄偉辭〔四〇〕。」從漢滅秦楚，至成哀之際，其間兩百年，文風迭有變遷，可是總其歸趣，皆「祖述楚辭」。建安初期，中原鼎沸，文人學士蓬散萍飄，直到末年，大戰始息。觀當時七子的文辭，常吐露激昂悲嘆的語氣，究其原因，或由久經亂離之苦，風俗衰敗，人心哀怨，所以志思蓄憤，情意深長。這就是彥和說的：

「觀其時文，雅好慷慨，良由世積亂離，風衰俗怨，並志深而筆長，故梗概而多氣也〔四一〕。」

「世積亂離」「志深筆長」，正說明時代背景對作家的影響。魏晉六朝，時代更新，人才倍出，而西晉是「運涉季世，人未盡才〔四二〕。」江左卻「因談餘氣，流成文體〔四三〕。」所以儘管當時國家的處境艱苦萬分，如單從作家行文措辭上來看，卻放情山水，平夷舒泰，充分表現了身丁於無可奈何的局面下，那種苦中作樂，絕望無助的自卑心態。

文學是時代的產物，即令是最傑出的作家，在大勢所趨的情況下，也只有順着時代的激流，鼓浪前進。劉勰說：「文變染乎世情，興廢繫乎時序，原始要終，雖百世可知也〔四四〕」，文學創作與時代遞嬗、社會環境的關係，是不能分開的。

其中講到文學與自然關係的地方，如原道篇言人文原於自然時說：「（人）爲五行之秀氣，實天地之心生，心生而言立，言立而文明，自然之道也。」同篇言萬物無不有文，人是自然的產物，亦必有文。云「傍及萬品，動植皆文：龍鳳以藻繪呈瑞，虎豹以炳蔚凝姿；雲霞雕色，有踰畫工之妙；草木賁華，無待錦匠之奇；夫豈外飾，蓋自然耳。至於林籟結響，調如竽瑟，泉石激韻，和若球鍠，故形立則文生矣，聲發則章成矣。夫以無識之物，鬱然有彩，有心之器，豈無文歟！」明詩篇言人之爲文，必須本乎自然，他說：「人稟七情，應物斯感，感物吟志，莫非自然。」又物色篇對此曾有更進一步的分析。如云：

「春秋代序，陰陽慘舒，物色之動，心亦搖焉。蓋陽氣萌而玄駒步，陰律凝而丹鳥羞，微蟲猶或入感，四時之動物深矣。若夫珪璋挺其惠心，英華秀其淸氣，物色相召，人誰獲安：是以獻歲發春，悅豫之情暢；滔滔孟夏，鬱陶之心凝；天高氣淸，陰沈之志遠；霰雪無垠，矜肅之慮深；歲有其物，物有其容；情以物遷，辭以情發。一葉且或迎意，蟲聲有足引心。況淸風與明月同夜，白日與春林共朝哉：」

文中「情以物遷，辭以情發」八字，最能見出自然對文學的影響。而「情以物遷」又有兩種情形，即「流連萬象之際，沈吟視聽之區；寫氣圖貌，既隨物以宛轉；屬采附聲，亦與心而徘徊（四五）。」「隨物宛轉」指物來動情；「與心徘徊」指情往感物。物來動情，人爲被動，情往感物，人爲主動。主動被動，文境雖有不同，要須情景交融，物我融會，而後始成佳作。我們從他「物色相召，人誰獲安」的警語中，深切體會到「一葉且或迎意，蟲聲有足引心」的事實。於此，則自然環境與文學創作的關係，不待強調可知矣。

四、創作的體系

講到劉彥和文學創作體系，文心雕龍卷六到卷九，是我們討論的對象。因爲這二十篇是決定彥和文學創作體系的重要憑藉。沒有它，我們幾乎無所措手；或它本身一旦發生問題時，我們所研討的創作體系，便會受到某種程度上的局限。檢討這二十篇的內容，可能造成的困擾，約有以下三點：

甲、體系的完整問題：

文心雕龍十卷五十篇，爲唐宋後人的分類，而五十篇中所謂之「文原論」「文體論」「文術論」「文評論」「緒論」，更出於民國以來受西洋治學方法影響後所分。彥和初只分上下二篇，所謂「上篇以上，綱領明矣」，「下篇以下，毛目顯矣」。「序志」不爲文用，列在全書之末。此固原始之成規，和今本部居不同的地方。

上篇首列「本乎道，師乎聖，體乎經，酌乎緯，變乎騷」，曰「文之樞紐」。樞紐者，全書之關鍵也。近乎現代所謂「思想源淵」，是以姑定其名曰「文原論」。其次「論文敍筆，則囿別區分」，「文筆」爲六朝學界論辯的主題，彥和引時人常言，以爲有韻者爲文，無韻者爲筆。細檢文心卷二至卷五，前十篇適論有韻之文，後十篇論無韻的筆。文筆分說，千古相沿，獨以此爲不刊。所以唐宋以下，各種文章辨體之作，亦多推此爲權輿。衡諸現代，適與「文章體類」相近，故命其名曰「文體論」。又「剖情析采，則籠圈條貫」，情卽情理，采卽辭采。於文心，「情」「理」「性靈」常混用不分，「文」「辭」「采」「藻」義似別實同。一屬內容，一屬形式，所謂「文章」也者，究其內涵，要不外此兩大門類。彥和剖情析采，正與時人言創作法則之理脗合。乃取以名之曰「文術論」。末四篇時序、才略、知音、程器，亦卽彥和所謂之「崇替」「褒貶」「怊悵」「耿介」者也。較今日所謂之「時代背景」「作家識略」「讀者鑑賞」以及「道德修爲」諸種評文的條件，更冥符遙契。所以名之曰「文評論」。吾人爲研究方便計，不得已把用於近代文學理論上的專門術語，加諸劉勰的著述之上。這只能說是力求近似，並非絕對，更難保其中沒有刻舟求劍的地方。因此欲期本體系的完美無瑕，實非易事。

乙、篇目的分合問題

序志篇既言「上篇以上」「下篇以下」，則書成之初，本分上下兩篇，無所謂十卷五十篇甚明。然而唐初魏徵撰隋書經籍志，已著錄爲十卷，再中唐士大夫手寫，由敦煌莫高窟發現之文心雕龍殘卷〔四六〕，知文心早就書分十卷，卷各五篇了。文心的分卷別篇，既與彥和成書之時斷然不同，則各篇是否仍按原來編目之順序，排比無誤，異說尤多。例如：有人說今本文心卷六定勢篇，當與體性篇並列。不宜置於該卷之末。他們所持的理由，是「定勢」的篇旨在論文勢，而勢不自成，隨體生變。所以操觚者必先識體性，然後始了悟定勢的微旨。又卷八練字篇，或謂與比興、夸飾、事類不相連屬，應屬造句之事，宜與卷七章句篇並列。因「字」是立文的本源，所謂「由字而生句，積句而成章」者也。再卷十物色篇，或以爲宜列於卷九附會篇下，總術篇前，實聲律以下諸篇的總名，和附會相對，而總歸文術。又有人說序志篇所謂「摛神性，圖風勢」，「神」是指「神思」，「性」指「體性」，「風」指「風骨」，都是按次序排列的。可是「勢」，就不能說是指今本文心雕龍的「通變」。像「序志」這樣嚴密的文章，不會把「通變」和「定勢」的次第隨便顚倒的。所以「圖風勢」的「勢」，應該是「氣」字的錯文，指的是「養氣」。風骨篇第二段，討論的是「風」「骨」與「氣」的關係，所以顯然在「風骨」之後，應繼之以「養氣」。如文心雕龍序志篇所謂之「摛神性，圖風勢，苞會通，閱聲字」，果眞在說明創作論二十篇編次的話，則「神思」之後爲「體性」，「風骨」之後爲「定勢」，「附會」在「通變」之前，「聲律」與「練字」並列。以此持較今本文心雕龍的相應各篇，其歧互之劇烈，簡直令人咋舌。總術篇不云乎：

「文體多術，共相彌綸，一物攜貳，莫不解體，所以列在一篇，備總情變。」

黃季剛札記說：「此總會神思以至附會之旨，而丁寧鄭重以言之，非別有所謂總術也。」足證由「神思」到「總術」是自成完整的單元。可是「物色篇」竟列於卷九以外，與「序志」所指「崇替於時序，褒貶於才略，怊悵於知音，耿介於程器」者，最是不合。范文瀾注物色，以爲「應與附會篇相對，而統於總術篇」，非爲無因。

由於在篇目分合方面，給我們帶來諸般的困擾，所以居今而欲爲彥和創作論建立體系，也自然不是一件容易的事。

丙、原文的散佚問題

創作論二十篇編次固有錯訛，所幸文章俱在，如能整紛剔蠹，探原竟委，其條理脈絡，還有撥雲霧而見青天的可能。惟獨原作散佚不全，雖欲論而莫遑，便只好臨空文而興嘆了。如卷八隱秀篇，乃彥和以之喻文旨含蓄，與造語生動之寫作妙境，實在是修辭學上的一篇重要文獻。然其眞僞存闕，莫可質定。黃叔琳云：「隱秀篇自『始正而末奇』，至『朔風動秋草』之「朔」字，元至正乙未刻於嘉禾者即闕此葉。此後諸刻仍之。胡孝轅、朱鬱儀皆不見完書，錢功甫得阮華山宋槧本鈔補。後歸虞山，而傳錄於外甚少。康熙庚辰，何心友從吳興賈人得一舊本，適有鈔補隱秀篇全文。辛巳，義門過隱湖，從汲古閣架上，見馮已蒼所傳功甫本，記其闕字以歸。如『疎放豪逸』四字，顯然爲不學者以意增加也。」紀昀亦云：「癸巳三月，以永樂大典所收舊本校勘，凡阮本所補，悉無之，然後知其眞出僞撰。」黃季剛札記也以爲「隱秀闕文，不徒文字不類而已。……」明人最喜歡作僞，此篇之不可遽信，已無疑義。所以黃氏輯注，便乾脆刋削僞作，保留原文。由本來七百八十五字的文章，刪成三百八十四字，幾乎去掉一大半。所以讀今本隱秀篇文，到「朔風動秋草，邊馬有歸心」處，總覺得和上段末尾「珠玉潛水，而瀾表方圓」，有點氣阻辭塞，兩不相應。到底這前後之間，所闕何文？雖然錢功甫鈔補於前，黃季剛改作於後，因兩非原璧，皆不可信。似此，對彥和創作論體系的完整而言，自然會造成不可彌補的闕陷。

附劉彥和文學創作理論體系圖：

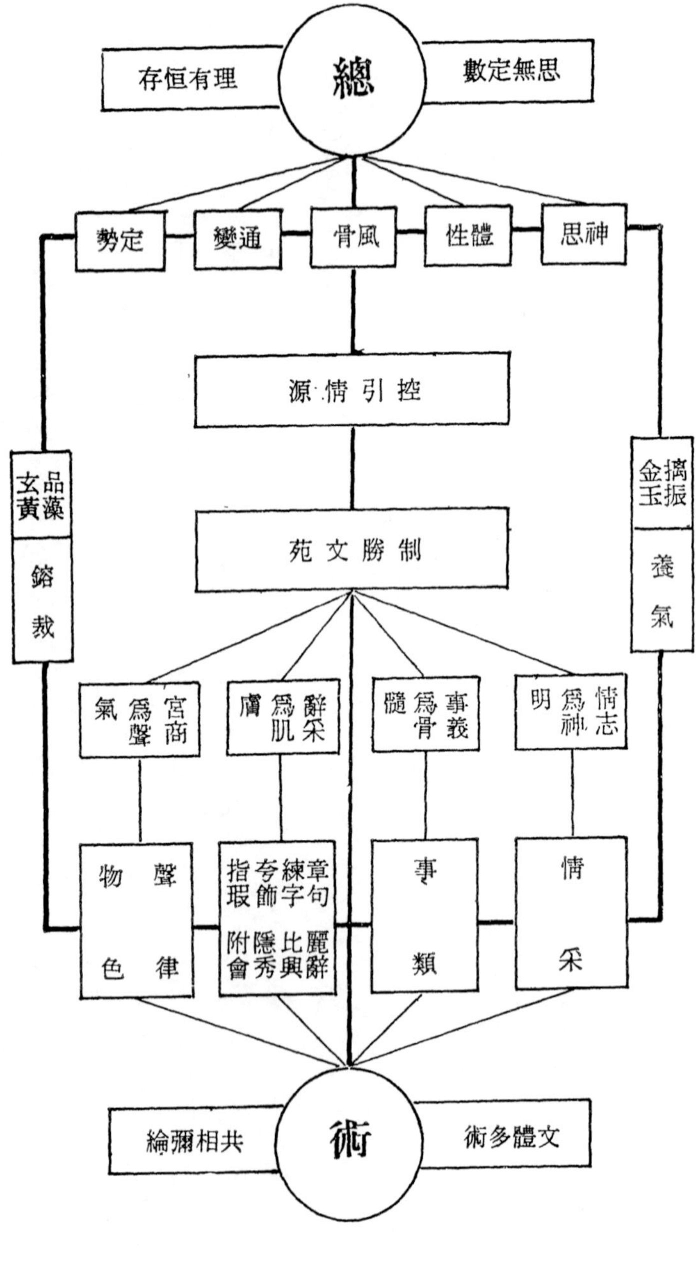

總
理有恒存
思無定數
定勢
通變
風骨
體性
神思
控引情源
制勝文苑
品藻玄黃
鎔裁
摛振金玉
養氣
宮商為聲氣
辭采為肌膚
事義為骨髓
情志為神明
聲律
物色
章句
練字
夸飾
指瑕
麗辭
比興
隱秀
附會
事類
情采
術
共相彌綸
文體多術

（二）創作理論體系圖說明

甲、籠圈條貫，情采密備：

後人研究彥和的文學創作論，卓然具有體系者，惟范文瀾先生。范氏在民國十四年成文心雕龍講疏〔四七〕，於卷六神思篇注（一），曾附下篇的組織表，並引孫梅四六叢話，讚文心「總括大凡，妙抉其心，五十篇之內，百代之精華備矣」，他列的表是這樣的：

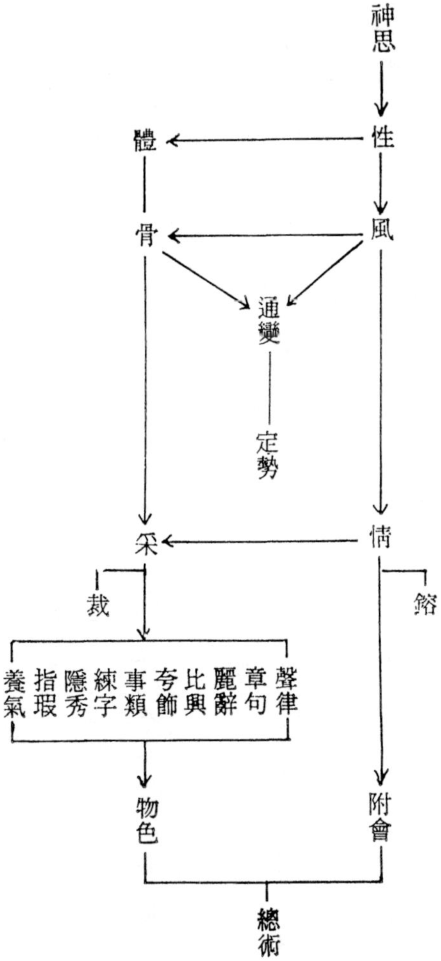

范表爲了適應「剖情析采」的對稱性，致「體性」分途，「風骨」異幟，「通變」「定勢」尤不知所安，竟散置於衆篇之下，忽視了它們在文學創作上，無分軒輊的地位。至於「附會」「物色」又何以此疆彼界，斷分「情」「采」，使兩者隔路相望。在這方面，范氏均缺乏說明。但該表的最大優點，在不破壞今本文心雕龍的編次，由「神思」以迄「總術」，依次排比，令人按圖索驥，毫不費力。所以范表雖然有不可掩飾的缺點，但畢竟還有它參考的價值。

筆者認爲彥和對創作論的鋪叙方法，較諸文體論迥然不同。如序志篇言創作論是「剖情析采，則籠圈條貫，摛神性，圖風勢，苞會通，閱聲字。」言文體論是「論文叙筆，則囿別區分，原始以表末，釋名以章義，選文以定篇，敷理以舉統。」所謂「文」「筆」，指文章的體類，體類可以「囿別區分」，因此由「原始表末」，而「釋名章義」，而「選文定篇」，而「敷理舉統」，採層次遞進法，所以結語有「綱舉目張，明白可見」的話。至於「情采」，指文學創作的整體，文學創作是不可能「囿別區分」的，因而改用「籠圈條貫」的方式。就其範圍籠而圈之，因其情采條以貫之，取衆星拱月法，或摛、或圖、或苞、或閱，所以最後有「粗舉毛目，顯然可知」的結語。其次，從創作論二十篇的內容上綜觀，雖各篇義有偏重，但皆情采相宜，既不單獨言情，也不絕對言采。神思、體性、風骨、通變、定勢五篇姑無論矣，他如情采篇「文不滅質，博不溺心」，鎔裁篇「萬趣會文，不離辭情」，聲律篇「聲含宮商，肇自血氣」，章句篇「外文綺交，內義脈注」，麗辭篇「必使理圓事密，聯璧其章」，比興篇「比類雖繁，以切至爲貴」，夸飾篇「夸過其理，則名實兩乖」，都折中至當，無過與不及之弊。

基於以上兩點的認識，我在製定彥和文學創作的理論體系時，便儘量撇開范文瀾先生的缺點，特別在「籠圈條貫」中，彰顯他情采密備的功能。這可以說是本圖的重大改進。

乙、原始要終，首尾一體：

彥和的文學創作論，是首尾一貫，前後呼應的整體。如神思篇云：「此蓋叙文之首術，謀篇之大端」，總術篇就說：「文體多術，共相彌綸」。體性篇云：「辭爲肌膚，志實骨髓」，附會篇就說：「必以事義爲骨鯁，辭采爲肌膚」。神思篇言：「養心秉術，無務苦慮」，養氣篇就說：「吐納文藝，務在節宣，清和其心，調暢其氣」。莫不前後遙接，桴鼓相應。況創作論爲其自道寫作的苦心，其間必有他自家的血脉經絡。如果我們眞能批隙導窾，找到這個脉絡的話，正所謂「衆理雖繁，而無倒置之乖；羣言雖多，而無棼絲之亂」，整個的創作體系，便如網在綱，一目了然了。

過去范文瀾曾發明彥和行文之例云：「文心各篇前後相銜，必於前篇之末，預告後篇之將論者（四八）」。由於書經千載，編次淆亂，居今而言，此例容或不能盡合，但亦足以證明創作論二十篇之結構，如長江大河，其來也有自、其去也有歸。因此吾人欲觀彥和創作論的成規定例，還應該向統攝全論的總術篇裏去尋繹。總術者，總括神思以至附會之旨，而丁寧鄭重以言之也。故云：「才之能通，必資曉術，自非圓鑒區域，大判條例，豈能控引情源，制勝文苑哉。」所謂「圓鑒區域」，卽序志篇之「囿別區分」，指上篇文體論而言，「大判條例」，卽序志篇之「籠圈條貫」，指下篇創作論而言。黃季剛總術篇札記云：「彥和之撰斯文，意在提挈綱維，指陳樞要」。職是之故，學者欲達到「控引情源，制勝文苑」的目的，創作技巧，斷不可忽。

本體系圖卽依總術篇爲基本架構，把彥和在文學創作方面的所謂「定法」，從其行文運思中，一一揀剔。化片斷爲整體，務期原始要終，首尾一貫。

丙、萬途同歸，百慮一致：

文能成章，不外兩個元素的適當配合，卽「情」「采」是已。爲文的首要方法，在「控引情源」。情源既經控馭，則靈感自可呼之卽來，揮之卽去，得心應手，無往不利。寫作的眞正目的，是「制勝文苑」，所謂「采如宛虹之奮鬐，光若長離之振翼」，成「纇脫」的傑作。本文卽循此兩大核心，上標「總論」，下題「修辭」。

「總論」，論創作的原理原則。由神思、體性、風骨、通變、而定勢，皆行文運思的犖犖大端，是情感之源，馭文之本，謀篇之端，缺一不可。可謂理論體系的五綱，「思無定數，理有恒存」，卽指此而言。「修辭」，論創作的方法技巧，其中可分四部分：有論情志的，有論事義的，有論辭采的，有論宮商的，聚則成文，散則無章。可謂理論體系的四目。「文體多術，共相彌綸」，就是這個意思。另外「養氣」，爲「神思」的餘義，補作者情志之不足。「鎔裁」，爲鎔義裁辭，乃「藝術」的加工。並貫串五綱四目之間，以見上下關係。用粗線勾勒者，表示創作論二十篇的統屬情形，用細線聯綴者，表示彼此前後的交互影響。而「總術」分嵌於兩極，蓋舉此以觀彥和文學創作理論的全體大用。所謂「驅萬途於同歸，貞百慮於一致」者也。

以下卽依其理論體系，分「控引情源」與「制勝文苑」兩部分，進一步探究其實際寫作的規範。證明彥和立說垂敎，皆由實際經驗中得來，決非放言高論者可比。

五、實際的規範

劉彥和的實際創作規範，是循着「控引情源」和「制勝文苑」兩個方向發展的。「控引情源」，總論創作之理則；「制勝文苑」，分述修辭的技巧。總論是體，技巧爲用，體用兼長，自能「按轡文雅之場，環絡藻繪之府」。

（一）如何控引情源

如何控引情源？可從神思、體性、風骨、通變、定勢五方面來看。「神思」者，言作者靈感的培養與運用。「體性」者，言作品風格與作者性情的關係。「風骨」者，言文章必須具有氣韵始能感人。「通變」者，言文學創作要融會今古，斟酌雅俗。「定勢」者，言行文語態及體式，不可效奇成怪。由靈感而風格、而氣韵、而通變、而語態，皆創作的本源，和修辭技巧不屬，故備列於此，以見大略。

甲、悟神思以培養靈感：

「靈感」即今之所謂「想像」。想像分兩種，一種是「再現的想像」，一種是「創造的想像」。「再現的想像」只是回想已往由知覺得來的「意象」。意象沒有創新，只是舊經驗的複演，故不能產生藝術。所以欲由舊經驗，產生新藝術，必須靠着「創造的想像」。想像既由經驗得來，自是根據已有的經驗作材料，把它加以剪裁，綜合成一種新形式，因此藝術的創造，都是平常材料的不平常的綜合。「創造的想像」，就是這綜合作用所必須的心靈活動。「神思」的作意，希望吾人能藉此培養「創造的想像」。古人以爲想像飄忽莫定，若有神助，故西洋謂之「靈感」，彥和美其名曰「神思」

爲文而注意「神思」，當不始乎劉勰。如前乎劉勰者有陸機文賦，時同劉勰者，有蕭子顯南齊書文學傳論。或言「應感通塞」，或言「感召變化」，措辭容不相同，而皆以爲「屬文之道，事出神思」。但士衡「未識開塞之所由」，子顯委之於不可預測之「天機」。惟劉彥和觀古今文人用心，沈潛有得，以具體喻抽象，著「神思」以抉發文心的奧秘。

綜「神思」論爲文運思的要領有兩大重點：首言內情與外景交融而後文生之理。他說：

「思理爲妙，神與物遊，神居胸臆，而志氣統其關鍵；物沿耳目，而辭令管其樞機。樞機方通，則物無隱貌，關鍵將塞，則神有遯心。」

由作者的運思，到作品的產生，這一系列的複雜程序，彥和以寥寥四十九字，拈出「神」「物」二者爲綱領，分析彼此感應興發，交通融會的關係，眞是有條不紊。

內情外景交融而後文生圖：

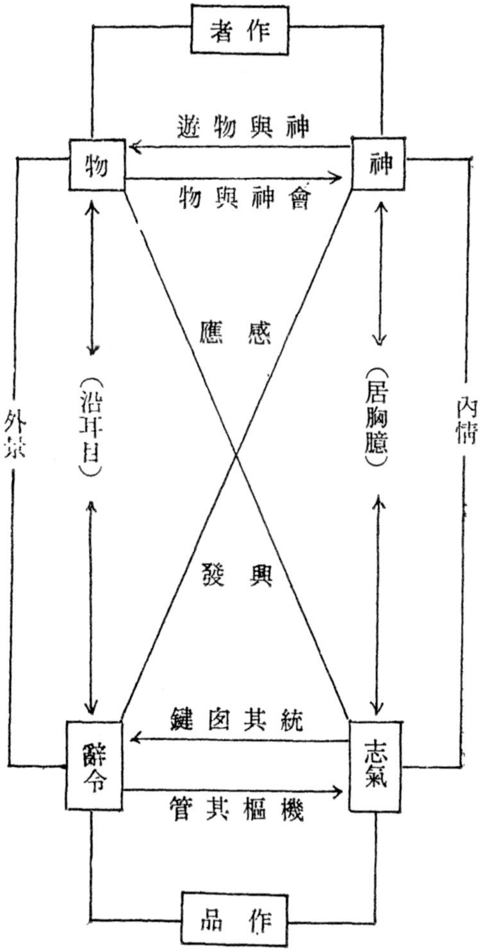

他以為內情與外景的交融是相互的，有時神與物遊，有時物與神會，而在神、物交感之際，如何汲取舊經驗，創造新形式，又須仰賴志氣作統帥精神的關鍵，辭令為表達情意的工具。如辭令通暢無阻，則種種物象，即可奔赴腕底，若志氣阻塞不流，即證明作者的精神不能集中。說極簡質明快。想彼僅憑一己之寫作經驗，把大家歷久不悟的「神思」過程，講得中規中矩，眞是古今中外文學理論上的頭等文獻。

次言養心秉術的要訣。為文既然需要神思，而神思如何陶煉？才能達到得心應手的地步，顯然是綴文之士迫切需要了解的。彥和對此分由「養心」與「秉術」兩方面加以說明。如云：

「陶鈞文思，貴在虛靜，疏瀹五臟，澡雪精神。積學以儲寶，酌理以富才，研閱以窮照，馴致以繹辭。」

「虛靜」指的養心，是就主觀方面言，「積學、酌理、研閱、馴致」，指的秉術，是就客觀方面而論。人之臨文，首先需要「虛靜」者，因為彥和論文，輒先論心。故序志篇云：「夫文心者，言為文之用心也」，文以心為主，無文心即無文學。然而心忌在俗，惟俗難醫。俗者，留情於世務，攝志於物欲，靈機窒而不通，天君昏而無見，以此為文，何能盡情！故文家必資修養，故彥和取老聃無為而有為之義，以「虛靜」為天下倡。蓋惟「虛」則能納，惟「靜」則能照；能納如太空之涵萬象，能照若明鏡之顯眾形。作者若具有此種修養，臨文自能行乎其不得不行，止乎其不得不止，無待規矩準繩，即有妙造自然之樂，尚有何難達之辭，不盡之意哉？又心如何才能「虛靜」，他提出「疏瀹五臟，澡雪精神」八字為入手法門。至於五臟又如何疏瀹？精神該如何澡雪？養氣篇曾詳乎言之。如云：

「吐納文藝，務在節宣，清和其心，調暢其氣。煩而即捨，勿使壅滯。意得則舒懷以命筆，理伏則投筆以卷懷，逍遙以針勞，談笑以藥勌。常弄閑於才鋒，賈餘於文勇，使刃發如新，腠理無滯。雖非胎息之萬術，斯亦衛氣之一方也。」

文章之道，遭際興會，攄發性靈，固生於臨文之頃，然作者亦必須平日餐經饋史，豁然有懷，對景感物，曠然有會，然後拈題泚筆，才能吐納無窮。靈感或可來之於突發，而學問必須積之於平時。故彥和繼養心之後，言秉術之道，有「積學以儲寶」之說。惟學問有偏蔽，習業有雅俗，學者如欲補偏救弊，斟酌雅俗，仍需從現實生活中，體察事物之理，發掘可靠的資料。因此於積學之後，繼言「酌理以富才」。然實際的經驗，足濟書本之窮，所以利用類化原則，擷取前人知識的精華，增進一己之觀察力，於寫作甚有必要，如此「研閱以窮照」，就成創作原理上，不可缺少的條件，作者既具備豐富的學問，精密的理論，和敏銳的觀察力，意念的表出，似乎可以意到筆隨，毫無滯礙了。其實，思想有應感通塞，文章有段落結構，「意不稱物、文不逮意〔四九〕」處，很容易發生，因此第四個方法「馴致以繹辭」，教我們臨文時，順隨着情致的發展，去演繹文辭。以上所論陶煉文思的要訣，彥和尊之爲「馭文之首術，謀篇之大端」。他又詳列個人實際寫作的經驗，以證神思運行的狀況。如云：

「神思方運，萬塗競萌，規矩虛位，刻鏤無形，登山則情滿於山，觀海則意溢於海，我才之多少，將與風雲而並驅矣。方其搦翰，氣倍辭前，暨乎篇成，半折心始。何則？意翻空而易奇，言徵實而難巧也。是以意授於思，言授於意，密則無際，疏則千里，或理在方寸而求之域表，或意在咫尺而思隔山河〔五〇〕。」

所謂「登山則情滿於山，觀海則意溢於海，我才之多少，將與風雲而並驅」，把神思運行時的那種起伏不定的情緒，千變萬化的想像，說得維妙維肖，而「暨乎篇成，半折心始」，對「言不盡意」之苦，更是入木三分。究其所以，主要是由於思想、意象、言辭三者不能密切配合。所以他說：「養心秉術，無務苦慮；含章司契，不必勞情」，作者如能於主觀方面涵養內心的虛靜，客觀方面掌握創作的技巧，蘊藏優美的才華，持有行文的規範，則臨文之頃，便不必苦思焦慮，勞神傷情了。假若我們從事文學創作，忽視了這種馭文謀篇的大端，則整個賴以構思的靈感，即成拔本塞源後的枯木絕潢，便窒息了發榮滋長的契機了。

乙、研體性以高潔風格：

「體性」篇是研討文章風格的專著。雖然在此以前，有魏文典論之八體，陸機文賦的十類，以及摯虞的論文章流別；但不是散佚不全，便是「密而不周」，或「巧而碎亂〔五一〕」，既缺乏綿密的理論，又沒有周備的系統。得體性篇出，才使我國文學界有了體系一貫的「風格論」。篇中突破性的創見約有兩點：一、論文章風格與作家才氣、學習的關係。二、明揭典雅、遠奧、精約、顯附、繁縟、壯麗、新奇、輕靡八種風格的類型。至於文章分陽剛陰柔，更開近世曾湘鄉一派文論的先河〔五二〕。

劉彥和以爲決定作品風格的因素有四：卽才、氣、學、習。他說：

「才有庸儁，氣有剛柔，學有淺深，習有雅鄭；並情性所鑠，陶染所凝；是以筆區雲譎，文苑波詭者矣。故辭理庸儁，莫能翻其才；風趣剛柔，寧或改其氣；事義淺深，未聞乖其學；體式雅鄭，鮮有反其習〔五三〕。」

四者之中，又可析爲兩類。這兩類一是「才氣」，屬天賦的情性，一是「學習」，屬後天的陶染。每位作家由於先天「才氣」和後天「學習」的差異，在作品上便表現出「辭理庸儁，風趣剛柔，事義淺深，體式雅鄭」的不同。根本沒有一位作家的作品，能和他個人的才、氣、學、習背道而馳的。

彥和言影響作品風格的內在因素，曰才曰氣。而他對才氣的看法：大體上是推本孟子的「養氣與知言」，他既深切了解作家的創作過程，「有因內符外」的特色，所以在論述的時候，便確認情性與文章風格密切相關。篇中歷舉賈誼、楊雄、班固、張衡、王粲、劉楨、阮籍、嵇康、潘岳、陸機等十二位作家相證驗，他說：

「賈生俊發，故文潔而體清；長卿傲誕，故理侈而辭溢；子雲沈寂，故志隱而味深；子政簡易，故趣昭而事博；孟堅雅懿，故裁密而思靡；平子淹通，故慮周而藻密；仲宣躁競，故穎出而才果；公幹氣褊，故言壯而情駭；嗣宗俶儻，故響逸而調遠；叔夜儁俠，故興高而采烈；安仁輕敏，故鋒發而韻流；士衡矜重，故情繁而辭隱。」

如果拿它與各家的史傳對照，不僅得知有如何的才氣，就必有如何的文章風格之可信；且循此類推，任何作家的作品，也擺脫不掉這個基本的原則。

至於影響作品風格的外在因素，曰學曰習。「學習」主要指後天環境之薰染。誠因學者之於寫作，如任由天賦之「才氣」，而不濟之以後天的「學習」，往往不能高尚篤實。因爲「學」是一種功力。我們如從其他作品的研究，而得到構思鑄辭之法，就更能助長才氣。所以古來由於作家們學養的差異，造成了作品不同的風格者，所在多有。「習」，指習業。人性相近，因習而遠。業之修習，往往與社會風尚相終始。學者如不能擇善而習，必有以紫奪朱，用鄭亂雅之誤。故彥和於體性篇說：

「才有天資，學愼始習，斲梓染絲，功在初化，器成綵定，難可翻移。故童子雕琢，必先雅製，尋根討葉，思轉自圓。」

所謂「愼於始習」，「必先雅製」，實乃學者最應注意之點。黃季剛札記云：「體式全由研閱而得」，俗學不能發雅義，故學貴愼始者在此。

他的次一重要創獲，是八種風格類型的體現。魏、晉以前，論文者多隨事立說，無專究文章風格之著作。自子桓典論，陸機文賦以後，雖開始有專門名家闡揚文章風格的有關問題，但眞能體現作者爲文時的才情、精神、內蘊、境界，並歸納成若干類別，以資評鑑標準的，莫先於文心雕龍。體性篇分文章的風格爲八種，他說：

「若總其歸塗，則數窮八體：一曰典雅，二曰遠奧，三曰精約，四曰顯附，五曰繁縟，六曰壯麗，七曰新奇，八曰輕靡。典雅者，鎔式經誥，方軌儒門者也。遠奧者，複采曲文，經理玄宗者也。精約者，覈字省句，剖析毫釐者也。顯附者，辭直義暢，切理厭心者也。繁縟者，博喻醲采，煒燁枝派者也。壯麗者，高論宏裁，卓爍異采者也。新奇者，擯古競今，危側趣詭者也。輕靡者，浮文弱植，縹緲附俗者也。」

這八種風格，既含有文章的妙境，又寫盡作者的苦心。至唐司空圖作詩品，分風格爲二十有四，皎然詩式分爲十九，宋嚴羽滄浪詩話，以九品定詩風高下，白石道人姜夔詩說，立有四種高妙，明周履靖騷壇秘語，有辨體一十九字，清袁枚小倉山房續詩品，有三十六品。這些分法，或精或粗，雖與文心雕龍相歧互，但椎輪大輅，彥和既定的範疇，仍不失其價值〔五四〕。

尤其他「摹體以定習，因性以練才」之說。證明「才氣」是得之於先天的稟賦，不可力強而致。「學習」乃靠後天的努力，可困勉以求。故人的「才氣」雖有所偏，尙可由「學習」加以補救。黃季剛札記云：「若習與性乖，則勤勞而罕效，性爲習誤，則劬勞而鮮成，性習相資，不宜或廢。求其無弊，惟有專練雅文，此定習之正術，性雖異而可共宗者也。」創作起於模仿，模仿雅製，才有推陳出新的根源。這正是談文學創作的積極歸趣，不僅專言風格而已也。

丙、立風骨以涵藏氣韻：

最好的文學作品，就是最感人的作品。文學作品之所以感人，其重要條件是在字裏行間，涵藏着永思不匱的韵味。論語上記載，孔子在齊聞韶，三月不知肉味。列子湯問篇，言韓娥鬻歌，餘音繞梁，三日不絕。劉鐵雲明湖居聽王小玉說書，以爲似「花塢春曉，好鳥亂鳴〔五五〕」。以上講的雖全屬音樂感人之例，但文章又何獨不然！譬爲孔子自述讀書的進境，是「發憤忘食，樂以忘憂，不知老之將至」。丘遲與陳伯之書，以「暮春三月，江南草長」之美辭，收魯連、食其之偉績。駱賓王爲徐敬業以武后臨朝討諸郡縣檄，至「一坏之土未乾，六尺之孤何託」，武后嘆其「有才如此，竟使其流落不遇，宰相之過也」。這種「逆聲擊節」，「觀奇躍心」的共鳴，證明文有氣韻，始足感人之理了。

彥和論文常以人爲喻，而風骨之於文章，究指何事？若黃季剛、范文瀾、郭紹虞、羅根澤、楊明照等，牽纏糾轕，沒有確當的說明〔五六〕。經統計「風骨」一辭，在全書使用的次數，和每次使用時，其在上下文中的關係地位，歸納出「骨」是「情實」，「風」指「辭趣」，亦卽二者交互相成的感染力〔五七〕。正因爲「感染力」在文學創作上，有如此特殊的地位，所以把它置於神思、體性之後，通變，定勢以前，來專事強調文章要有韵味，以及如何涵藏韵味的問題。

文學是反映時代的工具，居今回顧一千四百多年前的齊、梁，當時文士們的作品，有許多是值得我們警惕的。裴子野雕蟲論云：「閭閻少年，貴游總角，罔不擯落六藝，吟咏情性。學者以博依爲急務，謂章句爲顓魯。淫文破典，斐而爲功。無被於管絃，非止乎禮義，深心主卉木，遠致極風雲。其興浮，其志弱，巧而不要，隱而不深」，正是「亂代之徵，文章匿而采」的寫照，所以彥和特著「風骨」以防文濫，他說：

「練於骨者，析辭必精，深乎風者，述情必顯。捶字堅而難移，結響凝而不滯，此風骨之力也。若瘠義肥辭，繁雜失統，則無骨之徵也。思不環周，索莫乏氣，則無風之驗也。」

學者爲文，情辭合契的表徵，是「捶字堅而難移，結響凝而不滯」。如情理貧瘠，辭采詭濫，頭緒紛雜，毫無重心，卽爲無骨之徵，思考不周，索然乏味，冷漠枯燥，毫無生氣，此乃無風之驗。文無風骨，不僅讀者不能發生共鳴，尤不能稱之爲文章。

「風骨」於文學創作，旣有如此密切的關係，則吾人當如何才能達到「骨采圓通，風辭練達」的境界呢？會觀全篇，覺得「氣韻流動」是重要標準。常人每以爲文心雕龍之論風骨與養氣有關，殊不知彥和強調的氣，當分爲兩個層次來看：首言文重氣韻，次明氣如何養？講到文重氣韻，他曾引魏文、公幹之言，如云：

「魏文稱文以氣爲主，氣之輕濁有體，不可力強而致。故其論孔融，則云體氣高妙。論徐幹，則云時有齊氣。論劉楨，則云有逸氣。公幹亦云：孔氏卓卓，信含異氣，筆墨之性，殆不可勝，並重氣之旨也〔五八〕。」

觀二家之言，皆從「氣韻流動」的角度，評作品之得失，可見文章重氣，雖不始於劉勰，而劉勰卻能運用前人的成說，建立其風骨的論旨。「氣韻」者何？精神也，氣勢也，作者天賦之性情特質也。有精氣而後借辭采以充盈，有辭采而後作者的精氣有所託。他以鳥爲喻，說明二者互相依存的現象。云：

「翬翟備色，而翾翥百步，肌豐而力沈也。鷹隼無采，而翰飛戾天，骨勁而氣猛也；文章才力，有似于此。若風骨乏采，則鷙集翰林，采乏風骨，則雉竄文囿，唯藻耀而高翔，固文章之鳴鳳也。〔五九〕」

翬翟、鷹隼喻文章之全體，「肌豐力沈」，指「采乏風骨」；「骨勁氣猛」，卽「風骨乏采」，因各有偏蔽，致翬翟雖備五采之羽，只可翾翥百步，不能遠舉高飛。鷹隼雖無美麗的雙翼，卻能翰飛戾天。所以理想的作家，要去其力沈氣猛，取其肌豐骨勁，讓骨實乎中，采耀乎外。

至於養「氣」之法，他以爲「氣」固然與生俱來，但導引光大，尚須藉後天敎育的力量，以下是他列舉的具體步驟。

「鎔鑄經典之範，翔集子史之術，洞曉情變，曲昭文體，然後孚甲新意，雕畫奇辭。昭體故意新而不亂，曉變故辭奇而不黷。若骨采未圓，風辭未練，而跨略舊觀，馳騖新作，雖獲巧意，危敗亦多，豈空結奇字，紕繆而成經乎〔六〇〕。」

細翫上文，總其大要，可分積極與消極兩方面。積極方面有鎔鑄經典，翔集子史，洞曉情變，曲昭文體。四者皆探原究本，證明氣可養而致。所謂「鎔鑄經典」的目的，在作爲創作之規範，「翔集子史」的目的，在觀其行文之技巧，洞曉情感之變化，曲昭文章之體式。養氣至此，不僅與他徵聖宗經之思想脗合，且說明了文章之事，皆有法度可循。風以意顯，骨以辭新，意顯辭新，而後「風淸骨峻」，始可謂「文章之鳴鳳」。因而在消極方面，他警告當時標新立異的作家們，當自己在「骨采未圓，風辭未練」之時，就想「跨略舊規，馳騖新作」，雖能獲「巧意」於一旦，可是想要在中國文學的正統上，博得永久的地位，是絕不可能的。所以劉勰的風骨論，不僅提示了創作的條件，更列舉了具體的形式。

丁、明通變以融會雅俗：

易經繫辭云：「化而裁之謂之變，推而行之謂之通」，劉勰承易經窮變通久之理，因應時勢需求，規略往古精華，使文學的發展，在用通以求變，因變以求通的基礎上，化而裁之，推而行之，以闡釋文學創作的基本原則，所以通變篇是「控引情源」的又一綱領。

綜觀文心通變篇的要旨，至少包含以下三點：即首論文章窮變通久之理，次述變今必本於法古，末言變今法古之術。關於談到文章窮變通久之理時，他說：

「夫設文之體有常，變文之數無方，何以明其然？凡詩賦書記，名理相因，此有常之體也；文辭氣力，通變則久，此無方之數也。名理有常，體必資於故實；通變無方，數必酌於新聲；故能騁無窮之路，飲不竭之源〔六一〕。」

變其可變者，而後不可變者得通。可變者何？即舍人所謂之「文辭氣力」，「無方之數」。不可變者何？「詩賦書記」，「有常之體」。文體多達百數種〔六二〕，而獨標「詩賦書記」者，蓋略舉四體以概其餘。因爲有文體之名，必有相應之理，如「詩主言志」，「賦以諷諭」，「書在盡言」，「記以明情」，可說千古同符，百手如一，任何人都不容改變它們的特質而別樹新幟，此不可變者也，故曰「名理相因，有常之體」。既然名理相因，所以文章的體制，必借助於古人的成規。至於其志若何，其辭何出，或質或文，或愉或戚，其辭藻、氣勢、才力，皆與作者所遭遇之世，所課讀之書，所接受的薰染，所禀賦的遺傳，極有關係，此不可不變者也，故曰：「文辭氣力，無方之數」。文辭氣力，既然沒有固定的法則，所以從事創作必須酌採流行的格調。這樣在廣大的文學領域裏，才能汲飲不竭的源泉，開拓寫作的途徑。

他把「名理相因」與「文辭氣力」兩相比較後，接着又歷叙自上古以迄魏、晉，九代文學變遷的大勢，就彼此承傳的關係，緊貼着通變這個主題，提出確實可信的證明。如云：

「九代詠歌，志合文別，黃歌斷竹，質之至也；唐歌載蜡，則廣於黃世；虞歌卿雲，則文於唐時；夏歌雕牆，縟於虞代；商周篇什，麗於夏年；至於序志述時，其揆一也。暨楚之騷文，矩式周人；漢之賦頌，影寫楚世；魏之篇制，顧慕漢風；晉之辭章，瞻望魏采，搉而論之，則黃唐淳而質，虞夏質而辨，商周麗而雅，楚漢侈而豔，魏晉淺而綺，宋初訛而新。從質及訛，彌近彌澹。何則？競今疎古，風末氣衰也〔六二〕。」

九代文學變遷的大勢，可分三個階段：第一階段，從「黃歌斷竹」到「商周篇什」，由淳而質、而麗、而雅，風格容有差異，但在其序寫情志，記述時事的基本法則上是一致的。所以他說：「序志述時，其揆一也。」第二階段，是中國文學到「楚之騷文」爲之一變。由原來歌、詩獨擅的時代，過渡到漢之賦頌，魏之篇制，晉之辭章，擴大了寫作的範圍。作品的風格，也從商周篇什的雅麗，呈現侈而豔，淺而綺的現象。雖然這是文學鉅變的時代，但是他們究竟還是「矩式周人」，「顧慕漢風」，「瞻望魏采」，上承傳統不弊的優點，下開新生的契機，始終沒有脫離中國文學上一脈相承的精神。第三階段，是時至六朝，經荒歷亂，佛敎東來，人心丕變。有的喜新厭舊，有的巧投時好，有的隨聲附和，有的鬬奇爭長。中國文學的演進，至此已完全擺脫傳統，迷失了自家的方向。彥和目睹將喪之斯文，遂超乎風尙之外，在積習難返中，大張文學通變之纛，以挽既倒的狂瀾。

「練青濯絳，必歸藍蒨，矯訛翻淺，還宗經誥。斯斟酌乎質文之間，而隱括乎雅俗之際，可與言通變矣〔六四〕。」

他以爲要改革文弊，當上法經典。所以「矯訛翻淺，還宗經誥」，是他通變的原理。「斟酌質文，隱括雅俗」，是通變的門徑。並以爲學者對此通古變今，推陳出新之理，具有相當的認識以後，才有談論文學創作的資格。關於通變的具體方法，是：

「規略文統，宜宏大體，先博覽以精閱，總綱紀而攝契，然後拓衢路，置關鍵，長轡遠馭，從容按節，憑情以會通，負氣以適變，采如宛虹之奮鬐，光若長離之振翼，迺穎脫之文矣〔六五〕。」

言規畫文章的統緒，應恢宏偉大的體制，欲恢宏其偉大體制，當首先博覽古今名著，把握寫作要點；然後再拓展思考的通道，布置全篇的重心。這樣從事文學創作，猶爲駕輕車而就熟路，從容不迫，憑情理以融會傳統的作品，持才氣以適應變化的辭藻。其中尤其「憑情以會通，負氣以適變」句，更道盡通變的體用。黃氏札記云：「必情眞氣盛，骨力竣茂，以此求新，人不厭新，以此率舊，人不厭舊，然後故實新聲，皆爲我用。若情匱氣乏，效今固不可，擬古亦取憎也」。我們爲文若不知道通變，或以古爲不祧之宗，而食古不化，或以今爲時代風尚，而刻意趨新，皆所謂「齷齪於偏解，矜激於一致〔六六〕」，縱能逞快意於一時，決難傳不朽於千古。

戊、由定勢以端正語態：

「定勢」是「控引情源」的篇目之一。定勢者，言行文語態，受體式決定，體式又因情始有所樹立也。並特別拈出「自然」一詞，作爲文勢優劣的標準。此篇首言文之有勢，出乎自然。次明勢各有宜，初無定格。末論文之剛柔奇正，總之皆勢。而辭人愛奇，失體成怪。彥和云：

「夫情致異區，文變殊術，莫不因情立體，即體成勢也。勢者，乘利而為制也。如機發矢直，澗曲湍回，自然之趣也。圓者規體，其勢也自轉；方者矩形，其勢也自安，文章體勢，如斯而已。〔六七〕」

言作者的情感思考，千變萬化，施丹布采，隨事各異，語言態勢的形成，莫不因循作者的情感，建立作品的風格，再依其不同的風格，形成不同的語言態勢。所以語態是依照文章的風格來決定的。風格之於語態，如機弩發箭，曲澗流水，皆勢成自然。范文瀾先生有云：「本篇當與體性參看，始悟定勢之旨。所謂勢者，既非故作慷慨，叫囂示雄，亦非強事低回，舒緩取姿，文各有體，即體成勢。章表奏議，不得雜以嘲弄，符册檄移，不得空談風月，即所謂勢也〔六八〕」。可知「勢」之為意，換成現在的說法，就是所謂之「傳神」。

人之一身，五官四體，彼此相去不遠，可是一顰一笑，舉手投足之時，格調風度，則百人之中，無一相類，細推箇中道理，全受「神」字所左右。「神」之入文，寫景摹聲，無不維妙維肖，如見其形，如聞其聲，否則，一篇之精采全失。如史記項羽本紀，至鴻門一節，寫樊噲忠義激發，旁若無人之概。垓下一節，寫項王英雄末路，烏江自刎之悲。生動逼真，不啻身處時光隧道，史實人物又重新展現於讀者的眼前。這種傳神的筆法，正是本篇所謂之語言態勢。

彥和嘗謂「才性異區，文體繁詭〔六九〕」，文章的風格既取決於作者的性情，而文無雷同一致之體，亦沒有一成不變之勢。所以作者欲兼顧各種文章之體，須首先鑒別它們不同的風格，然後再把文辭的聲情色彩，隨其語言態勢作適切配合。如云：

「括囊雜體，功在銓別，宮商朱紫，隨勢各配。章表奏議，則準的乎典雅；賦頌歌詩，則羽儀乎清麗；符檄書移，則楷式於明斷；史論序注，則師範於覈要；箴銘碑誄，則體制於弘深；連珠七辭，則從事於巧豔；此循體而成勢，隨變而立功者也〔七〇〕。」

言章表奏議之文，以典雅爲標準。賦頌歌詩，以清麗爲儀表，符檄書移，以明斷爲楷模。史論序注，以覈要爲法程。箴銘碑誄，以弘深爲規範。連珠七辭，以巧豔爲目標。這些都是依循不同的風格，所確立的語言態勢。作者順隨語言態勢的變化，達到傳神的功效。如離騷九章之體，以抒怨悱之思，故文勢纏綿而往復；遠遊九歌之體，託情神怪之事，故文勢恢麗而佹僑；變風變雅，以序述亂離，風刺淫蕩，勢自難於雍容；兩都二京，以原本山川，極命人事，勢自入於閎侈；又如漢魏古詩多切近人事，故明雅而切附；淵明一變而寄興田園，故疎野而沖曠；靈運放志山水，故巉巖而蕭散；齊梁以下，宮體日興、志不出於淫逸，情不離於哀思，故穠豔而綺靡，皆屬自然之勢。又如詠戰伐者必激昂，敍兒女私情者定柔婉、寫亂離者含悲辛，記宴遊者多酣暢。嘗見優伶登壇演劇，技藝卓絕，扮相逼眞，或問其術，他說：當我身在舞臺，不自知其爲男子，故爲貞節烈女，雖偶然談笑，而不失莊重之容。爲蕩婦，雖故意矜持，而時露妖冶之態。爲大家閨秀，則不假修飾，而衣履之間，自然蘊藉賢淑的氣質。爲小家碧玉，即令刻意梳櫛，而行動之際，仍不免暗含羞澀的形貌。這正是「循體成勢，隨變立功」的具體寫照。

彥和論「情」「體」「勢」三者相因之理，實具有統一性、諧和性。統一性者，一篇之中構體宜與情感同符。諧和性者，一體之間，取勢宜與其體合節，體與情同符，則情感的表出愈見眞切，勢與體合節，則風格的呈現愈形突出。譬如營造房屋，凡廟堂的建築，所以表肅穆的氣氛，故其結構規模，宜極盡莊嚴宏偉之致。使人置身其間，自然產生恪恭寅畏之心，此卽所謂統一的作用。而廟堂之內，大而一楹一柱，小而一戶一牖，甚而片瓦短垣，無不和整個體制相配合，繡闥香幃固不可施，茅茨土階亦非所宜，此卽所謂諧和的作用。齊、梁之文，於字句的潤飾務工，音律之諧和務巧，遂有顚倒文句，逐奇失正的現象。彥和云：

「自近代辭人，率好詭巧，原其爲體，訛勢所變，厭黷舊式，故穿鑿取新，察其訛意，似難而實無他術也，反正而已。故文反正爲乏，辭反正爲奇。效奇之法，必顚倒文句，上下而抑字，中辭而出外，回互不常，則新色耳〔七一〕。」

所謂「訛勢」，如江淹的別賦：「孤臣危涕，孽子墜心」，本當作「危心」「墜涕」。又恨賦：「意奪神駭，心折骨驚」，本當作「骨折」「心驚」。此外還有增字、省字、換字者〔七二〕，訛變既甚，讀之幾乎不知意何所指。這就是彥和所斥的「上字而抑下，中辭而出外，回互不常」，新奇時髦的語態，實在是「買櫝還珠」，棄取失當呵！

最後彥和提出「定勢」之術，希能糾正末習。他說：

「夫通衢夷坦，而多行捷徑者，趨近故也；正文明白，而常務反言者，適俗故也。然密會者以意新得巧，苟異者以失體成怪。舊練之才，則執正以馭奇；新學之銳，則逐奇而失正。勢流不反，則文體遂弊〔六五〕。」

蓋行文以意新爲尚，不以適俗爲工。如能「執正馭奇」，卽令陳言常字，只要密會創作技巧，也可推陳出新，有獨到的意境。故其評司馬長卿的作品，「詭勢瓌聲」，評詩騷，以爲「卽勢以會奇，善於適要，則雖舊彌新」。觀「浮豔傷本」的齊梁之作，竟「勢流不反，文體遂弊」，所以彥和懲前毖後，深致惋惜。故惟文章傳神，才可以使難盡之情，難寫之景，憬然赴目，文心列「因情立體，卽體成勢」的定勢篇爲「控引情源」之一，確實具有卓越的見地。

（二）如何制勝文苑

彥和論文，善以人爲喻。就拿這一節來說，他列舉了情志、事義、辭采，宮商四個條件，這四個條件剛好就是按照人體部位來設計的。他說：

「才童學文，宜正體製，必以情志爲神明，事義爲骨鯁，辭采爲肌膚，宮商爲聲氣，然後品藻玄黃，摛振金玉，獻可替否，以裁厥中，斯綴思之恒數也（七三）。」

其中「情志」指文章的內容、思想，「骨鯁」指文章的用事、運材，「肌膚」指行文的辭藻，「聲氣」指詞語的音節。至於「品藻玄黃，摛振金石」，指在文成以後，須潤以丹采，使其色澤鮮明，調以音律，使其語調和諧。凡討論文章修辭的，關於音節、辭藻、材料、思想四者，一樣也不可從闕。人之所以爲人，其聲音、氣息、肌肉、皮膚、骨骼架構、精神思想，更得樣樣俱全，然後才可以尊之爲萬物之靈。同是一個人，而有妍媸肥瘦，才智愚劣；同是篇文章，而有長短多寡，貧贍剛柔。人之所以希聖、希賢，因爲可由養而致；文章之爲善、爲美，也可藉修辭完成。所以彥和根據此一推理，舒發他「制勝文苑」之要道。

甲、以情志爲神明：

彥和論修辭，把「情志」尊爲文章的「神明」。神明者，於人爲生命靈魂，於文章指思想內容。沒有思想內容的文章，等於失去了生命靈魂的軀殼，縱使具有骨骼、肌膚、聲氣，不過行屍走肉而已。「情志」者，感情意志也。情意之與修辭，關係十分密切，文心雕龍五十篇的立說，都是兩者對擧的，這種情形幾乎無篇無之。如徵聖篇言人之修身，必須重視文章，云：「情欲信，辭欲巧」。宗經篇言五經的內容文辭，均符合創作的要求，云「義旣埏乎性情，辭亦匠於文理」。頌讚篇言「讚」的作法，是「約擧以盡情，照灼以送文」。哀弔篇言「哀祭」文的體制，必使「情往會悲，文來引泣」，方才可貴。諸子篇歷評先秦各家的作品，如評文子：「情辨以澤」，評尹文：「辭約而精」。於論說篇，言論辨文的寫作要領，必使「心與理合，彌縫莫見其隙；辭共心密，敵人不知所乘」，言書說的主要關鍵，在「披肝膽以獻主，飛文敏以濟辭」。尤其情采篇，於「文附質，質待文」，情辭對待講得尤爲密備。如云：

「水性虛而淪漪結，木體實而花蕚振，文附質也。虎豹無文，則鞹同犬羊？犀兕有皮，而色資丹漆，質待文也。」

蓋文辭是表達情意的工具，而情意是文辭的內容，我們無論是收聽或閱讀別人的言語和文辭，甚而傾訴或發表自己的意見，都得借助於文辭，和文辭所蘊涵的情意。但情有千變萬化，辭也有千變萬化，如何使千變萬化的辭，完全符合千變萬化的情，達到「情辭相稱」的標準，一般人頗不容易做到，不是修辭的工夫太過，就是不及。所以劉彥和以經緯相配的織布工作，說明「情理設位，文采行乎其中〔七四〕」的道理。他說：

「情者，文之經，辭者，理之緯；經正而後緯成，理定而後辭暢，此立文之本源也〔七五〕。」

「經正而後緯成，理定而後辭暢」，把情先乎辭，或情重乎辭，借着兩個「而後」的字眼，充分強調，證明內容重於形式，甚或決定形式的現象。所謂「言之有物」「意在筆先」，後世所舉爲行文的義法者，彥和已於一千四百多年前首發其凡。

古今文家之多，作品之富，不啻恒河沙數，難以屈指。如果單從內容情意方面，來判別作品的話，不過「爲情造文」，和「爲文造情」兩類。所謂：

「詩人什篇，爲情而造文，辭人賦頌，爲文而造情。何以明其然？蓋風雅之興，志思蓄憤，而吟詠情性，以諷其上，此爲情而造文也。諸子之徒，心非鬱陶，苟馳夸飾，鬻聲釣世，此爲文而造情也〔七六〕。」

「詩人」指詩經三百篇的作者，「辭人」卽「諸子之徒」，指兩漢以後的辭賦家〔七七〕。詩經的作者，先由情感的激動，然後造作篇什，篇什的內容，洋溢着他們蓄積已久的苦悶，所以可以興、可以觀，可以羣，可以怨，達到諷諫君上的目的。而辭賦家心非有抑鬱的感情，只是賣弄文字技巧，作爲沽名釣譽的手段。同是篇文章，由於反映辭面上的情志，一個是因爲「要約寫眞」而彌足珍貴，一個確因「淫麗煩濫」而減低身價。足徵文貴情眞，辭尚意切，眞情實意爲文辭的靈魂。

況天下固有一種文章，非情眞意切者不能作，而深於情者，不求工而自工，此則又存乎才學識之外，而成天下至性之文。如司馬子長作太史公書，而一百三十篇、五十二萬餘言中，最動人心弦的，不過屈賈、伯夷、貨殖、游俠諸傳。蓋有感而發，遂不覺音節爲之一變。其他若諸葛孔明的出師表，李令伯的陳情表，丘希範的與陳伯之書，韓昌黎的柳子厚墓誌銘，或言忠臣謀國的赤忱，或陳祖孫相依的哀怨，或以鶯飛草長之筆，使悍將授首，或述生平朋友之喪，增存亡離合之思。而不見其有經營慘澹之迹，皆沛然如肺腑中流出，情意超邁，爲千古絕作。可見「情志」是運思取材的先決條件。彥和曾以「桃李成蹊」，「男子樹蘭」兩個典故，說明他理論的依據。如云：

「夫桃李不言而成蹊，有實存也；男子樹蘭而不芳，無其情也。夫以草木之微，依情待實，況乎文章。述志爲本，言與志反，文豈足徵〔七八〕。」

文辭必須與情志符合。如不能做到這一點，就不能說是盡到修辭的能事，甚而「言與志反」，更不能取信於讀者。所以彥和提出他的主張。

「文不滅質，博不溺心，正采耀乎朱藍，間色屏於紅紫，乃可謂雕琢其章，彬彬君子矣〔七九〕。」

務使「情辭相稱」，「情辭相融」，才可以稱謂雕琢篇章，文質彬彬的偉大作家。惟文章的情可分三種，一是「作者的情」，二是「文中的情」，三是「讀者的情」，「作者的情」溶冶在文辭裏，成爲「文中的情」。「文中的情」又激發讀者，而成爲「讀者的情」。必使「作者的情」，「文中的情」和「讀者的情」，溶合爲一，文辭才能發生感人的作用。修辭的人如何轉化「作者的情」爲「文中的情」，去感動「讀者的情」，這又嚴重牽涉到「選材」和「運材」的問題。所謂「明理引乎成辭，徵義舉乎人事」，故「以情志爲神明」後，繼之「以事義爲骨鯁」〔八〇〕。

乙、以事義爲骨鯁：

彥和之言修辭，既視思想內容爲文章的生命，而生命自必依附於形體之上，始能顯示它的作用。文章中的材料，正如身體裏的骨骼間架，有了骨骼間架，不但作者的情志有了寄託，就是辭采也有了依附。所以文心雕龍設事類篇，專言用事運典之法。而於取材的要領，尙少措意。蓋漢魏以下，文人著述，必本舊言。開始的時候，或藉助於名物的詁訓，繼而引錄前人的成說，最後更綜輯往代的故實，時至齊梁，由於聲律對偶之文大興，用事運典尤加推求。甚而摘取瑣細，爭用僻典，以一事不知爲恥，以字有來歷爲高，所以文愈勝而質愈漓，學愈富而才愈累，此卽末流之弊，允宜去泰去甚，折之中和。故彥和著事類篇以推用事之理。

「事類」一詞，原指依據事實，以類相從。彥和引而申之，以論文章之引用古事成辭，類推事理，爲他的寫作技巧之一。用典之利，在能以片言數字，闡明比較繁複或隱微的寓意。其與比興不同，比興純屬作者的創意聯想，自行取事作譬，而事類則是借用現成的古事成辭，以說明當前的實際情況。如此自可增益文章的典贍，內容的深度。但前言往行，載籍浩瀚，欲能靈活運用，必須充實見聞，然後始可「用人若己」。事類篇曾首言周易尙書中用事的例子，說：

「昔文王繇易，剖判爻位，既濟九三，遠引高宗之伐，明夷六五，近書箕子之貞；斯略舉人事，以徵義者也。至若胤征羲和，陳政典之訓；盤庚誥民，敍遲任之言；此全引成辭，以明理者也。」

易書爲我國重典。經夫子刪述，而文王繇辭中，卽引用了高宗伐鬼方，中興殷室，箕子近紂王，政治昏亂之事。尙書僞胤征，陳述夏后爲政的典籍，盤庚遷都於殷，敍述遲任的格言。足見「明理引乎成辭，徵義舉乎人事，乃聖賢之鴻謨，經籍之通矩」。以下他又舉兩漢辭人的行文，說明用事的習尙，代有不同。云：

觀夫屈宋屬篇，號依詩人，雖引古事而莫取舊辭。唯賈誼鵩賦，始用鶡冠之說；相如上林，撮引李斯之書；此萬分之一會也。及揚雄百官箴，頗酌於詩書；劉歆遂初賦，歷敘於紀傳；漸漸綜採矣。至於崔班張蔡，遂捃摭經史，華實布濩，因事立功，皆後人之模範也。」

由楚之屈宋，到東漢的崔班張蔡，用事修辭，頗有變化，如屈宋依經立義，自鑄偉辭，賈馬始引成說，揚雄劉歆綜採書傳，崔班張蔡捃摘經史，因書立功，突破用事的局限，發揮多見多聞的妙用。

「多識前言德行」，既成文家屬篇的趨勢，則「才學」便自然發生了互相依附的關係。彥和說：

「文章由學，能在天資。才自內發，學以外成，有學飽而才餒，有才富而學貧。學貧者，迍邅於事義；才餒者，劬勞於辭情，此內外之殊分也。」

此言作者爲文，本身必須具備「才」「學」兩個基本要素，因爲文章的寫作由學習而得，而其擅長的潛能，乃在於天賦的才華。天才發自內在，學養成於外來，有的是學養豐富而才華不足，有的是才華極高而學養貧乏。學養貧乏的，不堪緝事比義的困頓，才華不足的，難任修辭抒情的辛勞。這就是內發的天才，與外成的學養，兩者配合，而後始能爲文成章之理。過去以揚子雲的高才博識，在他答劉歆的信中，還說「小時候沒把書讀好」，等到觀書於石室之後，乃成巨著，大放異采。可見學養與天才是表裏相質，缺一不可的。但學如淵海，書多充棟，我們欲識前言往行，當如何而後可呢？彥和本着文必宗經的一貫思想，提出他個人的看法。說：

「夫經典沈深，載籍浩瀚，實羣言之奧區，而才思之神皐也。揚班以下，莫不取資，任力耕耨，縱意漁獵，操刀能割，必列膏腴，是以將贍才力，務在博見；狐腋非一皮能溫，雞蹠必數千而飽矣。」

認爲古聖先哲的遺訓，其內容沈潛而深遠，諸子百家的著述，門類廣大而衆多。實在是一切言論的寶庫，行文運思的園地。揚雄班固以後的文人才士，莫不採用，盡力的筆耕墨耘，縱意去劉覽涉獵。然後在搦管爲文的時候，那種得心應手的情形，就像手操刀俎，分解骨肉，所到之處，無不砉然立解。所以學者欲充實文才學力，務必要博學多識。博學多識自爲學者所必須，而如何發揮才學，把典故史實做適當的運用，這又牽涉到寫作的原則了。他說：

「事得其要，雖小成績，譬寸轄制輪，尺樞運關也。……凡用舊合機，不啻自其口出，引事乖謬，雖千載而爲瑕。」

這裏有兩句話值得注意，一是「事得其要」，一是「用舊合機」，事得其要，指「綜學在博，取事貴約，校練務精，捃理須覈」的「約」「精」「覈」三個要領，亦即「去其糟粕，取其精華」之意。如果行文多敍細事，好用僻典，則文章就成了「百科全書」，毫無靈性可言。至於「用舊合機」，指運用前人的成說或史實的時候，要自然流露，要不留絲毫的痕跡，這樣才算克盡用事之妙。顏氏家訓文章篇引「沈隱侯曰：『文章當從三易。易見事一也。……』邢子才常曰：『沈侯文章，用事不使人覺，若胸臆語也，深以此服之』」，就是彥和所謂的「不啻自其口出」之意。至如南朝文士，顏延謝莊，侈言用事，流弊所及，文章殆同書抄，沒有一點作者的思想感情，這是根本要不得的。甚而若鍾記室著詩品，目睹時人競相用事，拘攣補衲，蠹文已甚，遂全盤反對用事，也可以說是矯枉過正〔八一〕。黃氏札記嘗謂：「文章之功，莫切於事類，學舊文者，若不致力於此，則難逃孤陋寡聞之譏。自爲文者，不致力於此，則不免空虛無本之誚。」為此之故，彥和與結論中，曾按照時代需要，以折中的語氣向我們提出忠告：

「山木為良匠所度，經書為文士所擇，木美而定於斧斤，事美而制於刀筆，研思之士，無慚匠石矣。」

認為山中的美材為良匠所度，經書的事理為文士所選用。然而木材之為美，決定於斲輪的利斧，事理之應用，制裁於生花的妙筆。所以學者於操觚為文的時候，自應深思博考，以求無愧於讀者。此說不偏不倚，庶為用事的津梁，行文的南鍼也。

丙、以辭采為肌膚：

文心雕龍創作論言辭采，大半集中於章句、麗辭、練字、比興、夸飾、隱秀、附會等篇中。鎔裁篇說：「百節成體，共資榮衛，萬趣會文，不離辭情」，意思是指文章如同人體，天之生人，以數百根骨節所構成的身體，必須借助於血液的滋養；而會合萬種情趣，寫成的文章，總離不開辭采與情感。既然「情感」與「辭采」是寫作的重要因素，而兩者如何配合得天衣無縫呢？劉彥和認為：「伊摯不能言鼎，輪扁不能語斤。」理至奧妙，似乎不能言傳。所以我們在這一節裏，便只好撇開「情文」「聲文」，專言「形文」方面的辭采。

㈠選詞練字的四法：

文字是構成作品形式的最小單位，沒有文字，就沒有作品。按照章句篇上的說法，文章的形式是由字、句、章、篇四個單元組成的。由不同的字詞，結成句字，積不同的詞句，綴成段落，聯屬不同的段落，完成首尾圓合的文章。所以一篇文章的光彩煥發，要靠段落的結構完美，段落的明潔無疵，端賴詞句的安排妥貼，詞句的清新雋永，胥視練字的精當與否。這樣看來，字、句、章、篇四者的關係，正像幾何圖形上的點，線、面、體一樣。點線在整個幾何圖形上，雖如滄海一粟，微不足道，但它確是整體結構的基礎。所以練字篇云：「爻象列而結繩移，鳥跡明而書契作，斯乃言語之體貌，而文章之宅宇也」。文字既是言語的符號，文章的基礎，所以從事創作，首重文字的練擇，乃理所當然之事。然而六朝文人用字又是怎樣情況呢？彥和說：「自晉來用字，率從簡易，時並習易，人誰取難。今一字詭異，則羣句震驚，三人弗識，則將成字妖矣。後世所同曉者，雖難斯易，時所共廢，雖易斯難，趣舍之間，不可不察〔八二〕。」所以他接着提出練字四法，即「避詭異、省聯邊、權重出、調單複」。

「避詭異」者，「字體瓌怪者也」。指行文時，引用生冷奇僻的字。如曹攄詩「豈不願斯遊，褊心惡哅呶」，「哅呶」二字，極爲罕見，讀者至此，必得翻檢字書，始獲眞解。就修辭理論方面言，在一篇平易的文章裏，忽然出現幾個怪異的字，不僅刺目，且文義艱塞，破壞了作品的流暢性。從閱讀心理方面言，在整個文章的畫面上，有幾個生冷曖昧的字塊，突出字裏行間，足以打斷閱讀的興趣，這正是所謂「兩字詭異，大美疵篇」了。「省聯邊」者，「半字同文者也」，指一句之中聯用若干偏旁相同或聲符相同的文字。除了漢人辭賦，由於他們的寫作技巧，尙停留在「以實寫實」，「以具體表現具體」的階段，無法超脫相同偏旁的字組，組合文句外，寫普通的文章，如果也是堆砌偏旁相同的字眼，便叫人望而生厭。如張協雜詩：「洪潦浩方割」，沈約和謝宣城詩：「別羽泛清波」，聯用三個水旁的字，已經看不順眼。至於曹植的雜詩：「綺縞何繽紛」，陸機日出東南隅行：「璚珮結瑤璠」，一句五字之詩，竟有四個同偏旁的，正是彥和說的「三接之外，其字林乎」，所以同偏旁的字，在使用時，特別要加以斟酌。「權重出」者，「同字相犯者也」，即同一字的重複出現，造成一句之中，前後衝突的現象。因爲文字以精簡爲原則，相同的字不斷出現於同句之中，非但破壞視覺上的美感，也由於發音部位的重複，讀起來齟齬不順，使作品整體的韵律，失去了調和之美。不過，劉勰告訴我們並非所有的文字都不得重出，像詩經楚辭這種高水準的作品，都無法做到一字不重的地步，有些文字，甚而愈重出愈顯出修辭的工巧。如孟子梁惠王章：「獨樂樂，與人樂樂，孰樂？」便是很好的例證。今人講修辭，如疊字、搶眼字、頂眞字，皆以重複取勁，避之，氣勢便弱了。這也就是劉勰說的「若兩字俱要，則寧在相犯」的意思。「調單複」者，「字形肥瘠者也」，指行文以均衡和諧爲原則，作者須用錯綜變化，來調度字形的單複。不可將筆劃極少的字，排列同句之中，顯得纖疏空曠；尤不可把筆劃繁多的字，嵌入一句之內，使其過分陰沈昏暗。因爲纖疏與陰沈，都違背了均衡的原則，造成不調和的感覺，所以把筆劃肥瘦的字，參差相間，配合視覺上的需要，達到和諧調度，使其不肥不瘦，適得其中，這就符合劉勰說的「善酌字者，參伍單複，磊落如珠」的標準了。

昔人每以「知字而不知句，知句而不知篇」，譏人作文不知謀篇之難。我認爲謀篇誠爲作文之一難，但欲知謀篇之難，必先知造句之不易，欲知造句之不易，必先知練字的困難。固然古今才士有「下筆千言，倚馬可待」之能，可是也有人因一字未妥，思之累日而不可得的情形。而一旦得之，則又如天外飛來，全不費力。所以練字篇又云：「善爲文者，富於萬篇，貧於一字，一字非少，相避難也」，眞是自道甘苦，發人深思。彥和之言辭采，首發「練字」之議，認爲「心旣託聲於言，言亦寄形於字，諷誦則績在宮商，臨文則能歸字形矣」，並歷引爾雅、倉頡之篇，勉文家要「該舊知新」，始可爲文。蓋恐一字詭異，而羣句震驚，其苦口婆心，可謂之深遠矣。況彥和之「練字」四法，與今日修辭學上的所謂抽換、錯綜、跳脫，以及意味、聲調、形貌，各種修辭手法暗相吻合，我們如果觸類旁通，化理論爲實際，自然可收「振本而末從，知一而萬畢」之效。

(二)安章造句三原則：

聯綴數字而說明一個意思的，謂之一句。集數句而說明一意者，謂之一章。一章已顯，則不待煩辭，一章未能盡意，則更累數章以顯之。其所顯者仍爲一意，無問其章數的多寡，或傳一人，或論一理，或述一事，皆謂之一篇。所以篇章與字句的關係，實在是一個整體。文心雕龍章句篇說：「設情有宅，置言有位，宅情曰章，位言曰句。故章者，明也；句者，局也。局言者，聯字以分疆，明情者，總義以包體。區畛相異，而衢路交通矣。」由於「人之立言，因字而生句，積句而爲章，積章而成篇。」所以章句之於文，具有十分重要的地位。過去黃氏札記云：「凡爲文辭，未有不辨章句而能工者也。凡覽篇籍，未有不通章句而能識其義者也。故一切文辭學術，皆以章句爲始基。」尤其從事創作，更非瞭解章句不能工巧，如捨棄章句，亦絕無另趨工巧的途徑。所以裁文匠筆，有待於安章造句，其理自明。

句有句意，章有章旨，章句的安排，必須符合統一、秩序、聯貫的原則，使其首尾一貫，自成條理。至於其間變化波瀾之妙，正側穿插之奇，短長高下之度，輕重隱顯之限，回互激射之勢，則又非成法所能拘，更非言辭所能盡。所以彥和以舞容、音樂之道，說明章句相因的機栝。如云：「句司數字，待相接以爲用，章總一義，須意窮而成體。其控引情理，送迎際會，譬舞容廻環，而有綴兆之位，歌聲靡曼，而有抗墜之節也。」但是章句在全篇之中，又是怎樣的關係呢？他援用詩經設篇分章的情形，加以剖析說：「章句在篇，如繭之抽緒，原始要終，體必鱗次。啓行之辭，逆萌中篇之意；絕筆之言，追媵前句之旨。故能外文綺變，內義脈注，跗萼相銜，首尾一體。若辭失其朋，則羈旅而無友，事乖其次，則飄寓而不安。是以搜句忌於顚倒，裁章貴於順序，斯固情趣之旨歸，文筆之同致也。」這是說一章之中，必須言之有物，各有其主意。一篇之內，一定得有一個中心，章旨不可與全篇文意相衝突。所以如從整篇的結構加以檢討，句章是全篇的基石，全篇結構的優劣，當然便基於章句的安排是否適當，是否盡了它的責任。曾國藩說：「一篇之內，端緒不宜繁多，譬之萬山旁薄，必有主峯；龍袞九章，但挈一領。否則首尾衡決，陳意蕪雜，茲足戒也（八三）」，這和彥和所謂「外文綺交，內義脈注，跗萼相銜，首尾一體」之說正相發明。所以作者行文能由此設想，陳義自然能見其大，而不至常落邊際，其餘所兼及者，不過枝葉鱗爪而已。彥和此意又見於附會篇，如云：「凡大體文章，類多枝派，整派者依源，理枝者循幹。是以附辭會義，務總綱領，驅萬塗於同歸，貞百慮於一致。使衆理雖繁，而無倒置之乖，羣言雖多，而無棼絲之亂。扶陽而出條，順陰而藏跡，首尾周密，表裏一體，此附會之術也。」「局言」在明各章之旨，「辭附」以達全篇之意，所謂「綱領昭暢」、「內義脈注」，總命意修辭爲一貫，而兼草創、修飾、潤色之功，在彥和的文學創作技巧上來說，章句之於辭采，實在是制勝文苑的重要環節。

安章基於造句，所以章句篇內又講到句法，他認爲章句雖無常法加以控馭，但句中字數的多寡，頗有條理可尋。所以彥和「以爲四字密而不促，六字裕而非緩，或變之以三、五，蓋應機之權節也。」他覺得一句之中，以三、四、五、六字數的組合，最合乎脣吻之自然。繼而又講到音節問題，語助詞的用法，在修辭方面，有極大的參考價值。

(三)修辭的兩張王牌：

在所謂「積極的修辭」方面，有假情以託物，因方以借巧的「比喻」一格，對作者表情達意的幫助很大。此卽劉彥和所說的比興。比興篇說：「比者，附也；興者，起也。附理者，切類以指事；起情者，依微以擬議」，意思是指「比」是借擬他類，譬喻此理，言近旨遠，情附於物，爲類乎修辭學上的「象徵法」。「興」是寄託外物，興發內感，先比從賦，物動夫情，類乎修辭學上的「聯想法」。比和興的用法，都在不直接的去描述事物，間接的用別的事物加以譬喻，或烘托出一個生動的意象，獲得文字表現的最佳效果。彥和認爲「比興」是作者表情達意的兩張王牌，必須互爲運用。不過自兩漢以後，「興義銷亡，比體雲構」，也就是說一般作者用「象徵法」寫作的比較多，用「聯想法」的比較少。所以他爲適應當時寫作的需要，特別把「比」的性質，分成「比義」「比類」兩種，並引詩經爲例，加以印證。如云：「何謂爲比？蓋寫物以附意，颺言以切事者也，故金錫以喻明德，珪璋以譬秀民，螟蛉以類敎誨，蜩螗以寫號呼，澣衣以擬心憂，卷席以方志固，凡斯切象，皆比義也。至於麻衣如雪，兩驂如舞，若斯之類，皆比類也。」所謂「比義」，就是「以具體比抽象」，所謂「比類」，是指「以具體比具體」

凡義理之抽象難知者不能說，卽以具體易知者說明之，這就是「象徵法」。從象徵法上看，劉彥和之論比喻，有「或喻於聲，或方於貌，或擬於心，或譬於事」四種。如宋玉高唐賦：「纖條悲鳴，聲似竽籟」，這就是以竽籟的和鳴，象徵風搖纖條，其聲悲切的情形。枚乘菟園賦：「猋猋紛紛，若塵埃之間白雲」，作者目睹晚霞映水，光彩紛披，馬上聯想此等景況，正像塵埃錯雜於白雲之中。這就是比貌的手法。賈誼鵩鳥賦：「禍之與福，何異糾纆」，這是以具體的事物，比喻抽象的思想，蓋災禍與幸福，彼此消長之理，是抽象的觀念，不易說明，所以用兩股糾合的繩索來比況，於是化抽象爲具體，給人一種鮮明突出的感覺。王褒洞簫賦云：「並包吐含，如慈父之畜子也」，慈父敎養子女的心情，是極抽象的情感活動，很不易列舉，於是用吹奏洞簫之幷包衆聲，吐含和樂之情況以比之。馬融長笛賦云：「繁縟絡繹，范蔡之說也」，此以絡繹不絕，若斷若續的笛聲，象徵范雎蔡澤的高談濶論。又張衡南都賦云：「起鄭舞，蠒曳緒」，言坐唱南方之歌，起作鄭國之舞，身體之輕盈，如白鶴展翼於長空，步伐之蹁躚，不啻蠶繭曳絲而相連。以上纖條悲鳴，晚霞映水、禍福相依，父母慈愛，簫笛之音，雄辯之姿，起舞之容，各種不同的意象，他都能以此物喻彼物，以此事比彼事，化抽象爲具體，讓人似乎有視而可識，察而見意的眞實感。彥和之論創作技巧，確認「比興」爲修辭之不可缺，並懲六朝辭人的連章夸毗，刻鵠類鶩，所以他以「比類雖繁，須切至爲貴〔八五〕」，作爲矯枉的良藥。

㈣夸飾的適當運用：

「夸飾」是誇張之辭，乃修辭上的另一重要手法。其目的雖同在將抽象不易表達的感情，藉具體易曉之事物表現之。但從表出方式言，夸飾着重表出的程度。從事物的質地言，夸飾着重事物的數量。從比況的形態言，夸飾着重比況的擴大或收斂。再則，夸變其量，飾變其質，二者本身亦自有別。作品之修辭，何以需要夸飾？蓋因指事必有根據，發言必有證驗，那只可求之於聖賢的德行，決不可見之於傳世的文章。這固然是由於文章的藝術，多半依賴於虛矯之事，同時也是人情物理，有時並非平舖直敍所可滿足。彥和於夸飾篇說：「言峻則嵩高極天，論狹則河不容舠，說多則子孫千億，稱少則民靡孑遺，襄陵舉滔天之目，倒戈立漂杵之論，辭雖已甚，其義無害也」。由此可見夸飾之術，不僅爲爭奇鬬豔的文學作品所必須，也是著勸戒，正人心的經典所不廢。彥和又說：「自天地以降，豫入聲貌，文辭所被，夸飾恒存。雖詩書雅言，風俗訓世，事必宜廣，文亦過焉」，孟子也說：「說詩者不以文害辭，不以辭害志」，可見夸飾在文學創作中，自有它的適用價值。文有飾辭，可以傳難言之意，文有飾辭，可以省不急之文，文有飾辭，可以摹難傳之狀，文有飾辭，可以得言外之情。而古人用飾，擬議形容，所以求簡，非以文繁。降及後世，夸飾之作，連篇累卷，非以求簡，祇以增繁。如宋玉「九辯」，以抒情之騷，推狀物之賦，司馬相如作「上林」，又以瑰麗之辭，摹形容之美，因爲他們堆砌過甚，抹煞了個性，所以彥和指責他們「詭濫」、「窮飾」。至於揚雄「校獵」，「鞭宓妃以饟屈原」。張衡「羽獵」，「困玄冥於朔野」，雖足以「發蘊而飛滯，披瞽而駭聾」，但飾矯炫奇，流於虛僞，不能搖蕩讀者的性靈，實非夸飾的正當途徑。劉勰說：「飾窮其要，則心聲鋒起，夸過其理，則名實兩乖」，就是針對六朝文士以辭害意而發的。

爲此彥和特別提出運用夸飾的基本原則，在「酌詩書之曠旨，翦揚馬之甚泰」，使「夸而有節，飾而不誣〔八五〕」。這樣才可讓外界客觀存在之事物，透過作者主觀意思之合理渲染，表現文字之無窮妙用，以卽達無窮之情意也。故文意待修辭而後明，而修辭亦以意明爲限度，過此限度，卽所謂「曠而成溢，奢而有玷」，反而失去節制，弄巧成拙了。

㈤含蓄蘊藉的表情：

人之爲文，不肯一語道盡，詘然輒止，使人自得其意於語言之外，這就叫含蓄，亦卽彥和所謂之「隱秀」。「隱也者，文外之重旨也；秀也者，篇中之獨拔也〔八六〕」。文外之重旨，指文章字句之外，辭約而義富，含味無窮，卽陸士衡所云「文外曲致」。篇中之獨拔，指一篇文章之中，突出動人的句子，卽陸士衡所云「一篇之警策」。又說：「隱以複意爲工，秀以卓絕爲巧」。隱之以情意含蓄，有餘不盡爲工者，蓋言不盡意，理所當然，文章之美，貴有含蓄。復以作者之情，或不敢自抒，則委曲之，不忍明言，則婉約之，不欲正言，則恢奇之，不可盡言，則蘊藉之，不能顯言，則假託之。又或無心於言，而自然流露之。於是隱複之旨，遂爲文家所必須，而賞會之士，亦以得其幽旨爲可樂。秀之所以要出語卓絕，生動巧妙者，蓋言外之意，必由語得，目前之景，乃憑情顯。如出語失當，則意浮漂而不定，情喪其用，則景虛設而無功。出語當，作者之情懷雖未盡宣，而讀者之心思已足領會，此中亦自然有其軌度，切忌太過或不及。太過則傷淺，不及則犯晦，是故隱秀之於文，猶翠嵐之於山。秀句自然得之，不可力強而至，隱句亦自然得之，不可搖曳而成。此本文章的妙境，學問未達相當境界，卽令旦暮求之，亦會失之交臂。所以彥和於隱秀篇引晉王讚雜詩「朔風動秋草，邊馬有歸心」，以爲「氣寒而事傷」，含有覊旅在外，思鄉懷人的哀怨。又說：「

凡文集勝篇，不盈十一，篇章秀句，裁可百二，並思合自逢，非研慮之所課也」，「文章本天成，妙手偶得之」，「盡日竟不得，有時還自來」，正見含蓄之爲用，以自然爲尚。

文章的含蓄處，往往就是文章的警策處，讀者如以意逆志，自可由此入手，劉永濟校釋曾舉楚辭九歌，司馬相如大人賦，曹植洛神賦說明此理，如云：「九歌湘君篇中，『心不同兮媒勞，恩不甚兮輕絕』，及『交不忠兮怨長，期不信兮告予以不閒』，言外流露黨人與己異趣，信己不深，故生離間。而此四句卽篇中之秀處。屈子痛心於子蘭與己異趣，致再合無望之意，亦卽於此得之。又相如大人賦：『吾乃目覩西王母暠然白首，戴勝而穴處兮，亦幸有三足烏爲之使。必長生若此而不死兮，雖濟萬世不足以喜。』皆篇中秀處。而相如諷武帝求仙無益之意，亦卽與此得之。且前文盛誇大人仙游之樂，皆爲此而設也。又子建洛神賦：『恨人神之道殊兮，怨盛年之莫當』，及『悼良會之永絕兮，哀一逝而異鄉』等句，子建惓惓於文帝之意最深切，而措詞亦最沈痛。」後之宋朝梅堯臣說：「含不盡之意，見於言外，狀難寫之景，如在目前」，含狀二字，是有意爲之，非自然本色，但與隱秀之旨略同，讀者不可不辨，尤不可不知。彥和以隱秀設篇，在修辭技巧上說，不但意隱，還要辭秀。

爲文不易，賞會尤難，居今而言，有人誤以晦塞爲精深，以雕琢文字爲警策者；實際上晦塞只是詰屈聱牙，並不是文外的情致，雕琢只是喬裝僞扮，也決不能警策動人。眞正合乎隱秀的作品，是文成自然，妙會天機。所以劉彥和以花木繒帛爲例，說明這種道理。如云：「自然會妙，譬卉木之耀英華；潤色取美，譬繒帛之染朱綠。朱綠染繒，深而繁鮮；英華耀樹，淺而煒燁〔八七〕。」草木盛開的花朵，繒帛渲染的色澤，都煒燁鮮明，不假人力，而自然動人，「隱秀」之所以爲美者，亦如此而已。

㈥各種瑕累的避忌：

字詞的練擇，章句的聯綴，比興的手法，夸飾的運用，及含蓄的表情，都是從正面說明寫作的技巧的，但因作者天賦有高低，習業有深淺，思路有通塞，研閱有精粗，所以臨文抒情，時生瑕累。故彥和鄭重提出此一事實，他說：「古來文士，異世爭驅，或逸才以爽迅，或精思以纖密，而慮動難圓，鮮無瑕病〔八八〕。」就是指此避忌而言。

文心雕龍指瑕篇，言古人文章的瑕疵，總其大較，略有四端，一、措辭失體之瑕。彥和引陳思王曹植的武帝誄「尊靈永蟄」，明帝頌「聖體浮輕」爲例。因爲「浮體有似於胡蝶」，「永蟄頗疑於昆蟲」，以胡蝶、昆蟲之微物，施於尊親，加之帝王，實失體制。二、立言違理之瑕。彥和引左思七諷「孝而不從」之言，說子女盡孝可不必順從父母的旨意，違反正道，若此之甚，其餘文章，不足觀也矣。三、用辭傷義之瑕，如潘岳才華過人，尤擅於哀祭之作，然悲悼內兄之死，則云「感口澤」，傷金鹿之夭，則云「心如疑」。此二語見於禮記，乃孝子悼念尊親之辭，而潘氏竟施之於內兄弱子。辭雖哀傷，而義理廢滅。四、擬人不倫之瑕，如崔瑗之李公誄，將李公德行，比諸黃帝虞舜；向秀之思舊賦，將嵇康罪過，視同李斯被殺。褒獎僭越，刑罰淫濫，比擬均失倫類。以上皆古人行文的瑕疵。

時至六朝，文家的通病也有四種：一、字義依希之病，彥和云：「晉末篇章，依希其旨，始有賞際奇至之言，終有撫叩卽酬之語；每單舉一字，指以爲情。夫賞訓錫賚，豈關心解；撫訓執握，何預情理；雅頌未聞，漢魏莫用，懸領似如可辯，課文了不成義，斯實情訛之所變，文澆之致弊。而宋來才英，未之或改，舊染成習，非一朝也。」所謂「依希」，指選字結義，多彷彿疑似之辭，不易把握正確的意思。以「賞」「撫」二字爲例，賞本訓錫賞賚予，而晉宋文人引申爲心神解悟；撫，本訓執持掌握，而引申爲情趣酬答。大致看來好像可以通用，細加考課，卻不成義理，這就是犯了意義依希的毛病。二、聲音犯忌之病，彥和云：「近代辭人，率多猜忌，至乃比語求蚩，反音取瑕，雖不屑於古，而有擇於今」。比語，猶語音諧比；反音，卽反切取音。蓋當時音韻初興，文人多習反切，於是利用諧音或反切的字眼，吹毛求疵，挑剔對方的缺點，這就是所謂「聲音犯忌」之病。三、爲文剽竊之病，彥和云：「製同他文，理宜删革，若掠人美辭，以爲己力，寶玉大弓，終非其有，全寫則揭篋，傍采則探囊。然世遠者太輕，時同者爲尤矣。」文家鑄辭，或多偶合，甚而事同理同，若必謂甲剽乙美，或乙竊甲善，皆非持平之論。不過時至齊梁，文風卑下，蹈襲依仿，殆成習氣，所以彥和有「揭篋」「探囊」之譏，以爲是當世文家之一病。四、注書謬解之病，言爲古籍作注解，於其辯正名物，闡述義理時，貴能明白正確，切忌模稜兩可，以迷惘後學，或歪曲一偏，厚誣古人；然而昧於此道者，往往但憑一曲之見，妄言臆斷，或畫蛇添足，指鹿爲馬，造成不必要的誤解。所以彥和引薛綜注西京賦之謬誤，應劭釋周禮疋馬之失理，以爲文人的鑑戒〔八九〕。

文章乃經國之大業，不朽之盛事，更非繪畫所可比擬。繪畫所用的丹青，起初雖色澤奪目，但經久卽形褪色；而文章之流傳，歲月愈久，光采愈新。文人述作，於練字選辭，布局立意之時，如果能堅持立場，無偏無頗，有本有元，即令千年萬世，對讀者來說，也可問心無愧了。所以以彥和列舉的八種創作上的瑕累，置諸一千四百七十多年後的今天，兩相比較，今日文學創作之瑕，或更不限乎此了。我們如果能取前人的避忌，檢討自己寫作的得失，則彥和的修辭觀，將如日月經天，江河行地，歷萬古而常新矣。

丁、以宮商爲聲氣：

文心雕龍情采篇將文章的成分，分爲「形文」、「聲文」、「情文」三種。「形文」指辭藻的修飾，「聲文」指音節的和諧，「情文」指內容的充實。「聲文」的重要文獻雖是聲律篇。但文術論中的其他各篇，強調聲律的話也很多。紀昀評云：「八代文格卑靡，獨聲律之學流傳千古」。蓋當時駢文盛行，文人學士又無不競相討論。迨其後散體既興，自非治辭賦者，幾乎置之不講。殊不知聲律一道，其疾徐高下，抑揚抗墜，不獨有韵之文有之，即無韵之文亦有之。只不過有韵之文得失易見，無韵之文得失難知而已。所以彥和首推聲律的發生，謂其本於自然。聲律篇說：

「夫音律所始，本於人聲者也。聲含宮商，肇自血氣，先王因之，以制樂歌，故知器寫人聲，聲非效器者也。故言語者，神明樞機，吐納律呂，脣吻而已。」

這說明聲音隨生人以俱來，人的聲音根本就是自然的節奏。後世一切樂器的制作，都是摹寫人類自然的聲音，並非叫人去摹仿所發出的各種不同的音節，所以「器寫人聲，聲非效器」，這是彥和在文重聲律方面的基本概念。唐孔穎達疏詩序，將劉氏的觀點進一步的澄清，說「原夫作樂之始，樂寫人音。人音有大小高下之殊，樂器有角徵商羽之異。依人音而制樂，托樂器以寫人。是樂本效人，非人效樂」，這一段話把「音律所始，本於人聲」的意思，講得十分清晰。

人類的聲音，旣合乎自然的韵律，所以發爲語言，脣吻之間，亦合乎律呂之度。而文章是把人類的語言，有規律有組織的寫在紙面上的，它的韵律，亦是合乎自然的樞機。如果讀起來蹇澀不適，便是音律不諧，大大的削弱了感染的力量。因此我們對彥和在文章聲律方面的卓見，勢非得隔外留意不可。以下筆者來分析他在當時認爲是文學上新問題的貢獻。

作家固非音樂家，作品必須富有音樂美。欲作品富有音樂美，由「內聽以審和律」，是首當重視的。他說：

「今操琴不調，必知改弦，摛文乖張，而不失所調，所謂響在彼弦，乃得克諧，聲萌我心，更失和律，其故何哉？良由外聽易爲巧，而內聽難爲聰也。〔九〇〕」

蓋言爲心聲，言語的疾徐高下，一準乎心，文章的抑揚頓挫，一依乎情。然而心紛者言失其條理，情浮者文乖其節奏。此中抒機至微，消息至密，而理亦未易明。故論者往往將這種情形，歸之於天籟之自然。殊不知苟作者於臨文之際，能襟懷澄澈，神定氣靜的話，則情發肺腑，聲流脣吻，自然發生文章感物的力量。惟宗其大要，又只在「靜心凝慮，不假外求」之一法，故曰「內聽」。內聽之難，由於聲與心紛，故欲求聲韵之諧和，可設律數以得之，於是又有「節聲韵以避吃文」之說。如云：

「聲有飛沈，響有雙疊，雙聲隔字而每舛，疊韵離句而必睽。沈則響發如斷，飛則聲颺不還，並轆轤交往，逆鱗相比，迂其際會，則往蹇來連，其爲疾病，亦文家之吃也。〔九一〕」

這段文字有兩個要點，一是聲，另一是響。「聲有飛沈」，黃氏札記云：「飛謂平清，沈爲仄濁，一句純用仄濁，或一句純用平清，則讀時均不便。所謂「沈則響發如斷，飛則聲颺不還」。按此條所指文章的聲病，全從句法上着眼。我國字音，向分聲韵兩部分，另別以聲調。文家於行文之會，必須權衡情景，錯綜聲韵，愼選字詞，以求聲音與情緒的配合，而增進文辭之優美。今試取古人之文以誦之，如孟堅兩都，子淵洞簫，其疾徐、高下、抑揚、抗墜之情，眞如宮羽相變，有互節之勢，舞容廻環，有綴兆之位。所以祛文章飛沈之病，在使文字平清仄濁之妥加配合。至於「響有雙疊」，雙聲疊韵爲我國文字的特色。「雙聲隔字而每舛」，指「傍紐病」，「疊韵離句而必睽」，指「小韵病」。彥和就雙疊之用，飛沈之別，發明了「沈則響發如斷，飛則聲颺不還，雙聲隔字而每舛，疊韵離句而必睽」四條避忌的原則。這四條原則，質言之，一是講陰陽清濁的相間，一是明雙聲疊韵的接合。如果這二者分合適當，自然如轆轤交往，逆鱗相比了。其次「明和韵以調宮商」，「和韵」的意思，是

「異音相從謂之和，同聲相應謂之韵。」

「和」指文章的聲調，一句之內，平仄順適，合乎脣吻。「韵」指詩文韵脚，同押一韵，使其鏗鏘相應。我們本着這個解釋，把「和」與「韵」分別來看的時候，這只是「調聲」和「選韵」的問題。關於「調聲」，前面我們曾經提到過他對聲律病犯的避忌。至於「和韵」，他講過「左礙而尋右，末滯而討前」的話。意思是指如果左句不諧，可尋右句相應的字音，末字不調，則逆索前字的聲調。黃氏札記稱許彥和此說，與士衡「音聲迭代，五色相宜」同旨。范文瀾注文心，引隱侯「一簡之內，音韻盡殊，兩句之中，輕重悉異」之語以釋之。我以爲「左礙尋右，末滯討前」的精義，唐元兢的調聲三術，所謂「換頭」「護腰」「相承」，是它的最佳註脚。唯彥和之言「和韻」，頗傾向於自然音律，如果我們把聲

韻之學，運用到行文上，使文章處處受到格律的束縛，結果「文多拘忌，傷其眞美」，是彥和堅決反對的。在這方面，我們可由他稱讚陳思、潘岳之文，是宮商大和，吹籥之調；陸機、左思是翻廻取均，瑟柱之和的評論，便可以得到肯定。

從聲律篇內容的分析，可知彥和對文章聲病之理，拗救之方，分別列出，然後濟之以審音正韻，勉由人爲之音律，以上達音律之自然。故魏文稱「文以氣爲主，氣之淸濁有體，不可力強而致。」其論孔融，則云「體氣高妙」，論徐幹，則云「時有齊氣」，論劉楨，則云「有逸氣〔九二〕」，皆文重聲氣的表示。而聲氣之於文章，又須藉音節始可見其體用。故章句篇云：「若乃改韻從調，所以節文辭氣」。知音篇更列「觀宮商」爲考察文情之一術。若此，則制勝文苑，以宮商爲聲氣，是有必要的。

六、結　語

夫「創作論」是文心雕龍價值最高的一部分，過去黃季剛先生曾拿它當「文章作法」，向北大學生講授，一時之間，轟動遐邇，從此大家纔知道這部藝苑秘寶，和實際的文學創作，有這樣重大的關連性。自後，研究文心的學者，多半集中精力於此。

然而文心雕龍的研究，最不容易有成的部分是創作論，而最容易有成的也是創作論。原因就在那些易懂易知的的字裏行間，涵藏了許多「思表纖旨」，使望文生義的人，常常會忽略它那弦外之音。可是如果你一旦發其大凡，明其科條的時候，又馬上能升堂入室，看到他那「宮室之美」，「百官之富」〔九三〕」。

現在我把劉彥和先生的文學創作論，以他的「宗經思想」的基礎，在內容形式並重，才氣學習兼顧，主觀客觀聯繫的條件下，塑造了一個比較完整的體系。此一體系，分「控引情源」和「制勝文苑」兩部分。「控引情源」是綱領，「制勝文苑」是條目。五綱四目，外加「養氣」「鎔裁」兩附件。彼此緊密配合，正像老子上說的，「三十之輻，共一轂，當其無，有車之用」。彥和也曾經以此自負，認爲是「按轡文雅之場，環絡藻繪之府，亦幾乎備矣。」本體系的擬定，其所以與范文瀾先生所硏製的，大有不同者，是因爲我和他所持的觀點有別，自然產生了結果上的差異。我知道這是個爭議的焦點，我更不能堅信自己的看法完全無誤，至少我是用了三百六十五天的苦心，才完成這篇論文的。草稿甫定，又一再修改。所以今天本文得以問世，完全是抱着「野人獻曝」的心情，來接受內行人的批評。

最後，我再引用文心雕龍總術篇上的話，作本文的結束。彥和以爲人之爲文，如同弈棋，其中布局、運思、謀篇、安章、遣辭、造句，都有一定的原則。如果作者能依照部居，整飭行伍，因緣時會，順應機宜，任何意象與感的衝動，皆控御得法，不失正規的話，則雋永的情趣，自然騰踴字裏行間，磅礴的氣勢，亦必奔赴腕底筆梢。況「文體多術，共相彌綸」，如果爲文而不重視創作技巧，或重視而顧此失彼，心存偏見，所謂「一物攜貳，莫不解體」。最後，可能會因爲一步的失誤，造成全盤皆輸的局面。所以本人根據文心雕龍自神思以迄總術二十篇，條分縷析，成劉彥和文學創作理論與體系，雖未足觀，亦平日講讀之一得也。

【附註】

〔一〕見梁書、南史劉勰傳。

〔二〕黃山谷說，見山谷書牘與王立之書，豫章文集與王觀復書。晁公武說，見郡齋讀書志別集類上。

〔三〕參見本書第一章緒論第二節文心雕龍研究的回顧，丁目從辛處信到黃注紀評。

〔四〕見黃季剛文心雕龍札記書前的題詞及略例。

〔五〕黃氏文心雕龍札記於文心五十篇中，作爲札記者共三十一篇，而創作論二十篇，尚少物色篇，後爲其門人駱鴻凱補足。故筆者有此說。

〔六〕說見清四庫全書總目提要文心雕龍提要。

〔七〕見日人青木正兒中國文學概說第六章評論學。

〔八〕見文心雕龍序志篇。

〔九〕今本文心雕龍神思以下至總術共十九篇。據今人的考訂，卷十首篇物色，應移於總術之前，如此適爲二十篇。

〔一〇〕見文心雕龍宗經篇。

〔一一〕見文心雕龍時序篇。

〔一二〕同注（一〇）。

〔一三〕曹氏原文是「文以氣爲主，氣之清濁有體，不可力彊而致。……至於引氣不齊，巧拙有素，雖在父兄，不能以移子弟。」

〔一四〕見曹丕典論論文。

〔一五〕見陸機文賦。
〔一六〕同注〔一五〕。
〔一七〕同注〔一五〕。
〔一八〕此處指文心雕龍神思篇。
〔一九〕見文心雕龍原道篇。
〔二〇〕同注〔一〇〕。
〔二一〕同注〔二〇〕。
〔二二〕同注〔二〇〕。
〔二三〕見文心雕龍序志篇。
〔二四〕同注〔二〇〕。
〔二五〕見文心雕龍體性篇。
〔二六〕見文心雕龍風骨篇。
〔二七〕見文心雕龍通變篇。
〔二八〕見文心雕龍夸飾篇。
〔二九〕見文心雕龍事類篇。
〔三〇〕見文心雕龍練字篇。
〔三一〕見文心雕龍情采篇。
〔三二〕見文心雕龍詮賦篇。

〔三三〕同注（一五）。

〔三四〕同注（二五）。

〔三五〕同注（二九）。

〔三六〕同注（一〇）。

〔三七〕見文心雕龍徵聖篇。

〔三八〕同注（二八）。

〔三九〕同注（二五）

〔四〇〕見文心雕龍辨騷篇。

〔四一〕同注（一一）。

〔四二〕同注（一一）。

〔四三〕同注（一一）。

〔四四〕同注（一一）。

〔四五〕見文心雕龍物色篇。

〔四六〕唐寫文心雕龍殘卷，由敦煌莫高窟發現後，民國十五年趙萬里作校記，發表於淸華學報第三卷第一期。以爲「此卷出中唐學士大夫所書」。潘師石禪作唐寫文心雕龍殘本合校，認爲「其言蓋信」。

〔四七〕范書出版之初，名文心雕龍講疏，後再版時，即更爲今名文心雕龍註。

〔四八〕范說見文心雕龍註神思篇註（三一）。

〔四九〕同注（一五）

〔五〇〕見文心雕龍神思篇。

〔五一〕同注（二三）。

〔五二〕湘鄉曾氏庚申（咸豐十年，西元一八六〇）日記，載其古文八訣，癸亥（同治二年，西元一八六三）九月日記，論文章陽剛陰柔之美。乙丑（同治四年，西元一八六五）正月日記，再論陽剛陰柔之美。其立說精神多與文心雕龍體性篇文合。故我友莊雅洲先生作曾國藩文學理論評述（九十八頁）以爲「曾氏所言皆與文心相近」。

〔五三〕同注（二五）。

〔五四〕請參閱王更生作詩品總論（見師大國文系詩學集刊）

〔五五〕見劉鶚老殘遊記第二回。

〔五六〕請參閱王更生作文心雕龍風骨論（見文心雕龍研究初版第十一章）。

〔五七〕同注（五六）。

〔五八〕同注（二六）。

〔五九〕同注（二六）。

〔六〇〕同注（二六）。

〔六一〕同注（二七）。

〔六二〕請參閱本書第八章文心雕龍文體論附表。

〔六三〕同注（二七）。

〔六四〕同注（二七）。

〔六五〕同注（二七）。

〔六六〕同注（二七）。

〔六七〕見文心雕龍定勢篇。

〔六八〕范說見文心雕龍註定勢篇註（一）。

〔六九〕見文心雕龍體性篇贊語。

〔七〇〕同注（六七）。

〔七一〕同注（六七）。

〔七二〕請參閱劉永濟文心雕龍校釋定勢篇校釋末段。

〔七三〕見文心雕龍附會篇。

〔七四〕見文心雕龍鎔裁篇。

〔七五〕同注（三一）。

〔七六〕同注（三一）。

〔七七〕按文心雕龍全書五十篇中，言「詩人」「辭人」者甚多，從其上下文義研究，凡稱「詩人」，多指詩經三百篇的作者；稱「辭人」，多指兩漢以後的辭賦家。欲知其詳，請參閱王更生作的「文心雕龍辭語考釋」。

〔七八〕同注（三一）。

〔七九〕同注（三一）。

〔八〇〕同注（七三）。

〔八一〕鍾氏之說，見所著詩品序。

〔八二〕同注（三〇）。

〔八三〕曾說見曾文正公全集復陳太守寶箴書。

〔八四〕見文心雕龍比興篇。

〔八五〕同注（二八）。

〔八六〕見文心雕龍隱秀篇。

〔八七〕同注（八六）。

〔八八〕見文心雕龍指瑕篇。

〔八九〕以上彥和所指文人的八種通病，均見文心雕龍指瑕篇。

〔九〇〕見文心雕龍聲律篇。

〔九一〕同注（九〇）。

〔九二〕皆見於魏文帝曹丕的典論論文。

〔九三〕以上所說，請參閱王更生作的「黃著文心雕龍之創作論序」。

第十章　文心雕龍「文評論」

一、文心雕龍批評論的全面性

文心雕龍批評論具有全面性和獨創性，論文主張須隨體而定，且兼顧作者的個性。序志篇云：「詳觀近代之論文者多矣：至如魏文述典，陳思序書，應瑒文論，陸機文賦，仲治流別，宏範翰林，各照隅隙，鮮觀衢路，或臧否當時之才，或銓品前修之文，或汎舉雅俗之旨，或撮題篇章之意。魏典密而不周，陳書辨而無當，應論華而疏略，陸賦巧而碎亂，流別精而少功，翰林淺而寡要。又君山、公幹之徒，吉甫、士龍之輩，汎議文意，往往間出，並未能振葉以尋根，觀瀾而索源。不述先哲之誥，無益後生之慮」。

可見魏、晉、六朝文論之盛，以及彥和深致不滿之情緒。並從而獲悉文心雕龍之文論，兼採衆長，是周密辨當，深入淺出，振葉尋根，觀瀾索源，祖述先哲之誥，有益後生之慮的。其書五十篇，除序志以外，原道、徵聖，宗經、正緯、辨騷五篇，是他的文原論。明詩以下至書記二十篇，論文敍筆，是他的文體論。神思以下至程器二十四篇，剖情析采，是他的創作論和批評論。今人嘗說「劉勰文心雕龍的批評理論，均集中發表於指瑕、才略、知音、程器等篇中」。又說「指瑕是批評作品，才略和程器是批評作家，知音則是闡述批評原理」〔一〕。事實上，這些說法都是望文生義，與實際不合。如體性、定勢、通變、聲律、事類、麗辭、時序、物色，以及文體論諸篇，無一不涉及文學批評。

定勢篇云：「夫情致異區，文變殊術，莫不因情立體，卽體成勢也」，這就是說文體因情而立，由於「情致異區」，所以文體也有多種多樣，旣然隨體定勢，就要隨體論文，所以文學批評沒有固定不變的標準。另一方面，他又指出：「設文之體有常，變文之數無方」。文章貴能通變，「通」就是繼承傳統，「變」就是推陳出新。只有通古創新的作品，才能懸諸日月，炳耀千古。所以劉勰強調「文律運周，日新其業」。創作如此，文學批評亦復如此。好的批評，總是能因應不同的文體，從不同的內容出發。根據不同的文體，去探究文變之技術。以激勵作者發揮師古而不爲古人所役的創作精神。

體性篇指出影響作品風格的四大因素，是才、氣、學、習；而作者與作品的關係，又是「情動而言形，理發而文見」，「沿隱以至顯，因內以符外」的。因此文章的優劣，取決於作者天賦的才性與氣質，後天的學養與習業。可是由於才有庸儁，氣有剛柔，學、養有淺深，習、業有雅俗，所以「各師成心，其異如面」，造成了各家獨特的風格。而總括風格的類型，不外以下八種，卽：一曰典雅，二曰遠奧，三曰精約，四曰顯附，五曰繁縟，六曰壯麗，七曰新奇，八曰輕靡。文狀雖然不同，而皆各自成體。彥和特歷舉賈誼、司馬相如、揚雄、劉向、班固、張衡、王粲、劉楨、阮籍、嵇康、潘岳、陸機等十二位作家，以證文品之出乎人品，表裏必符之大略。可見彥和論文，能從不同的風格中，正確的加以剖析，這樣就不會使作者有「文質踈內兮，衆不知余之異采」之嘆〔二〕。從劉勰的全部言論上來觀察文心雕龍批評論，是具有全面性和獨創性，以及論文主張隨體而定，並兼顧作者的個性的。為六朝以後的文學理論，樹立了良好的基礎。像這樣一部成就空前的作品，其文學批評的精蘊，確有詳加抉發的必要。

二、劉彥和的基本主張

文心雕龍批評論的基本主張，也就是劉彥和的文學觀。他由這些觀點出發，去從事分析文體的架構，說明創作的現象，批評作品的優劣。所以我們欲明瞭文心雕龍批評論的特質，對他在文學方面的基本主張，不能不豫為探究。

（一）文章之原，出乎自然

原道篇云：

「文之為德也，大矣；與天地並生者，何哉？夫玄黃色雜，方圓體分，日月疊璧，以垂麗天之象；山川煥綺，以鋪理地之形；此蓋道之文也。仰觀吐曜，俯察含章，高卑定位，故兩儀既生矣；惟人參之，性靈所鍾，是謂三才。為五行之秀氣，實天地之心生；心生而言立，言立而文明，自然之道也」〔三〕。

「道」，根據近人的解釋，就是「法則」或「規律」，「自然之道」，就是「自然的法則」，文原於道，就是說文章原於自然的法則。所以彥和說，人「爲五行之秀氣，天地之心生，心生而言立，言立而文明」。同篇他又說：「玄聖創典，素王述訓，莫不原道心以敷章，研神理而設教」，所謂「道心」，「神理」，乃同義異辭，皆指「神明自然之理」。可見我們古聖先哲刪詩訂禮，設教立說，都由原道研理而來。物色篇又有：

「春秋代序，陰陽慘舒，物色之動，心亦搖焉。蓋陽氣萌而玄駒步，陰律凝而丹鳥羞，微蟲猶或入感，四時之動物深矣。若夫珪璋挺其惠心，英華秀其清氣，物色相召，人誰獲安？是以獻歲發春，悅豫之情暢；滔滔孟夏，鬱陶之心凝；天高氣清，陰沉之志遠，霰雪無垠，矜肅之慮深？歲有其物，物有其容；情以物遷，辭以情發……」

他歷舉春、夏、秋、多四時的景象，以說明「物色之動，心亦搖焉」，於是「情以物遷，辭以情發」，證明人們思想情感的發動，決不能離開客觀事物。文學是反映客觀現實的；沒有客觀現實，便無所謂反映。然而反映客觀現實，並不和照相機攝取物象一樣，而是滲入了作者悅豫之情，鬱陶之心，陰沈之志，矜肅之慮。「詩人感物，聯類不窮。流連萬象之際，沈吟視聽之區；寫氣圖貌，既隨物以宛轉；屬采附聲，亦與心而徘徊」〔四〕，這證明「文學」是透過作者的感情，運用藝術的手法，表現出來的產物。然而客觀現實，包括了自然界和人類社會諸種事象來說的。外物以不同的形貌來動搖作者，作者亦以不同的情感作相應的活動。所以「山林皐壤，實文思之奧府」，從以上各說分析，這不就證明了「自然」是文學的淵藪嗎！文學與自然既有如此密切的關係，則「文章之原，出乎自然」，便成了劉彥和的文學創作和批評方面的基本要求了。

（二）聖製雅麗，文必宗經

「自然」既是文學創作的淵藪，而聖人「觀乎天文，以察時變；觀乎人文，以化成天下。」〔五〕物理無窮，非言不顯，人倫萬事，非文不傳。故所傳之道，卽萬物之情，無小無大，靡不並包。文心原道篇云：

「道沿聖以垂文，聖因文以明道，旁通而無滯，日用而不匱」。

但聖文之美，皆蘊藏於五經之中，常人每以五經爲修己治人的道德規範，而彥和卻以五經爲文學創作的法則，他的重文精神，奠定了羣經與文學的主從關係。所以徵聖篇說：

「（聖人）鑒周日月，妙極機神，文成規矩，思合符契，或簡言以達旨，或博文以該情，或明理以立體，或隱義以藏用，……聖文之雅麗，固銜華而佩實者也。天道難聞，猶或鑽仰；文章可見，胡寧勿思。若徵聖立言，則文其庶矣」。

文術雖多，要不過繁、簡、隱、顯而已，而後世專事華辭，「離本彌甚，將遂訛濫」。於是彥和高揭銜華佩實的聖文，作爲人們徵聖立言的指標，期能達到文質彬彬的要求。聖人既「原道心以敷章，研神理而設教」，但聖人已離我們而去，其形殆不可徵；可徵者爲何？卽經典耳。經典有何可徵？近人黃侃文心雕龍札記宗經篇札記曾廣推劉氏的旨意，舉出四種可徵之端，云「宗經者，則古昔，稱先王，而折衷於孔子也。夫六藝所載，政教學藝耳。文章之用，隆之至於能載政教學藝而止。挹其流者必探其原，攬其末者必循其柢，此爲文之宜宗經一矣。經體廣大，無所不包，其論政治典章，則後世史籍之所從出也。其論學術名理，則爲後世九流之所從出也。其言技藝度數，則爲後世術數方技之所從出也。不覩六藝，則無以見古人之全，而識其離合之理，此為文之宜宗經二矣。雜文之類，名稱繁穰，循名責實，則皆可得之於古。彥和此篇所列，無過舉其大端，若夫九能之見於毛詩，六辭之見於周禮，尤其淵源明白者也，此為文之宜宗經三矣。文以字成，則訓故為要；文以義立，則體例居先，此二者又莫備於經，莫精於經。欲得師資，舍此何適？此為文之宜宗經四矣」。再看文心雕龍宗經篇，首釋五經名義，並述其結體之過程。次言五經行文之風格，說明聖製深遠可則。末段講文必宗經之理。其中論文體備於五經，以及文能宗經的效益，更為聖製雅麗，文必宗經，提供了具體的證明。所以文心雕龍的「宗經」思想，在他的批評論中佔有極大的比重。

（三）文不滅質，博不溺心

文心雕龍情采篇云：

「夫能設謨以位理，擬地以置心。心定而後結音，理正而後辭暢，使文不滅質，博不溺心。正采耀乎朱藍，間色屏於紅紫，乃可謂雕琢其章，彬彬君子矣」。

所謂「質」，即文學的內容。所謂「文」，即文學的形式。「文不滅質，博不溺心」，即內容和形式要緊密的聯繫。也只有內容與形式統一的作品，才是真正的藝術創作。如果是缺乏豐富的內容，或失去了內容和形式的配合，便成為虛偽的雕琢的文學。試觀情采篇，它開宗明義便提出文質相待的卓見，說：

「水性虛而淪漪結，木體實而花萼振，文附質也。虎豹無文，則鞹同犬羊。犀兕有皮，而色資丹漆，質待文也」。

「文附質」，「質待文」，形式與內容的關係，就像大車之輗，小車之軏，車無輗軏不能行進。輗軏無車也失所憑依。「內容」與「形式」二者密不可分，彥和是看到了。但是內容決定形式呢？還是形式決定內容呢？我們看情采篇，卻明確的提出內容決定形式的主張。他說：

「夫鉛黛所以飾容，而盼倩生於淑姿；文采所以飾言，而辨麗本於情性。故情者，文之經；辭者，理之緯；經正而後緯成，理定而後辭暢，此立文之本源也」。

其中所謂「情者，文之經；辭者，理之緯；經正而後緯成，理定而後辭暢」，正是內容決定形式的最佳說明。同篇他又運用具體的事實說明此一抽象的概念。首先以「桃李不言而成蹊」，「男子樹蘭而不芳」爲例，他說：「以草木之微，依情待實，況乎文章，述志爲本；言與志反，文豈足徵」！其次又以「翠綸桂餌，反所以失魚」爲例，說：「結辭聯采，將欲明理；采濫辭詭，則心理愈翳，固知翠綸桂餌，反所以失魚。言隱榮華，殆謂此也」。文章以述志爲本，綜覽六朝時代的作品，其文質相濟、情韵不匱者，固不乏人，而蕪辭濫體，足召後世謗議者，實亦不在少數〔六〕，是以彥和力矯其妄，以爲人之爲文，如言與志反，繁采寡情，不啻拿翡翠作釣絲，肉桂充香餌，結果弄巧成拙，反所以失去使魚兒上鈎的誘惑力。以此來比喻駕空立說的行文情形，眞是再恰當也沒有了。近人劉永濟說：「博奕飲酒而高言性道，服食鍊藥而呵罵浮屠，乞丐權門而誇張介操，不窺章句而傅會六經，從政無聞而空言經濟，行才中人而力肩道統，雖其文過於顏、謝、庾、徐百倍，猶謂之采浮華而棄忠信，不能算是雕琢其章，彬彬君子」〔七〕。這樣說來，是不是表示彥和不重視文采呢？此又不盡然。我們仍拿情采篇爲例，他首推「聖賢書辭，總稱文章，非采而何」！次論「水性虛而淪漪結，木體實而花萼振，文附質也。虎豹無文，則鞹同犬羊，犀兕有皮，而色資丹漆，質待文也」，再歷舉「孝經垂典，喪文不文」，「五千精妙，則非棄美」，「莊周云，辯雕萬物」，「韓非云，豔乎辯說」，以證文章之道，不僅要注意質，更不能放棄美的成分。其重視文采如此，可見在文質兩者之間，希望尋出一條控馭或平衡的途徑，以免過猶不及之弊，是劉彥和文學批評的又一主張。

（四）文律運周，日新其業

文心雕龍通變篇云：

「夫設文之體有常，變文之數無方，何以明其然耶？凡詩賦書記，名理相因，此有常之體也；文辭氣力，通變則久，此無方之數也。名理有常，體必資於故實；通變無方，數必酌於新聲；故能騁無窮之路，欽不竭之源，……文律運周，日新其業。變則可久，通則不乏」。

過去紀曉嵐評：「蓋當代之新聲，既無非濫調，則古人之舊式，轉屬新聲，復古而名以變通，蓋以此爾」。黃季剛文心雕龍札記通變篇札記亦云：「此篇既以通變爲旨，而章內乃歷舉古人轉相因襲之文，可知通變之道，惟在師古」。劉永濟校釋，以紀、黃所論，尚未的當，又有修正之意見，謂「此篇本旨，在明窮變通久之理。所謂變者，非一切舍舊，亦非一切從古之謂也。其中必有可變與不可變者焉；變其可變者，而後不可變者得通，可變者何？舍人所謂文、辭、氣、力無方者是也；不可變者何？舍人所謂詩、賦、書、記有常者是也」。實際上，三家所論，此斟彼酌，皆可折衷。蓋彥和身處六朝，目睹從學之士，競今疎古；「師範宋集，多略漢篇」。以至「彌近彌澹，風末氣衰」〔八〕，齊、梁文學，已經走到了途窮當變之會，但學者習而不察，猶復循流放依，文弊愈盛。所以簡文帝與湘東王書，很露骨的指出當世文壇的積弊，他說：「時有效謝康樂、裴鴻臚文者，亦頗有惑焉。何者？謝客吐言天拔，出於自然，時有不拘，是其糟粕。裴氏乃是良史之才，了無篇什之美，是爲學謝則不屈其精華，但得其冗長；師裴則蔑絕其所長，惟得其所短」。裴子野雕蟲論也說：「自是閭閻少年，貴游總角，罔不擯落六藝，吟詠情性。學者以博依爲急務，謂章句爲顓魯。淫文破典，斐而爲功。無被於管絃，非止乎禮義。深心主卉木，遠致極風雲。其興浮，其志弱，巧而不要，隱而不深。討其宗途，亦有宋之遺風也」。所以文心雕龍設通變篇，就在通此窮途，變其末俗。至於通變的方法，他認爲要想變末俗之弊，則當上法不弊之文，欲通文運之窮，則當明辨常變之理。綜此兩途，乃提出「矯訛翻淺，還宗經誥」，和「斟酌質文，檃括雅俗」〔九〕之說，前者卽上法不弊之文，後者卽明辨常變之理，故曰「可與言通變矣」。

彥和通變之說，是否拘於泥古而不求新呢？我認爲單從通變篇的措辭上來看，所謂「通變無方，數必酌於新聲」，意思是說文章的窮變通久，沒有一成不變之法，其技術在酌取新的風格。因此他主張「執正以馭奇」，「該舊而知新」。例如讚潘岳哀辭云：「觀其慮贍辭變，情洞悲苦，敘事如傳，結言摹詩，促節四言，鮮有緩句；故能義直而文婉，體舊而該新，金鹿澤蘭，莫之或繼也」〔一〇〕。言行文之理云：「夫爾雅者，孔徒之所纂，而詩、書之襟帶也。倉頡者，李斯之所輯，而鳥籀之遺體也，雅以淵源詁訓，頡以苑囿奇文，異體相資，如左右肩股，該舊而知新，亦可以屬文」〔一一〕。談文章變化之法云：「詩、騷所標，並據要害，故後進銳筆，怯於爭鋒。莫不因方以借巧，卽勢以會奇，善於適要，則雖舊彌新矣」〔一二〕。無一不表示他「該舊知新」的觀念。所以「文律運周，日新其業」，是彥和文學進化觀，更是他批評論的重要主張。

以上四點，彼此互相關聯，不可分割。譬如講到文章之原，出乎自然，則「道沿聖以垂文，聖因文以明道」，可證聖人合天地自然之心，以爲人爲之文。而聖文銜華佩實，故後進之銳，欲摹體定習，必須宗經。聖賢書辭，總稱文章。而行文之要，不外內容與形式。內容與形式之配合，卽所謂「文附質」，「質待文」，使「正采耀乎朱藍，間色屏於紅紫」，達到「文不滅質，博不溺心」，「雕琢其章，彬彬君子」〔一三〕的地步。而文章在「抑引隨時，變通適會」〔一四〕，正所謂「時運交移，質文代變」〔一五〕，一時代有一時代之文學，一時代之文學，必有一時代之代表作家和作品。而影響作品風格的因素，是才、氣、學、習，才氣卽先天的稟賦，學習爲後天的陶染。後天的陶染，又有自然環境和社會環境之分。社會不斷的發展，人們的情感，也在不停的演進，所以爲文貴能通變，也惟有窮變，才能通久，才能完成文學日新其業的使命。這就是劉彥和文心雕龍批評論的四點基本主張。至於如何洞明文學批評之奧秘，抉發作者隱約之情思，做一位夠資格的讀者。以下我們再逐次分析。

三、批評的避忌

文學之事，作者以外，還有讀者。假使作者之性情學問，才能識略，均成熟傑出，其辭令華采，已絕豔工巧；而讀者識鑒之精粗，賞會之深淺，其間差異，不啻天壤。蓋作者雖成塚中之枯骨，而其平生述造，猶能綿綿不絕者，實端賴精識密察的讀者，能默契於寸心，神遇於千古。固然作者無求名身後之心，而其學術性情，胥託其文以自見。不僅如此，甚而一民族，一國家，已往文化所託命，未來文化所孳育，亦無不仰賴文學。似此，則識鑒之精粗，賞會之深淺，關係作者一身以及民族國家者至深且鉅，故彥和論文對此特加之意。於是設知音篇先闡明批評之避忌。

進行批評之困難，厥有兩大主因：一是批評家本身的能力不足，是使批評困難進行的原因。文心雕龍知音篇云：

「夫篇章雜沓，質文交加，知多偏好，人莫圓該。慷慨者逆聲而擊節，醞藉者見密而高蹈，浮慧者觀綺而躍心，愛奇者聞詭而驚聽。會己則嗟諷，異我則沮棄，各執一隅之解，欲擬萬端之變。所謂東向西望，不見西牆也」。

這就是說作品有文有筆，種類繁多，質樸與華麗，又交互兼施；而人們學術有專攻，性情有偏好。意氣激昂者，迎着悲壯的聲調，而擊節欣賞；性情含蓄者，遇到深奧的作品，就手舞足蹈；聰明外露者，看到華麗的文章，便與高采烈；愛好新奇的，聽到詭誕的作品，就心驚而魄動。質言之，凡迎合自己脾味的，就反覆咏嘆的加以讚賞，否則，便心灰意懶，棄置不顧。似此，每一個人都堅持一己之見，去推論千頭萬緒的作品。這就是平常說的：面對着東邊張望，自然看不見西邊的牆壁了。證明由於批評家本身能力的不够，以及愛憎的不同，以至於造成種種錯覺。另一個原因是作品本來不易鑑別。知音篇說：

「麟鳳與麏雉懸絕，珠玉與礫石超殊，白日垂其照，青眸寫其形。然魯臣以麟為麏，楚人以雉為鳳，魏氏以夜光為怪石，宋客以燕礫為寶珠。形器易徵，謬乃若是；文情難鑒，誰曰易分。」

彥和用麟鳳與麏雉，珠玉和礫石，兩兩相較，在彼此極端懸殊的情況下；而魯臣還誤麟爲麏，楚人尙以雉爲鳳，魏民認夜光爲怪石，宋客誤燕礫是寶珠。所以最後他很感慨的說：「形器易徵，謬乃若是；文情難鑒，誰曰易分」。試想，具體的事物，還有不易辨識之苦；何況表達抽象感情的文章，豈不是更容易滋生誤解。也正由於這兩大困難，所以文心雕龍批評論，首先提出三項消極的避忌，使論文者於進行批評前，先作自我的檢討。

㈠貴古賤今：劉彥和認爲人之所以不能進行合理的批評者，與批評家本身的態度和學養有關。例如知音篇云：

「夫古來知音，多賤同而思古，所謂『日進前而不御，遙聞聲而相思』也。昔儲說始出，子虛初成，秦皇、漢武恨不同時。既同時矣，則韓囚而馬輕，豈不明鑒同時之賤哉！」

史記韓非傳載：「非作孤憤、五蠹、內外儲、說林、說難、十餘萬言，秦皇見孤憤、五蠹之書曰：嗟乎！寡人得見此人，與之遊，死不恨矣。因急攻韓。韓乃遣非使秦。李斯、姚賈害之，下吏治非。李斯使人遺非藥，使自殺」。又漢書司馬相如傳：「蜀人楊得意爲狗監，侍上。上讀子虛賦而善之，曰：朕獨不得與此人同時哉！得意曰：臣邑人司馬相如自言爲此賦。上驚，乃召問相如。相如曰：有是。然此乃諸侯之事，未足觀，請爲天子遊獵之賦。奏之，天子以爲郎」。由史記、漢書所載，足證秦皇、漢武之與韓非、司馬相如，讀其文皆恨不能與作者同時，既同時矣，則韓非囚死，而相如輕侮，這不正說明了「貴古賤今」的態度嗎。人如以「貴古賤今」的態度，去從事文學批評，先植古人偶像於胸中，才不論高下，言勿分美惡，徒貴前人之作爲珠璣，視今人之文若糞土，對於質文代變的事實，全然抹煞，似此，則作品的妍媸優劣，便無從得到眞實的判斷。所以從事文學批評的人，要想平理如衡，照辭若鏡，首當祛除此弊。

「貴古賤今」的態度，固是衡文的大忌，而「貴今賤古」，也非持平之論。因爲「文律運周，日新其業」，學術文化乃人生經驗的累積，沒有過去就沒有現在，沒有現在也絕不會有將來。今日之「今」，就是明日之「古」，明日之「是」，或卽今日之「非」。所以在文學的領域裏，作品只有優劣的層次，沒有新舊的分野，作者也只有才識之高下，斷無古今之區別。因此我們對於古往今來的作品，既不可「貴古賤今」，尤不可妄誣古人的不是，而犯了「貴今賤古」的毛病呵！

(二)、崇己抑人

知音篇又說

「至於班固、傅毅，文在伯仲，而固嗤毅云下筆不能自休。及陳思論才，亦深排孔璋。敬禮請潤色，歎以爲美談，季緒好詆訶，方之於田巴，意亦見矣。故魏文稱文人相輕，非虛談也」。

班固與傅毅，在才能識略方面，本不相上下，而固與弟超書云：「武仲以能屬文爲蘭臺令史，下筆不能自休」。譏笑他行文汗漫冗繁，不能休止。陳思王曹植與楊德祖書上也說：「以孔璋之才，不閑於辭賦，而多自謂能與司馬長卿同風，譬畫虎不成，反爲狗也……昔丁敬禮常作小文，使僕潤飾之；僕自以才不過若人，辭不爲也。敬禮謂僕，卿何所疑難。文之佳惡，吾自得之；後世誰相知定吾文者耶！吾嘗嘆此達言，以爲美談。……劉季緒才不能逮於作者，而好詆訶文章，掎摭利病。昔田巴毀五帝，罪三王，訾五霸於稷下，一旦而服千人。魯連一說，使終身杜口。劉生之辯，未若田氏，今之仲連，求之不難，可無嘆息乎」。曹植斥陳琳孔璋不閑辭賦，譬畫虎不成反類狗。評劉季緒之才不逮作者，而好詆訶文章。讚丁敬禮虛懷求教，以爲天下美談。班、曹二子的用意，正是黨同門，伐道眞，文人相輕的證明。批評家如果不論對方才識的高下，不問作品的佳惡，一味地「闇於自見，謂己爲賢」〔一六〕，這種「文人相輕」的態度，必不能使評鑒得中。所以彥和歷舉班固、曹植「崇己抑人」的史實，爲從事批評的炯戒。

「崇己抑人」固是評鑒作品的大忌，但「崇人抑己」也不是我們應有的態度。誠以文如其人，人生於世，必有其立身之道；而文章之優劣與否，作者也當有所自信。不然，徒張他人的聲勢，貶抑自己的身價，甚而喪失自處之原則，也非文學創作應有的態度。所以文人既不應該相輕，尤不應該自輕，才是持平之論。

㈢信僞迷眞

知音篇云：

「至如君卿脣舌，而謬欲論文，乃稱史遷著書，諮東方朔；於是桓譚之徒，相顧嗤笑，彼實博徒，輕言負誚，況乎文士，可妄談哉！」

據漢書游俠傳，知樓護字君卿，齊人。幼隨父爲醫長安。先誦醫經、本草、方術，繼學經傳，與谷永同列五侯上客，頗爲王氏所倚重。樓氏口齒伶俐，妄想議論文章，竟然說司馬遷著史記，詢問東方朔，於是桓譚那批人，便相視而笑。事實上，樓君卿不過是個學術界的無賴，由於他說話不加檢點，尚且被人嗤笑，何況我們學文之士，又怎麼可以胡亂的批評呢！這正說明了因爲批評家的學養不夠，以至「信僞迷眞」，是非混淆，無法認清作品的眞象，陷入了以訛傳訛的窘境。這不僅自欺盜名，更是欺人盜世，妨害學術的正常發展，莫此爲烈。唐朝劉知幾著史通，在鑒識篇裏說得好：「若乃老經撰於周日，莊子成於楚年，遭文、景而始傳，値嵇、阮而方貴。若斯之流，可勝紀哉？故曰廢興，時也。窮達，命也。適使時無識寶，世缺知音，若論衡之未遇伯喈，太玄之不逢平子，勢將煙燼火滅，泥沈雨絕，安有殁而不朽，揚名於後世者乎」？所謂「時無識寶，世缺知音」，反映出夠資格的讀者之可貴，以及學養不足，濫竽批評者之可怕。職是之故，彥和乃提示學者「信僞迷眞」爲有事於論文之役者所大忌，我們不可以不三復斯言。

四、批評的理則

誠如前述，作品的評價，由於批評者的能力不足，以及作品本身的不易鑑別，以至於在進行批評時發生種種困難。又因爲「貴古賤今」，「崇己抑人」，和「信僞迷眞」的關係，使作品評鑑的結果，發生毫釐千里之謬。似此，欲作公允和恰當的批評，勢須具有比較客觀的標準。而這個客觀的標準，就是知音篇中所標的「六觀」。他說：

「將閱文情，先標六觀：一觀位體，二觀置辭，三觀通變，四觀奇正，五觀事義，六觀宮商。斯術既行，則優劣見矣」。

「六觀」之法旣經施行，則文章的優劣便如鏡照形，明顯可見。足證「六觀」是彥和衡文的重要標準。

至於「六觀」的內涵，究何所指？以下再逐次分析：

（一）觀位體

「位體」就是鎔裁篇所謂「三準」之一的「設情以位體」的「位體」。根據各家的解說，「位體」者，安排作品的內容布局也。因爲文章包括「內容」與「形式」兩部分，「形式」只是表達「內容」的藝術架構。沒有內容的文章，等於一個貧血的軀殼，是經不起考驗的。所以完善的作品，必須具有眞實的情感，無眞實的情感，便無眞實的文章。而眞實的文章、又須藉完美的布局加以表現，此「位體」列於六觀之首者在此。情采篇上說：「志深軒冕，而汎詠皐壤，心纒幾務，而虛述人外，眞宰弗存，翩其反矣」。封禪篇也說：「茲文爲用，蓋一代之典章也。構位之始，宜明大體，樹骨於訓典之區，選言於宏富之路，使意古而不晦於深，文今而不墜於淺，義吐光芒，辭成廉鍔，則爲偉矣」。言文當布局之時，作者先要弄清楚本文寫作的中心思想何在。鎔裁篇云：「情理設位，文采行乎其中」，是說進行寫作時，如能先設定情理爲布局的基礎，文采便自然而然的在其中周流運行了。情理內容和文辭形式既有如此密切的關係，那麼情感愈眞實，愈豐富，文章本身的價値也愈高，情感愈褊狹，愈薄弱，文章的價値，亦必隨之減少。所以批評文章的第一步，是看他有沒有偉大而眞實豐富的情感，寄託在形式之中。例如辨騷篇評屈、宋騷賦云：「騷經九章，朗麗以哀志；九歌九辯，綺靡以傷情」，「敘情怨，則鬱伊而易感；述離居，則愴快而難懷……」評古詩：「觀其結體散文，直而不野，婉轉附物，怊悵切情，實五言之冠冕也」〔一七〕。由此兩例，就可以略窺內容思想的安排，在整個文章中，所佔比重的一斑了。

彥和將「位體」列於六觀之首，是寓有深意的。

(二) 觀置辭

辭指文辭藻飾，文辭之用，在表達作者的感情，作者具有了眞實豐贍的感情，還得靠着適當的修辭，精確的文字，順暢的語言來呈現。文心雕龍於章句、麗辭、比興、夸飾、練字諸篇，對此頗有詳盡的剖析。如練字篇言綴字屬篇之法，云「一避詭異，二省聯邊，三權重出，四調單複。詭異者，字體瓌怪者也。聯邊者，半字同文者也。重出者，同字相犯者也。單複者，字形肥瘠者也。凡此四條，雖文不必有，而體非必無。若値而莫悟，則非精解」。章句篇言遣詞造句分章謀篇之關係，云「人之立言，因字而生句，積句而爲章，積章而成篇。篇之彪炳，章無疵也；章之明靡，句無玷也；句之淸英，字不妄也；振本而末從，知一而萬畢矣。夫裁文匠筆，篇有小大；離章合句，調有緩急；隨變適會，莫見定準。句司數字，待相接以爲用；章總一義，須意窮而成體。其控引情理，送迎際會，譬舞容迴環，而有綴兆之位；歌聲靡曼，而有抗墜之節也。尋詩人擬喩，雖斷章取義，然章句在篇，如繭之抽緒，原始要終，體必鱗次。啓行之辭，逆萌中篇之意；絕筆之言，追媵前句之旨；故能外文綺交，內義脈注，跗蕚相銜，首尾一體。」麗辭篇分析文章作法，要奇偶迭用，云「言對爲美，貴在精巧；事對爲先，務在允當。若氣無奇類，文乏異采，碌碌麗辭，則昏睡耳目。必使理圓事密，聯璧其章。迭用奇偶，節以雜佩，乃其貴耳」。比興篇明詩傳標興，賦家用比之原則，云「興之託諭，婉而成章，稱名也小，取類也大。何謂爲比？蓋寫物以附意，颺言以切事者也。楚襄信讒，而三閭忠烈，依詩製騷，諷兼比興。炎漢雖盛，而辭人夸毗，詩刺道喪，故興義銷亡。於是賦頌先鳴，故比體雲構」。夸飾篇論夸飾的標準，云「飾窮其要，則心聲鋒起，夸過其理，則名實兩乖。若能酌詩、書之曠旨，翦揚、馬之甚泰，使夸而有節，飾而不誣，亦可謂之懿也」。修辭本無定律，可以說大而謀篇裁章，小至造句鍊字，無不巨細畢羅。以上所摘各篇要點，雖僅言犬概，而於表情達意之功，均極重要，故彥和將「置辭」一觀，次於「位體」之下。

（三）觀通變

此條在觀作者行文能否通古變今，推陳出新。彥和認爲文學應該是「時運交移，質文代變」的，因爲「變則堪久，通則不乏」，這樣才能向前發展，光景常新。而中國文學的演變情形，據文心雕龍通變篇說，是：

「黃唐淳而質，虞夏質而變，商周麗而雅，楚漢侈而豔，魏晉淺而綺，宋初訛而新，從質及訛，彌近彌澹。……今才穎之士，多略漢篇，師範宋集，雖古今備閱，然近附而遠疎矣」。認爲文學到了魏、晉、南北朝以後，在走下坡路，愈變愈差。這一結論的得出，並非劉勰違反了文學演進的規律，而是針對當時爲文造情，專講形式技巧的作品而言。文章既失去了抒情作用，走上偏頗的歧途，彥和爲了鍼砭時弊，遂提出「矯訛翻淺，還宗經誥」的口號。他除了在通變篇上有這個說法以外，其他風骨篇也說：「鎔鑄經典之範，翔集子史之術」。定勢篇也說：「模經爲式者，自入典雅之懿」。夸飾篇又說：「詩書雅言，風格訓世」。事類篇更有：「經典沈深，載籍浩瀚，實羣言之奧區，才思之神皋也」。所以經典是矯正時弊的良藥。彥和於體性篇云：「童子雕琢，必先雅製」，這雅製指的就是經典。同時他敎我們宗經而不爲經所拘，夸飾篇不云乎，「酌詩、書之曠旨，翦揚、馬之甚泰」。換言之，就是勉勵我們要繼承傳統之精華，創造文學之新運。所謂「通變」也者，意旨就在於此。人或誤彥和「還宗經誥」之說爲復古思想〔一八〕，事實又大謬不然。譬如定勢篇云：「若愛典而惡華，則兼通之理偏；……若雅鄭而共篇，則總一之勢離」。通變篇也說：「文律運周，日新其業」。物色篇講的尤其明顯，他說：「古來辭人，異代接武，莫不參伍以相變，因革以爲功，物色盡而情有餘者，曉會通也」。試觀「兼通之理」，「總一之勢」，「日新其業」，以及「參伍相變」，「因革爲功」之言，彥和通變的思想，不但不是復古，且更能迎合文學思潮，折衷今古，極爲穩健。所以「觀通變」乃文心雕龍批評標準中的重要一環。

（四）觀奇正

「奇正」就是「新奇」和「雅正」，指作品表現的手法，既新奇而又不失雅正。文心雕龍常有斥時人酌奇失正之言，如序志篇云：「去聖久遠，文體解散，辭人愛奇，言貴浮詭，飾羽尚畫，文繡鞶帨，離本彌甚，將遂訛濫」。愛奇就是「言貴浮詭」，所謂「儷采百字之偶，爭價一句之奇，情必極貌以寫物，辭必窮力而追新」〔一九〕。離本就是「建言修辭，鮮克宗經」，鮮克宗經的結果，即如「壽陵餘子之學行於邯鄲，未得國能，反失故步〔二〇〕。」眞是得不償失了。他又把「奇」「正」作了一個明確的比較：說：

「近代辭人，率好詭巧，原其爲體，訛勢所變，厭黷舊式，故穿鑿取新，察其訛意，似難而實無他術也，反正而已。故文反正爲乏，辭反正爲奇。效奇之法，必顚倒文句，上字而抑下，中辭而外出，回互不常，則新色耳〔二二〕。」

表情達意的方式，違悖了正常的規範，邁向標新立異的歧途，所以彥和衡文，拈出「奇正」二字，以拯救時弊，端正文風，實寓有深刻的用意。

「奇正」一詞，似相反而實相成，我們可試由以下諸例得到印證。如辨騷篇言取法屈、宋的態度時，要本乎「酌奇而不失其貞，翫華而不墜其實」的態度。所謂「酌奇不失貞，翫華不墜實」，就是要人奇正兼顧，華實並包，不僅無偏頗之見存於其間，更見兩者相通相融之精神。又如正緯篇言「經正緯奇」，雖然緯奇與經正不合，但不能因爲不合，就一味的宗經祛緯，因爲它「事豐奇偉，辭富膏腴，無益經典而有助文章」所以緯奇與經不合，但對文學創作而言，卻是上好的資料。再如定勢篇，更把「奇正」的關係，做了一個矛盾的統一。他說：「然淵乎文者，並總羣勢，奇正雖反，必兼解以俱通；剛柔雖殊，必隨時而適用。若愛典而惡華，則兼通之理偏，似夏人爭弓矢，執一不可以獨射也。若雅鄭而共篇，則總一之勢離，是楚人鬻矛楯，譽兩難得而俱售也」。他要求作者奇正不可偏廢，應該「兼解以俱通」，「隨時而適用」。他視經典爲文學的正宗，遵循經典的文章便是正體。因而，雖然「奇正」可以從矛盾中得到統一，但彼此的關係，仍應該合乎「以正馭奇」的原則。所以定勢篇說：「舊練之才，則執正以馭奇，新學之銳，則逐奇而失正」。劉勰以爲作品表現的方式，既需要「新奇」，又必須「雅正」，這種態度既不同於窮力追新者的浮詭偏激，也不同於抱殘守缺者的食古不化，他把「觀奇正」列爲批評標準之一，實在是匡濟文風的良藥，堪資注意的主張。

（五）觀事義

事義一詞，按照事類篇「據事以類義，援古以證今」的說法，殆指運用材料之是否得當而言。因爲「文之爲用，自喻喻人而已。自喻奚貴？貴乎達；喻人奚貴？貴乎信」。「逮及漢魏以下，文士撰述，必本舊言，始則資於訓詁，繼而引錄成言，終則綜輯故事〔一一二〕。」六朝以後，聲律對偶之文大興，堆砌典故，采摘成言，爲一時的風尚。甚而以一事不知爲恥，以字有來歷爲高，所以浮文破典，造成種種末流之弊。就事類篇上所舉的例子，如陳思王曹植報孔璋書的引事失實之謬，陸機園葵詩的改事失眞之謬。雖然彥和不贊成雜鈔陳言，但他以爲只要把材料的揀擇，與自己所持的中心思想，配合得疏密有致，情韻天成，既能在行文方面得到有力的佐證，又能夠加強讀者的信心，增益文章的感性。因此他說：

「明理引乎成辭，徵義舉乎人事，迺聖賢之鴻謨，經籍之通矩也。大畜之象，君子以多識前言往行，亦有包於文矣」。

至於據事類義的方法，約有兩點：首在「得要」。因爲「事得其要，雖小成績，譬寸轄制輪，尺樞運關也」。不然，則「微言美事，置於閑散，是綴金翠於足脛，靚粉黛於胸臆也」。次是「合機」，「凡用舊合機，不啻自其口出，引事乖謬，雖千載而爲瑕」〔一一三〕。所謂「得要」，就是用事類義，恰如其份，有點鐵成金的神效。所謂「合機」，指的是融舊創新，有妙造自然的情趣。事義的運用，既須「得要」和「合機」，而翰海詞林，汪洋博大，我們欲爲文用事，又如何而後可？他認爲最重要的是作者要才學兼資，事類篇云：

「文章由學，能在天資。才自內發，學以外成。有學飽而才餒，有才富而學貧。學貧者，迍邅於事義；才餒者，劬勞於辭情；此內外之殊分也。是以屬意立文，心與筆謀，才爲盟主，學爲輔佐，主佐合德，文采必霸，才學褊狹，雖美少功」。

才學兼資，固然重要，但要等到必徧觀天下書而後爲文，則是皓首亦無操觚之事，所以黃侃札記對此頗有持平的申述，他說：「凡爲文用事，貴於能用其所嘗研討之書，用一事必求之根據，觀一書必得其績效，期之歲月，瀏覽益多，下筆爲文，何憂貧窶。若乃假助類書，乞靈雜纂，縱復取充篇幅，終恐見笑大方。蓋博見之難，古今所共，俗學所由多謬，淺夫視爲畏途，皆職此之由矣」。過去唐朝李善注文選，得自師傳，顏籀注漢書，也取資於衆解。所以尋覽前篇，求其根據，造語能得其本始，用事能舉出原書，如果沒有年載之功，斷乎不能達到這種境界。那麼，文章之功，自然莫切於事義，而學習舊文者，如不致力於此，就難逃孤陋之譏，而綴文之士，如不致力於此，則不免空虛之誚。所以彥和平章文事，設「觀事義」一條，確乎是衡量作者學術水平的一個不可缺少的標準。

（六）觀宮商

觀宮商者，謂觀文章音韻的是否諧調也。文心雕龍原道篇分文爲形文、聲文兩大類，所謂「形立則文生矣，聲發則章成矣」〔二四〕。情采篇言「立文之道，其理有三：「一曰形文，五色是也；二曰聲文，五音是也；三曰情文，五性是也。五色雜而成黼黻，五音比而成韶夏，五性發而爲辭章，神理之數也」。形文、聲文、情文，是就廣義言者，若從狹義方面來說，則形文指的是詞藻修飾，聲文指的是音節和諧，情文指的是思想情意。所以附會篇言附辭會義時說：

「才童學文，宜正體製，必以情志爲神明，事義爲骨髓，辭采爲肌膚，宮商爲聲氣，然後品藻玄黃，摛振金玉，獻可替否，以裁厥中」。

練字篇亦云：

「心既託聲於言，言亦寄形於字；諷誦則績在宮商，臨文則能歸字形矣」。

可見彥和屬文綴思，對於節奏鏗鏘，口吻調利的重視。文心雕龍有聲律一篇，備言「吃文」之患。云：

「凡聲有飛沈，響有雙疊，雙聲隔字而每舛，疊韻離句而必睽，沈則響發如斷，飛則聲颺不還，並轆轤交往，逆鱗相比，迕其際會，則往蹇來連，其爲疾病，亦文家之吃也。吃文爲患，生於好詭，逐新趣異，故喉脣糺紛」。

由於音韻不調，既如人患口吃，欲解此結，特發明用「和韻」以調宮商之法。如云：

「左礙而尋右，末滯而討前，則聲轉於吻，玲玲如振玉，辭靡於前，纍纍如貫珠矣。是以聲畫妍蚩，寄在吟詠，滋味流於字句，風力窮於和韻。異音相從謂之和，同聲相應謂之韻」〔二五〕。

「和」指文章的聲調，一句之內，平仄順適，合乎唇吻。「韻」指詩文的韻脚，每句之末，同押一韻，使其鏗鏘相應。我們再比觀「和韻」的含義，就是「調聲」和「選韻」問題。他是想用調聲選韻之法，達到宮商大和的理想。在今天看來，這種由人爲之音律，企圖上合天籟之自然。雖然不是驚人的發現，但在六朝文學鼎革，聲律初啓之會，較諸陸機文賦，沈約四聲八病，說他是截斷衆流，推陳出新，亦不爲過。蓋其時駢偶盛行，文家無不留意於此。迨其後散體既興，自非有事於詞賦之役者，對音節一道，多已置而不講。殊不知音節的疾徐高下，抑揚抗墜，不獨有韵的韵文不可或缺，就是無韵的散文，也攸戚相關。所以清代湘鄉曾文正公，深喜桐城姚惜抱之文，而思救其儒緩之病，故論文每以音響爲主，也是這個意思。彥和以「觀宮商」做爲衡文的榘矱，我們覺得是有必要的。

五、批評家應有的素養

知音篇云：「凡操千曲而後曉聲，觀千劍而後識器；故圓照之象，務先博觀。閱喬岳以形培塿，酌滄波以喻畎澮，無私於輕重，不偏於憎愛，然後能平理若衡，照辭如鏡矣」。這和陳思王曹植與楊德祖書中，所說的：「蓋有南威之容，乃可以論於淑媛，有龍泉之利，乃可以議於斷割」意思相同。固然批評家自有本身的園地，但博學廣識，仍爲其必備的先決條件。不然，所學的範圍非常有限，眼光自不免局限於一隅。局限於一隅，又如何能較論各家的短長，得出合理的結論。所以彥和談批評的理則時，兼及批評家的學養問題。惟有具備充分的學養，才能憎愛無偏，輕重不私，平理若衡，照辭如鏡。然而彥和對「博覽」的內涵，並未作進一步的說明。仰瞻學海無涯，人生有限，我們以有限的生命，面對無窮的知識，如不善加選擇，而盲目摸索，其必定徒敝精神於無用。等到一旦回首前塵，時已頭童齒豁，目茫髮蒼，眞是令人惋惜。所以我們對「博觀」一詞，確有詳盡探討的必要。現在本人默察文心雕龍全書的體系。深究彥和搦筆和墨的用心，博蒐約取，試加引申如下：

（一）宗　經

「經也者，恒久之至道，不刊之鴻教」，「洞性靈之奧區，極文章之骨髓」，文心雕龍宗經篇已明言經典與文章的關係。故彥和以爲學文之道，首須宗經。古來未有經學不明，而能擅文章之勝者。且文章之能事，務在積理；而說理閎深者，又莫過於經。不僅如此，羣經行文之美，更足爲萬世法程。所以兩漢以後的文家，無不取資。如漢之董仲舒、司馬遷、揚雄、班固之屬，大抵皆習經生之業，而其述造之美，文心雕龍讚曰：

「仲舒專儒，子長純史，而麗縟成文，亦詩人之告哀。子雲屬意，辭義最深，觀其涯度幽遠，搜選詭麗，而竭才以鑽思，故能理瞻而辭堅。……班固述漢，其十志該富，讚序弘麗，儒雅彬彬，信有遺味」（二二六）。

六朝以後，經學式微，文格亦日見卑下。唐興百餘年，昌黎韓氏出，大張文學革命之幟，一洗從前駢儷之習。然考其生平所得，也是獨於經有所會心。柳子厚和韓氏同爲文壇的宗師，其與韋中立書，自道平生得力之處，也在於羣經。時至趙宋，如歐陽、三蘇、王氏、曾氏、他們爲文立說，意涉羣經的地方，更是斑斑可考。觀此數子，蓋未有離經而能自立者。何況羣經爲我傳統文化之所繫，如果我們完全拋棄中國人文薈萃的經典，去從事文學批評的話，就像那誤入了斷港絕潢的扁舟，絕難打開古今文學的通道，創進寫作的生機。

(二) 治　史

文章之能事，既然以積理爲主，天下之理不能憑虛而造，必有所附麗始能表見，因此，「治史」就成了我們「博觀」的要目。所以文心雕龍有史傳一篇，備言春秋左傳，以及遷史班書，陳壽三志的得失。並說：

「載籍之作也，必貫乎百氏，被之千載，表徵盛衰，殷鑒興廢，使一代之制，共日月而長存，王霸之跡，並天地而久大」。

上下包羅數千年，縱橫掩蓋數萬里，凡人才之盛衰，政教之得失，風俗之厚薄，國勢之強弱，可以說巨細靡遺，應有盡有。更何況史書還兼有文學的生花妙筆，如我們於史書茫然不知，又如何可與文章之事！然而今日有所謂綴文者，或專喜獵取浮文，廣求雋語，或雜鈔泰西故實，唬人聽聞，或考據名物制度，自炫博練，我認爲這都是鞶帨小物，不足以當論文之大觀。大抵說來，論文以「識」爲主，若使胸次浩浩若千頃波，那麼俯仰今古，自能掃除一切迂腐之談，有不同凡響的判斷力。史傳篇云：「開闢草昧，歲紀綿邈，居今識古，其載籍乎」。才略篇論馬融：「馬融鴻儒，思洽識高，吐納經範，華實相扶」。知音篇：「豈成篇之足深，患識照之自淺耳」。由此觀之，論文者要想有高識灼見，對於史書的研治，當不可缺。

(三) 讀　子

秦漢諸子，大抵皆通人碩士，各出其生平所得，自爲一家之言，他們的精言奧語，往往可以輔經訓之不足，而挹注無窮。所以古來就被視爲文章的淵藪，翰苑的奇葩。文心雕龍有諸子一篇，以爲「洽聞之士，宜撮綱要，覽華而食實，棄邪而採正，極睇參差，亦學家之壯觀也」。於是他歷舉各家文章的特色，云：

「孟荀所述，理懿而辭雅。管晏屬篇，事覈而言練。列禦寇之書，氣偉而采奇。鄒子之說，心奢而辭壯。墨翟隨巢，意顯而語質。尸佼尉繚，術通而文鈍。鶡冠綿綿，亟發深言。鬼谷眇眇，每環奧義。情辨以澤，文子擅其能。辭約而精，尹文得其要。愼到析密理之巧，韓非著博喩之富。呂氏鑒遠而體周，淮南採汎而文麗。斯則得百氏之華采，而辭氣之大略也」。

由此可見子部各書，鑄語之工，鍊意之巧，足以長益神明，發皇耳目。近人吳曾祺涵芬樓文談說：「子書佳處，大抵行文之勝，在於濃淡相宜，疏密相間，每有不經意之處，反令人讀之不厭」。過去某位老師談到經典和子書對後世文章的影響。說「讀經者如餐稻粱黍稷，其性平和，故嘗有益於身體；而讀子則如調劑方藥，以療百病，時能活人，亦時能害人」。言中頗有至理，因此我們在甄採古今中外的名著時，更不可以不知別擇之道。

（四）誦騷

研究文學的人，如不誦習楚辭，幾不知我國文學演變的大勢，更遑論批評。騷出於風雅之遺，文心雕龍辨騷篇說：

「自風雅寢聲，莫或抽緒，奇文鬱起，其離騷哉！固已軒翥詩人之後，奮飛辭家之前，豈去聖之未遠，而楚人之多才乎」。

淮南王劉安說其「可與日月爭光」。班固認爲「文辭雅麗，爲詞賦之宗」。王逸楚辭章句序稱「金相玉質，百世無匹」。揚雄以爲「體同詩雅」。而彥和更從各篇的運思、命意、修辭，結構上分別評述，云：

「騷經九章，朗麗以哀志；九歌九辯，綺靡以傷情；遠遊天問，瓌詭而慧巧；招魂大招，豔耀而采華；卜居標放言之致；漁父寄獨往之才。故能氣往轢古，辭來切今，驚采絕豔，難與並能矣」。

足見騷賦粲溢今古，情思不匱。因屈、宋之作，陶鎔羣經，自鑄偉辭，衣被兩漢，領袖文壇。他繼而又說：

「敍情怨，則鬱伊而易感；述離居，則愴怏而難懷；論山水，則循聲而得貌；言節候，則披文而見時。是以枚賈追風以入麗，馬揚沿波而得奇，其衣被詞人，非一代也」。

由此可知楚辭對後世的影響爲如何了，所謂楚辭，大抵都是文人學士蹉跎不遇，於是含光內斂，以舒其沈鬱頓挫之思，而卒歸於忠君愛國之旨。它具有多方面的風格，有比興之義，有詭異之辭，有譎怪之談，有狷狹之志，有荒淫之意。所以彥和教我們誦騷之法，「憑軾以倚雅頌，懸轡以馭楚篇，酌奇而不失其貞，翫華而不墜其實」〔二七〕，這樣就能收到「顧盼可以驅辭力，欬唾可以窮文致」的效果。「楚辭者，體憲於三代，而風雜於戰國，乃雅頌之博徒，而詞賦之英傑」〔二八〕也。中國傳統的文學到了屈、宋的手裏，可說是由雅入麗，發生了極大的震撼，明乎此，才有資格論文章的得失。故我們對楚辭不可不細心玩味。

（五）明　法

欲明作品之優劣，不可不預知文章作法；欲知文章作法，當由辨體始。因為有怎樣的文體，就有怎樣的風格，我們必須循着不同的文體，選用不同的辭彙，採行不同的作法。正如文心雕龍定勢篇說的：

「括囊雜體，功在銓別，宮商朱紫，隨勢各配。章表書記，則準的乎典雅；賦頌歌詩，則羽儀乎清麗；符檄書移，則楷式於明斷；史論序注，則師範於覈要；箴銘碑誄，則體制於弘深；連珠七辭，則從事於巧豔；此循體而成勢，隨變而立功也」。

文章作法，就如工師的為方以矩，為圓以規，直以繩，正以懸。無法，則雖有公輸之能，也無所用其巧。然而文章一道，其妙處不可以教人，可以教人的，惟法而已。文心雕龍由神思至總術二十篇，於剖情析采之時，彥和金鍼度人，隨時點化創作的妙諦。他認為能把握到文章作法的人，在從事寫作時，就像下圍棋一樣，其布局、運思、遣辭、造句、安章、謀篇，都有一定的理則。如果控馭得體，文章的情趣，自然騰躍間出；文辭氣勢，必能奔赴筆端。至於法之可言者，近人吳曾祺涵芬樓文談，頗有具體的分析，他說：「文章之法，有伏有應，有提有頓，有伸有縮，或離之以寄諸空，或合之以徵諸實，或入焉以求其深，或出焉以期其顯。或飄然而來，而前不必有所因，或詘然而止，而後不必有所宿。或博以取之，而不厭其繁，或約而求之，而不嫌其簡。或舉一篇之作意，而點明於發端之數語，或合通體大旨，而結穴於最後之一言。大抵論事之文，有案語、斷語、證語、難語、諸法，所以反覆伸辨，以求立說之安。敍事之文，有追敍、補敍、類敍、揷敍諸法，所以布置合宜，以見用神之暇。總而言之，法之所在，守其常不可不知其變，明其一不可不會其通」。昔人論作文如行雲流水，雲水之爲物，忽聚忽散，飄忽不定。則又何法之可言。吾人必須了悟在無法之中，未常不有法在。而於用法之處，反不見有繩墨的痕跡。也許這就是所謂「神而明之，存乎其人」。「可與知者言，不可與不知者道」也。正如神思篇說的：「至精而後闡其妙，至變而後通其數，伊摯不能言鼎，輪扁不能語斤，其微矣乎」。在總術篇彥和曾特別強調文章作法的重要性，他說「才之能通，必資曉術，自非圓鑒區域，大判條例，豈能控引情源，制勝文苑哉」。所以我說「明法」亦屬論文者所必備的學養。

六、文學批評的外延問題

劉彥和的文學批評論，除了注意到批評的避忌，批評的理則，以及批評家應具的學養外，還特別強調作品的「外延」問題，所謂「外延」問題，係指作品本身以外，其中包括作者的生平行事，思想敎育，時代背景，作品眞僞，創作動機，與其他著述的關係等。藉着這些「外延」問題的探討，進入作品本身，遨遊作品境界，掌握作品靈魂，期能獲得批評的全面性和準確性。所以在知音篇以外，又有時序、才略、程器之作。

時序一篇的大旨，在言時代背景對文學的影響。故其開宗明義便說：「時運交移，質文代變，古今情理，如可言乎」。而細繹彥和行文的思路，似由兩方面來闡明主題。一、是時代的推遷，政治之嬗變，勢必影響作家的情感與文學的盛衰。二、是文學的發展，與前代作家的作品不可分割。例如他講文學與時代推遷的關係，當他歷敘「陶唐之世，德盛化鈞」，「有虞繼作，政阜民暇」、「大禹敷土」、「成湯聖敬」、與「姬文之德盛」、「大王之化淳」以後，接着便說：

「故知歌謠文理，與世推移，風動於上，而波震於下者。」

又於遍數魏、晉文學風尚之餘，而云：

「故知文變染乎世情，與廢繫乎時序，原始以要終，雖百世可知也。」

所謂「與世推移」，「染乎世情」，「繫乎時序」，皆明確指認文學的變遷，與時代背景密不可分。是以唐虞歌頌，「心樂而聲泰」，建安篇什，「梗概而多氣」，東晉辭壇，「詩必柱下之旨歸，賦乃漆園之義疏」。至於政治影響文學者，尤加顯明昭著，如「春秋以後，角戰英雄，六經泥蟠，百家飆駭。」人人思亂，四海鼎沸，各國諸侯爲所欲爲，多養士以自重，於是「齊開莊衢之第，楚廣蘭臺之宮」，所以齊、楚兩國，頗有文學。故彥和說：

「稷下扇其清風，蘭陵鬱其茂俗，鄒子以談天飛譽，騶奭以雕龍馳響，屈平聯藻於日月，宋玉交彩於風雲。」

文風因而丕變，中國文壇，遂由原來北方歌詩獨佔的局面，被南方楚辭所奪席，而平分秋色。這不正是「風動於上，波震於下」的最好說明嗎。至於漢武帝崇儒，柏梁臺聯句，因而西漢一代，「禮樂爭輝，辭藻競騖」，其「遺風餘采」，雖百世莫之與競，這又是「上有所好，下必甚焉」的例證，「文學之變與政通」，彥和在一千四百多年以前，早就看到了這一點。

其次文學的發展，與前代作家的作品不可分割，這一點，在時序篇裏也可以找到例證。如謂屈宋騷辭的艷說奇意，出乎縱橫之詭俗。漢賦九變，而大抵歸趣，是祖述楚辭。此二端的論列，雖未徧及全面，但文學發展規律的重要指標，已由此得到確切不易的定論。

文學既是反映時代的產物，則一時代有一時代的氣運升降，文學自亦不能不隨之而演變。所以批評家除對作品本身的理解以外，作品產生的時代背景，和其受政治影響的成分，彥和以爲也是裁判高下的重要因素。

才略一篇的大旨，在檢論歷代作家與文才識略的關係。其重要義例有四：即一論其性情，二考其學術，三硏其才略，四賞其辭采。過去紀曉嵐評云：「時序篇總論其世，才略篇各論其人」，劉永濟校釋也說：「才略篇與時序篇相輔，時序所論，屬文學風尚之高下流變，論世之事也；才略所重，在比較作品之長短，作家之同異，知人之事也。」這也就是孟子萬章篇所謂的「頌其詩，讀其書，不知其人可乎？是以論其世也。」所以這可說是彥和文評論中，有關「外延」問題最重要的一篇。

首先我們看他上自二帝三王，迄於劉宋，前後幾兩千年，十代英華，經他評論的：虞夏有臯陶、夔、益、五觀四家。商周有仲虺、伊尹、吉甫三家。春秋有薳敖、隨會、趙衰、公孫僑、子太叔、公孫揮五家。戰國有屈原、宋玉、樂毅、范睢、蘇秦、荀況、李斯七家。兩漢時代西漢九家，東漢二十四家。魏晉之際，魏有十八家，晉有二十六家，總共九十八家，如細覈他行文的理路，在鋪敍之中，有三大義例：一曰單論，二曰合論，三曰附論。單論者如篇中陸賈、賈誼、司馬相如、王褒、揚雄、桓譚，彼等類能獨標一體，或則瑜不掩瑕，又或特出一時文學風會之外者。合論者，有二人合論之例，如枚乘、鄒陽、董仲舒、司馬遷，傅毅、崔駰，王逸、王延壽，張衡、蔡邕，曹丕、曹植，劉劭、何晏等。有四人合論之例，如班彪、班固、劉向、劉歆，劉向、趙壹、孔融、禰衡，成公綏、夏侯湛、曹攄、張翰等。有數人合論之例，如王粲、陳琳、阮瑀、徐幹、劉楨、應瑒六子。彼等或因父子，或以兄弟，或係同時而名聲相埒，或屬朋友而好尚相同，又或因比較優劣而合論，或欲辨明異同而合論。附論者，如崔瑗、杜篤、賈逵，附於傅毅、崔駰之後，路粹、楊修、丁儀、邯鄲淳，附在建安七子後，大概是因爲他們均難以獨立成家，特附庸於時流之後。在寥寥一千四百五十六字中，呈現了十代人才的高下，足見彥和的識略和胸襟。

篇中所涉及的文體，至爲廣泛，可以說上自詩賦，下及書記，皆在他揚搉之列，與文心上篇所品論的，大致無二。又辭令華采之發，固源於作家的才略，而才略所資，則以性情爲土壤，學術爲膏澤。所以他篇中評語，或稱才穎，或稱學精，或稱識博，或稱理贍，或稱思銳，或稱慮詳，或稱氣盛，或稱力緩，或稱情高，或稱文美，或稱辭堅，或稱體疏，或稱采密，或稱意浮，用詞雖雜，要不出性情學術，才能識略，辭令華采數端。

由於他有上下數千年的目光，胸羅百數家的膽識，所以在比論文家長短異同之時，每能提出與衆不同的見解。如論二班、兩劉，不同舊說。論子桓、子建，亦異俗情。以遺論命詩，分屬嵇、阮。以深廣朗練，區別機、雲。論張蔡孫干，則由異以見同。評建安諸子，則爲標其所美，謂仲宣冠冕羣彥。稱景純豔逸，足冠中興。其特識獨造，足資後學玩味。但彥和於詮評文才之外，又特重文章的時會。因爲無其時會，就有儁才，也末由展布。孟子云：「雖有智慧，不如乘勢，雖有鎡基，不如待時。」乘勢待時，又何嘗不是彥和內心的感觸呢！

程器篇，主要在說明作家與道德修爲的關係，強調文行並重之旨。而玩索其內容，又有三大義例；一、是嘆息無所憑藉的文人學士，易召譏謗。二、是譏諷位高權重的士丈夫，怠忽職責。三、是國家喪亂，學者有文事必有武備。程器者，量計器用材能之謂。論語云：「子以四教，文行忠信」。宗經篇也說：「文以行立，行以文傳，四教所先，符采相濟。」又原道篇云：「無識之物，鬱然有采，有心之器，其無文歟！」是行爲器之用，文爲器之采，故彥和開宗明義，就引周書梓材之篇，以爲人要言則成章，動則成德，積德內充而辭章外發，方不愧爲文行兼備的彬彬君子，所以他把「程器」列爲文評論四篇之末，「序志」之前，是寓有深刻用意的。

彥和之爲文心，有針世砭俗的作用。當時江左之人，其文名藉甚者，多出於華宗貴冑，布衣之士，不但不易見重於世，往往更由於「職卑多誚」，以至「江河騰湧，涓流寸折」，此彥和所以感傷的原因。自魏陳羣定九品官人之法以後，日久弊生，士流或重門第，而寒族無進身的機會，遂演成「上品無寒門，下品無世族」的現象。且爾時顯貴，無不燻衣剃面，傅粉施朱，駕長簷車，跟高齒屐，坐棊子方褥，憑斑絲隱囊，玩器列於左右，從容出入，遠望猶若神仙。射御書數多不習，只知高談風花雪月。道文既離，浮華無實〔二九〕，彥和於世不特懼斯文之將喪，實懷神州陸沈之隱憂。清朝紀曉嵐評此篇，以爲「舍人亦有激之談，不爲典要」，眞所謂「俗鑑之迷者」了。

然而程器的標準果如何乎？彥和說：

「君子藏器，待時而動，發揮事業，固宜蓄素以弸中，散采以彪外，楩柟其質，豫章其幹，摛文必在緯軍國，負重必在任棟梁，窮則獨善以垂文，達則奉時以騁績，若此文人，應梓材之士矣。」他理想的文人，是蓄素弸中，而散采彪外的君子，其襟抱是何等高遠？士而如此，庶可有爲有守。得志澤加於民，不得志修身見於世。讀聖賢書，所學在此。「文章爲經國之大業，不朽之盛事」者，也在此。「豈徒以翰墨爲文章，辭賦爲君子哉？」〔三〇〕

綜時序、才略、程器三篇所論，於作家的時代背景，才學識略，道德修爲，不但言之諄諄，而又發爲文章，明定義例，作了實際評述的示範，如果我們能因近取譬，善加領悟，於文學批評所謂的「外延」問題，當可舉一反三，肆應於無窮了。

七、結語

我們分析了文心雕龍的批評論之後，還可以看出彥和對批評家的要求，必須從作家的作品中，探究出作者情感與思想，縱使作者的時代和現在有很遠的距離，但是文章是作者情感的反映，祇要批評家能留心探究，不難把他們深奧的意義揭露出來，所謂：「綴文者情動而辭發，見文者披文以入情，沿波討源，雖幽必顯。世遠莫見其面，覘文輒見其心」。這也說明了寫作過程與品鑑過程是兩個不同方向的行動。一個是由內而外，把眞摯的情感，藉着藝術的形式加以表達；另一個是由外而內藉着藝術的形式，去蠡測作者的感情。所以「沿波討源，雖幽必顯」，指的就是這種品鑑的過程說的。「沿波討源」是否爲有效的途徑？彥和又說：「志在山水，琴表其情，況形之筆端，理將焉匿。」何況「心之照理，譬目之照形；目瞭則形無不分，心敏則理無不達」。過去呂氏春秋本味篇，記載「俞伯牙鼓琴，鍾子期聽之，方鼓琴而志在泰山」，鍾子期就說：「善哉乎鼓琴，巍巍若泰山」。少頃而志在流水，鍾子期又說：「善哉乎鼓琴，湯湯乎若流水。」試想在琴聲中，人們還可以聽出彈奏者高山流水之思，何況表現在筆端的文字？只要我們具有一雙清亮的眸子，敏銳的判斷力，作者的意識心態，是無法隱藏的。可是一般庸俗的批評家，往往不耐深思，以至於「深廢淺售」。此所以莊周譏笑人們只知道欣賞那些「折楊」「皇華」的小調，宋玉感傷於「陽春白雪」，不能見貴於當世了。因而屈原有「文質疎內兮，衆不知余之異采」〔三一〕的知音難逢之歎。所以從這裏可以看出粗心浮躁之批評，決不能當批評標準的。

現在從事批評文學的人，往往不能脫盡古來「文人相輕」的積習，和黨同伐異的門派作風，甚而拾些西洋慣用的辭彙，來捧心效顰，忽而尊之於九天之上，忽而抑之於重淵之下，高下在心，優劣隨欲，正所謂「會己則嗟諷，異我則沮棄」，這最多只能算是主觀的一種臆見，而不是合乎客觀標準的批評。我們應該通過了作者全部的作品，探究出他整個的面貌，主要的思想感情，和獨特藝術造詣，然後得出一種結論，才比較可靠。所以彥和說：「唯深識鑒奧，必歡然內懌，譬春臺之熙衆人，樂餌之止過客」，況且「蘭爲國香，服媚彌芬；書亦國華，翫繹方美」〔三二〕，我們欲做一位千載難逢的知音君子，自不得不重視彥和所提出的批評的理則。

「六觀」之法，既包括了作者思想藝術的全部，又教我們「沿波討源」，注重作品內容與形式的完整性，他又提出批評家應備有「深識鑒奧」的「博觀」學養和耐心，所以他的批評論，不僅在六朝文壇，是一貼清涼之劑，盱衡當前著述批評之林，也還有他適乎潮流，合乎需要的價值。

【附　註】

〔一〕以上兩引，見佩之作的文心雕龍的批評論（中國文學批評研究論文集第一〇三頁）

〔二〕引文見文心雕龍知音篇。

〔三〕引文中「爲五行之秀氣，實天地之心生」，范注本無「氣」「生」字，楊明照校注拾遺歷考各種舊本，並援禮記禮運篇彥和造語之原，以及其前後行文體例，證明「秀氣」「心生」連文。說是，今據增。

〔四〕引文見文心雕龍物色篇。

〔五〕引文見易經賁卦彖辭。

〔六〕事見裴子野雕蟲論，梁簡文帝與湘東王論文書，顏氏家訓文章篇，王通中說事君篇。

〔七〕引說見劉永濟文心雕龍校釋情采篇校釋。

〔八〕引文見文心雕龍通變篇。

〔九〕同註〔八〕。

〔十〕彥和讚潘岳語，見文心雕龍哀弔篇。

〔一一〕引文見文心雕龍練字篇。

〔一二〕引文見文心雕龍物色篇。

〔一三〕引文見文心雕龍情采篇。

〔一四〕引文見文心雕龍徵聖篇。

〔一五〕引文見文心雕龍時序篇。

〔一六〕引文見曹丕典論論文。

〔一七〕引文見文心雕龍明詩篇。

〔一八〕首發此議者，是清朝紀曉嵐，通變篇評云：「齊、梁間風氣綺靡，轉相神聖，文士所作，如出一手，故彥和以通變立論，然求新於俗尚之中，則小智師心，轉成纖仄，明之竟陵、公安，是其明徵，故挽其返而求之古。」次爲黃季剛先生札記，云：「此篇大指，示人勿爲循俗之文，宜反之於古。」范文瀾注文心，又踵前人之說，而加以強調，認爲「此篇雖旨在變新復古，而通變之術，要在『資故實，酌新聲』兩語，缺一則疏矣。」

〔一九〕同注〔一七〕。

〔二〇〕事出莊子秋水篇：「子獨不聞夫壽陵餘子之學行於邯鄲與？未得國能，又失其故行矣，直匍匐而歸耳。」

〔二一〕引文見文心雕龍定勢篇。

〔二二〕引文見黃季剛先生札記。

〔二三〕引文見文心雕龍事類篇。

〔二四〕引文見文心雕龍原道篇。

〔二五〕引文見文心雕龍聲律篇。

〔二六〕引文見文心雕龍才略篇。

〔二七〕引文見文心雕龍辨騷篇。

〔二八〕同注〔二七〕

〔二九〕顏氏家訓勉學篇云：「梁朝全盛之時，貴遊子弟，多無學術。至於諺云：『上車不落則著作，體中何如則秘書』，無不燻衣剃面，傅粉施朱，駕長簷車，跟高齒屐，坐棊子方褥，憑斑絲隱囊，列器玩於左右，從容出入，望若神仙。」又涉務篇云：「梁世士大夫，皆尚褒衣博帶，大冠高履。出則車輿，入則扶持。郊郭之內，無乘馬者。……及侯景之亂，膚脆骨柔，不堪行步；體羸氣弱，不耐寒暑，坐死倉猝者，往往而然。建康令王復，性既儒雅，未嘗乘騎，見馬嘶歕陸梁，莫不震懾。乃謂人曰：『正是虎，何故名爲馬乎？』其風俗至此。」

〔三〇〕引文分見曹丕典論論文，曹植與楊德祖書。

〔三一〕屈說見楚辭九章懷沙。
〔三二〕同注〔二〕。

第十一章　結論（文心雕龍在「中國文學史」上之地位）

「文心雕龍」是我國重要的一部文論寶典，自隋書以下，歷代史、志均有著錄，宋、元、明、清、累朝都有翻刻；注釋、校勘之作，近六十多年來，中外學者專家，考論評述它的作品，在海內外著名雜誌上發表的，也年有數起。由以上幾種情形，已足以透視「文心雕龍」的學術價值，和它對我國中古、近古、以及現代文學批評界的鉅大影響力。但是我們不容忽視的是它在中國文學史家就通史的觀點上所處的地位。所以筆者願就此加以探討，並求教於治文學史之學者。

一、研究緣起

中國之有文學史，始於清光緒二十四年（民前十四年，西元一八九八年，日本明治三十一年）八月，由日本東京博文館出版，笹川種郎著的中國文學史，隨後有一位數在中國汕頭、廈門、寧波、上海等地擔任英國副領事的翟理斯（Allen Herbet Giles），在光緒二十六年（民前十二年，西元一九〇〇年，日本明治三十三年），也出版了一部中國文學史（A History of Chinese Lilterature），接着國內學術界起了回響，於清光緒三十年（民前八年，西元一九〇四年，日本明治三十七年），京師大學堂國文講席林傳甲先生，仿日本笹川君的支那文學史，用紀事本末的體例，以不到四個月的短促時光，成十六篇，四萬八千言之中國文學史，遂開中國學人有系統的研討本國文學之風氣，於是竇警凡的歷朝文學（光緒三十二年出版），王夢曾的共和國教科書中國文學史（民國三年八月商務版），曾毅中國文學史（民國四年九月上海泰東圖書館版），張之純中國文學史（民國四年商務版），朱希祖中國文學史略（民國五年北京大學堂講義），謝无量中國大文學史（民國七年十月上海中華版），葛遵禮中國文學史（民國十年一月上海會文堂初版），相繼出版問世。民國十年以後，由於新文學運動的衝擊，全國大、中學校對中國文學的研究甚囂塵上，相應而作的文學史或文學批評史，不啻風起雲湧，根據梁容若、黃得時二位先生，民國五十五年十一月合著之重訂中國文學史書目的記載，截止到民國五十五年八月以前出版者，僅中文部分；計通史六十九種，斷代史三十七種，專史一百零二種，共二百零七種，其他日文、英文的著述尚還不計，卽有如此驚人的數目。再由民國五十五年八月，迄今民國六十四年，時光荏苒，又屆十稔，國內有關文學史之專門新作，殆將急遽增加，則爲數更較二百零七種者爲多。誠如梁容若先生所言：「總覽中國文學史研究之歷程，由範圍、史料、史觀上去看，五十年來進步之迹顯然」〔一〕。自然如此，各文學史家以莊嚴之態度，參綜博考，將中國文學三千年來晦明變化之迹著爲專書，而類似「文心雕龍」這部文論寶典，恰產生於文學璀璨的六朝，它上承古聖先賢的文學思潮，下開後世文學批評之風氣，其必然佔有中國文學史或文學批評史上的重要席次，所以我們如從歷來各家所著中國文學史上探索文心雕龍的地位，將它和中國古、中、近、晚、各時代的文學發展系聯一氣，這樣對「文心雕龍」的研究，無疑的會極具參考價值。

筆者因授課之便，從事本問題的研究，開始於民國六十二年的暑假，去今倏忽一年又半，以個人甄採所得，較諸梁、黃二先生重訂中國文學史書目二百零七種之數，當然有瞠乎其後之感，但如袪除與「文心雕龍」絕對無關之專史、斷代史的話，綜其大要，則本人所見五十八種中國文學史或批評史之數，亦大體粗具。豹窺一斑，鼎嘗一臠，則循此以討「文心雕龍」在中國文學史上之地位，庶乎近之矣！

二、文心雕龍五十篇之分類

吾人欲知「文心雕龍」的精義，不能不預知其內容分類；而分析歸類最爲詳盡的要算劉大杰的中國文學發達史。劉氏此書原分上下册，上册初版於民國三十年（西元一九四一）一月，下册初版於三十八年（西元一九四九）一月。他論文心雕龍的地方，就在上册，第十三章南北朝與隋代的文學趨勢，第四節批評文學，第一小目內。文中首引梁書劉勰傳，說明劉勰生平事跡；次援劉毓崧先生說，以爲「文心雕龍」成書於南齊之末〔二〕；然後統論「文心」內容，共歸納爲五大類。即：「一、全書序言：序志。二、緒論：原道、徵聖、宗經、正緯、四篇。三、文體論：辨騷以下二十一篇。四、創作論：總術、附會、比興、通變、定勢、神思、風骨、情采、鎔裁、章句、練字、聲律、麗辭、事類、養氣、夸飾等十六篇。五、批評論：知音、才略、物色、時序、體性、程器、指瑕等七篇」。這種按照「文心」各篇性質相近，作爲分類的標準當然是對的；不過稍後的羅根澤先生魏晉六朝文學批評史，較劉書爲晚出（三），也許就是斟酌劉大杰書的優點，兼採彥和自己的分類法；而析「文心雕龍」爲上下兩篇。他說：「上篇共二十五篇，原道是本乎道，徵聖是師乎聖，宗經是體乎經，正緯是酌乎緯，辨騷是變乎騷，明詩、樂府、詮賦、頌贊、祝盟、銘箴、哀弔、雜文、諧讔十篇是論文；史傳、諸子、論說、詔策、檄移、封禪、章表、奏啓、議對、書記十篇是敍筆」。又說：「文心雕龍的上篇二十五篇，可以說是文體論，原道、徵聖、宗經、正緯四篇，雖近於文學本原論；但總是各種文體之所從出，則與其說是文學本原論，無寧說是文體總論。下篇二十五篇，則除了時序、知音、程器、序志四篇，都可以算是創作論」。可見劉、羅兩家的分類頗有出入。最明顯的是羅氏分「文心」爲上、下二篇，而將劉氏所謂之批評論，和全書敍言之序志歸入創作論，屬於下篇；將劉氏所謂之緒論：原道、徵聖、宗經、正緯，以爲是文體所從出，併入文體論，屬上篇。雖然他也承認有批評論，如時序、知音、程器、序志，但不另外析出。

到了民國五十年前後，在香港服務的有位趙聰先生，曾經由九龍友聯出版社有限公司出版了一部中國文學史綱，本書除緒言之外，計七章二十六節，其中第三章第五節，曾論述文心雕龍全書結構，當然這是一個與衆稍有不同的說法。他說「文心雕龍全書共五十篇，所討論的範圍相當廣泛，除序志一篇乃全書序文之外，其餘各篇的內容，可以歸納爲以下三部分：第一，是文學概論，原道、徵聖、宗經等開宗明義的幾篇。他以爲文學創作是人的性靈與自然接觸後的自然映現。猶如天地山川的形象，草木雲霞的顏色，林籟泉石的聲音，所自然呈現出來的美麗與和諧，他把自然界的文采，說成是道；文學就是本着這種自然之道產生的，他推崇孔子和六經，指明這是中國文學的源泉，表明了他對文學創作背後的歷史文化基礎的重視。第二，是文體分析，是辨騷至書記等二十一篇，關於文學體裁的分類，曹丕在典論論文裏，只分了四類，陸機在文賦裏，只分了十類，劉勰則擴為三十三類，比較詳細的多了，分類之後，他曾加以闡說，對各種文體都給予以明白適當的定義，並辨別了他們之間不同的風格，論述了各體的淵源和流變，批評了各體的代表作家和作品。第三，是創作及批評的理論。他在體性篇提出八種風格；從作品體裁分，有典雅與新奇，從內容與思想分，有遠奧與顯附，從藝術與技巧分，有精約與繁縟，從氣勢與風趣分，有壯麗與輕靡。他在情采篇提出了文質並重論，也就是內容與形式的調和，情思與藝術的合一。他在才略、程器等篇說明應具的才識，在神思、養氣等篇說明靈感的培養，在時序、物色等篇說明作品的時代精神和地方色彩，在章句、練字等篇說明修辭的重要。關於批評的理論，在知音、定勢、通變、聲律等篇闡發詳盡；並具體的提出六個批評的標準，即體裁是否與風格氣勢相合，修辭美醜是創作抑模擬，個性和寫作的態度，題材和主題有無音樂性」。

另外黃公偉先生在民國五十六年（西元一九六七）九月，由臺北帕米爾書店出版了一本中國文學史，在該書第五篇第四章文學評論一節裏說：「文心雕龍有綱有目：依今而言，則論文藝哲學者，如原道、徵聖、宗經、正緯，以闡明文學思想之源流；論純文學體裁者，如辨騷、明詩、樂府、詮賦、四篇，以辨文體沿革與得失；論散文者，如論說、議對、奏啓、章表、檄移、雜文、書記、等七篇，以闡釋散文體裁之興革變化；論應用文者，如頌贊、祝盟、銘箴、誄碑、哀弔、詔策、封禪、等七篇，以闡示應用之性質與用途；評述著述文學者，如諸子、史傳二篇，中論學術文之由來與價值；凡此二十四篇皆屬於綱。依次有屬於商榷文學風格者，如神思、諸讔、體性、風骨、定勢、情采、養氣等七篇，以論構思、抒情、脈絡之重要。談論文章學理方法者，如事類、總術、物色、時序、附會、通變、知音、才略、程器、等九篇，則言文學構成之要道。泛論修辭者，如鎔裁、聲律、麗辭、夸飾、隱秀、指瑕等六篇，以揭示修辭之原則。商榷文法者，如比興、章句、練字等三篇，指陳文章篇法、章法、句法、字法之關鍵。凡此三十五篇，則屬之目」。

其他如鄭振鐸插圖中國文學史（民國二十一年十二月初版），陳鐘凡魏晉六朝文學（民國十八年十月商務萬有文庫版），施慎之的中國文學史講話（民國三十六年文星再版），以及日人兒島獻吉郎中國文學通論（昭和三年（西元一九二八）初版），青木正兒的中國文學概說（昭和十年（西元一九三五）東京弘文堂初版），亦均不出以上各說的範圍。其中祇有青木君在「文心雕龍」的分類上，又加入「文礎論」一項。他說：「全書五十篇，可試分爲六部分：一、自原道至正緯四篇，爲文章之起源。二、自辨騷至書記二十一篇，論各種文體及其源流。三、自神思至定勢五篇，論作文之基礎。四、自情采至隱秀十篇，論修辭法。五、自指瑕至程器，並論關於文學全般之事，可以看做總論。六、序志篇是自序。作者以爲除掉自序，則全書有文原論、文體論、文礎論、修辭論、總論。這樣的組織，實在是空前絕後的完備的評論」。綜此可知，各說參綜錯雜，人各爲言；但近六十多年來，中國文學史家言「文心雕龍」內容分類者，要不外乎此。

三、文心雕龍立論要旨

各文學史的作者，在把「文心雕龍」粗別大類的同時，自然兼及於它持論的要旨。過去日人青木正兒著中國文學概說，於第六章評論學中，曾首援四庫全書總目詩文評上的說法，較論「文心雕龍」之不同衆作，如四庫總目分古今評論詩文之作有六種：即⑴「品評作品者，如鍾嶸詩品。⑵記載關於作品之故實者，如唐孟棨之詩本事。⑶論文學之體者，如晉摯虞文章流別論。⑷講文學理論者，如唐釋皎然之詩式。⑸有系統之論述者，如梁劉勰之文心雕龍。⑹隨筆雜錄者，如宋歐陽修之六一詩話」。似此，則劉勰文心雕龍，乃古今第一部系統完具的文論專著，在行文持論方面，一定有它獨具的特色。例如華師仲麐的中國文學史論（民國五十四年十二月開明初版），第六章第一節第四目文學的欣賞與批評中，以爲劉彥和在文學批評上有幾個重要理論，是「⑴情事與辭采，彥和深明齊梁唯美之風而忽視內容，特一方面尊重藝術進步的成績，他方面作文質並重之提倡，故有情事與辭采之說。⑵先天與後天，先天才性爲文學變遷和作品優劣的決定因素；但後天之學習與修養，亦極重要，彥和深切了解文學是先天才性與後天環境融合的產物，個人情感與社會潮流、時代精神的反映，乃有此先天後天並重之說。⑶品藻與彌綸，此言文學之不可以偏概全，不但品藻一篇，並要以客觀的態度，彌綸全局。所謂全面之知，才是眞知也」。這是從文學批評的觀點，去看文心雕龍的要旨。

郭紹虞先生的中國文學批評史，恰好可以補足華師立說的缺陷，他說：「劉勰一方面要『彌綸羣言』，使局部而散漫者得有綱領，一方面又要『擘肌分理』，使漫無標準者得以折衷，所以他是當時文論之集大成者。文心雕龍之所以成爲條理綿密的文學批評之偉著者以此」。

至於劉大杰的中國文學發達史，對劉勰的文論，也有幾點重要的觀察所得。如「⑴文質並重論。⑵

文學與環境。(3)批評論的建立。」尤其在批評論的建立方面，他依據序志篇、知音篇作爲論證的要件，而歸納出劉彥和批評論的統緒，是「第一、批評家的修養。第二、批評家的態度。第三、批評的標準」，並云：「由這六個標準〔四〕，去客觀的品評文學作品的價值，比起那些印象派的主觀批評來，所得的結論，自然要正確得多了，中國古代的學問，任何方面都缺乏方法與條理，缺乏科學性與客觀性，所以劉勰這種批評論的建立，確實是値得我們重視的了。」

羅根澤先生魏晉六朝文學批評史，對文心雕龍全書的要旨，更有極其詳盡的分析，他首列劉勰的幾個主要的文學觀，是「(1)原道的文學觀。(2)抒情的文學觀。(3)自然的文學觀。(4)創造的文學觀。」他追溯文心雕龍中的主導思想，與劉彥和對文學的基本概念，這一點，對我們研究文心雕龍的人說來，提供了最偉大的服務。其次羅氏在文心雕龍的文體論方面，更深究明察，發現了許多劉勰行文的法則，即「第一，論各種文體的定義，就是釋名以章義。第二，論各種文體的區別，如頌贊篇，於說明頌的定義以外，又分析頌與雅的區別。第三，論各種文體的相互關係，如樂府篇，說樂與詩的關係。第四，論各種文體的產生。第五，論各種文體的沿革，就是原始以表末。第六，論各種文體的類別，如論說篇，說論的類別。第七，論各種文體的作家及作品，就是選文以定篇，如哀弔篇說弔的作品。第八，論各種文體的體用及方法，就是敷理以舉統，如哀弔篇說哀的體用及方法。第九，論各種文體的共同淵源。」平時我們談文心雕龍文體論，多就序志篇所謂之「原始以表末，釋名以章義，選文以定篇，敷理以舉統」爲說，而羅氏演繹歸納，推陳出新，成此九大原則，更見文心之論文體博大精深爲何如也。關於文心雕龍的創作論，羅氏說：「劉勰討論創作論的文章，計有神思、體性、風骨、通變、定勢、情采、鎔裁、聲律、章句、麗辭、比興、夸飾、事類、練字、隱秀、指瑕、養氣、附會、總術、物色、才略、二十一篇，約而言之，不外⑴才性。⑵文思。⑶文質。⑷文法。⑸修辭。⑹文氣。⑺音律。⑻比興。⑼風格等九方面」。另外羅書有文學與時代一節，把文心雕龍的時序、才略二篇攬爲論據，他說：「文心雕龍全書五十篇，都是文學理論，只有指瑕、才略、程器、知音四篇是文學批評。指瑕批評作品，才略、程器批評作家，知音闡明批評原理」，羅書較晚出，又能獨具慧眼，博採衆長，所以把文心雕龍的持論要旨，分析得巨細靡遺。爲有志研究文心雕龍的學者，畫了一個淸晰的輪廓。

四、劉勰著述文心雕龍的動機

劉勰著述文心雕龍本不明言寫作的動機，言其寫作的動機者，始於唐初劉知幾。子玄在他的史通自序中說：「詞人屬文，其體非一，譬之甘辛殊味，丹素異彩，後來祖述，識味圓通，家有詆訶，人相掎摭，故劉勰文心生焉」。這雖然傾向於文心雕龍產生的時代背景，但任何時代背景，也必定是牽動著述的重要誘力。

羅根澤先生魏晉六朝文學批評史，引蕭子顯南齊書文學傳論云：「今之文學，作者雖衆，總而爲論，略有三體：一則啓心閑繹，託辭華曠，雖存巧綺，終致迂廻，宜登公宴，本非準的，而疏慢闡緩，膏肓之病，典正可採，酷不入情。……次則緝事比類，非對不發，博物可嘉，職成拘制；或全借古語，用申今情，崎嶇牽引，直爲偶說，唯覩事例，頓失精采。……次則發唱驚挺，操調險急，雕藻淫豔。傾炫心魂，亦猶五色之有紅紫，八音之有鄭衛」。鍾嶸詩品序亦云：「……大明泰始中，文章殆同書抄。近任昉、王元長等，詞不貴奇，競須新事；爾來作者，寖以成俗，遂乃句無虛語，語無虛字，拘攣補衲，蠹文已甚」，因此羅氏認爲「六朝文學，講辭藻、講事類、講對偶、講聲病……可以說是最無內容，最不自然的時代，所以隋朝的李諤上文帝論文體輕薄書說：『江左齊梁，遂復遺理存異，尋虛逐微，競一韻之奇，爭一字之巧。連篇累牘，不出月露之形；積案盈箱，惟是風雲之狀』。這種情形，劉勰深懷不滿」，於是羅氏就文心序志篇加以深究，並參照梁繩禕先生在「文學批評家劉彥和評傳」一文上的成說，認爲「劉勰作文心雕龍的動機，名山事業的念頭，只可說是他努力制作的原因，不能說是制作文心雕龍的動機，制作文心雕龍的動機，實是因爲不滿意於當時的創作與批評」。

後來方孝岳著中國文學批評，在該書的第十七章上，就不儘滿意這種看法，而又別有修正，他說：「劉勰作這部書的宗旨，好像是自居於孔門文學之科，他說他自己夢見孔子之後，就想『敷讚聖旨』；但是『敷讚聖旨，莫若注經，而馬、鄭諸儒，弘之已精，就有深解，未足立家。唯文章之用，實經典枝條，五禮資之以成文，六典因之以致用；君臣所以炳煥，軍國所以昭明，詳其本源，莫非經典』〔五〕，他覺得文章是一切的根本，所以就以推闡『文心』爲『敷讚聖旨』的工作。看他的意思，好像以爲這種工作的價值，還在馬、鄭注經之上……」可是「彥和又以爲後世文風日壞，應該拿古聖之正訓，來提醒學者，所以他在序志篇裏又說：『而去聖久遠，文體解散，辭人愛奇，言貴浮詭，飾羽尚畫，文繡鞶帨，離本彌甚，將遂訛濫，蓋周書論辭，貴乎體要，尼父陳訓，惡乎異端；辭訓之奧，宜體於要，於是搦筆和墨，乃始論文』，這又是針對時弊。從前有人說，陶淵明人非六朝之人，文亦非六朝之文；劉彥和這種抗心獨往，冥契道眞的態度，也可以說非「六朝之人了」，揣摩方氏的持論內涵，似乎『敷讚聖旨』，才是彥和闡揚文心的動機。

民國四十九年（西元一九六〇），黃乾、沈英名二位先生爲僑民教育函授學校合編的一部中國文學史話，在續集「劉勰與文心雕龍」一章裏，立說與方氏同。

五、文心雕龍成書與佛教

明曹學佺序梅子庾文心雕龍音注云：「傳稱勰爲文長於佛理，京師寺塔，名僧碑誌，多其所作。予讀高僧傳，往往及之；但惜不見全文一篇，勰不婚娶，依沙門僧祐，與之居處十餘年，博通經論，定林寺經藏，勰所次也，竊恐祐高僧傳，乃勰手筆耳」，高僧傳是梁慧皎的手筆，史有明文，自不可能爲勰所著，不過他引梁書本傳以說明劉勰與佛教的關係，倒是值得治文學史的人注意。王惟儉文心雕龍訓故序亦有：「余反覆斯書，聿考本傳，每怪彥和晚節，燔其鬢髮，更名慧地；是雖靈均之上客，實如來之高足也。乃篇什所及，僅般若之一語；援引雖博，罔祇陀之雜言，豈普通之津梁，雖足移人，而洙、泗之畔岸，終難踰越乎」？其對文心雕龍與佛教的關係，深表懷疑；但又不得其解。近人范文瀾先生文心雕龍序志篇注，引釋藏跡十釋慧遠阿毘曇心序，以爲「彥和精湛佛理，文心之作，科條分明，往古所無」，似又肯定印度佛學的進步思想方法，對彥和的治學方法有極大的影響。王某先生文心雕龍新書序錄，引劉知幾史通論讚篇，說史書贊語與釋氏偈言相似之點，以爲文心雕龍可能也是受了內典的啓示。饒宗頤先生寫了一篇劉勰文藝思想與佛教〔六〕，他在文末的結論上說：「總之，佛學者，乃劉勰思想之骨幹。故其文藝思想亦以此爲根柢；必於劉氏與佛教關係有所了解，而後文心之旨，斯能豁然貫通也」。然後香港有位石壘先生，著文心雕龍原道與佛教義疏證一書〔七〕，對文心雕龍與佛教關係的研究，可以說是爬羅剔抉，獨闢蹊徑，最後他斷定：「文心雕龍所原所明的道，是佛道」〔八〕。這種說法，也不是沒有人懷疑，例如楊明照先生「從文心雕龍原道、序志兩篇看劉勰的思想」一文，他把「原道」、「序志」兩篇做通盤而審愼的研究之後，說「就原道、序志兩篇推定，劉勰寫作文心雕龍時的主導思想爲儒家思想。……其他各篇是不是相同呢？個人認爲一樣地是儒家思想」，陸侃如先生也有一篇「文心雕龍論道」的文章發表，其結論約分三點：「第一，劉勰的思想，基本上是唯物主義的，但也有唯心主義的因素。第二，劉勰認爲儒家之道和佛教之道，都合乎自然之道。但文心雕龍是討論中國文學的，所以不用佛教的語彙。第三，自然是客觀事物，道是原則和規律；文學應該符合自然之道，也就是符合于客觀事物的原則或規律」〔九〕。綜合上說，可見劉勰文心雕龍與佛教的關係，久已引起學術界人士的高度的關切；而治中國文學史的博雅君子，對這個問題當然是不會淡然處之的。不過也許由於事涉專門，眞正對他作傾心研究的學者並不多。其中劉大杰中國文學發達史，對這方面談的還算是比較詳盡。他說：「文心雕龍作於齊代，時序篇說的『曁皇齊馭寶』，是可靠的證據。由此可知這本書，是他早年的著作，由徵聖、宗經、序志諸篇，對於孔子六藝的話看來，我們可以推論到他作這本書的時候，恐怕還沒有信仰佛教，或則已在研究佛典，還沒有到堅深信仰的地步，所以在那些文字裏，沒有半點佛理的影子；而處處顯示進步派的儒家的理論來。我們更可進一步的推想，如果這本書不在他的早年完成，他晚年必定放棄寫這一類書的計劃，即使著作，他的意見必有大加更改的事，是非常可能的。惟其如此，這本書倒顯示了他的特殊意義，因為書中的理論，完全是出於文學批評者的立場，而沒有混雜宗教的主觀色彩，使這本書更加純化，更值得我們重視了」，劉氏的這一段話，可歸納成以下三個要點：一是文心雕龍成書於彥和未信仰佛教，或已在研究佛典以前，二是文心雕龍論文是不帶宗教的主觀色彩，完全出於文學批評的立場，三是如果在晚年，彥和一定放棄寫這本書的計劃。劉大杰的中國文學發達史缺點很多〔一〇〕，但對「文心雕龍與佛教」的關係，這一點卻是空谷足音，言人之所未曾言，或不敢言。雖然他不算是千秋定論，但能批卻導窾，別開生面，為研究文心雕龍的人立下一座新的標竿，倒不失為尋根討葉的史學眼光，總比那些不問究竟，驟下斷語；或避重就輕，略而不言的人，要好得多了。

六、文心雕龍的缺點

文學隨着時代潮流不停的在運轉，何況文心雕龍是南朝齊、梁間的產物，當然會受到時代的局限，和劉勰自己的觀念所囿；所以其中堪資批評的地方也還不是沒有。宋黃庭堅與王觀復書，以為「文心雕龍所論雖未極高，然譏彈古文，大中文病，不可不知也」。晁公武郡齋讀書志，稱劉勰「不知書有論道經邦之言，其疎略殆過於王、杜」。清史念祖文心雕龍書後，說劉勰為文「徵引既繁，或支或割，辭排氣壅，如肥人艱步，極為騰踔，終不越江左蹊徑」，時人王夢鷗教授著文心雕龍質疑〔一一〕，說此書有兩大毛病：「一是文辭上的陷阱，二是理論上的窮巷」，又沈謙先生近作文心雕龍批評論發微，也說「

文心雕龍亦非盡善盡美，仍有其局限與缺點，不容回護也。第一、語意模稜，言辭游移。第二、例證虛泛，譬喻曖昧。第三、浪漫文學，評價未允。第四、論文對象，仍欠穩妥」。另外，還有一位在唐朝時代，由日本來華的留學僧，名遍照金剛的，他將在華所得，編了一本文鏡秘府論，其中天卷四聲論，談到劉勰文心雕龍，他說「此論理到優華，控引弘博，計其幽趣，無以間然。但恨連章結句，時多澀阻，所謂能言之者也，未必能行者也」，以上各家，或從部分篇章，或從全書大體，或推衍其理，或歸納羣言，來批判劉勰與文心雕龍，正見本書由於受到時代的局限，不可避免的會瑜中有瑕了。至於文學史家批評文心雕龍缺失的，首推朱東潤的中國文學批評史大綱，他說：「勰之爲書，宏博圓通，而過事精微，翻成苛細。如麗辭篇列舉言對、事對、正對、反對之別，而判其難易優劣，已爲辭煩。練字篇復有論字四擇，頗病煩碎」。劉大杰中國文學發達史，在討論到文學體裁的時候，針對文心雕龍文體論部分，他認爲「劉勰在文心雕龍裏，幾乎費了一半的篇幅，專門討論各種文體的問題。他在這一方面，雖費了不少的氣力，然而我們現在看起來，在全書這是價值最低的一部分。因爲在那裏面，有幾個不可掩飾的缺點：一、文學的觀念不清楚。二、次序雜亂。三、分類沒有統一性，四、議論時多牽強附會。凡是讀過那二十一篇文字的人，想都有那種感覺，我也無須在這細說了」，這些可說都是些率直的指責，誠以時移勢變，居今而言一千五百年前成書的文心雕龍，如果硬說他是「放諸四海而皆準，百世以俟聖人而不惑」，非愚則迂。不過「聖人之過也，如日月之蝕焉，人皆見之」，我們對文心雕龍也應作如是觀。

七、研讀文心雕龍之門徑

文心雕龍的內容，囿別區分，自是如此的繁富〔一二〕，吾人應採取何種方法去拓展研讀之門徑；然後循序漸進，得窺彥和文論之優美，這實在是我們當前迫切體認的課題。各文學史家，或因著述的態度不同，在以辭抒意的時候，難免有詳彼略此的現象；所以綜覽各著，談到研讀文心雕龍門徑的爲數並不多，甚或如顧實中國文學史大綱〔一三〕，以爲「文心雕龍太近於專門，槪從省略」〔一四〕，這可以代表一般治中國文學史家們的意見。至於專門研究中國文學批評的郭紹虞先生；無論是他的新、舊批評史，對這方面的問題也都隻字未提。

朱東潤先生的中國文學批評史大綱，是民國三十三年，開明書店出版的一部採記傳體方式寫成的集子，他在該書第十二章說，「此期云中國文學批評家，當以沈約爲先驅，其後之偉大作者，則有劉勰、鍾嶸、蕭統、顏之推。此四人主張固不盡同，然有一共同之點，卽對於當時文壇之趨勢，皆感覺有逆襲狂瀾之必要，文心雕龍之作，其中心思想，實在於此。必能如此，然後對於劉勰方有眞實之認識；否則，列文心雕龍於齊、梁，終成爲不辨是非也」。朱氏並以爲「勰究心佛理，故長於持論。文心雕龍之主旨見於總術編，其對齊、梁作品之評論，一言以蔽之曰『訛』，『訛』弊之由，在『文不宗經』，故劉氏又折而言『通變』，『通變』之道，則託於『復古』，『復古』之旨，實在『革新』，而必以『復古』爲名者，所謂假物以爲濟也。非勘破此點，則於劉氏之旨，不能盡明。自言復古，必樹準的爲之根據，是以文心以『原道』『徵聖』『宗經』三篇冠之，其對各種文體，溯本討源，在乎『宗經』，文心雕龍之論文，先破當時文、筆之界說，於上篇備稱各種文體，其中分有韵、無韵二類，體大思精，故知劉氏持論之精之廣。下篇論文術，獨標『神思』二字。其篇實亦全書中聚精會神結構完密之作，勰評論文章，標三準六觀之說，而以『爲情造文，要約而寫眞』爲其樞紐」，朱氏又以爲「自來論劉氏者，多舉下篇，而於上篇分論文體者，每多忽視。其實立言完整，自具精義」，其暗示研讀文心雕龍之門徑，學者宜先把握全書旨要，在於矯訛翻淺；劉氏著述之精神，在於徵聖、宗經，然後破除世俗究心下篇，多略上篇之流弊，庶幾可以沿波討源，知所津逮了。

時人宋海屏先生乘講學餘暇，前年有中國文學史之出版，其於研讀文心雕龍的次第，較之他家之說，尤爲完密，他說：「㈠序志篇今列篇末，應先讀，蓋全書之序也。㈡原道、徵聖、宗經、正緯四篇，全書之總論也。㈢全書之精華，則爲神思、風骨、情采、總術、通變、定勢、鎔裁、練字、章句、聲律、麗辭、隱秀、比興、養氣、夸飾、事類、附會、等十七篇，蓋文章之作法也。㈣時序、物色、才略、程器、指瑕、知音、體性、等七篇，蓋文學批評之佳作也。㈤至於明詩、辨騷、樂府、詮賦、頌贊、祝盟、銘箴、誄碑、哀弔、雜文、諧讔、史傳、諸子、論說、詔策、檄移、封禪、章表、奏啓、議對、書記等二十一篇，則分述各類文體，似可略讀」。宋氏分文心內容爲五個類別，同時也是他心目中研讀的順序。

過去方孝岳先生在中國文學批評〔一五〕上所開示的讀法，有與宋氏不謀而合的地方。他說：「……凡是古人這種大著作，所有的自序，都是自表曲折的用心，詳細告人以探索的門徑，不是隨便說一點緣起的。要知道文心雕龍的宗旨，務必要細讀他的序志……他的書，除了序志一篇外，共四十九篇，前二十五篇，分論各種文體，是論其外形，後二十四篇，評論文章作法，是論其內心，他自己所謂篇數準乎大易之數，其爲文用，四十九篇而已，正是他託體甚尊的地方；也就是說這序志一篇，通貫四十九篇的宗旨……」。

雖然在中國文學史料上看，關於這一部分的資料不多，就是有也是仁知各異；但如果我們能舉一反三，則研讀文心雕龍之門徑，雖不中亦不遠矣。

八、文心雕龍對學術界的影響

文心雕龍有毀有譽，但因其體大思精，陶冶千秋，終竟是瑕不掩瑜。談到文心雕龍對當世及後代學術界的影響，更是治文學史的學者們所一致關注的。據胡懷琛中國文學史概要說：「劉勰文心雕龍可說是一部文學原理兼文學史、文學批評的書」，以之與鍾嶸詩品，任昉文章緣起相較，他說「三書之中，以文心雕龍爲最好，雖然他的見解，在今日看起來很有不對的地方。他用四六文寫，也是個錯誤，但在當時不能說不是一部傑作，到現在還沒有失掉歷史上的價值。唐、宋以後的詩話、文談之類，雖然是多到不可勝數，但是能夠有系統如文心雕龍一般的却不多見」。這是從文心雕龍與後代詩話、文談的體例上看，固然詩話、文談遠祖文心，而文心言出有據，却始終居於領先的地位。施愼之中國文學史講話第三章說：「劉勰所著的文心雕龍，討論古今文體及其作法，和唐劉知幾史通，清章學誠的文史通義，稱中國文學批評之巨著」，其實史通、文史通義又如何能與劉勰文心雕龍相提並論，方孝岳中國文學批評第十七章不云乎：「唐朝劉知幾史通，自然也是了不得的書，雖是專門論史，但他自負兼有法言，一直到文心雕龍這些書的美點。像他那些惑經、疑古諸篇，拘文牽義，瑣瑣爭辨，實在全沒有通人氣象。我們只要一看文心雕龍夸飾篇所說，雖詩、書雅言，風格訓世，事必宜廣，文亦過焉。是以言峻則嵩高極天，論狹則河不容舠，說多則子孫千億，稱少則民靡孑遺，襄陵舉滔天之目，倒戈立標杵之論；辭雖已甚，其義無害也……孟軻所謂說詩者，不以文害辭，不以辭害意，這一段話，就可以大破知幾之妄。一個是鴻文妙手，一個是拘墟之儒，沒有文學修養的人，不但不可以作文人，也何嘗能夠通經著史呢」？所以方氏進一步認定劉勰的宗經論，一直影響清末文壇，而發曾國藩文論之覆。他說：「劉勰覺得文章是一切的根本，所以就推闡文心，為敷讚聖旨的工作……我們看近代古文家曾國藩說，『古之知道者，未有不明於文字……所貴乎聖人者，謂其立行與萬事萬物相交錯而曲當乎道，其文字可以教後世也，吾儒所賴以學聖賢者，亦藉此文字，以考古聖之行，以究其用心之所在……』這種精義，豈不早有劉彥和先發其覆麼」？我認為劉彥和的卓見，何止發曾氏文論之覆，就是與他並世的沈約，也常把文心置之几案，備為參考。日人兒島獻吉郎中國文學通論第二章序論云：「魏、晉以後，論文的著述雖多，然而已經亡佚的亦不少。試就現存之書，舉其錚錚者，則有齊劉勰的文心雕龍十卷。文心雕龍是代表六朝的論文修辭的書，分原道以下五十篇，前半二十五篇概論文體，後半二十五篇，主要論修辭的工拙利病，不但大可資後人典據，就是當時沈約也常把這書置之几案」，自然文心雕龍之論文，適用於當代，領袖未來，所以無錫錢基博在他著的中國文學史，第六章第七節裏，便稱文心是中國文學批評的開山，他說「雕藻之盛既極，非難之聲起，簡文以『儒鈍殊常』為病，子野有『淫文破典』之譏。雖所蔽不同，而為文弊一也，淳澆救靡。必出復古，遷、雄之體格，可以起殊常之儒鈍，經誥之旨歸，庶幾式破典之淫文，止禮義以敷章，矯風骨而振靡，此唐之韓愈，所以起八代之衰也。若夫雕琢性情，揚搉利病，而發其英議，導之前路者，厥有劉勰之文心雕龍，此吾國文學批評之開山也」。劉大杰中國文學發達史也說：「因爲劉勰最懂得文學的性質與意義，所以他對於創作與批評的艱苦，也瞭解得非常深切。他對於當代文學批評界的偏於主觀與印象，以及未能達到求因明變的工作，感着不滿……他認爲要樹立精密的批評，必先要免去這些流弊。批評誠然是難事，如果批評家有公正的態度，廣博的學識，與客觀的批評標準，這種困難是可以克服的。因爲文學是個人情感與社會情感合流的表現，同時又是共有的時代精神的反映，並且文字構造的美妙，與音調的和諧，都可加以人工的分析和說明。那末一個作家和一種作品，一定都有他的可以說明的客觀的價值。他說『夫綴文者情動而辭發，觀文者披文以入情，沿波討源，雖幽必顯。世遠莫見其面，覘文輒見其心，豈成篇之足深，患識照之自淺耳。志在山水，琴表其情，況形之筆端，理將焉匿。故心之照理，譬目之照形，目瞭則形無不分，心敏則理無不達』〔一六〕，他在這裏說明文學批評完全是可能的事。爲要達到這種可能的階段，於是他建立了最有系統的客觀批評論」。由此看來，文心雕龍不僅是文學批評的開山，更是最有系統的客觀批評論，不僅在當代就受到學術界人士的注意，時至今日，他還是歷久彌新，爲文學批評理論的前鋒。

九、文心雕龍的評價

就本人所搜得的文學史資料分析，最先注意到文心雕龍的價值的，是謝无量中國大文學史，謝書分中國文學的演進爲上古、近古與近世，到道、咸以後之文學及八股文之廢，全書六二五頁，二十萬言。

其第三編中古文學史，第十九章梁文學，第三節文選與詩文評中，摘取梁書劉勰傳，並引文心雕龍序志篇，以徵文心雕龍成書的過程，並謂「詩品與文心雕龍二書，蓋後世詩文評之宗也」，推崇甚力。民國二十一年十月開明版的陸侃如、馮沅君合著中國文學史簡編，於上編第九講散文的進展下，提及南北朝的文學批評家時，便以爲「劉勰五十篇是一部傑出而有組織的文評，他對於各種文體與修辭的方法，都曾詳盡而精闢的申述。南朝文學得到他，理論的基礎更形鞏固」。陸氏伉儷之言，較謝文加詳而具體。容肇祖的中國文學史大綱，是民國二十四年十月出版的，書中特別注重每一時代的新興文學，所以在第二十五章梁陳文學的新發展內，列有批評家的新趨勢一節，謂「文心雕龍以當代最難達意的駢儷文體作成，其天才之偉大當屬可驚」。這是從文心本身價值，推到劉勰的絕代才華，更進一步的拓展了謝、陸兩家立說的範疇。民國二十七年，楊蔭深著中國文學史，第十章批評文學的開端，列有南、北朝間兩大文學批評家一節，其中記述文心雕龍時說：「像這樣一部完備之文學概論，不要說前此所未有，卽後來亦很少有；至全書均用四六駢體，亦爲美文之至的，其說亦正中時病」，他讚文心雕龍是空前絕後之巨著，唯美文學的鵠的，補偏救弊的藥石；這種評論，在民國二十年代的文壇上可說是慧眼特識了。

羊達之的中國文學史提要，向以條分縷析見長，他在二九四條評文心雕龍的價值時說：「批評文學始於魏文帝典論，然評論所及，無過當代。劉勰文心雕龍，鍾嶸詩品，皆邁乎古今，言文藝批評者，無不祖述之。劉勰字彥和，著文心雕龍五十篇，前半論文章之變遷，後半論文章之工拙。議論精湛，見解卓絕，實爲文學之鎖鑰，藝苑之津梁。文心雕龍之價值，不僅在文藝批評上有特殊之見解；全體之駢儷，而能暢所欲言，其本身卽是一部文學傑作，故極爲後世文章家所推崇」。臺大中文系教授葉慶炳先生，在民國五十五年出了一部中國文學史。葉氏對中國傳統文學批評的論著，向極重視；所以在這本書裏，特把文心雕龍設立專章，詳加說明。他說：「在唯美主義的洪流中，文體日益完備，作品日益豐富，寫作的技巧日益講究，文學的地位日益提高；於是文學批評的專家與著作應運而生。自魏、晉以來，曹丕典論論文，應瑒文質論，陸機文賦，摯虞文章流別論，李充翰林論等，已開文學批評之先聲，及南、北朝，論者益衆，如沈約、蕭統、顏之推輩，對文學固曾發表意見；然能專力於批評事業，成一家之言者，當推文心雕龍之作者劉勰，與詩品之作者鍾嶸。此二人在我們文學批評史上之地位，不但空前，亦且絕後，在西洋文學史上，文學批評與文學作品齊頭並進，相剋相生，我國僅在南、北朝有此現象。劉勰、鍾嶸以後，文學批評復趨消沉。宋以後雖多詩話、詩說之作，然罕有符合文學批評之條件者……劉勰爲齊、梁間人，其時聲律說興起，唯美文學之發展，已如火如荼，作家皆力求形式與聲律之美，無視於內容意境……而劉勰既無儒家固執之載道觀念，亦無唯美主義者藝術至上之偏激，於唯美文學之狂流中能持不偏不倚之見解，豈不可貴」！葉氏從中國文學批評理論的發展，與南、北朝時代文學思潮上着眼，其客觀而持平的分析，正可以見劉勰文心雕龍的崇高價值。

至於方孝岳的中國文學批評（一七），盛讚劉勰發揮文德之卓越貢獻，他說「文心雕龍是文學批評界唯一的大法典，此乃人人公認之事實，無論那一派文家，都不能否認。不但上括經史諸子的文心，中包魏晉六朝的辭理，即便後來唐、宋、元、明、一直到現在，一切單詞片義，隻證孤標，無不一網兼收，洪爐並鑄，他的規模，眞是大不可言」。評價之高有如此者。

文心雕龍的價值，從中國文學史的材料上去諦視，是上承中國學術的統緒，下開後世文學批評之先河；不僅正末歸本之說，切中六朝唯美主義之流弊；而矯訛翻淺，更為當今民族文學的建立預留地步，所以類似這樣一部陶冶萬彙的文論鉅著，我們自然有積極研究的必要了。

十、結　語

我在本文開始的時候就說，限於搜集資料的不易，而所得資料能實際可用的，又不過十之六、七。近年在臺灣出版的如易君左、蘇雪林、楊宗珍、諸前輩的文學史，一時之間又尚未包括在內，這是最感遺憾的事，好則本文祇是一個初稿，掛漏的地方，容後續加補充，期使文心雕龍在中國文學史上的地位更臻明確；更能提供研讀文心雕龍與治文學史的同好作十分完備的參考。

回顧各文學史上的資料，他們對文心雕龍在學術上的價值與地位推崇備至的原因，實由於它不僅盡到了矯正六朝文弊的責任，同時也給文學進步的方向，預立了一條寬廣而有系統的指標。所以吾人欲知中國文學發展的承傳統緒，或欲建立以中國歷史文化為背景的文藝政策，文心雕龍是本必讀的要籍。

文學史家對文心雕龍內容的分類，或二分，或三分，或五分，或如日人青木正兒，於文學論、文體論、修辭論、總論以外，又加文礎論，但如依彥和序志篇上的說法，書可總分上篇下篇，前五篇為文之樞紐，明詩以下至書記，是論文敘筆，神思至總術，為剖情析采，至於時序、才略、知音、程器四篇，乃文學批評。序志是統馭羣篇的敘言。如果將此易為時下文學上的術語，則文心雕龍可分為㈠敘言：序志一篇。㈡文原論：由原道至辨騷五篇。㈢文體論：由明詩至書記二十篇（前十篇是論文後十篇是敘筆）。㈣文術論：由神思至總術二十篇。㈤文評論：由時序至程器四篇。這樣既合彥和寫作的原意，又酌取了各家分類之長，比較上更容易了解文心雕龍內容蘊涵的眞象。

談到研讀「文心雕龍」的門徑，先由「序志篇」入手是對的，而「序志」以後，本人以爲當接讀原道、宗經、辨騷，以透視其文學基本原理，其次再讀明詩、詮賦、史傳、諸子，以觀其論文敍筆之大要。神思以下，有言文筆之辨者，靈感之培養者，文章的傳統與維新者，內容與形式配合者，文學與環境關係者，文法與修辭技巧者，皆屬創作的重要環節，一定要精讀。時序以下四篇，以知音篇爲尤要，其他三篇也不可忽視。文心雕龍是一部批評文學，有破有立，牽一髮動全身，過去有人嘗說讀經是「不通全經，不通一經」的話，那麼我們對文心雕龍也應該去求全面之知，如果僅讀三數篇後，便以爲會心有得，驟下斷語，這雖非存心厚誣古人，但也有欺世盜名之嫌。

關於文心雕龍持論要旨，各家所說皆能得其環中，談到它的缺點，總是褒多於貶，所以文心雕龍免不了因爲時代的局限，其中若干理論值得重新檢討，可是如果我們能夠棄其糟粕，揚其精醇，服膺彥和力矯文弊的苦心，則此書勢將歷萬古而不朽。

文心雕龍與佛典的關係，自來是學界爭論的焦點。不過個人以爲要想揭開這個謎底，必須先確定文心雕龍成書與彥和篤信佛教的時間先後，劉大杰以爲文心雕龍是彥和早期的作品，尚未信仰佛教，或正在研究內典時候的著述〔一八〕，此言容或可採，但憑空立說，難以取信。恐怕我們在這方面，還需要進一步的去尋求證據。最後，我想引劉麟生先生中國文學史上的一段話，作本文的結束。他說：「劉勰文心雕龍，體大思精，是中國空前絕後的文學批評。他一方面對於時代潮流加以針砭，一方面又不違背文學發展中之正當趨勢，他的態度，是很可注意的」。

【附　註】

〔一〕見梁著中國文學史研究第二二一頁。

〔二〕見清劉毓崧通誼堂文集書文心雕龍後一文。

〔三〕羅氏魏晉六朝文學批評史，民國三十二年（西元一九四三）八月重慶初版，三十六年（西元一九四七）上海再版。

〔四〕六個標準，指文心雕龍知音篇所謂之六觀，一觀位體、二觀置辭、三觀通變、四觀奇正、五觀事義，六觀宮商。

〔五〕引文見文心雕龍序志篇。

〔六〕見香港大學中文學會出版的文心雕龍研究專號第十七頁。

〔七〕石氏所著，由香港雲在書屋，於民國六十年（西元一九七一）十二月出版。

〔八〕見石著一〇二頁第四章結論。

〔九〕陸文見民國五十八年（西元一九六九）九月，中國語文學社編印的中國古典文學研究論文集滙編。

〔十〕說見梁容若先生再評中國文學發達史一文，其中共列七大缺點：一、體例編排的失當，二、材料去取的偏頗，三、襲前人的誤說，四、引用作品的疏失，五、地理的錯誤，六、事實的錯誤，七、字句的錯誤。

〔一一〕見故宮圖書季刊一卷一期。

〔一二〕見本文第二節文心雕龍五十篇之分類。

〔一三〕顧書民國十五年（西元一九二六）商務初版。

〔一四〕見顧書第八章六朝文學，第七節六朝文的末一段。

〔一五〕方書民國二十三年（西元一九三四）世界書局初版。

〔一六〕引文見文心雕龍知音篇。
〔一七〕同註〔一五〕
〔一八〕劉說見本文第五節文心雕龍成書與佛教。